2023年黄冈师范学院研究生培养教育改革研究课题"教育硕士'U-G-T'协同育人机制研究（2023502003）"结题成果。

湖北省教育科学规划一般课题"文化自信视角下跨学科主题学习活动设计与实践研究（2023GB074）"阶段成果。

黄冈市教育科学规划重点课题"家校社协同推进留守儿童家庭观念培育的策略研究（2023JA10）"阶段成果。

语文教育前沿

（第一辑）

主编 邓 军 方 正 陈志平

华中科技大学出版社

http://press.hust.edu.cn

中国·武汉

图书在版编目(CIP)数据

语文教育前沿. 第一辑 / 邓军，方正，陈志平主编. -- 武汉：华中科技大学出版社，2025.4.
ISBN 978-7-5772-1715-4

Ⅰ.G633.302

中国国家版本馆 CIP 数据核字第 20257UU993 号

语文教育前沿（第一辑）　　　　　　　　　　　　　　邓　军　方　正　陈志平　主编
Yuwen Jiaoyu Qianyan（Di-yi Ji）

策划编辑：杨　静　钱　坤
责任编辑：陈　然
封面设计：孙雅丽
责任校对：刘　竣
责任监印：朱　玢
出版发行：华中科技大学出版社（中国·武汉）　　　电话：(027) 81321913
　　　　　武汉市东湖新技术开发区华工科技园　　　邮编：430223
录　　排：华中科技大学出版社美编室
印　　刷：武汉科源印刷设计有限公司
开　　本：787mm×1092mm　1/16
印　　张：22.5
字　　数：413 千字
版　　次：2025 年 4 月第 1 版第 1 次印刷
定　　价：88.00 元

本书若有印装质量问题，请向出版社营销中心调换
全国免费服务热线：400-6679-118　　竭诚为您服务
版权所有　侵权必究

编委会

学术顾问（以姓氏笔画为序）

洪镇涛　顾之川

编委会成员（以姓氏笔画为序）

万桂红　丰建霞　方　正　邓　军　杜红梅
何在海　何荣誉　陈志平　郭　伟

前言

时下，中小学语文课程与教学改革日新月异，新理念、新方法、新内容层出迭见。随着义务教育课程方案和课程标准（2022年版）的出台和2024年统编教材的修订，学界对语文教育教学前沿与热点问题的讨论更加热烈，比如语文核心素养、学习任务群、大单元教学、项目化学习、跨学科学习、单元教学与单篇教学的关系等。研讨这些前沿与热点问题，汇聚有关语文教育教学的研究成果，也正是我们编撰"语文教育前沿"系列丛书的初衷所在。

统编语文教材中的单篇课文大多文质兼美，堪称中国文化瑰宝。许多单篇语言精美，内涵丰富，思想深刻。然而在单元整体教学理念下，出现了单篇课文被大而化之、文本理解不深、语言实践不足等问题。单元教学"见林不见木"，削弱了单篇教学的力度，单元共性遮蔽了单篇个性。单篇教学是单元教学的基础，单元教学是单篇教学的统整。如何在单元的统整中挖掘单篇课文的独特价值，如何在单篇教学的基础上观照单元整体教学的系统性，从而更好兼顾单元的共性与单篇的个性？这是语文教育教学的前沿问题，也是广大中小学教师以及教研工作者予以重点关注和讨论的问题。

《语文教育前沿（第一辑）》收录了语文名师1篇、一线教师2篇、在校硕士研究生35篇，共38篇研究成果，包括名师指导、教学探索、比较阅读、课例研究、一线视角。本期成果主要聚焦单元整体视域下的单篇教学研究，是我校教育硕士"U-G-T"协同育人机制的成果展示，重点探讨单元教学与单篇教学的关系、单元整体教学视域下的单篇教学策略等，这是当前语文教育教学改革的热点与前沿问题，以期为语文教学研究提供一定的理论参考，为语文教学实践提供一些借鉴。比如，北京市朝阳区教育科学研究院何郁老师认为，教学"中华传统文化经典研习"任务群，先要解决基本问题，即古诗文教学的问题；然后解决重点问题，即文化要义的问题。他建议教师用学科大概念统整这一任务群的单元教学和单篇教学，尝试从人文价值层面、学科素养层面、单元研习任务层面去提炼单元教学大概念和单篇教学大概念，要追问单篇教学、课时教学的旨归，注重课文、课时与整个单元之间的有机联系。再如韩朋丽、郭伟以《说"木叶"》为例，探讨了单元整体教学视域下单篇教学内容，建议从掌握知识性读物的阅读方法、尝试撰写文艺鉴赏类文章、拓展批判性思维三个方面进行单篇教学内容重构。首先，综合考量课标要求、教材编排、学生学情，以此来确定该篇的教学目标。其次，紧密围绕单篇教学目标设计涵盖学生完整学习过程的活动任务，进而实施教学目标。再次，制定与活动任务相伴随的学习评价，借助评价来促进学生学习，并检验教学目标的达成情况。他们大多以统编教材中的某一篇为例，探究单元整体教学视域下的单篇教学路径、策略或方法，以点带面，以小见大，以期丰富理论成果的同时，还可以为一线教师带来些许启示。

  阅读能力的培养是从单篇阅读起始的，这种单篇阅读能力是一切文本阅读能力的基础，也是学生学习语言和写作的范本。文本阅读能力包括感受力、理解力、欣赏力和评价力等，这些能力的形成与发展主要依赖单篇课文教学。培养阅读能力的目的是使学生形成良好语感，提高思维能力，涵养高雅情趣，增强文化自信。语文教育教学的宗旨是围绕立德树人根本任务，立足学生核心素养发展，面向全体学生，突出基础性，使学生学会运用国家通用语言文字进行交流沟通，提升思想文化修养。因此，我们编撰《语文教育前沿》"单篇教学案例"专辑，可以说是遵循了新课程标准要求，符合语文教育教学规律，满足了学生核心素养发展的需要。

  教学是遗憾的艺术。《语文教育前沿（第一辑）》虽然聚焦了一线教学的热点与难点问题——"单篇教学与单元教学之关系"，也在各位专家和校内外硕导的指导下三易其稿，但遗憾和不足在所难免。恳请语文教育界的各位专家和广大一线教师批评指教，你们的批评是我们前进的动力，你们的指导会引领我们始终走在语文教育教学改革的正确道路上。

目录

名师指导

2 | 以学科大概念统整单元教学与单篇教学——谈"中华传统文化经典研习"任务群教学　何　郁

教学探索

12 | 单元整体教学视域下单篇选文教学内容研究——以《说"木叶"》为例　韩朋丽　郭　伟

20 | 单元整体教学视域下单篇选文教学内容研究——以《青蒿素：人类征服疾病的一小步》为例　李天宇

29 | 单元视域下单篇课文教学路径探索——以《哦，香雪》为例　罗小慧

37 | 单元整体视域下单篇选文课堂提问研究——以《老王》为例　谭慧婷

45 | 单元整体教学视域下单篇选文教学内容研究——以《烛之武退秦师》为例　陈雅婧

52 | 单元整体视域下《故都的秋》单篇教学实施策略　杜　怡

59 | 单元整体教学视域下单篇选文教学内容研究——以《老人与海（节选）》为例　金　晨

67 | 单元视域下单篇自读课文教学策略——以《鸿门宴》为例　杨春艳

75 | 单元整体视域下《变形记（节选）》教学路径探索　聂耀平　吴都保

84	单元整体教学视域下单篇课文教学的实施路径——以九年级上册《湖心亭看雪》为例　曾翠柳
92	单元整体视域下单篇教学探究——以《拿来主义》为例　吕　秋
100	单元整体视域下单篇选文教学研究——以《答司马谏议书》为例　张怡文
108	单元整体教学视域下单篇课文教学实施策略——以必修上册《念奴娇·赤壁怀古》为例　胡梦达
116	论单元整体教学视域下《荷塘月色》的语言与情感融合　聂海兰
123	单元目标指导下的单篇教学策略——以《项脊轩志》为例　石林可
131	单元整体教学视域下单篇教学策略研究——以《包身工》为例　陈国畅
140	单篇课文《装在套子里的人》教学实践探索——基于大单元视角　李　枝
149	单元整体视域下单篇教学研究——以《种树郭橐驼传》为例　王　琼
157	单元整体视域下单篇课文教学目标的确定与达成——以《归去来分辞（并序）》为例　柯　燕
169	单元整体视域下单篇选文教学内容研究——以《祝福》为例　张笑洁　舒开智
179	单元整体教学视域下的单篇教学策略——以《归园田居（其一）》为例　赵晓丛　杨瑰瑰
186	单元视域下的单篇课文教学研究——以《雷雨（节选）》为例　李朋瑞
193	单元整体视域下《谏太宗十思疏》教学研究　马　霜　吴作奎
200	单元整体视域下《孔雀东南飞（并序）》教学探究　张芷仪
207	思维的多元培养——以《谈创造性思维》为例　刘　轲
216	单元整体视域下单篇教学策略研究——以《梦游天姥吟留别》为例　周可雅　杨瑰瑰
226	单元整体教学视域下单篇选文教学内容研究——以《赤壁赋》为例　张路遥
234	高中语文单元视域下的单篇教学探究——以《中国建筑的特征》为例　王贺杰　郭　伟
243	学科大概念统整单元教学与单篇教学——以选择性必修下册第一单元为例　钱欣悦
250	生成式人工智能赋能高中语文新闻单元教学探究　李　佳
258	小学低段语文朗读教学的困境与对策研究　韦玥彤
267	高中文言文教学情境创设理论基础与实现路径　王家琳　蔡志才

比较阅读

280 《紫藤萝瀑布》与《一棵小桃树》比较阅读教学　郭莹莹

288 统编版与人教版初中语文教材中古典小说课后习题比较研究　蒋宇玲

299 农村初中语文课外阅读教学有效性的对策研究　罗振东

课例研究

308 洪镇涛语感教学派中学古诗文课例的教学价值　田端阳　周昆鹏

一线视角

318 小学语文整本书阅读设计与案例研究　邹春林

名师指导

以学科大概念统整单元教学与单篇教学
——谈"中华传统文化经典研习"任务群教学

何 郁[①]

摘要:"中华传统文化经典研习"任务群应该怎样教学?这是许多教师一直思考和探索的问题。本文通过总结教学实践的经验,认为先要解决基本问题,即古诗文教学的问题;然后解决重点问题,即文化要义的问题。建议教师注意用学科大概念统整单元教学和单篇教学,可以尝试从人文价值层面、学科素养层面、单元研习任务层面去提炼单元教学大概念和单篇教学大概念,要追问单篇教学、课时教学的旨归,注重课文、课时与整个单元之间的有机联系。

关键词:"中华传统文化经典研习"任务群;学科大概念;统整;单元教学;单篇教学

统编高中语文选择性必修共安排了四个"中华传统文化经典研习"任务群,分别是选择性必修上册第二单元"百家争鸣"、选择性必修中册第三单元"历史现场"、选择性必修下册第一单元"诗的国度"和第三单元"至情至性"。[②] 占整个选择性必修教材的三分之一,分量非常重,需要认真研究和对待。

[①] 作者简介:何郁,北京市朝阳区教育科学研究院研究员,中学语文正高级教师。
[②] 四个任务群的主题是笔者从单元导语中摘取或凝练的。

如何进行"中华传统文化经典研习"任务群教学？笔者有两点建议。一是明确基本教学任务。"中华传统文化经典研习"任务群的教学内容是古诗文，因此第一个教学任务应指向读懂古诗文，解决字、词、句、篇的理解问题。第二个教学任务应指向文化内涵，追问文化要义，比如"百家争鸣"要追问诸子思想，"历史现场"要追问史论史传的意义，"诗的国度"和"至情至性"涉及诗词、散文，要追问中国古代文人的情志。这就提醒我们，讲授"中华传统文化经典研习"任务群，要着眼于传统文化的角度来考量。这两方面做好了（前者是基本教学任务，后者是重点教学任务），就达到了该任务群的教学目标。二是用大概念来统整单元教学与单篇教学。一个单元之所以能组合到一起，必然有一个内在的核心，这个核心就是大概念。大概念相当于单元整体教学设计或者落实任务群教学的中枢，也是指引单元教学实施的灯塔。大概念起着统领一个单元或制约一个单元的作用，所以要把它提炼出来。一篇课文的教学也应该遵循这个原则。

如何提炼大概念呢？建议多关注课标对任务群的描述和教学建议，并注意教材中的单元导语。但从实际情况来看，大部分教师仍然习惯于单篇教学，还是一篇一篇地讲。倡导单元教学并非不要或者不能一篇一篇地讲，况且单元教学一定要通过一篇一篇地教去落实。那么，这两种单篇教学有什么不同呢？区别在于，倡导单元整体教学时的单篇教学，单篇要放置在单元的背景下看待，单篇教学时要注意关联单元内容，关联单元人文主题和核心素养，甚至还要关联单篇与单篇之间的关系；而以前的单篇教学可能较多地关注单篇本身。

那么，在进行"中华传统文化经典研习"任务群教学时，该如何提炼单元教学大概念？如何落实单篇教学的旨归？单篇教学要不要提炼大概念？下面以选择性必修上册第二单元为例来探讨这些问题。

一、提炼单元教学大概念的三条基本路径

第一条路径：从单元人文价值层面切入。先来看课标中的相关文字。课标在界定"中华传统文化经典研习"任务群时写道："本任务群旨在引导学生通过阅读中华传统文化经典作品，积累文言阅读经验，培养民族审美趣味，增进对中华优秀传统文化的理解，提升对中华民族文化的认同感、自豪感，增强文化自信，更好地继承和弘扬中华优秀传统文化。"从这段描述来看，侧重点是在人文价值层面。尽管其中也提到了"积累文言阅读经验"

（即上文所述解决字、词、句、篇的理解问题），但只有一句，更多的是强调人文价值培育，如"民族审美趣味""中华民族文化的认同感""增强文化自信"等，这些都是从人文层面提出的学习要求。这说明要把古诗文的学习看作"中华传统文化经典研习"任务群的基本任务，把人文价值培育看作重点教学任务，是适宜的、科学的。

再来看教材单元导语。其中写道："如果说传统文化是一株枝繁叶茂的大树，那先秦诸子就是这株大树的根。先秦诸子，百家争鸣，百花齐放，铸就了中华思想文化史上的一段辉煌。""本单元选择了先秦诸子的一些经典论说，包括儒家的《论语》十二章、《大学》一章、《孟子》一章，道家的《老子》四章、《庄子》一章，以及墨家的《墨子·兼爱》篇。可结合以前读过的孔子、孟子、庄子等人的语录或作品，感受先秦时期百家争鸣的盛况。"这两段话里有几个关键词，分别是"中华思想文化""经典论说""百家争鸣""根"，既清楚地说明了本单元的教学内容，也凸显了人文价值，明确了传统文化的根本。再联系课标对该任务群的描述，联系单元人文主题，就可以确定本单元的人文主题重点（或者核心）——尝试理解传统文化之根。在原单元人文主题"理解传统文化之根"前冠以"尝试"，说明本单元对中华传统文化的学习仍然是初步的，是入门级的。但这还不是一个十分明确的大概念，需要进一步指明"根"到底是什么。这个"根"应该是以孔孟为代表的儒家文化，以老庄为代表的道家文化，以墨子为代表的墨家文化，用一句话来概括就是诸子文化或诸子思想。

这样就产生了本单元教学的第一个学科大概念：追问诸子（主要是儒家、道家、墨家）思想。当然，指向单元人文主题的大概念或许不止一种表述形式，本单元的第一个大概念还可以这样表述：追问诸子（主要是孔子、孟子、老子、庄子、墨子）文化，初步理解儒家、道家、墨家文化，沐浴百家争鸣时代的诸子光辉、中国轴心时代的诸子之光等。

第二条路径：从单元核心素养层面切入。提炼单元教学大概念的第一条路径如果是人文价值层面的，那么显而易见，第二条路径就可以从语文学科核心素养方面入手。这仍然需要借助课标和教材进行导引。课标在解读"中华传统文化经典研习"任务群学习目标与内容时写道：

（1）选择中国文化史上不同时期、不同类型的一些代表性作品进行精读，体会其精神内涵、审美追求和文化价值。

（2）在特定的社会文化场景中考察传统文化经典作品，以客观、科学、礼敬的态度，认识作品对中国文化发展的贡献。

（3）梳理所学作品中常见的文言实词、虚词、特殊句式和文化常识，注意古今语言的异同。

（4）阅读作品应写出内容提要和阅读感受。选择一部（篇）作品，从一个或多个角度讨论分析，撰写评论。

（5）学习传统文化经典作品的表达艺术，提高自己的写作水平。

一共五条，其中前两条仍然指向人文价值，后三条指向语文学科内容，实际上是对应"积累文言阅读经验"这句话，只不过更加细化、更加具体。再来看教材导语是如何指导这一单元学习的："本单元集中学习先秦诸子散文，以加深对传统文化之根的理解。要注意领会先秦诸子对社会人生的洞察，思考其思想学说对立德树人、修身养性的现实意义；感受先秦诸子或雍容或犀利或雄奇或朴拙的论说风格，理解各家论说的方法，领悟其妙处。"这段话不仅指向单元教学内容，更明确了单元教学重点，即指向单元核心素养。但表述稍显笼统，在此基础上，还可以列出具体的学习重点：

分篇而言：（1）指向立身处世的《论语》十二章；（2）指向修身为本的"三纲八目"；（3）指向人性本善的"不忍人之心"；（4）指向辩证统一的老子智慧；（5）指向寓理于事的庄子哲学；（6）指向反复言说的墨子"兼爱"。

整合而言：（1）积极入世的儒家情怀；（2）辩证思考的道家智慧；（3）保持警惕的墨家心志；（4）风格各异的诸子论说艺术；（5）分，是三家；不分，是一个"洞察"。

综合课标和教材中关于本单元的语文学科内容、教学任务和学习要求，就可以尝试提炼出本单元关于学科核心素养的教学大概念，如：一个"洞察"，三家路向——儒、道、墨三家言旨之别；有为与无为——儒、道哲学对人生的考察；有差别还是无差别——儒、墨两家思想分歧之探究；同为儒家，孔孟何以有别——孔孟联读；老庄何以并称——老庄联读；言说能力与人格魅力——儒、道、墨语言风格辨析；经典语句中的诸子名家……这样的提炼和概括更有综合性，也更有思想容量，既明确地指向教学内容，也突出了文言文的学习，指向语文学科核心素养，指向课文内容和能力训练，与人文价值的学科大概念互相呼应、互相渗透。

人文价值追求与学科核心素养训练，不仅是我们提炼单元教学大概念的基本路径，也是统编版语文教材的编写理念和基本结构，即"双线结构"。从这个意义上说，教材的编写已经指明了提炼学科大概念的基本路径和方向，因此我们要认真学习和研究。

第三条路径：单元学习任务和单元写作训练。单元学习任务从巩固学习、作业设计、综合学习等角度，从读、写两个方面规定了单元学习的内容和要点，其中也涉及思维训练和文化涵泳，因此可以成为提炼单元教学大概念的抓手。本单元的研习任务共有四个，其中第一个任务指向人文价值，教材编者概括为"立身处世"。仔细分析，本单元完全可以纳入"立身处世"这个范畴来考量，儒家、道家和墨家，说到底其实都是人伦哲学，都在思考人如何生存。围绕这个问题，就可以提炼大概念。教学时可借此机会来整合，如可以这样提炼：立身处世与诸子言说——尝试理解文化之根。第二个任务中文言和题旨兼而有之，也是一种整合，既要考虑学习文言，也要考虑学习思想，这样就可以理解诸子的特点——诸子为文，其意不在文，而在思想。从中也可以提炼出大概念，如：言在此而意在彼——诸子散文的言与理。第三个和第四个任务，都明确指向学科核心素养。第三个任务探讨常见的八个虚词，要求学生学会制作卡片或绘制表格，这是对必修教材中虚词学习能力的延续和叠加，建议综合处理。第四个任务要求学生关注六篇课文中的经典语句（教材编者列出了七个句子，师生可以适当补充），并选择其中一两句，激活思维，写一篇议论文。如果在此基础上，能再整合单元后面的写作训练"审题与立意"，就更好了。例如，可以这样提炼大概念：诸子都在说什么，怎么说的——经典语句中的诸子名家。这就是读写结合，就是单元阅读与单元写作完全打通，既减轻学生负担，也做到事半功倍，达到充分整合的目的。

二、落实单篇教学旨归需要扣合单元学习要求

既然单元大概念立足于人文价值和学科素养两个层面，那么落实单篇教学也必然要照应这两个层面。当然，考虑到有些课文的特殊性，也考虑到有些课时的特殊性，整个单元授课阶段并不需要一直贯穿这两条线。也就是说，在不同的授课阶段，单元大概念是可以有侧重的：有时突出人文价值的培育，有时突出学科素养的落实，有时突出知识的学习，有时突出能力的训练。这些安排完全是根据需要而定，都是应该被允许的。

以《五石之瓠》为例，如果要指向单元人文价值，也就是要带着学生"尝试理解传统文化之根"，该如何提炼这篇课文的学科大概念呢？（这个大概念是相对而言的，主要定位于单篇教学甚至是课时教学。）首先就要弄清楚这个"根"在《五石之瓠》里指什么。这实际上是要求师生准确理解课文

内容，弄懂寓言故事所包含的哲理。也就是说，要读懂教材。一切教学设计都应立足于读懂教材，教材理解出现偏差，教学设计可能毫无意义，甚至可能会出现做"负工"的后果。《五石之瓠》到底讲述了一个什么道理呢？笔者的理解是"拙于用大"，即庄子批评惠施不会用大，这里体现了庄子对"大"的看法。"小大之辩"是庄子很重要的思想内容，《庄子》第一篇《逍遥游》就是在讲如何对待"大"的东西。大鹏鸟要南游，就要做充分准备，要飞越万里高空，就要"水击三千里"，"其翼若垂天之云"，大得不得了。然而蜩与学鸠不理解，甚至还嘲笑大鹏鸟，对此庄子揶揄"之二虫又何知"。《五石之瓠》选自《逍遥游》，因此把《五石之瓠》理解为讨论"小大之辩"，应该是合理的。

另外，从这篇寓言故事的行文来看，也可以看出庄子在批评惠施不懂得用大。故事先说惠施在讲一个关于瓠的故事。因为瓠太大，惠施犯难，不知该怎么办，庄子马上接一句"夫子固拙于用大矣"。这就很明显是在批评惠施不懂得用大。后面庄子再讲故事，虽然故事有些含蓄，没有直接顺着"拙于用大"发展，但其实还是紧扣"拙于用大"这个题旨，所以庄子在讲完自己的故事之后，再一次批评人们"则所用之异也"，也还是在批评"拙于用大"。基于此种理解，笔者曾经做过一个《五石之瓠》的教学设计，放到这里请大家批评指正：

课题："拙于用大"——《五石之瓠》之辩（1 课时）

学习目标：

（1）读懂这则寓言故事。能读准字音，能准确翻译语句，能流利地复述故事。

（2）理解寓言故事所包含的哲理。能理解庄子为什么批评惠施，批评什么，道理何在；能理解"拙于用大"的内涵。

（3）初步走近庄子，理解庄子的哲学思想。能初步理解庄子"小大之辩"的思想光辉，深化对传统文化的认识，培养热爱传统文化的感情。

学习活动：

（1）庄子讲了一个怎样的故事？读懂语句（认识生僻字词，读懂人物问答），读懂故事（本则寓言的寓意是什么）。

（2）如果要为本寓言故事拟一则标题，你认为应该怎样拟？（探讨庄子的某种哲学思想，如小大之辩，如何对待"大"等）标

题一：五石之瓠。标题二：拙于用大。标题三：所用有异。（答案不唯一，言之成理即可）

（3）你认为庄子还讲述了什么寓言故事，也表明了这个道理？或：都是要表达哲学思考，你认为庄子和老子的表达方式有什么不同？试分析一二。

为什么单篇教学一定要提炼大概念呢？这就涉及对大概念的理解和运用。大概念最直接的作用是，它能统整整个课时的教学内容和教学环节，使那些散落的教学点全部统一起来。正如上述《五石之瓠》的教学设计，正是因为有了"拙于用大——《五石之瓠》之辩"这个大概念，才可能将教学的三个环节统一起来，使整个教学互为关联、步步为营，既构成授课的逻辑性，也体现了一定的阶梯性，可见大概念能使一篇课文的教学或一个课时的教学形成有机的统一。如果没有这样一个大概念，教学环节可能经不起检验，就像学生写的议论文一样，看上去各个环节都有，但彼此之间互不相干或关联不紧。这也就能够解释一个现象：有的课教学环节过多，导致课上不完，有的课教学环节又过少，导致课堂容量不足，其实归根结底，就是缺少"大概念"这个准绳。

美国教育家威金斯和麦克泰格认为："大概念就是一个概念、主题或问题，它能够使离散的事实和技能相互联系并有一定的意义。"① 这句话揭示了大概念的表现形式和最大功用。北京教育科学研究院李卫东把大概念界定为："使离散的事实和技能关联起来并产生意义的概括性知识、基本原理和思维方法，其表现形式是表达概念性关系的句子，其应用价值是能迁移到新的情境中解决实际问题。"② 这段话说明了大概念的多种功用、实现途径和具体形态。浙江大学刘徽认为："大概念的'大'的内涵不是'庞大'，也不是指'基础'，而是'核心'。这里的'核心'指的是'高位'或'上位'，具有很强的迁移价值。"③ 刘徽的说法阐明了大概念的教育教学价值，这一点恰恰是我们的课堂教学所欠缺的，也正是我们要借助的学术力量。也就是说，要借助大概念统整一个单元或一个课时的所有教学内容，使各个内容之间形成有机联系。

---

① 格兰特·威金斯，杰伊·麦克泰格. 追求理解的教学设计 [M]. 闫寒冰，等译. 上海：华东师范大学出版社，2017：6.

② 李卫东. 大概念：重构语文教学内容的支点 [J]. 课程·教材·教法，2022（7）：96-101，109.

③ 刘徽. "大概念"视角下的单元整体教学构型：兼论素养导向的课堂变革 [J]. 教育研究，2020（6）：64-77.

从语文教学的角度看，提炼大概念就是要概括成一个标题或提炼出一种认知，鉴于此，笔者建议直接用正、副标题来表现，这样简单明了。比如，单元大概念可以这样概括：尝试理解传统文化之根——选择性必修上册第二单元整体教学设计，虽然这个大概念还不够明确，但能指向单元人文价值追求，也能起到统整单元主题的作用；课时大概念可以这样概括：人性本善的"不忍人之心"——《人皆有不忍人之心》研读（1课时），这个大概念既明确课文学习内容，也呼应单元人文大概念，是一个教学倾向很鲜明的学科大概念。这样一个大概念再佐以具体的教学设计，既能完成文言文的学习任务，又能完成探讨孟子人性本善思想的任务。

如果要侧重学科素养或写作训练，又该如何提炼课文或课时大概念呢？以第四个单元研习任务为例来说明。假定这一课时是本单元的第9节课或第10节课，又假定这节课正好是一节读写结合的课，既迁移阅读的思想认识，也训练学生的写作能力，我们就可以第四个任务为抓手，来设计一个大概念，并做一节读写训练的课。简要的教学设计如下：

大概念：经典语句中的诸子名家——读写结合训练课（第9或第10课时）

学习目标：

（1）深化对诸子思想的认识。熟记经典语句，理解经典语句内涵。

（2）用经典语句激活思维，锻炼议论文写作能力。精选经典语句，写作一篇议论文。

（3）学会审题立意。

学习活动：

（1）阅读第四个单元研习任务，理解题意，明确写作任务。

（要点：熟读题目中经典语句；从六篇课文中补充三到五则经典语句；议论文写作训练；800字作文）

拟补充的语句：

朝闻道，夕死可矣。

君子喻于义，小人喻于利。

见贤思齐焉，见不贤而内自省也。

克己复礼为仁。

自伐者无功，自矜者不长。

（2）阅读单元写作短文"审题立意"，讨论什么是"审题立意"，怎样做好"审题立意"。

（要点：审题是要我写什么，立意是我要写什么；扣题写作；追求写作的独特性）

（3）精选经典语句，独立构思，独立写作。

（要点：独立写作；完成800字议论文）

这是一个侧重学科素养和关键能力的大概念教学设计。大概念指明了教学方向，体现了教学重点，使所有教学内容统整起来。本课时的三个环节以及若干学习要点，之所以能形成有机联系并逐步推进，全都因为有大概念这个准绳起着牵引的作用；这样就能规避其他不规范的教学内容，使教学过程中"离散的事实和技能相互联系并有一定的意义"。这是一种比较理想的教学设计，值得去探索和尝试。

课时教学大概念确定了，再去设计一课时的若干教学环节，就不会枝蔓；否则，一节课到底应该安排哪些内容，设计哪些环节，怎样设计教学过程，就会"无的放矢"。事实上，很多课就是这样糊里糊涂设计出来的，对为什么这样设计、为什么安排这样的教学环节、为什么讲这些内容，不太容易说清楚。这是影响课堂教学质量提升的主要因素，而大概念有助于解决这个问题。

以上我们探索了依据单元人文价值和单元学科素养，来设计单篇教学大概念或课时大概念，以及如何依据课时大概念设计课时教学的具体内容和教学环节，探索了单篇教学的旨归，也探讨了课时教学如何统整于大概念之下，相信会给一线教师的教学带来一些启发。

如此一来，所有的单篇教学或课时教学就都有了单元意义和单元旨归，因为它们都是在单元大概念的指引下去设计和实施的。一个单元有一个单元的大概念，它是统整一个单元教学内容、决定单元教学重难点、设计单元教学过程的"行动中枢"；一篇课文或者一个课时也应该有自己的大概念，它是决定一篇课文或一个课时的"行动中枢"。单元大概念和单篇大概念或课时大概念互相扣合、彼此照应，作为一个单元教学所有内容的"行动中枢"，共同承担统整一个单元教学设计和课堂教学实施的重任，也成为单元教学所有教学内容和教学手段的规约，其重要性不言而喻。

教学探索

单元整体教学视域下单篇选文教学内容研究
——以《说"木叶"》为例

韩朋丽 郭 伟[①]

摘要：单篇选文是单元整体教学的基石，单元整体教学又能激发单篇选文的活力，二者相辅相成。在单元整体教学视域下对单篇选文进行研究，把握二者关系，有利于教师精准定位教学的目标方向。本文以《说"木叶"》为例，对其进行单篇教学解读，关注到个性特征。接着在单元整体教学视域下，从掌握知识性读物的阅读方法、尝试撰写文艺鉴赏类文章、单元联系对比中拓展批判性思维三个方面进行《说"木叶"》单篇教学内容重构，以期夯实单篇、建构单元，有效促进学生核心素养的提升，为高中语文教学提供一点有益的借鉴。

关键词：单元视域；单篇教学；《说"木叶"》；教学内容

单元整体教学与单篇教学都是当前语文教学研究的重要课题。在新课标"学习任务群"的指导下，越来越多的教师有意识地立足单元整体进行教学实践，并取得了一定成果。由于真实的课堂教学需要考虑课标、教材、学情、教学资源环境等多方面因素影响，单篇教学依旧是一线教学课堂的主要

[①] 作者简介：韩朋丽，黄冈师范学院学科教学（语文）23级研究生，邮箱：2379472936@qq.com；郭伟，湖北谷城人，中共党员，黄冈师范学院文学院副教授，硕士生导师，邮箱：179932220@qq.com。

形式。如何在单元整体教学视域下更好地教学单篇课文，值得我们着重探讨。《说"木叶"》是一篇经典的随笔作品，由于知识性、文艺性较强，教师容易按照以往人教版的文艺随笔单元的编排形式进行《说"木叶"》单篇教学，这就忽略了统编版高中语文教材在新课标指导下的单元编排特点。鉴于此，本文在单元整体教学视域下对《说"木叶"》进行研究，将新课标要求、单元要求、经典文本内容等多方面因素联结起来，探讨教学内容的选择重构，争取能有效地促进学生素养的发展。

一、单元整体与单篇课文的关系

教科书以"单元"的形式进行编排，单篇课文是单元的组成部分。统编版教材的"单元"，"既是结构化的学习内容，更是学生形成学科核心素养的学习单位"[①]。单元整体教学承载一定的素养训练任务，具有整体性和结构化特点，它需要对单篇文本的内容进行统筹考虑，统筹目标、内容、情境、任务、活动、评价、技术资源等元素，进行取舍整合，最终使得单元教学成为有机整体，形成教学合力。因此，单元整体教学有利于落实课程标准的育人要求，有利于素养型目标的设定；通过发掘单元内多篇文章的共同价值，能为单篇教学提供方向引领。

以《说"木叶"》所在单元为例，《说"木叶"》被编选到统编高中语文必修下册第三单元。统编版高中语文教材是以人文主题和学习任务群来编排组织单元的。本单元的课文包括两篇"自然科学类文章"，两篇"人文社会科学类文章"，分别是《青蒿素：人类征服疾病的一小步》《一名物理学家的教育历程》《中国建筑的特征》《说"木叶"》，反映了不同领域科学家、学者的探索和发现。结合文章特点和单元导语提示，可知单元人文主题为"探索与发现"，单元选篇属于"实用性阅读与交流"任务群下的"知识性读物类"，新课标中对类型的具体分类体现出对文体特征的重视，本单元应该以科普文的方式进行教学。新课标给出的学习路径建议是"自主选择一部介绍最新科技成果的科普作品或流行的社会科学通俗作品阅读研习"[②]，体现出对学生自主学习、举一反三式学习、探究性学习的重视，强调由课内联系

---

① 祁明艳. 夯实单篇，建构单元——试论统编教材中的三类典型学习[J]. 教育家，2024（09）：36-38.
② 中华人民共和国教育部. 普通高中语文课程标准（2017年版2020年修订）[M]. 北京：人民教育出版社，2020：20.

到课外，关注学生真实素养的形成。

教材中每一单元的单元导语都对单元的学习内容进行了提纲挈领的概述，是教师掌握编者对这一单元的设置意图、了解选文特征、明确这一单元的教学重心和目标不可忽视的内容。而单元学习任务是单元学习之后最有针对性的检验活动，这些活动也是课堂文本教学应关注的重点。以表格形式对《说"木叶"》所在单元的导语和学习任务两部分内容进行分点梳理概述，如表1所示。

表1　单元导语与单元学习任务梳理表

统编高中语文必修下册第三单元	
单元导语中学习核心任务提示	单元学习任务概述
1. 本单元主要学习知识性读物的阅读方法，发展科学思维，培养科学精神	任务一：阅读梳理文章内容，思考并交流其中包含的科学思维方式带给你的启发
2. 阅读时要把握关键概念和术语，理清文章思路	任务二：比较说理方式，体会思考方法、语言表达上的特点
3. 分析作者阐释说明、逻辑推理的方法，体会文章语言严谨准确的特点	任务三：学以致用，探究事物形象的暗示性
4. 运用所学知识，探究实际问题，形成自己的见解	任务四：说明文写作，交流并修改

将二者结合起来对照分析，单元学习的方向就能确定下来。单元学习任务中的任务一是对单元导语中核心任务第1点的对应回顾，强调对精神内涵、思维方式的重视，关注发现者和研究者的精神素养。任务二要求学生注意文中的概念和文章的思路，关注语言表达，与单元导语的核心任务2和3呼应，强调梳理文章内容和学习阅读方法，关注知识发现的过程。任务三和任务四是对单元导语核心任务4的对应，强调的是读、写、说结合，学以致用，是对学生单元学习后综合能力和素养的考察。

基于以上的单元整体分析，可设定本单元教学目标：① 掌握知识性读物的阅读方法，理解和把握文章说理思路和主旨意蕴；② 对比阅读，分析不同领域科学论文和著作的内容和逻辑特征，能有自己的思考观点；③ 审美观照，感受科学作品的语言美、逻辑美、文化美与科学家探索和发现真理的人格魅力，感受文化底蕴，发展科学思维，培养科学精神；④ 读写运用，发现、探究学习生活中的现象，能运用科学语言和科学方法，创造性地表达和写作自己的科学发现和科学认知。

单篇文章在单元教学目标的指引下，在单元整体学习情境中，承担了一定的学习任务。进一步具体到单篇文本中，提炼《说"木叶"》在这一单元内单篇文本的教学目标方向。第一要关注任务群指导下的"实用性"这一大方向，帮助学生理清思路、掌握主旨，关注作者发现、探索知识的过程，陶冶科学精神，巩固知识性读物的阅读方法；第二要关注其作为科普作品、经典随笔作品，值得审美鉴赏、批判性阅读的方面，提高学生的审美素养和思维能力；最后要注重知识的迁移运用，能利用作者的研究方法，独立分析诗歌同类现象，能用文字阐释说明自己的研究和发现，读写结合，体现"实用性"文本较强的可借鉴模仿性。

二、《说"木叶"》单篇教学解读

"单元整体教学"不能废除单篇教学，因为单篇的教学目标和教学价值共同构成了单元"整体"的教学目标和教学价值。① 在考虑教材单元整体时，会关注到单元文章归为一类的共性特征，而把握每一篇文章的个性特征，也是确定教学内容的关键点。挖掘文本本身的"个性"特点，可以细化教学内容，体现出教学的深度。

以《说"木叶"》为例，作为一篇经典随笔，其特点具体体现在文体风格、说明论述逻辑、考证材料的运用三方面。

首先是文体的风格特点。《说"木叶"》是一篇随笔作品。随笔的文体特征目前依旧是有争议的，在归类上是归属于"议论文"还是"散文"，可能要根据随笔的内容具体分析。有研究者按照题材将随笔分类为思想随笔、文艺随笔、生活随笔三种，各类随笔在初高中语文教材中都有篇目涉及。文艺随笔一般会对艺术家、文艺作品及其他文艺现象进行评价，本身有很高的审美价值、思辨空间。《说"木叶"》就是一篇议论性质突出的文艺随笔，具有丰富的文学和文化内涵，在启发学生思考、引起情感共鸣，以及指导文学创作等方面具有重要价值。

其次是说明论述的逻辑思路。《说"木叶"》文中有大量问句和诗歌发散联想引出的概念，这是文章的特点。在问句中可以宏观把握文章结构，抓住主要概念，从而训练知识性读物阅读方法，如学生要会速读、分清主次等。林庚先生是在材料的梳理和考证中发现问题，思维是发散的，文中交叉重叠相关联的概念，如"木""树""叶""落木""黄叶"等，适合用数学中

---

① 王林.大单元教学、单元整体教学、单篇教学与教学实施[J].语文教学与研究，2023（08）：21-25.

的韦恩图来展现逻辑，这样学生不仅能学习诗歌的意象和语言，还能接触到科学探究的方法和过程，感受科学探究的乐趣。

最后是考证材料的运用。在全文中占有重要比重的诗歌，是理解观点的支撑材料，本身也有独特审美价值。林庚先生精准选择了最能为自己观点服务的诗句，在诗歌材料的对比探究中，学生可以深入理解诗歌语言的"暗示性"特征，它帮助我们理解古代诗人如何通过特定的语言和意象，传达特定的情感和意境，从而指导学生的诗歌鉴赏和写作。在鉴赏活动中，能全面激活审美思维，深化对艺术形象复杂性与深刻性的理解，进而提高审美情趣，使学生感受到中华民族深厚的文化积淀。

总之，《说"木叶"》这篇文艺随笔，作者通过"木"与"树"的意象评论诗歌美学现象，进行文学审美活动。文中大量的疑问句、相关联的概念、丰富的诗歌是会被着重关注的教学点。教师在教学时，会注意引导学生理清文章结构，把握作者的观点，感受作者独特的学术风格；引导学生体会、鉴赏文中的大量诗歌名句，并从作者鉴赏古代诗歌的方法和结论中获得启示，提高文学鉴赏力。

三、单元视域下的《说"木叶"》教学内容重构

在单元整体教学的框架下，对《说"木叶"》单篇文本的教学内容进行解读重构，可以关注以下三个方面：

（一）掌握知识性读物的阅读方法

第三单元的文章需要掌握新课标要求的"知识性读物类"的阅读方法。《说"木叶"》这一篇选自林庚先生有关唐诗研究文章的结集《唐诗综论》，篇目本身知识性较强，全文凡15问，"问题意识"贯穿文章始末，作者以对话交流的姿态引领着读者跟他一起走进诗歌中"木叶"的世界，去发现，去探索，去寻找答案。本单元的人文主题是"探索与发现"，在教学过程中引导学生关注疑问句，理清文章的说理逻辑，把握作者的观点，可以让读者感受到学者对传统文化领域上下求索的热情与使命感，以及在发现中创新、在材料中求证的"科学精神"。

由于学生没有学者的知识储备，文中大量考证的例子材料，在学生整体感知理清文章思路逻辑时，会有阻力作用。学生在高中阶段的阅读题中，会

碰到很多社科类的论述性文章，在作者的观点与材料中设置干扰点以考查学生对文章关键信息的理解，是常见的命题点。《说"木叶"》中丰富的疑问句形式为我们完成此类文本的教学提供了切入点、突破口、方向和图式①。教师可以设计"阅读全文，概括每段大意，想一想文章可以分为几层？""课文是怎样引出讨论话题并分析问题的？值得关注的概念有哪些？""请选择合适的思维导图呈现本文的说理思路"之类关于整体梳理文章的任务。在教学过程中，老师有意识提供方法策略性知识帮助学生理解文章，如提示学生可以速读、注意区别观点与材料内容、关注连接词的使用等，在此过程中积累阅读的策略性知识，分析作者阐述说明、逻辑推理的方法，从而激发学生对科学信息类文章的阅读兴趣，提升科学素养。

总之，学生掌握信息类文本阅读的方法，首先就是要关注作者写了什么，如何写的。要引导学生"抓关键概念、语句"和"品味语言"，引导学生借助思维导图去可视化呈现思考过程，发现作者在文中是如何引出讨论话题并加以探讨说理的。

（二）尝试撰写文艺鉴赏类文章

为了培养学生的实用性表达素养，要鼓励学生将从课文中学到的东西输出和外化。本单元文章属于"实用性阅读与交流"任务群，本文在文艺评论的写作教学上有典范借鉴意义。可依据学生的理解接受能力拓展写作任务的训练，当学生能把自己从课文中获得的知识和能力，用以指导自己的文学审美写作、社会实践活动，教学此篇文章的"实用性"就凸显出来。

在《说"木叶"》中，林庚先生在把深奥的文学理论——诗歌语言的"暗示性"融入对"木叶"意象丰富诗句的细致鉴赏之中，既彰显了学者的科研素养，也有意降低了读者的阅读难度。文中大量的诗歌材料，可以成为学生小组合作、交流讨论、发散联想、审美感知的素材。学生可以在联想、对比诗歌中，理解作者的论证，如请同学们用简笔画画一画心目中的树，说一说联想到的落木之景；请同学们尝试从场合、外形、形状、颜色、联想等方面梳理关键概念"木"与"树"，从而理解诗歌语言的"暗示性"特征。诗歌创作离不开意象，意象是诗歌的基础。还可以继续引导学生关注课后摘选的袁行霈先生关于诗歌意象的知识补充，让学生联系诗歌鉴赏做题的经历谈一谈自己受到的启发。在文中收获的理论知识，可以帮助学生理解诗歌中

---

① 付胜云.《说"木叶"》中的"疑问句"与文艺随笔教学 [J]. 语文教学通讯，2014 (07)：39-40.

的同类现象,提高鉴赏古典诗歌的能力,如比较诗歌中"落花"与"落红"暗示性含义有什么不同?你能仿照林庚先生的行文做出怎样的论证?尝试对感兴趣的诗歌中常见的事物形象写一写发现和认识。

总之,《说"木叶"》这篇文艺评论文章,本身有较高的文学审美价值,在"实用性阅读与交流"学习任务群的指导下,需要注重对获取信息知识的有效迁移运用,提升学生的信息素养,这对学生语文素养的提升也有重要意义。

(三) 单元联系对比中拓展批判性思维

在单元文本中,知识之间有联系的部分可以搭建梯子,追求知识的层层递进;有差异的部分可以对比拓展,深化认识。《说"木叶"》是单元中最后一篇教读课文,可以在对比活动中深化单元的学习内容。本单元文章从文体大类上来说属于实用文类中的学术性文章,兼具科普文色彩。由于研究领域涉及中医药学、物理学、建筑学、文学等方面,学生可以借助作家及创作背景等资料,初步领会不同领域科学论文和著作的内容,拓宽学生的学习领域。结合具体领域的内容做进一步比较,文章各有自己的独特性。如从结构逻辑方面来说,四篇文章都具有很强的逻辑性,但在文章的逻辑思路上,有的是线性逻辑,有的则是发散性联想,有的还包含跨界思维;从语言上品析,实用文的科学严谨之美是学生脑海中固有的概念,屠呦呦和梁思成作为科学家,有着极为严谨的风格,而《一名物理学家的教育历程》《中国建筑的特征》这两篇文章有作者本人意趣在行文语言中,文章中的文学个性之美得到突出体现。因此,教师可以创设"科普交流会"这一情境,设计单元文章的文体、逻辑、语言等对比探究活动,引导学生多方面关注单元内文本的联系和差异,从而在对比中训练学生的阅读逻辑思维,拓宽单篇文本的教学价值。

实用类文本有事件真实、资料可靠方面的特点,作为"实用性阅读与交流"学习任务群指导下的单元,在《说"木叶"》之前的单元文章,客观性、理性色彩更重,如科学家的科研自传经历、建筑学家对建筑的专业介绍和解释,学生可以进行信息的直接接受和积累。而《说"木叶"》在作者的疑问和举例例证中,理性之中又明显带有诗人学者的感性色彩,这是由"随笔"本身的写作特性决定的,主观性较强。郑桂华老师指出,"很多文艺随笔的写作目的本就重在与人交流他对一部作品的阅读感受、对某艺术现象的一得之见,而不是像公布科研结论、解释社会问题那样欲求别人相信,相应地其文气也不太理直气壮和不容置疑"①。可见文艺随笔是在和大家平等对话的,可供大家交流讨论。针对《说"木叶"》这一议论性突出的随笔,文章应该有促进学生思维发展、深化学习思考的思辨活动。教师可以结合学者研究,如乐建兵、朱国的《也说"木叶"》,给出数据和表格说明林庚先生的论证有不符合实际情况的方面,"直接挑战林庚的观点,为学生掀起了强劲的思维风暴,完美实现了入势、克势和化势的统一,特别震撼人心"②。教师可以提供林庚的介绍资料,引导学生从文章说明事理的逻辑性、研究者的治学精神等维度说出认识与思考。批判性学习活动的设计,不是为了否定作者的一些观点和举例,而是让学生体悟学者研究过程的乐趣和求证探索的精神。作者信手拈来选择的材料都能为自己思索的观点做支撑,可见说明事理要有知识积累和对事物的深入研究,学生在阅读过程中要有分辨信息真伪的意识。这些认知能更深远地影响学生的思维能力、人格发展以及未来的社会适应能力。

总之,《说"木叶"》这篇教读课文,在学习任务群下的主要教学内容之中,对比联系单元文章进行批判性阅读活动,有利于深化学生的科学思维。学生可以初步感受到学术研究类文章需具备扎实的学科知识、探索与发现的勇气以及持续学习的动力。高中生在批判性阅读中认识到这些,能更好地适应未来的学术环境,保持终身学习的热情和能力。

《说"木叶"》一文教学内容的探索只是个例子。在以素养为核心的教育时代,知识的学习最终能转化为学生真实的语文素养才有价值,才能完成立德树人的教育目标。单元整体教学与单篇教学应该是双向奔赴、相互促进的关系。在单元整体教学视域下对单篇选文内容进行研究,结合课标要求,立足于教材学习单元,从而定位、选择更有价值的单篇教学内容,这样的单篇教学对促进学生语文核心素养的整体提升具有重要作用,值得我们不断探索。

---

① 郑桂华.试论文艺随笔阅读教学内容的确定——以《说"木叶"》为例[J].语文学习,2013(10):40-44.
② 汲安庆.语文教学中思维之势的巧妙营构——郑桂华《说"木叶"》[J].教学实录研习,中学语文,2021(10):60-66.

单元整体教学视域下单篇选文教学内容研究
——以《青蒿素：人类征服疾病的一小步》为例

李天宇[①]

摘要：单元整体教学作为热点议题，在当前高中语文教学的探索与革新中正引领着教学实践的新方向。在新课改的浪潮下，如何恰当地平衡并融合单篇精讲与单元统揽的教学策略，是教师群体应当共同深思的课题。在单元整体教学视域下，必须加强对单篇选文教学的重视，扎实开展好单篇教学。基于此，文章将以《青蒿素：人类征服疾病的一小步》为例，从单元整体教学视域下的单篇教学特点出发，剖析单元整体教学与单篇教学之间相辅相成的内在联系。文章将探索如何在单元整体教学理念的指导下，设计合理有效的单篇教学策略，在保持单篇教学深度与精度的同时，融入单元整体教学的广度与系统性，以期提升实用性文本教学的质效，帮助学生构建更加立体、全面的知识体系与思维能力。

关键词：高中语文；单元整体教学；单篇教学；教学研究

一、单元整体教学视域下的单篇教学特点

高中语文单元整体教学与单篇教学具有耦合性和离散性并存、交叉型和

[①] 作者简介：李天宇，黄冈师范学院学科教学（语文）23级研究生，邮箱：2531018706@qq.com。

协作型共生的关系[①]。单元语文要素是开展整个单元教学设计的线索，贯穿于教读课文、自读课文、学习提示、单元学习任务的学习过程中。单篇教学是单元素养目标的散点，也是单元目标达成的基点。有效落实每个单篇文本的学习目标，就能顺利达成这个单元的学习目标。

（一）耦合性和离散性并存

从系统论的视角来看，单篇课文与单元选文是部分与整体的关系。整个语文教材可作为一个系统，单元是其中的要素，同时也是子系统。系统的整体性原则指出，要素一旦加入系统，便要受到系统的制约。部分彰显着整体，而单元是多个单篇课文的排列和重组，这也说明不能单独地探究单篇课文在教学中的关系，而应该在单元整体的视野下探究单篇课文的独特价值。

统编高中语文必修下册第三单元是"实用性阅读与交流"任务群学习单元，以"探索与发现"为人文主题，以知识性读物的阅读和科学思维的培养为核心任务。单元选文有《青蒿素：人类征服疾病的一小步》《一名物理学家的教育历程》《中国建筑的特征》《说"木叶"》。其中，《青蒿素：人类征服疾病的一小步》《一名物理学家的教育历程》为介绍科学发现成果和过程的文章，《中国建筑的特征》《说"木叶"》为阐说研究成果的文章[②]。

本单元由单元导语、单元选文和注释、学习提示、单元学习任务四部分构成。单元导语明确指出，所选篇目均深刻展现了自然科学与人文社会科学领域内的探索历程与重要发现。单元核心目标是掌握有效阅读知识性材料的方法，促进学生科学思维能力的提升，同时培育其科学探索与批判性思考的精神。通过研读可以总结出本单元选文以"自然科学和人文科学体验"为主题，因此"自然科学和人文科学体验"是连接单元的依据，与单篇课文内容相互交融时，还展现了多样化的面貌和独特的表现形态，串联起整个单元的选文，如图1所示。

通过系统分析本单元的选文可以发现，单篇课文在内容上各自独立，但同属实用类学术性文章，有共同的教学要素，形成可联结的主题，因此，四篇课文各有风味又相互依托，呈现并列而非递进性的关系，在选文上实现了耦合性和离散性并存。

[①] 耿红卫,李春燕.单篇与单元教学关系考证及融合路径——以统编高中语文教材必修下册第六单元为例[J].语文建设,2023(21):4-9.

[②] 朱武兰.科学发现与思考——统编版必修下册第三单元教学解读与设计[J].中学语文教学参考,2020(13):4-6.

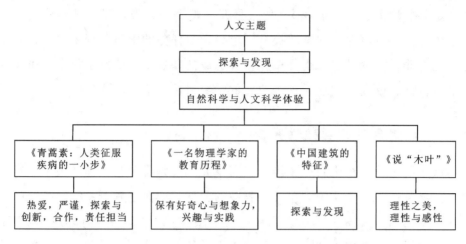

图1 统编高中语文必修下册第三单元选文关联图

(二) 交叉型和协作型共生

随着教学研究的不断发展,"单元视野下的单篇教学""单篇与单元整合教学"等研究专题层出不穷,也说明了单篇教学与单元教学相互独立的教学模式已经不适应教学的发展,二者的融合是大势所趋。统编高中语文必修下册第三单元的单元导语要求"分析作者阐释说明、逻辑推理的方法,体会文章语言严谨准确的特点"。深入理解《青蒿素:人类征服疾病的一小步》中的逻辑脉络,切入点之一是把握其中的时间脉络。文中具体的日期,不仅勾勒出青蒿素研究历程的清晰轨迹,还展现了其科学发展的有序性和阶段性成就;那些相对模糊和概括性的时间表述,则巧妙地映射了当时的社会背景与科研环境,暗示了科研探索过程中可能遭遇的种种挑战,从而激发读者对科学进步背后艰辛历程的深刻反思。但如果对单元内的课文都进行彼此独立的单篇教学,势必会使学生的思维困于一隅,窄化学生的认知。若在此基础上,对四篇文章进行统整关联、比较辨析,就可以帮助学生立足整体的宏观视野。据此,教师可以向学生设问:哪一篇的论述逻辑(即"理")最为坚实有力?作者采用了哪些技巧来增强这一说服力?例如,可以阐述《青蒿素:人类征服疾病的一小步》中的关键数字与事例如何相互印证,共同支撑文章中心论点;选取《一名物理学家的教育历程》中代表性故事片段与图表,说明它们如何共同构建了一个生动且有力的教育历程叙事;分类总结《中国建筑的特征》中的建筑特征,展示图表与引用的具体实例,以及打比方和比较手法的应用效果;聚焦《说"木叶"》中的比较手法,揭示其背后的文化意蕴和审美差异。

单篇教学和单元教学这两种教学模式并非孤立存在,而是相辅相成、相互促进的。单篇教学为单元教学提供了坚实的基础和丰富的素材；单元教学则通过整体视角的引导，升华并拓展了单篇教学的内容。二者在互通与融合中为学生核心素养的培养搭建起了坚实的桥梁。教师应当在教学实践中灵活运用这两种教学模式，既要深入剖析每一篇课文，又要注重单元内各篇课文之间的内在联系，通过二者的有机结合，促进学生知识的全面增长、能力的提高以及素养的全面提升。

二、单元整体教学视域下单篇课文的教学解读

语文教学中的文本解读不同于汉语文学研究，其主要目的在于促进学生阅读理解和语言表达能力的发展[①]。单元整体教学的视角下，对单篇课文的深入剖析需要紧密贴合最新的语文课程标准、教材的逻辑编排框架，以及学生的实际学习情况，同时紧密围绕该单元整体设定的教学目标与学习任务展开。既要兼顾教材内容的连贯性与系统性，同时也不能忽视每篇选文所承载的独特教学意义与价值。

以《青蒿素：人类征服疾病的一小步》为例，作为一篇实用性知识读物，其特点具体体现在：

1. 语言准确性

文中使用了大量专业术语，如"羟基""衍生物"等，体现了科学论文的严谨性和专业性。在保持科学严谨的同时，作者还善于运用具有浓厚文学色彩的语言，如"青蒿素的发现是人类征服疾病进程中的一小步"，使抽象深奥的科学道理变得深入浅出、通俗易懂。

2. 结构逻辑性

文章整体结构清晰，脉络分明，以时间线为纽带，将青蒿素的发现、研发、临床实验及实际应用等关键阶段紧密串联起来，形成了一幅完整而生动的科学探索画卷。读者在跟随作者的叙述过程中，不仅能全面了解青蒿素的发展历程和科学价值，还能深刻感受到科学研究的艰辛与喜悦、挑战与机遇以及人类智慧的伟大。

---

① 李煜晖，苏荣格. 语义、语意与语用：略谈语文文本解读的内容与方法 [J]. 中学语文教学，2024 (04)：19-23.

3. 科学性与人文性并重

该文不仅详细介绍了青蒿素的发现和研究过程，还深入挖掘了屠呦呦及其科研团队在科学研究过程中所展现出的坚韧不拔、勇于探索的人文精神。这种人文精神的呈现让读者在了解科学知识的同时，也能由衷地感受科学家们对科学的执着追求以及为人类进步和社会福祉做出的伟大贡献。

统编版教材主要基于"人文主题"的深刻内涵与"语文要素"的明确指向来编排单元教学内容。秉持单元整体教学理念，针对单篇课文的教学需重点解决两大关键问题：一是如何确保单篇教学目标紧密贴合单元主题，使之成为整体学习链条中不可或缺的一环；二是如何设计单篇教学任务，使其有效落实语文要素的教学要求，并能鼓励学生进行个性化阅读，生成深度理解和独特感悟。据此，单篇课文教学目标的设定要综合考量课程标准的宏观指导、单元篇章的明确导向以及课文本身的具体内容。

一要结合学段学习任务群寻找单元目标。以《青蒿素：人类征服疾病的一小步》为例，其所属单元为统编高中语文必修下册第三单元，对应《普通高中语文课程标准（2017年版2020年修订）》中的"实用性阅读与交流"任务群。该学习任务群明确指出要"引导学生学习当代社会生活中的实用性语文，包括实用性文本的独特阅读与理解"，同时还将知识性读物归纳为实用性阅读与交流的学习内容之一[①]。学习任务群决定了本单元需要重视对学生科学思维和科学精神的培养。据此，教师应在教学过程中鼓励学生通过阅读激发科学探究热情，通过分析体会实用性文本严谨准确的语言特点，通过表达形成自我独特的见解。

二要基于单元导语确定学习主线脉络。本单元导语提出要在阅读过程中，精准捕捉关键概念与术语，以此为主线梳理文章的逻辑脉络。同时，深入分析作者的阐述方式、逻辑推理手段，领略其语言表达的严谨性与准确性，进一步地运用所学知识，将理论知识与实际问题相结合，进行深入探究，最终形成个人独到见解。这要求《青蒿素：人类征服疾病的一小步》的学习主线脉络是引导学生以科学的视角审视问题，培养不断探索、勇于质疑、坚持真理的科学态度和精神风貌。

鉴于上述分析，在单元主题与语文要素的双重指引下，紧密围绕单元学

---

① 中华人民共和国教育部．普通高中语文课程标准（2017年版2020年修订）[M]．北京：人民教育出版社，2020：20．

习任务，充分考虑课文的独特性，可以从文本内容、文体特征和人文主题三个方面将《青蒿素：人类征服疾病的一小步》的具体学习目标设置为：

（1）阅读并梳理全文内容，明确科研环节和时间节点，提取关键概念，了解科学探究的历程。

（2）把握文章演讲稿和学术论文兼具的文体特征，尝试说明文写作和采访提纲撰写。

（3）理解"青蒿素精神"，体悟科研工作者的精神品质。

三、单元整体教学视域下的单篇教学路径探索

（一）立足单元主题，创设学习情境

本单元的人文主题是"探索与创新"，教师可以将情境创设在一个充满探索与希望的虚拟"全球健康博物馆"内，由学生扮演来自不同国家和地区的年轻科学家，受邀参与"人类对抗疟疾的伟大发现——青蒿素"的揭秘过程，共赴一场时空之旅。导入阶段，教师可以借助多媒体教学手段向学生展示有关疟疾的背景资料，帮助学生初步感知这一疾病对人类社会造成的诸多影响。导入结束后，教师以小组为单位，将学生分为不同的"科研团队"，完成如下表格并选派"团队发言人"展示各自的成果。

表1　屠呦呦科研团队的科研环节和时间节点一览表

时间	事件	标志
1969年	屠呦呦开始领导抗疟疾药研究工作	屠呦呦科研团队的组成
1971年	成功得到安全性高的中性提取物	发现青蒿素抗疟疗效突破口
1972年	发现青蒿素	
1973年	海南疟疾区试用青蒿素胶囊	打开开发新抗疟药物的大门
1977年	在《科学通报》发表青蒿素分子的立体结构，并被《化学文摘》收录	
1979年	被授予"国家发明奖"	
1982年	公开发表《青蒿素的化学研究》报告	引起世界关注
2002年	世界卫生组织采用青蒿素为一线药物治疗疟疾	全世界广泛应用

该情境的创设对应单元学习任务一，意在引导学生通读全文后，以小组合作的方式明确屠呦呦科研团队的科研环节和时间节点，提高信息采集和筛选的能力，体会并感受"青蒿素"提取过程的不易。教师点评各小组表现后

可提问:"屠呦呦科研团队共花费多长时间走完人类征服疾病的这一'小步'?"学生通过表格能够得出"从1969年到2002年"共33年这一答案,并能从中感受到:在这段跨越小半个世纪的科研之路上,屠呦呦和她的团队凭借坚持不懈的努力与辛勤的汗水,赢得了国际社会的广泛认可,并在全球范围内,特别是在发展中国家,挽救了数百万人的生命。基于此,教师还可以继续发问:"究竟是什么因素促使屠呦呦及其团队能够克服一切障碍,成功研制出青蒿素,从而攻克了疟疾这一困扰人类长达千年的难题?"从而引发学生的进一步思考。

(二)依"体"指导阅读,实现读写融合

本文学习提示中还特别指出"阅读时还应当关注两位科学家是如何让公众了解他们的工作,深入浅出地介绍科学研究的原理和探索过程的"。这要求学生把握知识性读物的语言特征,掌握提取主要概念和梳理文本逻辑的方法。本文兼具说理、抒情、宣传和说明等特征。为进一步准确地把握文章的文体特征,教师应在教学中将重点放在剖析"理"的构建与表达上,帮助学生在实践中有效阅读、把握实用性文章的特点。

1. 聚焦语言特征

原文中,屠呦呦有时采用第一人称"我",有时用"我们"来表述。教师可以将人称的变化作为切入点,要求学生用不同颜色或符号在文中标注出"我"和"我们",并在学习小组内交流对比结果。交流结束后,教师提问:"在文中'我'和'我们'的分布情况如何?作者屠呦呦什么时候在什么情况下使用'我',又在什么情况下用'我们'?"通过前面的学习,学生可以根据可视化的标注做进一步归纳提炼:"我"和"我们"在文中分别出现20次和19次,且文章前半部分介绍屠呦呦童年经历时多用"我",后半部分青蒿素的研发阶段多用"我们"。屠呦呦以"我们"这一集体称谓,选择性地淡化了自己作为核心贡献者与领导者的卓越成就与无私奉献。她的用词在青蒿素研发的不同阶段,有着微妙的变化:在发现青蒿素抗疟功效的突破性时刻,"我"字频繁出现,彰显了个人的探索与发现;而到了将这一发现转化为实际药物的关键阶段,则多使用"我们",以强调团队合作的力量。因此,教师需要借助生动的案例和丰富的课外资源,引导学生深入理解和感受这一层面的精神内涵。

2. 组织实践活动

学习任务的有效实施离不开具体实践活动的支撑。鉴于此，教师在完成学习任务的设计后，应当将学习任务嵌入丰富多彩的实践活动之中，搭建学生学习与探索的桥梁，引导他们在动手做的过程中深入分析。教师可以策划三项与课文内容紧密相关的学习任务，并逐一配套对应的实践活动，让学生在实践中深化理解，实现知识的内化与能力的提升。

其一，提取概念，概述研究过程。此活动对应学习目标一，要求学生合作绘制青蒿素发现过程的思维导图，厘清文章的脉络和主线，明确"青蒿素"提取过程的漫长与不易。例如，可将"青蒿素发现与研究过程"设为思维导图的中心主题，在分支一中列出屠呦呦及其科研团队的主要成员；分支二中以时间顺序，标注青蒿素研究的重要节点，如项目启动、初步发现、提取方法突破、临床试验开始、成功结果公布、国际社会认可等；分支三中详细记录青蒿素研究过程中的关键发现，同时不要遗漏遇到的挑战与困难，如实验失败、资金短缺、技术瓶颈等，以及科研团队克服这些困难的举措；分支四中简述青蒿素的发现对全球疟疾防治的影响。

其二，学以致用，撰写采访提纲。此环节紧密贴合学习目标二，鼓励学生将所学知识与文本分析、资料整合能力相结合，通过深入分析诺贝尔医学奖评选词、屠呦呦的获奖感言、"感动中国"年度人物评选中的相关视频片段等资料，构思并撰写一份采访提纲。采访提纲的设计可以围绕"科学探索的人文情怀""传承与启迪：科学精神的接力""未来展望""个人成长与心灵之旅"这几个维度展开，确保内容既贴近受访者的个人经历与感受，又具备前瞻性。

其三，口语交际，分享荣誉之由。此环节针对学习目标三，意在通过模拟评审视角，引领学生感受科研先驱的精神风貌。学生要以客观、严谨的态度，总结并阐述屠呦呦在科学领域及中医文化传承上的非凡成就与深远影响。教师可以指点学生从"科研毅力与成就""中医文化的传承与创新""人文关怀与国际视野"等方面入手。通过口语交际实践，不仅可以帮助学生提升语言表达的准确性，还能在文本内容的梳理中，加深他们对屠呦呦等科学研究工作者科研精神的理解。

（三）体悟科学精神，融入生活情境

屠呦呦将青蒿素的发现誉为人类在与疾病漫长斗争征途上取得的"一小

步"胜利,这不仅是对一项杰出科研成果的评价,更是对科学界在探索未知领域时所展现的不懈坚持、勇于挑战、持续进步的科学态度的最高赞誉。解读文本时,要将文本解读的重心放在科学态度与科学精神的体悟上,放在需要用科学态度与科学精神塑造的"人"上,突出人的意志,联系现实生活①。教师可以引导学生拟写"科学家精神品质关键词",加深对文本内涵的理解,激励他们将这些宝贵的品质内化于心、外化于行。表2阐释可供教师在课堂中引导学生做进一步的思考与讨论。

表 2　科学家精神品质关键词一览表

青蒿素精神	阐释
胸怀祖国,敢于担当	屠呦呦团队在研发过程中,始终将国家的需求和人民的健康摆在首位
团队协作,传承创新	青蒿素的发现是多学科、多领域合作的结果,屠呦呦团队中的每一位成员都发挥了不可或缺的作用
情系苍生,淡泊名利	屠呦呦团队的科研成果帮助疟疾患者重获希望。面对荣誉名利,他们却保持谦逊的态度,专注后续研究
增强自信,勇攀高峰	青蒿素的发现过程充满了未知和挑战,但屠呦呦团队始终保持坚定的决心,勇于面对困难,不断挑战自我

经典文本唯有与学生的生活经历相交融,方能充分彰显跨越时代的深远价值。文中不仅蕴含"板凳甘坐十年冷"的坚韧不拔精神,还体现了"文章不写半句空"的求真务实态度,更寄托了作者对中医药学在全球健康领域发挥更大作用的深切期望。正如文末所表达的:"我的梦想是:在抗击危害人类健康与生命的疾病斗争中,中医药学能进一步展现其力量,为世界人民的健康与福祉贡献新的力量。"这不仅是屠呦呦的个人愿景,更是全体中国人的心声。若学生能在学习过程中内化这一心声,那么本文被选入教材的目的便实现了。即便不直接从事科学研究,学生亦能从中感受到科学探索之路的崎岖与不易,认识到科学精神的真谛在于面对挑战时仍能保持坚韧不拔的意志。因此,引导学生深刻理解并在生活中践行这种不屈不挠的精神,应成为解读本文的核心要义。

---

① 廖斗伟.《青蒿素:人类征服疾病的一小步》的教学重心探究[J].中学语文,2023(20):29-30.

单元视域下单篇课文教学路径探索
——以《哦，香雪》为例

罗小慧[①]

摘要：新课标背景下，高中语文学科发生了从单篇课文教学走向单元整体教学的变革，但在实施过程中，往往出现重单元整体教学、忽视单篇课文价值的现象，但单元教学并不意味着忽视单篇教学，只有将"单元"与"单篇"相融合才能最大限度落实学习任务群的要求。基于此，可通过如下路径使二者协作共生：定位课型，明确学习任务；提炼大概念，确定学习重心；立足单元，细化学习目标；深挖文本，设计学习活动。

关键词：单元教学；单篇教学；实施策略；《哦，香雪》

当前，单元教学凭借其系统性、整体性的特点受到一线教师的青睐，单篇课文教学在阅读教学中的主导地位被打破，其文本自身的独特性被忽视。一些学者感喟于单元教学中出现的单篇课文阅读零碎化、肤浅化等问题，号召单篇文本的深度解读，此种倡导看似"正本清源"，实则未能正确处理单元教学和单篇教学的关系。事实上，强调单元教学并不意味着忽视单篇教学，相反，我们要更加重视在"单元"的整体关照下，使"单篇"课文充分发挥应有的课程价值。

---

① 作者简介：罗小慧，黄冈师范学院学科教学（语文）23级研究生，邮箱：luoxiaohui0313@163.com。

《普通高中语文课程标准（2017年版2020年修订）》（以下简称新课标）以学习任务群作为课程内容的组织和呈现方式，建构了语文课程内容的结构体系。单元教学和单篇教学虽教学形态不同，但均是落实学习任务群的重要方式。新课标背景下的单元整体教学是以教材自然单元为依托，从整体出发，对单元内课文进行统筹设计，关注单元内外文本之间的关系，实施整合教学。① 与传统的单篇课文教学从"主题、情感、手法"等广度拓展其课程价值不同，单元视域下的单篇教学需要考虑学习任务群的要求，聚焦单元整体价值，从单元的整体视角来看单篇，深挖单篇选文与单元任务的"契合点"，拓展其课程价值的"深度"，切不可抛开单元目标随意发力。基于此，本文以《哦，香雪》为例，探索单元视域下的单篇教学实施路径。

一、定位课型，明确学习任务

　　"群文"的大量出现是统编版教材的显著特点，打破了以往教材中单篇课文独立成篇的编排体例。《哦，香雪》出自统编高中语文必修上第一单元，本单元共3课，包含7篇选文，其中只有《沁园春·长沙》独立构成第1课的学习内容；第2课由《立在地球边上放号》《红烛》《峨日朵雪峰之侧》《致云雀》4首现代诗歌组成；第3课由《百合花》和《哦，香雪》两篇当代短篇小说组成。从形式上看，统编版教材中的单篇有两种呈现形式：一种是单元之下的独立篇目；另一种是单元之下群文之中的篇目。《哦，香雪》一文以标"*"的自读文本身份协同《百合花》组合成第3课，属于第二种单篇形式。

　　群文之中的单篇应该是共性大于个性的，它的主要作用是和其他篇目一起组成群文，按照群文的需要承担相应的功能。② 就《哦，香雪》一文而言，它作为诗化小说的经典之作，若脱离教材，其诗情画意的写作笔法、独特的叙述视角、多元的主题都可作为教学内容。但当其作为统编高中语文教材必修上第一单元第3课的课程资源之一，就不得不作为《百合花》的补充资源，与《百合花》一起共同承载"把握小说叙事和抒情的特点""学习从多角度欣赏作品"等学习任务，至于文中凤娇和"北京话"的感情发展、独

---

　　① 耿红卫，李春燕. 单篇与单元教学关系考证及融合路径——以统编高中语文教材必修下册第六单元为例[J]. 语文建设，2023（11）：5-6.
　　② 朱诵玉. "单元"视域下的群文教学与单篇教学[J]. 语文教学通讯·高中，2021（03）：25.

特的叙事时空等便成为无须深度解读的"非课程性任务"。在单元视域下，作为构成第3课课程素材的自读课文《哦，香雪》，其学习任务可定位如下：把握人物性格特点，分析人物形象；赏析文中的细节描写、心理描写、环境描写；理解"铅笔盒""火车"的象征意义；感悟小说清新的笔调，感悟语言之美；结合文本，理解"青春的价值"。

二、提炼大概念，确定学习重心

在实际教学中，纷繁复杂的语文学习任务往往会掩盖需要甄别的核心知识，甄别语文核心知识就是为了更好地掌握语文学习的大概念，并将它转化为能够应用于其他教学情境所需要的能力。可见，大概念是单元整体视域下单篇课文学习的关键。此处的大概念是揭示学科本质的"上位"概念，有助于师生在高效互动中达成语文核心素养培养的"协同作用"，实现"学习进阶"。①

大概念可从多个角度提炼，本文基于学习任务群和单元学习要求提取大概念。其一，《哦，香雪》属于"文学阅读与写作"任务群。该任务群的要求指向"情感"和"语言"层，旨在引导学生阅读不同体裁的作品，"使学生在感受形象、品味语言、体验情感的过程中提升文学欣赏能力，并尝试文学写作，撰写文学评论，借以提高审美鉴赏能力和表达交流能力"②。其二，从教材中单元导语的要求来看，单元导语从"理解诗歌的抒情手法""把握小说叙事和抒情特点"等角度明确了本单元的学习要求。这一要求指向"情感""手法"层面。其三，从本课的学习提示来看，对于本文的学习要注意把握人物的"心理变化"，学会"欣赏小说清新的笔调"，指向"手法"和"语言"层面。其四，从单元学习任务来看，要求学生"欣赏小说的描写艺术"，指向小说"手法"层面。最后，就本单元的内容来看，前两课指向"语言""意象""情感"层面，第3课侧重"描写手法""物象""情感"层面。综合以上，可将大概念提炼为"赏析语言、典型意象或物象对表情达意的重要作用"。

---

① 陈华分.指向"大概念"的高中语文单元教学探索——以统编版高中语文必修上册第一单元为例[J].语文教学与研究，2024（03）：82.
② 中华人民共和国教育部.普通高中语文课程标准（2017年版2020年修订）[M].北京：人民教育出版社，2020：17.

三、立足单元,细化学习目标

学科大概念的循证路径依循"从大到小"的思维逻辑,在单元"大概念"的统领下逐级分解学习任务目标,将其转化为具体可以感知的具体化内容,而转化的过程即确定教学目标的过程。[①] 基于此,围绕"赏析语言、典型意象或物象对表情达意的重要作用"这一大概念,并结合单元内容,可将单元目标分解为:① 阅读单元文章内容,理解"青春"的含义,感受青春之美;② 有感情地诵读诗歌,抓住主要意象,理解其中蕴含的独特情感;③ 深度阅读小说类文本,理解语言、心理等描写手法对塑造人物的作用;④ 结合自己的生活经历,尝试以"青春的价值"为主题进行文学创作,表达自己对于"青春"的看法。

单元目标分解后,教师需要进一步整合单元内外的文本资源,进一步细化单篇课文的教学目标,从而引导学生将单元目标各个击破。《哦,香雪》作为诗化小说的代表作,语言细腻纯净,富有诗意;情节通过人物内心世界来呈现,情感真挚。从单元视域来看,可引导学生从诗化的抒情语言、关键的物象两个角度来解读文本;从第3课的学习提示来看,本文旨在引导学生透过细小的生活场景和清新的笔调分析"香雪们"的心理变化与情感波澜,从中感受"香雪们"的纯真和质朴;就文本的内容来看,《哦,香雪》与同课的《百合花》在描写手法上各有侧重。《哦,香雪》主要通过心理描写展现人物形象。而《百合花》侧重通过细节描写展现人物形象。从叙事视角来看,本文采用第三人称限制性视角来叙述人物,因此,本文学习目标的设置要注意抓住本文的"独特性"。基于以上,可将《哦,香雪》学习目标定位如下:

(1)梳理小说情节,尝试用自己的语言讲述。

(2)细读文本,分析心理描写对展现人物的重要作用,把握人物形象。

(3)结合自身阅读体会和生活经验,理解铅笔盒的象征意义,激发对青春价值的追寻。

---

① 陈华芬.指向"大概念"的高中语文单元教学探索——以统编版高中语文必修上册第一单元为例[J].语文教学与研究,2024(03):84.

四、深挖文本，设计学习活动

《哦，香雪》是作家铁凝于改革开放初创作的一篇展现女性形象的短篇诗化小说。文章以 20 世纪 80 年代初的社会变革为背景，讲述了一个封闭落后的台儿沟由于"火车"的到来由闭塞走向开放，给山村少女"香雪们"带来了生命意识的觉醒。与传统小说强调"三要素一主题"不同，《哦，香雪》具有诗化小说的"形散"特点，其行文结构看起来较随意，内容之间具有跳跃性，文本深处的情感脉络构成了小说的行文走向。该文章自身具有的特质使得学生在学习过程中感到力不从心，无法捕捉学习的关键。此外，部分一线教师在实际教学中出现的抛弃单元任务、过分解读本文的行为也限制了诗化小说的教学。单元视域下的单篇课文教学既要立足单元整体，又要注重挖掘单篇选文的特色。教师可通过创设与单元主题相呼应的任务情境、设置指向学习目标的学习活动来实现"单元"与"单篇"的有机统一。

新课标中要求"根据学生的发展需求，围绕学习任务群创设能够引导学生广泛、深度参与的学习情境"[①]，因此，本文可通过情境的创设、任务的驱动来拉近读者与文本的距离。基于课标要求和本文特点，可创设这样的情境任务：近日，少女香雪在我市举办的"寻找最美乡村少女"比赛中拔得头筹。都说"梅须逊雪三分白，雪却输梅一段香"，当"梅"和"雪"这两种不可兼得的美好形象汇聚在一个少女身上时，你将以什么样的语言去描述她呢？在学习本文后，请为香雪写一首赞歌，为香雪"画像"，为自己的青春"宣言"。

任务情境创设后，教师需要设计具体的学习活动来落实大任务。教师要明确各项学习活动之间绝非彼此孤立的，而是具有内在逻辑联系的。为此，可通过创设以下四个彼此勾连、螺旋上升的学习活动来驱动学生精读文本，在字里行间辨析揣摩，落实学习目标。

学习活动一：讲讲香雪的故事

请先以小说人物的口吻讲述香雪的故事，再用自己的口吻和同桌讲述香雪的故事。

设计意图：① 通过"讲故事"的方式引导学生梳理情节，检验学生对主要情节的把握程度；② 引导学生进入文本情境，关注不同人物的语言特

---

① 中华人民共和国教育部. 普通高中语文课程标准（2017 年版 2020 年修订）[M]. 北京：人民教育出版社，2020：42.

点，进而初步把握人物形象；③ 引导学生在真实的语境中培养语言建构与运用能力。

"依文体而教"是语文阅读教学的关键。具体而言，尽管《哦，香雪》因其虚化人物、淡化情节、诗化意境、诗意语言等特征有别于传统小说，但同时它也具有小说这一文学体裁的"共性"。在设计学习活动时依旧要把握小说教学的"共性"，重视对情节的梳理、人物形象的感知、环境的分析、主题的探讨。该学习活动的设计以叙述视角的切换为突破口，旨在引导学生在真实的语文实践活动中揣摩人物语言特点，感知人物形象。相较于全知视角，用香雪、凤娇和"北京话"的视角讲故事，能够感知人物的个性化语言，促进学生对人物的理解，同时，这一学习活动也能激发学生的表达欲望，培养语言建构与运用能力。例如，香雪对于铅笔盒有别样的渴望，因此学生在借香雪的口吻讲故事环节中会侧重讲述铅笔盒，而凤娇对于"金圈圈"等物品十分关注，因此会侧重对物品买卖的讲述。最后，教师可引导学生跳出小说文本，用自己的语言讲述《哦，香雪》的故事，还原一个完整、立体的故事情节。

学习活动二：探究香雪的渴望

读完香雪的故事后，请再次回到课文中运用文本细读的方法品味重要语段，思考香雪用40个鸡蛋换铅笔盒值不值？铅笔盒在本文中有何象征意义？

设计意图：① 引导学生通过文本细读，揣摩人物性格，进一步把握人物形象；② 通过聚焦主要情节，引导学生思考铅笔盒之于香雪的重要作用，理解铅笔盒的象征意义。

文本细读指对文本精细的阅读，它能实现对文本信息的充分、饱和的理解。此活动以文本细读为抓手，通过理解文本叙事逻辑，旨在梳理出关键物象对于串联主要情节的作用及其自身的重要意义。小说从"火车开进台儿沟"直到"香雪走回台儿沟"整体上采用顺叙，但细读文本可知，偏偏"香雪在学校受到嘲笑"这段情节是插叙，然而，正是这段插叙部分的内容才促成了香雪"出走"的决心。在本文中，叙事技巧的分析是理解香雪形象的重要切入点。此外，勾连文章主要情节的物象——铅笔盒对于展示人物形象也具有重要作用。新课标指出："根据诗歌、散文、小说、剧本不同的艺术表现形式，从语言构思、形象、意蕴、情感等多个角度欣赏作品。"这提示我们，"形象"是鉴赏小说的思路之一，小说阅读教学可从"形象"入手。[1]

---

[1] 中华人民共和国教育部. 普通高中语文课程标准（2017年版2020年修订）[M]. 北京：人民教育出版社，2020：17.

小说中的形象既包括人物形象也包括物象。物象，又称为小说道具，是"小说作者创设的对小说情节、人物塑造和文势发展起关键作用的客观物体，其核心是为人物服务，表现人物性格、情感"①。文中的铅笔盒作为知识、文明的象征不仅引发情节一次次发生"突转"，还引导着香雪由一个怯懦的乡村少女成长为一个主动追求理想、追求新世界的勇敢女性。

学习活动三：分析香雪的觉醒

香雪在得到铅笔盒后，文章的情节已然完整，但作者为何要花大量笔墨描写香雪走回大山的情节？根据你对文本的理解，思考这样写的用意。

设计意图：① 聚焦文本后半段，品味心理描写对于刻画人物性格、塑造形象的重要作用。② 引导学生品味文章的诗意语言，提高审美能力。

读懂一篇小说需要借助作者写作的表达方式。我们需要对作者的表达方式进行了解和品味，只有这样才能更好地进入作品，达到对作品的理解和把握。② 本文以心理描写作为烘托人物的主要手法，以香雪"渴望铅笔盒—交换铅笔盒—得到铅笔盒"的心历路程为线索，揭示了一个坚毅执着、敢于追求美好人生的香雪形象。课文的后半段运用心理描写将香雪走三十里夜路回家的情节推向了高潮，香雪下了火车后，面对"黑黝黝的大山，凛冽的寒风，小树林发出窸窸窣窣的可怕声音"，内心没有了此前的淡定，但作者这时却笔锋一转，用一轮满月升起的美景冲散了黑暗。后又对香雪手中"闪闪发光"的铅笔盒进行特写，为她由悲转喜的心理波动做了铺垫。香雪握着铅笔盒走回大山，她心中"升起一种从未有过的骄傲"，说明她找回了青春的尊严，发现了不远处的新世界。可以说，对于人物心理的揣摩是读懂这篇课文的关键所在。此项学习活动的设计在上一个学习活动的基础上继续生发，引导学生聚焦"香雪走回大山"这一情节，借助心理描写理解香雪由"犹豫"到"坚定"的心路历程，从中引发自身的情感共鸣，获得审美体验。

学习活动四：成为当代"香雪"

请根据你对《哦，香雪》的理解，联系本单元的其他篇目，如《百合花》《沁园春·长沙》，为主人公香雪写一首赞歌，并结合自身实际谈谈如何成为当代的"香雪"。

设计意图：① 鼓励学生用自己的语言对课文进行理解性创作，驱动学

---

① 潭万. 小说中物象的作用——以《哦，香雪》中的铅笔盒为例 [J]. 语文教学通讯，2023 (08)：26.

② 王荣生. 小说教学教什么 [M]. 上海：华东师范大学出版社，2015：95.

生结合现实生活谈理解，从而锤炼学生的语言运用能力，提升思维品质；② 回应单元人文主题"青春的价值"，深化主人公香雪的当代价值。

　　学习本单元，要从"青春的价值"出发思考课文蕴含的深刻意蕴，那么本篇课文《哦，香雪》对当下风华正茂的青年学生而言有何价值呢？首先，本文借助温润细腻的语言描绘了"台儿沟"的原始自然之貌，重点刻画了身处乡村的少女香雪敢于突破自我、拥抱新世界的女性精神，勾勒了"香雪们"朴实无华、天真纯净的女性群像。通过细读文本，学生能从诗情画意的语言文字中读出传统乡土文明的自然之美和青春女性的人文之美。其次，就文本诞生的背景来看，香雪的故事诞生于 20 世纪 80 年代初"城乡对立"的大背景，但文章中不仅没有尖锐的城乡矛盾，反而体现了城市对乡村的拥抱与接纳，这反映了作者对城乡融合的美好期待，也是当代中学生应有的文化觉醒。总体而言，《哦，香雪》对于当代中学生的价值在于学习"香雪精神"，勇担社会责任。该学习活动是对上述学习活动的承接与升华，旨在引导学生深入理解香雪的形象内涵，激发青年学生的使命与担当。

　　综上所述，单篇教学首先要明确：单篇是单元视域下的单篇，有时也是群文之下的单篇。本文以此为出发点，以《哦，香雪》为例，对单元视域下的单篇课文教学路径做出了探索。单元教学与单篇教学绝非彼此割裂，而是逐步趋于融合的，在单篇教学实施中我们要明确单元任务和单篇选文的特色，将"单元"与"单篇"融会贯通，集二者之所长，引领学生深度学习。

单元整体视域下单篇选文课堂提问研究
——以《老王》为例

谭慧婷[①]

摘要：随着新课标改革的不断深化，语文阅读教学正迎来新的变革，其中单元整体与单篇教学的融合成为重要趋势。散文教学作为阅读教学中的核心组成部分，当前面临着学生主体地位缺失、创新思维匮乏等挑战。为应对这些挑战，课堂提问作为一种高效教学手段，能够显著活跃课堂氛围，提升学生课堂参与度，促进教学目标的顺利实现。本文首先明确了单元整体与单篇教学的内在联系，并据此确立了提问的导向性。接着，从单元角度出发，聚焦单篇散文，深入探讨了课堂提问应遵循的基本原则。最后，以《老王》这一经典文本为例，具体探索了在单元整体视域下单篇散文的提问策略，旨在为初中语文散文教学提供新的提问思路，从而有效激发学生的阅读兴趣，培养其创新思维和批判性思维能力，推动语文阅读教学质量的全面提升。

关键词：单元整体视域；《老王》；单篇教学；课堂提问

随着新课标的推出和执行，单元整体教学法在初中语文教学中的重要性日渐上升。但是，在实际应用中，语文教师们需要解决的关键问题是如何在保持单元完整性的同时，兼顾单篇课文的特点，以及如何在单元整体教学的

[①] 作者简介：谭慧婷，黄冈师范学院学科教学（语文）23级研究生，邮箱：2459671146@qq.com。

框架下,充分挖掘和利用单篇课文的教学潜力。不论是在单篇教学还是单元整体教学中,课堂提问都是教学过程中非常重要的一环。不同时代背景下,语文教学需求各异,教师课堂提问方式亦随之变化。每个时代都会涌现出优秀语文教师,他们拥有独特的教育理念和思想,其课堂提问既具个人特色,又反映时代共性,值得深究。当前,初中叙事性散文教学课堂尚有不足,需反思与改进,才能更有效地推进散文教学的课堂实施,确保新课标的各项规定得到落实,并进一步促进学生语文核心素养的提升。

一、基于单元与单篇关系,明确提问方向

单元整体与单篇文本之间存在着一种相互依存、共同构建的紧密关系。单篇文本,作为各具独特教学价值的独立单元,是构筑整个教学单元不可或缺的基石。这些单篇文本之间不仅各自独立,而且相互关联,共同编织成单元整体设计的有机网络,构成单元整体设计的核心组成部分;通过单元整体设计的精妙布局,被赋予了新的教学目标,创设了生动的学习情境,规划了实践性的具体学习任务及评价体系,这种关系超越了简单文本累积的层面,单元整体设计为单篇文本注入了新的生命与方向,明确了具体的教学目标。

因此,在单元整体设计的前期准备阶段,首要任务是清晰地界定单元的学习目标与学习任务,随后对单元内每一篇独立文章进行深入剖析,依据它们在教学价值上的共性与差异进行重构与编排,以实现更加系统化、高效化的教学规划。《老王》位于统编初中语文七年级下册的第三单元,通过对教材的单元导语、单元习作等分析可得知,本单元的四篇课文都是围绕"凡人小事"的人文主题,体会平凡人物的优秀品格和闪光点。但文体有所不同,其中有散文《阿长与〈山海经〉》和《老王》、小说《台阶》,还有古代笔记小说《卖油翁》。这四篇写人叙事的作品,旨在让学生了解不同叙事文体间的共性和基本特征,学会从标题、详略安排、角度选择等方面把握文章重点;熟读精思,加强文本细读,关注细节描写以及文章内容的前后联系,揣摩人物心理,感知人物形象特点,引发学生对真善美的追求;结合文体特点和作者的叙事风格,并诵读文章特别之处和关键语句,体悟文章的深刻意蕴,并以此提高学生的语文核心素养。

就《老王》单篇文章而言,这是杨绛先生创作的一篇具有回忆性质的叙事散文。该文通过叙述作者与一位普通车夫之间的交往经历,生动展现了底层人民的生活状况,同时深刻揭示了人性中的善良与美好。它以朴实的语言

和深入人心的主题，打动了无数读者的心。就语言而言，《老王》的语言平淡隽永；就思维而言，《老王》还原了文章情景，引领读者从细节探寻妙处；就审美而言，《老王》语言虽平淡，却饱含作者的"愧怍"之情，表达了作者的自我救赎与深刻反思；就文化而言，这篇散文将"文化大革命"时期底层小人物身上所闪耀的人性美好光辉展现得淋漓尽致。

在构建具体教学体系时，要先明确单元整体与单篇文本之间的关系，明确课堂提问的方向。提问的方向要能在一定程度上反映单元教学目标和要求，针对本单元文章的教学，提问要指向不同叙事文体的基本特征，引导学生学会从文章的角度选择、详略安排等方面去整体把握文章的结构层次；还要指向文本的具体细节，引导学生熟读文章段落，并深入思考细节描写的作用，通过分析多处细节把握人物形象，加深对文本情感的理解。

二、立足单元，聚焦单篇，把握提问原则

单篇教学应有单元整体意识，关注单元目标和单元地位，彰显单篇的独特价值。[①] 在阅读教学中，课堂提问是实现教学目标的重要方式，其问题提炼要能指向单元目标的达成，概括单元核心任务要求，同时又要具备单篇文本的独特之处，如语言特色、思想情感等。因此，在初中散文教学中，教师提问要达到有效，同时又实现单元整体和单篇平衡的效果，需遵循整体性、独特性、建构性的原则，并尽可能将这些原则贯穿于整个课堂提问中。

（一）整体性——紧扣单元，注重内容的有机关联

义务教育语文课程实施应从学生语文生活实际出发，创设丰富多样学习情境，设计富有挑战性的学习任务，激发学生的好奇心、想象力、求知欲，促进学生自主、合作、探究学习。[②] 新课标进一步整合了课程的内容，其时代性和典范性更为突出，课程实施的情境性和实践性也进一步增强了。因此，教师在设计课堂提问时，应注重单元教学内容在教学设计和教学实施中的整体性，打通单篇课文之间的界限，找出课文间的共性与差异，提出的各个问题之间也要有相应的联系，指向的不仅是单篇文本知识的学习，更指向

[①] 刘苹. 语文新课标落实的进阶途径——立足单篇勾连群文整合单元[J]. 安徽教育科研，2024（02）：27-29，56.

[②] 中华人民共和国教育部. 义务教育语文课程标准（2022年版）[M]. 北京：北京师范大学出版社，2022：3.

整个单元的学习内容和学习任务。学生通过思考教师提出的一系列问题，对整个单元的学习方法和学习目标的获取有一定的新认识。

此外，叙事性散文有着完整的故事脉络和故事情节，在引导学生品味散文时，首先就要让学生站在整体的角度去了解散文写了一件什么事，在了解文章整体的基础之上再去细读散文文本，逐个深入地去剖析散文的难点和重点之处。在此过程中，要将人物情感、文章语言以及自身的生活经验有机结合起来，多方面贯穿结合才能对散文有更独到的情感体验。

（二）独特性——聚焦单篇，多维度品味人物语言

"单篇"课文构成了教学价值的"整体"（单元），教学价值的"整体"（单元）由一组"单篇"课文构成，它们形成了一个相对独立的意义系统和教学单位。"整体"的意义和功能离不开"单篇"，"单篇"也同样指示着整体。[1] 在关注单元整体性的基础之上，课堂提问也要聚焦单篇文本特色，彰显单篇文本教学价值。而本单元的四篇文章都是叙事性作品，都是通过写小事以凸显凡人的美好品格。而这些小事大多都以对话形式展开，通过人物间的对话还原事件，从而表现人物特质。因此，在聚焦单篇教学时要格外关注文本中的对话，从多维度品味人物语言，感知人物性格。

本单元的课文都以多种形式的对话展开全文脉络，如：我与长妈妈的对话、我与父亲的对话、我与老王的对话等等。通过品读人物间的对话，也能从中分析出主要人物的性格特征。但在赏析课文对话时，这里的"对话"就有多重含义，不仅指传统的师生、生生对话，更包括编者、文本、教师、学生之间的多维度对话。这种多重对话形式能突破单向信息传输，给予学生更多选择，最大限度激发学生的自主性和学习兴趣。散文文体特殊，教学需深度剖析，而对话交流能更好地触发学生自主学习动机。通过多维度对话引领学生与生活对话，从而引导学生关注现实、思考人生、感悟自然，将散文教学与学生的日常生活紧密联系起来，使学生在欣赏美的同时，也能够提升自己的生活品质和人生境界。

（三）建构性——研读新课标，关注学生的个性化体验

义务教育语文课程围绕立德树人根本任务，充分发挥其独特育人功能和

---

[1] 王林. 大单元教学、单元整体教学、单篇教学与教学实施[J]. 语文教学与研究，2023（08）：24.

奠基作用，以促进学生核心素养发展为目的①。新课标强调要面向全体学生，突出基础性，并尊重学生的个体差异。教师在提问时要充分研读新课标，提出的问题要扣住新课标的核心概念，体现新课标的重点精神；也应注意问题要面向班级每一个学生，以学生为主体，最大限度调动学生上课的热情与思考问题的积极性，让学生主动参与每一步教学过程和每一个教学活动。

散文以其"形散而神不散"的独特魅力著称，然而，由于每个学生的学习背景和知识基础不尽相同，他们对于散文中"神"的解读与认知也必然会呈现出多样化的差异。教师则要在学生具有差异性的基础上，遵循建构性原则，主动引导学生进行散文知识的自主建构，自己形成对散文的独到认识，并进行整合吸收。学生是散文教学的主体，他们通过积极参与、主动思考和创造性实践来建构自己的散文知识体系。在实际教学中，教师应尊重学生主体地位，鼓励他们参与课堂讨论，提出个人见解和感受，以培养其独立思考能力和创新精神。同时，建构性原则还强调散文文本解读的多元性，每个读者都有自己独特的阅读体验和感受。在单篇教学中，教师应该引导学生从多个角度、多个层面去解读文本，挖掘其中的深层含义和价值。同时，学生对文本的多元解读应该得到教师的尊重，勇于表达自己的看法和感受的行为也应该得到教师积极的鼓励，长此以往，他们的批判性思维能力和审美鉴赏能力才能得到提高。

三、单元整体视域下单篇选文提问策略

余映潮、肖培东和王君三位语文名师作为语文教育领域的先进者，不仅对文本有着个性化的解读，在此基础上也有着独具特色和更结合学情的教学方法，在《老王》这篇课文的教学实录中有鲜明的体现。通过分析这三位语文名师课堂提问的技巧和方法可以对课堂提问的策略有进一步的思考和学习。笔者结合单元整体学习目标和学习任务群要求，通过对《老王》这篇文章的提问分析，提炼总结出适用于单篇教学的提问策略。

（一）抓住重难点，设置主要问题

本单元在教学方面的要求主要是培养学生对文章重点的定位能力和对文

---

① 中华人民共和国教育部. 义务教育语文课程标准（2022年版）[M]. 北京：北京师范大学出版社，2022：2.

章意蕴内涵的理解能力。综合对本单元文章以及单元导语等要素的分析，可知本单元学习的重点是熟读精思，把握文章关键语句和重点，感受文章意蕴；难点是感受小人物身上的优秀品格。《老王》作为本单元的重要教读课文，在设置本课重难点时自然也要参考本单元学习的重点，以达成单元目标。余映潮老师在教授《老王》这篇课文时，就抓住了文章的重难点，并围绕文本重难点设置了几个主问题进行提问，使其成为关键问题，支撑起整堂课的教学任务。他将《老王》教学目标设定为通过多角度散文欣赏训练，让学生感受文章展现的心灵美。在这节散文欣赏课中，他采用了话题讨论的形式，并设计了四个主问题。这些问题实际上也是供学生自由选择的话题。整堂课遵循了板块思路和主问题设计的理念，旨在引导学生深入思考，进一步熏陶学生的情感并训练其能力，同时引领学生更深刻地感悟悲悯情怀。

四个主问题也是逐层递进的，板块与板块之间有紧密的联系。先让学生在较广的"面"上阅读，然后再在一个点上精细研读，既让学生了解了品读的词句的本身内容，又通过品读词句深入了解老王这个人物形象，逐一解决主问题，有效攻克教学重难点，从不同层面训练学生品味和鉴赏阅读文本的能力。因此，在教学本单元其他文章时，要先把握单元目标，确定文章重难点所在，并将重难点划分为几个主问题引导学生在课堂上自由讨论，每个主问题又引导学生从语言、思维、审美、文化等不同层面去思考，每个主问题间也是紧密联系的，在解决了主问题时，就解决了对单篇文本乃至整个单元文本共性的解读。

（二）找准切入点，注重文本细节

切入点对于剖析文本至关重要，切入点找准了，对文章方向的把握才不会有失偏颇。文体不同，切入点也会发生变化。因此，在教学本单元的文章时，可从不同文体特点出发，梳理文章结构，找到合适的切入点。如《阿长与〈山海经〉》和《老王》是两篇散文，都围绕中心人物记叙了多个生活片段，且大多以对话形式开展，可以多关注表现作者情感变化的语句，并以中心人物的对话为切入点。《台阶》是一篇小说，可引导学生梳理整个故事的开端、发展、高潮等，可从文章中选取细微却又深刻的事件为课堂切入点。肖培东老师就巧妙地选取了文中的几处细微对话作为切入点，以"闲话"为引子，引导学生从文本的细节处着手，从"闲话"、对话，再到"闲笔"，整个学习过程始终贯穿着朗读，让学生在反复诵读中细细研读文本，体悟其中的情感。通过小切口找到了教学的高起点，引导学生在朗读的情境中还原"闲话"的具体语境。在两处"闲话"不同表达的对比之下，学生得以读出老王人性之善良与在苦难中遭受的不幸，同时也在一遍又一遍的朗读中读懂了杨绛自己的内心世界，感受了她在平淡语言中蕴含的款款深情和极具特色的艺术风格。在课堂后续的教学过程中细读对话感悟作者所说的"愧怍"，充分体会作者对话留白的独特意蕴，通过引导学生联系背景，师生共同感受简洁对话背后的深层含义。

"闲话"不闲，饱含深意；"对话"精深，极富内涵；"闲笔"有味，话中有话。杨绛写作笔调看似平静，却写尽了苍生百态，巧富意蕴。在实际教学中"闲话"为开启本课堂的入口，通过在体悟"对话"中感知人物形象，再深入文章几处"闲笔"探究文章深意，形成一条简洁明了、清晰易懂的教学路径，在此基础上的教学也能更紧扣文章情感和文本语言，使学生的阅读能力得到充分提升，阅读思维得到极大调动。在教学本单元其他文章时，可以文中某几处对话为切入点，通过各种形式的趣味朗读，引导学生细品文章细节，感悟文章内涵。每一个提问既要基于对话展开，又要在此基础上提出更深入的问题，引导学生思考和领悟细节之处的妙用，感受散文文本语言的表达魅力和作者含蓄的情感思想。

（三）立足关键点，把握思维逻辑

单元导语中提到要注重熟读精思，还要发现文章感受关键语句，领悟文章内涵。本单元都是关于小人物的故事，而在阅读故事时只有抓住关键点和重要概念，才能对故事内容有更清晰的认识。每篇课文也具有自身独特的关键点，这可以是一个或某几个词，抑或文章反复出现的高频语句。就拿《阿长与〈山海经〉》和《老王》两篇散文来说，《阿长与〈山海经〉》的关键点可能是"成年的我"和"童年的我"，两种叙述视角对于理解文章意蕴至关重要。而《老王》的关键点则是要理解作者的愧怍之情。王君老师在教学《老王》时，以"活命"一词为课堂的出发点和关键点，并通过此关键点引导学生深入理解文本，关注课文中的五个"只"字，通过品读这五个"只"让学生品出老王当时孤独无助的境遇，体会老王的社会地位和生活现状，通过反复揣摩该词，让学生感受老王的生存状态。在此过程中也一步步引导学生理解了作者为何"愧怍"以及这种"愧怍"的感人之处。

王君老师还通过设计咬文嚼字、深情朗读、重现情景、发现空白、探究疑点等文本细读的方法引导学生品读杨绛沉定简洁的语言，引导学生在深入文本的基础上进行思考和分析，挖掘平淡文字背后蕴藏的丰富的情感。① 在一次次的语言品读中，王君老师有效激发学生的思维，唤醒学生的情感，丰富其精神世界；引导学生品读精准词语、发现文本空白，以此训练学生分析字词句的能力，并培养语感和思维发展。例如，在老王去世后，作者未询问其情况，王君老师便引导学生探究原因，并借助背景资料拓展学生思维。王君老师的教学方法旨让学生掌握学习语文的基本方法，并注重发展其核心素养。

整节课以"活命"状态为关键点，探究老王、作者等人不同的活命状态，有效串联起了整节课，在文本细读中训练学生的思维。在课堂过程中的提问也是步步紧扣、循序渐进的，每一个问题之间都具有前后逻辑上的紧密联系，通过一个个提问引导学生深入思考，促进学生思维的发展与提升。课堂教学的三个部分都十分关注学生的个体情感体验和思维训练。在教学本单元其他文章时，也可以采取角色模拟对话的形式并提出情境中的对应问题，训练学生的口头表达能力和形象思维，通过联结关键点设置一系列问题，激发学生探索文本的潜力，训练他们的想象和联想能力，进而培养学生的形象思维。

四、结论

单元整体视域下对单篇选文的提问研究，教师要树立单元整体意识，妥善平衡好单元与单篇的关系，明确提问方向；深入解读教材，在掌握单元目标的前提下，聚焦单篇重难点，把握提问原则；在恰当融合单元整体性与单元独特性的基础上，通过抓住文本重难点，设置主要问题，提升问题的精度；找准切入点，注重文本细节，加强问题的指向性；立足关键点，把握思维逻辑，增加问题的思维含量等有效提问策略，全面提升学生的语文核心素养。这既符合新课标倡导的课程理念，也适应了时代发展的语文课程教学需求。

---

① 唐梓玮. 语文核心素养视角下《老王》课例比较研究［D］. 桂林：广西师范大学，2021：24-25.

单元整体教学视域下单篇选文教学内容研究

——以《烛之武退秦师》为例

陈雅婧[①]

摘要：《普通高中语文课程标准》（2017年版2020年修订）中指出，语文教学以学科大概念为核心，以主题为引领，围绕学习任务群促进学科核心素养的落实，并在教材编写上安排若干人文主题。这些主题通过单元导语来阐发，借助单元学习任务和学习提示加以落实。课程标准的修订及教材编写体系的创新都为教师如何明确单元教学内容提供了方向。单元下的单篇教学需从单元整体教学视域下出发，了解单元教学目标进而确立单篇教学内容。本文从单元整体教学出发，结合单元导语、单元学习任务及学习提示对《烛之武退秦师》进行解读，从文言字词、句式、叙事情节和语言艺术四个方面为大单元视角下单篇选文教学内容进行分析，确定单元整体教学视域下单篇选文的教学目标及教学活动。

关键词：教学内容；单元教学；《烛之武退秦师》

在传统的课堂授课中，语文教学是围绕单篇的听说读写进行零碎式的学习，但这种"填鸭式"的教学无法将知识运用于生活中。随着课程改革的发展，语文教学开始关注学生语文素养的提升，关注情境化的学习，大单元教

---

① 作者简介：陈雅婧，黄冈师范学院学科教学（语文）23级研究生，邮箱：2582243617@qq.com。

学开始走进语文课堂中。但大单元教学的实施并不意味着抛弃单篇文本教学，本文以统编高中语文必修下册第一单元《烛之武退秦师》为例，来探究大单元视角下单篇选文教学内容。

《烛之武退秦师》是高中语文的必选篇目，主要讲述了秦晋围郑，烛之武在国家危急存亡之际凭借一己之力说服秦伯退兵的故事。文章虽然篇幅短小但故事发生的前因后果完整，情节连贯，人物刻画栩栩如生，通过对本文的教学能提升学生语言、思维、审美、文化等方面的素养能力。

一、统编版教材对单元教学内容的要求

统编版高中语文教材和以往教材相比，其单元编排体例发生了较大变化，"整套教材以人文主题和学习任务群两条线索组织单元"。[①]《普通高中教科书教师教学用书语文必修下册》中指出："教材依据人文主题和学习任务群两条线索，选择学习内容，创新体系设计，整体构建全套教材的框架体系。……这些主题主要通过单元导语来阐发，并借助学习提示和单元学习任务加以落实。"[②]《普通高中语文课程标准（2017年版2020年修订）》中指出："语文课程是一门学习祖国语言文字运用的综合性、实践性课程。"[③] 综合性强调的是课程内容的整合，要将课程目标与语文核心素养相整合；实践性强调的是让学生在真实的语言情境中，通过语言实践活动把握语言文字运用的特点与规律。基于语文课程综合性、实践性的特点，高中语文教材在编排上打破文体限制，以主题的形式呈现，以单元学习任务为引领整合单元学习内容。

（一）明晰单元导语

《烛之武退秦师》选自《左传》，本单元还选取了《论语》《孟子》《庄子》《史记》中的经典篇目，这些文章可以加深学生对中华传统文化的认识，提升人文素养。教师在完成单元教学篇目时需带领学生领悟前人的智慧，增强文化自信，把握"中华文明之光"的单元主题。

---

① 温儒敏. 统编高中语文教材的特色与使用建议[J]. 语文学习，2019（09）：4-10.
② 课程教材研究所，中学语文课程教材研究开发中心. 普通高中教科书教师教学用书语文必修下册[M]. 北京：人民教育出版社，2019：2.
③ 中华人民共和国教育部. 普通高中语文课程标准（2017年版2020年修订）[M]. 北京：人民教育出版社，2020：1.

单元导语指出："整体把握经典选篇的思想内涵，认识其文化价值，思考其现代意义……阅读史传文，要关注其叙事曲折有序、写人生动传神的特点，尝试理性评价历史叙述中体现的思想、观念，认识历史人物和历史事件。"本段可以明确本单元的学习任务群是"思辨性阅读与表达"，要培养思辨精神，关注叙事和语言特色。

（二）关注单元学习任务

本单元的单元学习任务有四项。任务一指向先秦诸子的文章，理解孔孟、庄子的观点，了解儒家的人生价值和理想社会追求。任务二中指出"烛之武游说成功，除了辞令巧妙外，还有什么深层次的原因？"指出在教学本文时除了关注烛之武高超的语言论辩能力之外，还要考虑他劝说秦伯的深层原因，是他能抓住"利"这个关键因素，正所谓春秋无义战，从烛之武、秦穆公、晋文公的言语中也能看出三人不同的义利选择。任务三提出要根据话题阐述自己的观点。任务四中指出"有意识地积累文言文中同一实词有什么不同的义项含义，使用卡片的形式将其记录下来"，如"许""缒""鄙"等，对这一任务的解决不仅能积累文言基础知识，同时对准确判断词义，理解文章内容也有重要作用。

综合四项学习任务可以看出本单元指向"思辨性阅读与表达"，在阅读经典选篇时要理解作者阐述观点的方法，对文本进行多元解读，培养思辨精神。根据单元导语和单元学习任务，教师在进行本单元的教学时需要关注以下几点：

（1）紧扣"中华文明之光"的单元主题，体会中华文化的核心理念和人文精神，增强文化自信。

（2）把握本单元经典选文的思想内涵，认识其文化价值。

（3）了解儒家、道家论事说理的技巧，关注史传文叙事和写人的特点，能理性评价历史叙述中的思想观念。

（4）写议论性的文章，学会阐述自己的观点。

单元导语和单元学习任务对单元教学具有明确的指向性，教师在进行单篇教学时要把握单元教学目标。

（三）解读学习提示

单元教学内容的确定也需要关注学习提示。《烛之武退秦师》一文的课后学习提示分三段，学习本文需要了解秦晋围郑时郑国的处境；把握烛之武说辞的语言艺术和其中蕴含的智慧，注意郑文公、晋文公的话并体会人物特点，梳理故事情节，把握文章内容；理解秦晋围郑中郑对晋的"无礼"、晋文公的"有礼"以及秦后与郑人盟是否无礼。同为史传文的《鸿门宴》，在学习提示中也指出在教学时要关注叙事、人物以及文章涉及的历史文化知识。根据学习提示我们可以看出这篇文章要重点关注烛之武的劝说艺术、个性鲜明的人物形象以及详略得当的叙事特色。

二、单元整体视角下单篇教学设计思路及教学实践

大单元教学是在统一的主题下围绕单元目标来开展教学活动，以培养学生的语文核心素养为主要任务，从单元学习目标、单元学习任务入手明确大单元视角下单篇教学内容。基于以上分析，《烛之武退秦师》可以这样设计：

（一）明确学习目标

单篇教学目标的确定要结合单元教学目标及学习提示的要求，基于此，可将《烛之武退秦师》的教学目标确定为：

（1）通过反复诵读，品味文章内容，并结合注释疏通文章大意，概括情节内容。

（2）体会史传类散文的文体特点、语言风格和艺术手法，感知历史人物身上的智慧，加强思辨精神，掌握说理的方法，获得多元认识。

（3）在学习史传类散文的过程中，把握其文化内涵和历史价值，加深对中华优秀传统文化的认识和理解能力。

（二）开展教学活动

1. 基于"学习起点"，积累文言知识

文言文教学离不开字词释义和语法结构分析，这是文言文学习的重点，亦是教师教学的重点。教师要基于学生的实际学业水平，在分析文本的过程中强化重点字词句的理解，挖掘文字背后的深层含义。

任务：随文教学，积累字词句

注释作为助读系统之一，给学生的学习提供了便利，但有些重点字词仍需教师点拨，如有许多词类活用现象，"晋军函陵，秦军汜南"中的"军"在这里是名词用作动词，翻译为"驻扎"；"既东封郑"中的"东"是名词用

作状语，"向东"。这些词类活用现象使词的词性发生了转变，也会影响学生对文章内容的理解。虚词没有词汇意义，它依附于实词而存在，正确理解虚词的含义也有助于理解句子的语气。如《烛之武退秦师》中的"微夫人之力不及此"中的"微"翻译为"没有"，表示一种否定的假设，从这样的语气中也可以看出晋文公能正确看待秦晋之间的关系，不会盲目出兵。

文言文的发展历经千年，在这个过程中有许多词义发生了变化，如词义的扩大、缩小或转移等，如：《齐桓晋文之事》中的"道"翻译为"说"；《庖丁解牛》中的"道"是指"规律"；《烛之武退秦师》的"道"译为"道路"；还有《鸿门宴》中"从郦山下，道芷阳间行"翻译为"取道"。不同文章中同一实词有不同的含义，因此教师可以引导学生积累实词义项的卡片，扩充文言知识储备。

文言文特殊句式的翻译也会影响学生对文意的理解，教学时应当重点关注。如《齐桓晋文之事》中"是乃仁术也"、《烛之武退秦师》中"是寡人之过也"、《庖丁解牛》中"臣之所好者道也"、《鸿门宴》中"楚左尹项伯者，项羽季父也"，根据本单元中判断句式的结构特点"……者……也""……也"，以及动词"为、是"来学习判断句的标志。通过对文章特殊句式的教学能帮助学生理解文本内容，增强对文意的理解能力。

2. 基于"学习需要"，了解作品叙事和语言运用特点

任务一：了解叙事特色，感受情节波澜

本文选自叙事经典著作《左传》，文章兼有辞令和叙事之美，在教学中应梳理出故事发生的前因后果。在《烛之武退秦师》一文中烛之武是如何出场的呢？是因为佚之狐的推荐，是因为他的一句"若使烛之武见秦君，师必退"，这才有了郑伯的恳请。烛之武有什么能力能劝退秦军呢？在上文中有所交代，"晋侯、秦伯围郑，以其无礼于晋，且贰于楚也。晋军函陵，秦军氾南"，两国包围郑国的原因是晋文公逃亡经过郑国时郑国没有以应有的礼遇对待他，同时郑国在依附于晋的同时又亲附于楚，而秦国与郑国并没有直接的矛盾冲突，且两军分别驻扎，这也为后文烛之武劝说秦穆公创造了条件。这种叙事结构也能帮助学生理解《鸿门宴》这篇文章，让学生体会史传类散文"因果"的叙事特色。

《烛之武退秦师》的情节曲折动人，扣人心弦。在情节发展上，郑国处于危急关头，佚之狐推举烛之武觐见秦君，烛之武是否会答应？此为文章的悬念一。在用人之际，郑文公勇于承认自己的过错，希望烛之武能为了国家利益而出使秦国，烛之武从国家大义和个人使命的立场出使秦国，但这位夜

缒而出的老人能否完成劝秦的大任？此为文章的第二悬念。最后，烛之武成功劝退秦师，秦郑结盟，派将士守卫，晋文公面对盟友的背叛是否会坐以待毙？此为文章的第三悬念。通过这三处悬念的设置能帮助学生更好地理解文章的叙事艺术，体会史传文叙事曲折有序的特点。

任务二：复述故事情节，感知人物形象

在叙述过程中这三重波澜既使得情节完整、紧凑，也塑造出不同的人物形象。郑伯在国家危亡之际采纳佚之狐的建议召见烛之武，展现出一位善纳良谏、勇于自责、知错能改的君主形象；烛之武在国家危难关头敢于只身前往，体现出他的爱国情怀，在说服秦伯的过程中又体现出他的足智多谋；晋文公从"不仁""不知""不武"三个角度阐明理由，体现出他一代霸主的沉着稳重和审时度势。通过对三人形象的解读，能增强学生的责任感和担当精神，增强民族使命感。

孙绍振在《孙绍振解读经典散文》中说道："古典文学中的散文……文章最动人之处，往往不在于表层语言所直接显示的地方，而是在其深层语言所没有直接表达的地方。"① 因此，教学更要去探求字里行间的深层意味。烛之武、秦穆公、晋文公三人有着不同的义利选择，烛之武在郑国危难之时选择挺身而出，只身涉险，他完全可以以"臣之壮也，犹不如人；今老矣，无能为也已"作为请辞的理由，但他却"许之"，并没有因为个人的怨愤而忘却仁人志士忠君爱国的使命。他的抉择体现出在义利关系的选择面前他作为仁人者，以义为先，谋天下利。

在论说时，他先从利出发指出"邻之厚，君之薄也"的亡郑弊端，而存郑有利，能够"行李之往来，共其乏困"；接着从义出发，晋国出尔反尔的举措使秦国在未来的利益会受损，这种"阙秦以利晋"的论述使得秦穆公当即决定与郑国结盟。"秦伯说，与郑人盟"的决定是对义与利的抉择，他生动地诠释了在那个时代下利在义先，以义之名，行利之实。

晋文公在得知秦郑结盟后，他以"不仁""不知""不武"三个方面来阐述理由。一方面，晋文公是一个知恩图报的人，他感激秦穆公的帮助，是一个仁义君子；另一方面，他认为应该竭力维护秦、晋两国的关系，而不是破坏、僵化；再者，秦郑结盟的消息传入军中势必会影响军心，袭击秦军的后果也难以料想。晋文公在得知盟友叛变之后仍能表现出清醒的头脑和理智的判断，在"春秋无义战"的背景下他既能心存仁义践行君子行为，也以国家利益为重权衡利弊，做到仁君者，义利两全。通过对三人不同的"义""利"

---

① 孙绍振. 孙绍振解读经典散文 [M]. 北京：中华书局，2015：30-32.

选择可以引导学生感知历史人物身上的智慧，树立正确的义利观，把握"中华文明之光"的主题。

任务三：聚焦语言艺术，品析辞令之美

《烛之武退秦师》全文语言精练，其中烛之武劝退秦伯的一段话是全篇最精彩的部分，在这一段中要重点理清烛之武"说"的层次，他怎么劝退、为什么能够劝退秦伯，对这一问题的分析不仅能体会到烛之武语言上的魅力，同时对学生语言逻辑的表达能力有所启发，完成单元"思辨性阅读与表达"学习任务群的要求。

烛之武在劝说的过程中先放低自己的姿态，指出"秦、晋围郑，郑既知亡矣。若亡郑而有益于君，敢以烦执事"。他冷静地分析当前的局势，率先示弱，暗示亡郑对秦伯没有好处，进而为下文的叙述做铺垫；"焉用亡郑以陪邻？邻之厚，君之薄也"使用假设来陈述利弊，指出亡郑的弊端；最后指出"阙秦以利晋，唯君图之"，通过历史事实指出晋对秦的背信弃义，晋国贪得无厌，不会把亡郑作为终点，希望秦穆公能好好考虑这个盟友。这种先示弱，再陈述利弊，接着与历史相联系而明实使得烛之武的劝说极具层次性。在教学中通过理清烛之武"说"的层次能帮助学生增强思辨精神，理解作者阐述观点的方法。

统编版高中语文教材创新单元内部组织，设计出单元导语、单元学习任务和学习提示来体现出课程的整合性和实践性的特点，教学以单元核心任务为引领，注重学生语文核心素养的培养与落实。以单元目标为导向对《烛之武退秦师》的教学内容进行分析，整合文言知识、叙事特色、人物形象及语言艺术来明确单篇教学内容，弥补传统单篇教学的缺陷，为语文教学提供新思路、新方法。

单元整体视域下《故都的秋》单篇教学实施策略

杜 怡[①]

摘要：在语文教学的前沿探索与实践中，以单元目标为核心的整体教学占据了举足轻重的地位，但是单篇教学不可被忽视，文本细读仍需要被重视。在单元整体视域下，如何把握整体与单篇的关系？如何开展单篇教学？是目前语文教学领域中面临的重要问题。《故都的秋》是现代著名作家郁达夫创作的写景抒情散文。作者用细腻的笔触从自然、情感和文化多个方面描绘了故都秋天的诗意和美丽，字里行间蕴含了作者的深厚情感和文化内涵。因此，本文结合《故都的秋》，对整体和单篇的关系进行了梳理，着眼单元和单篇，明确了学习目标，同时紧扣目标设计了四项教学活动，旨在为单元视域下的单篇教学提供有效路径，提高学生的综合素养和能力，让学生更好地感受文本蕴含的深刻内涵。

关键词：单元整体视域；《故都的秋》；单篇教学

在《普通高中语文课程标准（2017版）》中，"整合"一词频繁出现，这不仅仅是一个词的简单复现，更体现了语文教学理念和实践的转变。课标传递出的"整合"思想旨在改变依据教材逐课逐知识点讲解的传统教学模

[①] 作者简介：杜怡，黄冈师范学院学科教学（语文）23级研究生，邮箱：1449671933@qq.com。

式,努力追求教学变零散为统一、变碎片为有序、变孤立为一体。① 值得强调的是,"整合"并不意味着单篇教学可以被忽视,那么如何在这种单元整体视角下进行单篇教学呢?在这种情况下,厘清"整体"与"单篇"的关系,是现阶段教学必须解决的问题。统编高中语文必修上册第七单元以"自然情怀"这一主题为基点,选编了《故都的秋》《荷塘月色》《我与地坛(节选)》《赤壁赋》《登泰山记》五篇散文。在单元整体视域下,这一单元的单篇教学需要解决以下两个重点:其一,如何制定单篇教学的目标来反映该单元主题;其二,如何设计单篇教学任务来达成该单元目标。

一、厘清"整体"与"单篇"的关系

"单元整体教学"相较于传统的"单元教学",关键就在于"整体"这两个字,这一转变强调在教学设计与实施过程中对教学内容的整合。这个"整体"不是"笼统"的意思,而是教材编写者在编写教材时,为了培养学生某一种语文能力和素养而刻意选择一组文本,建立起一个单元,以构建一个整体的教学目标和学习任务体系。② 统编高中语文必修上册第七单元中,编排者特意将《故都的秋》《荷塘月色》《我与地坛(节选)》这三篇和两篇古代散文放在一起,目的就是引导学生在学习过程中找到单元内的联系,实现学习目标从单篇到整体的转变。在单元内部,原本看似孤立的课文,因服务于同一个整体目标而产生内在联系,每一篇课文都承担着特定的任务,共同合力促进学生某项语文核心能力和素养,这种关联性使得单元课文形成一个相互呼应的"整体"。

通过对概念的梳理,"整体"与"单篇"的关系就显而易见了。"单篇"课文组成"单元整体",反过来,这个"整体"又赋予了每篇课文更丰富的价值和内涵,组成了一个相对独立的系统。在这一理念的指导下,教师不仅要关注单篇课文的独特性,也要深入挖掘单元内组文的共性和内在联系。统编高中语文必修上册第七单元后有这样一项学习任务:"《故都的秋》《荷塘月色》和《我与地坛》描写的是同一个城市的景物,呈现出多姿多样的美。选取你认为最精彩的段落,反复朗读,细加品味,写一段评点文字。"这项

---

① 刘飞.整合:撬开语文教学坚冰的有效抓手——基于 2017 年版《普通高中语文课程标准》的思考[J].中华活页文选(教师版),2018(08):75-79.
② 王林.大单元教学、单元整体教学、单篇教学与教学实施[J].语文教学与研究,2023(08):21-25.

学习任务就体现了"单元整体"与"单篇"的关系。学生要完成这个学习任务，首先要扎根文章单篇，学习观察其中的景物描写；其次进行对比阅读，分析这几篇文章蕴含的不同情感；最后通过写评点文字，训练语言文字表达能力。因而，在单元整体教学实践中，必须扎根单篇，同时巧妙地打通单元内各篇课文之间的联系，产生协同效应。在教学中，教师可以采用比较鉴赏、对比分析等方法，引导学生深入探索文本之间的关系，促进学生的深度学习，培养核心素养。如此，单元整体教学就实现了从知识传授到素养养成的转变，为学生的全面发展奠定基础。

二、把握单元整体，明确学习目标

（一）基于单元，把握整体

1. 依据课标

根据课标要求，本单元属于"文学阅读与写作"学习任务群，此任务群主要"引导学生阅读古今中外诗歌、散文、小说、剧本等不同体裁的文学作品"，阅读上要求学生"感受形象、品味语言、体验情感"，能力上要求学生具备一定的审美鉴赏能力和表达交流能力，在写作上，要求引导学生珍视个性化的情感体验，注重写作经验的借鉴。[①] 基于此，结合单元内容，本单元是写景抒情散文，阅读上强调对作品景物描写的品味以及情感的把握；能力上强调鉴赏散文作品，积累文学鉴赏素养；写作上强调运用文中"情景交融、情理结合"的手法来进行散文创作。

2. 依据单元主题

《故都的秋》被编入统编高中语文必修上册第七单元，单元人文主题是"自然情怀"。单元收录了贯通古今的五篇写景抒情散文作品，主要引导学生感受大自然的山川美景，品味作者在自然描写中蕴含的审美情趣，领会深厚的人文内涵。统观这五篇散文，内容上是以写景抒情为主，兼有叙事和议论。其中有对故都秋韵的深情吟咏，有对荷塘月色的细致描绘，有引人深思的地坛故事，有苏轼夜游赤壁，更有姚鼐登临东岳。可以发现，这五篇散文有几处共同点：一是景物描写十分精彩，虽然有的含蓄，有的直白，但都体

---

① 中华人民共和国教育部. 普通高中语文课程标准（2017年版2020年修订）[M]. 北京：人民教育出版社，2020（05）：17.

现了情景交融的特点；二是文中都蕴含了丰富的内涵，可以引发读者对自然、人生的思考；三是语言优美，这五篇都是写景抒情散文，对于语言的要求更高。因此，从单元主题可以看出，该单元侧重于引导学生感受自然之美，挖掘语言背后所承载的深刻情感以及独特的民族审美，同时掌握情景交融、情理结合的写作艺术。

3. 依据文体特质

第七单元属于散文单元，因此要把握散文的艺术特质。近年来，散文的艺术特质在语文教育界基本达成共识，即"贵在有'我'，表达真情"。① 这一特质强调了散文创作中个体表达的独特性和情感的真挚性。因此，王荣生老师提出散文教学应该在把握文体特质的基础上，关注三个方面来确定学习目标，其中包括作者个人化的言说对象、个性化的言语表达、个体化的情感认知。② 这一理论为我们确定该单元的目标提供了一定的支撑。

因此，基于单元特征、课标要求及文体特质，可以将该单元的学习目标确定为：

（1）学习不同时期、不同风格的写景抒情散文，领略自然之美，增强对自然美的感悟能力。

（2）剖析不同作家散文中的语言艺术，聚焦独特的景物描绘和人生哲思，掌握散文情景交融、情理结合的表现手法。

（3）辨析并挖掘散文背后的民族审美心理和文化传统，理解作家情感与作品灵魂的同构性。

（4）深化对"人与自然"关系的认识，以审美的视角欣赏自然之美，借鉴本单元文章的表达方式，抒发对自然的独特感悟。

（二）着眼单篇，细化目标

在确定单篇教学目标时，教师需要兼顾文本的独特性以及它要承担的单元任务。如果只是聚焦单篇教学的精彩演绎，就忽视了它在单元中的定位，容易陷入单纯知识传授的局限之中，难以构建系统的知识体系。因此，教师有必要将单元整体的宏观目标细化为单篇教学的具体目标，以确保每个环节都为单元整体服务。

---

① 单思宇，徐鹏. 大单元视域下高中散文教学建议 [J]. 中学语文教学，2020（08）：13-16.

② 王荣生. 散文教学内容确定的基本路径 [J]. 中学语文教学，2011（01）：9-11.

在教学实践过程中，一篇课文有可能被多次使用。如《故都的秋》可以被用来学习鉴赏散文语言特色，也可以被用来感受自然风光，又可以被用来引导学生感受民族审美心理和文化传统。同时，当要探究《故都的秋》情景交融的写作手法时，单元内的其他选文则可以巧妙地扮演辅助角色，或是深化理解，或是作为迁移运用。因此，单元整体教学呼唤一种平衡的艺术，在教学实践中，教师应该明确每篇课文所承载的任务和教学价值，既要防止将教学事业局限于单篇课文的孤立讲授，也要防止过度追求多元教学形式，忽视了课文的单元价值。

综上，在单元整体视角下，可以将《故都的秋》教学目标设置为：
（1）整体感知，感受自然之美，体会故都之秋的特点。
（2）细读文本，品析文辞之美，掌握情景交融的手法。
（3）辨析主旨，体悟作者的审美情趣，探寻民族审美心理。
（4）反观自然，学会用语言和技法表达对自然的情感。

三、紧扣学习目标，设计教学活动

在实施单元整体教学时，教师可以根据制定的教学目标来设计任务，并在其中运用多种教学形式。以目标为导向，以任务为载体，驱动学生逐步完成"学—赏—用"的审美体验，提升学生的语文综合素养，落实学习任务群要求。

（一）入情入境，感知自然之美

活动一：朗读并梳理内容，为文本描绘的画面绘制书签，为书签设计诗意标题，并概括画面内容。

该单元的人文主题是"自然情怀"，其中要求学生能够感受自然之美。同时，《故都的秋》是一篇注重画面渲染的抒情散文，作者用细腻平淡的笔触描绘了五幅故都秋景图，每一幅画面都蕴含了作者独特的审美情趣。为回应主题和文本需要，教师可以先引导学生有感情地朗读并梳理文本内容，带领学生迅速进入到文章所描绘的画面中；其次教师可以设计跨学科活动，让学生在画面中感受意蕴，引导学生感受画面之美，初步感知故都秋色。这个活动设计体现了跨学科理念，学生通过这个环节可以充分地调动自己的感觉和想象去动手绘画，寻找到文章中的"破屋""槐树""秋蝉""秋雨""秋果"等景色，能够找到景物的共同特点——"清""静""悲凉"。此环节设计为后续解读创造了条件，将学生对作者描绘的故都秋景从刚开始朦胧的感觉上升到清晰的知觉。

（二）品赏语言，把握景情关系

活动二：《故都的秋》和《荷塘月色》描写的是同一个城市的景物，但是读起来给人不同的感受。请在两篇散文中各选取一幅画面，从优美文句、景物特点、蕴含情感及表现手法上进行赏析。

散文语言往往都是作家高度个性化的言说，追求的是表情达意的准确性，因此把握景情关系是教学过程的重点。单元导语中写道："要关注作品中的自然景物描写和人生思考，体会作者观察、欣赏和表现自然景物的角度，分析情景交融、情理结合的手法。"同时，《故都的秋》中所描写的秋景，是融通了作者主观情感和审美情趣的"秋"。基于单元目标和文章内容，教师可以通过任务驱动和对比阅读，让学生在品读语言中把握景情关系，掌握作者情景交融的艺术手法。首先，教师带领学生分成"荷塘月色"组和"故都之秋"组，让学生跟随音乐分别对作品某一片段进行朗读。在朗读过程中要指导学生根据语言风格调整音调和节奏，在韵律中感受不同的画面。其次，教师组织学生小组对文中的画面进行多角度赏读，派学生代表进行汇报，目的是让学生学会品味语言，挖掘情感，进而理解情景交融的写作技法。最后，教师还可以采用知人论世的方法，让学生贴近作者生活，从而更好地理解文本所蕴含的情感，把握景情关系。

（三）体悟主旨，探寻民族审美

活动三：分小组开展小型辩论赛，你认为本文的主题是"悲秋"还是"赞秋"？请搜集资料来佐证你的观点。

主旨解读是教学中的一个重要环节。本单元的单元导语中就提到要"体会民族审美心理，提升文学欣赏品位，培养对自然的热爱之情"；课后的"学习提示"中也在提示教师要把握中国文人和"秋"的关系；"单元学习任务"也要求学生结合文本，对"民族审美心理和审美特点"进行研讨。由此可以看出，教材的编排者无处不在地提醒着教师关注文化的重要性。同时，该单元的文章共性就是在写景状物的同时，抒发了一定的审美取向和心理。因此，教师不能仅仅让学生知道文本写了什么，也不能停留在文本怎么写的层面，最终目的是要升华到文化的层面，指导学生从文本中探寻文化渊源。高一的学生在学习过程中，由于自身经验不足，难以理解其中的审美趣味。

基于此，教师可以抓住"赞秋"和"悲秋"的矛盾感受，开展辩论赛，引导学生对主旨进行讨论。在辩论过程中，学生充分发挥自己的主观能动性，自主寻找资料佐证观点，最终体会到郁达夫"悲凉为美"的审美趣味和人生追求。

（四）读写结合，学会表达情感

活动四：选择一个触动心灵的自然景物，拍摄照片或者进行素描手绘，并模仿文章中运用的表达方式撰写 300 字左右的散文来介绍这个景物。

"单元学习任务"中多次要求学生写作表达，比如任务一是要求学生写评点文字，任务三是要求学生借鉴文章的写法，自己写一篇散文。由此可见教材对锻炼学生读写能力的重视。因此，在学习完课文后，教师可以布置写作任务，目的是让学生进一步拓展课堂上所学的知识，并以此作为评估手段，检验学生能否在新情境下实现写作迁移。这项活动指向了单元学习任务的落实，与教学内容贯通，共同完成单元目标。

综上所述，单篇课文教学在提升学生语文素养方面有着重要作用。在单元整体教学框架下，单篇教学为单元目标的实现提供了强有力的支撑。因此，在设计单篇教学时，我们应先厘清"整体"与"单篇"的关系，立足课标、教材和文体，以目标为导向，依托多种形式的任务活动，驱动学生深入文本，提升学生审美鉴赏能力，全面提升学生的核心素养。总之，单元视域下的单篇教学为我们打开了一扇新的窗户，为落实语文核心素养提供了新的路径，我们还需要不断探索和实践，发挥语文教学的育人功能，进一步优化教学策略。

单元整体教学视域下单篇选文教学内容研究
——以《老人与海（节选）》为例

金 晨

摘要：《老人与海》是美国著名作家厄内斯特·海明威的经典之作。小说展现了人生的意义不仅在于成功，更在于斗争的过程和人所展现出的精神风貌。本文在单元整体视域下，结合单元导语、课程标准、课文提示三个方面，对单元整体教学下的选文进行解读，品析圣地亚哥的内心独白，同时对小说中的大海、鲨鱼、狮子等元素的象征意义进行深入探讨解析。本文的重点是在整体把握选文内容的基础上，揭示海明威对人生、社会及世界的独特思考，提高学生的思辨能力，培养学生更好欣赏不同地区、不同时代的社会文化风貌的能力；在把握单元整体和选文的联系上促进学生语言、思维能力的发展。

关键词：海明威；《老人与海》；外国小说；象征意义

引言

单元整体视域下的单篇课文教学不仅关注单个知识点或技能的教学，还

---

① 作者简介：金晨，黄冈师范学院学科教学（语文）23级研究生，邮箱：1258343327@qq.com。

要从整个学习单元的角度出发，考虑如何系统地组织教学内容，使学生能够全面理解和掌握该单元的核心概念、技能及其相互之间的联系。它强调的是整体性、连贯性和综合性，能够帮助学生建立系统化的知识结构，更好理解知识之间的内在联系，从表层学习走向深度学习，通过探究和解决问题，培养学生的批判性思维和创新能力。基于此，本文在单元整体视域下对《老人与海（节选）》进行探析，将单元任务目标与单篇教学结合，聚焦于人物内心独白和象征意义的探究，设置相应教学任务引导学生深入探究课文主题，更好感受不同地区的社会文化，促进学生语言、思维能力的提高。

一、精准课文定位，读懂单元主题

（一）立足单元导语

单元导语对整个单元起着提纲挈领的作用，选文编排依据主题和写作技巧进行排列，围绕一个中心主题进行组合，单元整体与单篇课文之间是紧密联系的。本单元四部优秀外国小说节选的作者分别来自英、俄、美、哥伦比亚，各篇课文都具有独特的教学价值，因此具体教学时应从单元整体出发，跳出单一课文教学的局限，在课文之间建立联系，确立相应的学习任务，从单元整体把握各篇课文。

本单元的单元导语给教学提供了两个重要的方向。一是要结合相关的历史文化背景，感受各时代不同的社会文化生活。《大卫·科波菲尔（节选）》的社会背景依托19世纪维多利亚时代受工业革命影响下的英国，阶级分化日益严重。《复活（节选）》的社会背景处于19世纪末期的俄国，封建农奴制与资本主义的矛盾加剧了社会的贫富差距和阶级矛盾。《百年孤独（节选）》基于20世纪拉丁美洲现代文明与本土传统文化和价值观的冲突而导致的一种深深的孤独感。《老人与海（节选）》则是要结合海明威的个人经历和20世纪古巴的社会变革来感受。

二是要了解小说多样化的风格样式，从主题内容、叙事手法、语言风格等多方面入手把握作品独特的艺术成就。本单元四篇课文的重点都在于人物形象的描写。在实际教学中，教师应引导学生通过阅读课文以及扩展内容感知生命的意义，体验人生百态，开阔文化视野。此外，本单元以"生命律动，人生百态"为主题，以小说为文体，展现多姿多彩的现实生活，教师应引导学生通过各种描写抓住人物性格的方方面面，学习作者深刻的思想。

（二）依据课程标准

《老人与海（节选）》属于"外国作家作品研习"学习任务群。该任务群重在"引导学生研习外国文学名著名篇，了解若干国家和民族不同时期的社会文化面貌，感受人类精神世界的丰富，培养阅读外国经典作品的兴趣和开放的文化心态"。①

"外国作家作品研习"学习任务群教学设计的基本流程包括教学主题、教学目标、教学内容、教学情境、学习任务、学习活动和教学评价。其中，教学主题从外国文学作品的体裁和课标要求两个角度中确定；教学目标注重培养学生的语文核心素养、重视培养学生的读写能力、促进学生理解多元文化、促进学生的全面发展和终身发展四个方面的内容；教学内容包括确定该任务群的基本教学范围，整合教学内容；教学情境的创设要求关注语文学科的本质特色和聚焦真实情境；学习任务从基本任务和拓展任务两个角度明确；学习活动主要以阅读与鉴赏活动、表达与交流活动和梳理与探究活动为主；教学评价重视评价内容的确定和评价主体、评价方法的选择。② 培养学生思维方式趋向于多元化，培养学生自主思考和表达交流能力，让学生形成自己的想法，提高语文综合能力。

（三）研读分析文本

因此，在进行单篇课文的教学设计时，首先应该明确课文的主题和定位，再对文本要素做进一步的分析。《老人与海（节选）》选择了高潮部分"斗鲨护鱼"事件作为课文主体，与前文"大海捕鱼"事件紧密联系，选文部分故事情节独立性强，简洁明了，主要围绕老人与大马林鱼、灰鲭鲨和加拉诺鲨的冲突与搏斗展开；人物关系极为简单，仅老人一个"人物"存在，人鱼之间爆发着冲突，波涛汹涌的大海则是小说发展的背景，狭小逼仄的小船和周围海面共同构成了故事展开的场景。

《老人与海（节选）》在本单元属于自读课文。钱梦龙认为自读不是学生随心所欲、信马由缰的"自由阅读"，而是一个在教师指导下以"学会阅

---

① 中华人民共和国教育部.普通高中语文课程标准（2017年版2020年修订）[M].北京：人民教育出版社，2020：24.
② 武春燕."外国作家作品研习"学习任务群教学设计研究[D].南充：西华师范大学，2023：24.

读"为目标的阅读训练过程。① 因此，教师在开展教学时可以有多种选择，例如围绕"人物形象的塑造"串联起整个单元的学习内容，实施单元教学，具体落实到《老人与海（节选）》的教学中是要将人物的内心独白和细节描写、环境描写紧密结合在一起，反复咀嚼，认识到老人"失败的英雄"的人物形象。在具体教学安排上，教师应做好教学引导，让学生在充分了解时代背景并把握小说内容的基础上，深入学习课文，结合老人的内心独白与细节描写，加上对整本书删减内容的补充了解，全面准确地把握老人"硬汉"的人物形象，切身感受一名普通渔夫的困境和他面对困难永不言败的英雄气概，领会课后学习提示提到的"人的灵魂的尊严"——一个人可以被杀死，但他不会被打败。

二、围绕学习任务，开展课文教学

（一）品析内心独白，把握人物形象

问题一：整理并总结老人的内心独白。请将人物内心独白进行归纳分类。

教师引导学生正确把握老人"硬汉"的人物形象是任务一的教学重点。选文中老人的心理独白，传达出他复杂且多样的情绪，风格偏向口语化，读起来让人感觉生动形象。文中大多用短句来表达老人真实的心理活动，用以揭示人物丰富的情感。在漫长的夜晚，在这样一片既熟悉又陌生的广阔大海上，他身边一个能与他说话的人都没有，他就只能与自己说话，与鲨鱼，甚至死去的大马林鱼说话。

选文中的内心独白大致可以分成三个类别，教师鼓励学生大胆表达自己的想法，总结归纳共同完成表1的内容。

表1　老人内心独白类别一览表

	内心独白
积极向上 充满斗志	"没有什么把我打垮" "但人不是为失败而生的" "我要跟它们一直斗到死"
哀婉叹息 垂头丧气	"真是好景不长啊" "我现在真希望这是一场梦，希望根本没有钓上这条鱼"

---

① 钱梦龙. 导读：从"教"通向"不教"之桥[J]. 语文教学通讯，2017（08）：7-12.

	内心独白
自我安慰 奋发图强	"别想啦，老家伙" "想点儿高兴的事儿吧，老家伙" "你每过一分钟就离家更近一点儿。丢了四十磅鱼肉，你的船走起来能更轻快"

老人的内心独白和自言自语揭示了他的内心世界。在充满孤独的夜晚，又疲倦又饥饿，有这样的感叹和自嘲不但没有影响"硬汉"人物形象的塑造，反而更加丰富了他的人物形象，并且增强了故事的真实感，塑造的形象更加立体。这是引导学生从表层学习到深层学习的起点，让学生能够逐步理解如何塑造一个有血有肉的人物，并引出问题二，进而揭示出小说的深刻寓意。

问题二：品读圣地亚哥复杂多面的内心独白。特别是他所呈现出的摇摆、纷乱的内心活动，你认为这样的描写和其"硬汉"的形象是否矛盾？①

老人已和大马林鱼战斗了三天两夜，不经意间流露出负面情绪是人的正常反应，充分展现了海明威人物描写的真实性。在让自己负面情绪消解一点后，他马上用"大声说"来提醒自己转移注意力，不让自己深陷沮丧的泥潭之中，不断进行自我激励，坚定自己的内心，充分体现出了"硬汉"的风范。

老人内心独白的三类情绪之间不是相互独立的，而是紧密纠缠和联系在一起的，所以这三类情绪并没有让老人在绝境中感到矛盾与绝望，坠入负面情绪的深渊，彻底迷失在波涛汹涌的大海上，而是互相影响，共同形成了积极力量，让老人能够时刻保持"斗志昂扬"的状态。这正是教师需要引导学生通过研读老人内心独白领悟到的。

问题三：通过老人丰富的内心独白，我们能读出他的复杂情绪，除此之外，能否读到更深的自我反思呢？

老人杀死大马林鱼，不光是为了养活自己和卖个好价钱，更是为了维护自己的自尊。他追求美好的生命，欣赏一切有勇气、有智慧的生命。他在对抗之中思考人与自然的关系：大海里有朋友——大马林鱼，同样也有敌人——灰鲭鲨。他是一名渔夫，出海捕鱼是他的职业，他喜欢他的职业，但他的职业也会带来威胁他生命的危险。由此可见，整个故事所展现的已经超

---

① 冯熔.《老人与海（节选）》（第二课时）教学设计 [J]. 中学语文教学, 2023 (11): 67-70.

越了简单的"渔夫和鱼"的关系,而是上升到了"人与自然"的层面,二者之间构成了一种统一关系、一种相互接受的和谐状态。

学生通过自行阅读较难领悟,教师应该进行适当的引导,将老人对于大马林鱼的看法做更深层次的引导,从看作猎物,到欣赏,最后再到惺惺相惜,跨越了物种的界限,上升到自然的角度,引发学生对自然界万物之间联系的思考,锻炼学生的思维能力。

(二)探究象征意义,深化主题认知

问题一:课文中的大马林鱼和鲨鱼仅仅是指两种鱼类吗?

《老人与海(节选)》的内容,表面上看,海明威运用的是写实手法,描写的是普通渔夫一次不那么成功的捕鱼经历,但细细品读,作者其实使用了象征手法,象征内涵十分丰富。

1. 大马林鱼

(1)大马林鱼作为小说中老人捕获的巨大鱼类,象征着人类追求的美好理想。这种理想可能是事业上的成功、个人价值的实现,或者是某种精神上的追求。老人与大马林鱼的搏斗过程,正是人类为实现理想而不懈奋斗的象征,它的鱼骨架作为老人与大马林鱼搏斗并最终战胜它的唯一证明,象征着老人精神上的胜利。尽管老人只带回了一副骨架,但他在这场与自然、与命运的较量中,展现出了不屈不挠、永不言败的精神。这种精神力量比物质上的收获更加宝贵,它证明了老人即使面对再大的困难和挑战,也能够坚持自己的信念,勇往直前。

(2)光秃秃的大马林鱼骨展现出了老人生命的力量,也是顽强的精神力量的体现。老人直面人生的种种困难,他没有向命运屈服,是一个永不言败的硬汉子。这种生命力不仅体现在老人与大鱼的搏斗过程中,更体现在他面对失败和挫折时的态度上,老人通过自己的反抗与搏斗最终战胜了大马林鱼。这个故事告诉我们,在追求理想的过程中可能会遇到各种挑战和困难,但只要我们保持坚定的信念和不懈的努力,就一定能够战胜困难、实现理想。

(3)鱼骨架还象征着老人在面临失败甚至死亡时的抗争精神。老人为保全来之不易的战果,不断和鲨鱼搏杀,最终的结果也只剩下鱼骨。这正是老人在面临绝境时抗争的象征,老人看似失败了,但最终在精神上却取得了胜利。这种在逆境中不屈不挠、勇于抗争的精神,是老人形象最为动人的地方。

2. 鲨鱼

(1) 鲨鱼象征生活的磨难。老人在钓到大马林鱼后受到鲨鱼的轮番进攻，鲨鱼一刻也不停息，最后把大马林鱼啃噬殆尽。它们不仅威胁着老人的战利品，也象征着人们在追求目标的过程中可能遇到的各种困难和挑战。这些困难和挑战可能来自外界环境，也可能来自内心世界的挣扎和矛盾。有观点认为，鲨鱼还象征着无法摆脱的悲剧命运。在小说中，尽管老人拼尽全力与鲨鱼搏斗，但最终还是未能保住大马林鱼的完整。这一情节反映了人类在面对强大命运时的无奈和挣扎，以及最终可能无法改变结果的悲剧性。

(2) 结合小说创作的时代背景，鲨鱼也可以被视为殖民主义者和贫困现实生活的象征。20 世纪 50 年代，古巴人民正在争取民族独立和解放，而海明威笔下的老人则象征着生活在苦难中的古巴底层社会的人们。他们为了改变现状，不得不与各种邪恶势力作斗争，而鲨鱼正是这些邪恶势力的具体体现。

问题二：从这个虽败犹荣的"普通渔夫"身上，你获得了怎样的人生启示？

(1) 身处逆境，要坚强面对，"一个人可以被杀死，但他不会被打败"。老人在连续多日捕鱼无果的情况下，依然选择出海，他经历了无数次的失败与挫折，面对极端困境时展现出了非凡的勇气与坚持不懈的精神，与大鱼进行了长时间的搏斗。这种不屈不挠的精神，不仅是对个人毅力的颂扬，更是一场关于生命价值与意义的深刻对话。它启示我们，生命的价值不仅仅在于结果，更在于过程；在于我们如何面对挑战，如何坚持自己的信念和追求。

(2) 要永远坚持乐观主义精神，即使是身处逆境，甚至是绝境，也要始终保持积极向上的态度来面对，他坚信"一个人并不是生来要被打败的，你尽可以把他消灭掉，可就是打不败他"。这种乐观主义精神激励了无数读者面对生活中的挑战和困难时保持勇气和信心，传递了一种积极向上的生活态度，是海明威的人生信条，也是教师需要引导学生领会的。

三、结合单元主题，做好总结反思

（一）紧扣单元主题

小说单元视域下教学，最重要的是融合小说文体特点与单元教学整合优势，立足于素养培养，以单元视域下的单元主题教学思维贯穿小说教学设计始终。在具体教学安排上，应根据文本内容与单元主题确定教学任务与相对应的评价要求，紧扣单元主题，在单元视域下进行教学。小说教学强调人物形象的塑造，选文的教学选择从时代背景与作者生平展开，接着走进人物的内心世界，品析老人的心理独白，最后再结合物象探究其背后的象征意义。

整个教学过程不仅仅是知识技能的传授，而且是以语文核心素养为核心，围绕两个学习任务有序展开，充分考虑学生的阅读感受，给予学生自主思考的空间，在自读、分析、思考中促进思维的发展。在此过程中，教师的积极引导能够让学生围绕问题形成多角度的思考，生发对问题的深度体悟。《老人与海》作为经典篇目，教学重点在于发挥作为"定篇"的功能价值，使经典与学生自己的内心世界密切关联，促进学生对其丰富蕴涵的掌握、理解、内化。

（二）抓住单元特质

在本篇课文的教学中，必须抓住单元特点，通过教师有序引导，提高学生学习的积极性和主动性。学生对于小说的理解程度会直接影响学生语文核心素养的提高。

因此，教师要利用单元视域教学的方式进行教学设计，将单元内教学内容作为一个整体，抓住一个主题，以点破面，同时应该多进行外国文学基础知识的学习和补充，加深学生对外国小说的理解，提高学生阅读能力和基本素养。例如，《老人与海（节选）》与《复活（节选）》这两篇文章都着墨于对人物形象的塑造，作者通过生动形象的语言与细节描写，展现人物内心世界，带给读者启示，具有丰富的内涵。教师可以将这两篇课文进行整合和比较阅读教学，增强教学的完整性，带领学生分析两篇课文之间的共通之处，引导学生进行自主讨论学习，并组织语言用自己的话阐述，大胆谈谈自己的阅读感受，从而增进学生对这类文章的了解。

四、结语

总的来说，本教学设计以完成学习任务为目标，积极组织学生进行自读分析并进行讨论，将各个小问题整合在一起构成数个完整的任务群，通过对选文内心独白的分析让学生对课文内容有更深的理解，推动学生语文核心素养发展。

单元视域下单篇自读课文教学策略
——以《鸿门宴》为例

杨春艳[①]

摘要：大单元教学逐渐成为高中语文教学的授课理念，而大单元教学留给自读课文的课时不多。在新课改的背景下，语文教师处理好单篇自读课文教学与整合式的大单元教学的关系尤为重要，既要保证单元知识的连贯性，又能在课堂教学中充分凸显出单篇课文的个性。本文以自读课文《鸿门宴》为例，探究在单元视域下单篇自读课文教学策略。这就需要语文教师做到立足学情，分析课前学生预习情况；吃透教材，把握自读课文特点与作用；审视整体，落实本单元的核心任务；凸显个性，深挖单篇文本内容。从而梳理单篇自读课文的备课思路，完善教学设计，推动课堂教学的实施，为一线教师有效实施单篇自读课文教学提供新的思考，有利于促进学生语文核心素养的发展。

关键词：大单元教学；单篇教学；教学策略

《普通高中语文课程标准（2017年版2020年修订）》提出，"以学科大概念为核心，使课程内容结构化，以主题为引领，使课程内容情境化，促进

---

① 作者简介：杨春艳，黄冈师范学院学科教学（语文）23级研究生，邮箱：2926028863@qq.com。

学科核心素养的落实。"[1] 大单元教学以其整体性、情境性的特点得到了一线老师的青睐。大单元教学不再逐字、逐段地讲解课文，而是注重教师对语文教材和学生情况的"整体审视"。"单元视域"不意味着忽略单篇的独特性，而是要处理好单篇文章教学与大单元教学的关系。

单元视域下的单篇教学是从单元的角度确定单篇文本教学价值，把握整个单元的深度联系，发挥单篇文章的教学价值。本文从单元视域出发，以《鸿门宴》为例，探讨单元视域下单篇自读课文教学的教学策略。

一、单元视域下单篇自读课文教学的备课思路

（一）立足学情，分析课前学生预习情况

备课要立足于学生的学情，这是备课的出发点。分析班级的学生情况，根据学生情况，课前布置学前任务单，让学生预习。教师获得学生预习情况的反馈，对学生的自学情况有一定了解。高一年级的学生已经学习过史传散文，对史传散文的特点有一定了解。教师在单篇自读课文备课时，既要明确课标和单元教学目标的要求，也要立足学情，有利于更好地确立单篇课文的教学目标。

《鸿门宴》所在单元的教学目标强调了"史传散文在叙事写人方面的艺术手法"，结合新课标的要求和学情，我们应该根据这个目标设计单篇课文教学。

（二）吃透教材，把握自读课文特点与作用

新版高中语文教材按选文内容的难易程度，将课文分为"讲读""自读"两种课型，自读课文的特点是"自求自得"，学生学习自读课文，主要培养学生的自学能力。《语文大辞海·语文教育卷》指出："自读课文是在教师指导下由学生自读的课文。"[2] 这体现了在自读课文教学中学生学习的主体地位。温儒敏教授提出："群文教学也应当有精读、略读之分，一课之中的两篇或者三篇课文，总有一篇是要精读的，教师要举例子，给出读书和思考的方法，其他则让学生带着'任务'去泛读。"[3] 自读课文是教师为学生提供

---

[1] 中华人民共和国教育部. 普通高中语文课程标准（2017年版2020年修订）[M]. 北京：人民教育出版社，2020：4.
[2] 童一秋. 语文大辞海·语文教育卷[M]. 哈尔滨：黑龙江人民出版社，2002：125.
[3] 温儒敏. 守正创新用好普通高中语文统编教材[J]. 人民教育，2020 (17)：55.

运用知识和能力的材料，自读课文教学也应当注重培养学生迁移与运用知识的能力。

《鸿门宴》选自《史记》，具有叙事详备、写作生动、细节传神的特点，教师引导学生从叙事技巧、情节安排、描写方法体会文本的特点。理清《鸿门宴》中复杂的人物关系，关注文中对人物的描写方法，有助于实现"领会史传散文在叙事写人方面的艺术手法"的单元目标。

（三）审视整体，落实本单元的核心任务

高中阶段的单元教学架构融合了"人文主题"与"学习任务群"两个维度。每个人文主题和学习任务群都可以起到串联学习内容的作用，保障学生学习的连贯性和整体性。教师在教单篇自读课文时，联系人文主题，让学生明晰本单元的核心任务。单元核心任务围绕人文主题展开，旨在通过一些语文学习活动，引导学生对本单元人文主题有更深刻的理解，提升自身的文学修养。教师在向学生阐述核心任务时，可以提出一些具有引导性的问题，引导学生积极思考。《鸿门宴》所在单元的单元核心任务是"在理解文意的基础上，整体把握经典选篇的思想内涵，认识其文化价值，思考其现代意义"，人文主题是"中华文明之光"。《鸿门宴》属于史传记事文，深刻地表现了作者的态度倾向，即司马迁更喜爱项羽的英雄义气，在他笔下的刘邦是一个老谋深算的人物形象，教师要引导学生理解"真正的历史真相是什么"。通过"注经评史"，了解历史的真相之后，学生回归到单元主题情境"理解文人心路历程"，对楚汉相争的历史背景形成基本认知，并思考《鸿门宴》隐藏价值观的现代意义。

（四）凸显个性，深挖单篇文本内容

随着新课标的提出，大单元教学逐渐被众多教育者和学者所接受，是高中语文教学的重要组成形式之一。但是单篇教学是立足于文本本身，带有区别于其他文本的独特魅力，是教学中不可忽视的一部分。因此，在大单元教学中，应该凸显个性，深挖单篇文本内容，促进教学实施。大单元教学面临质疑的主要原因是其过于追求选文之间的共性，课时是相当有限的，在一定程度上忽视单篇文本的独特意蕴与个性特征。

在语文教学时，应当深挖单篇文本内容，针对单篇文本的个性，回归到研究单篇文本的思想内容、行文结构、语言表达等方面的具体特点。在讲解《鸿门宴》人物形象分析的时候，可以抓住一些具有个性化描写人物的句子

进行文本教学。第一句是"今日之事何如"。这句话是张良至军门见樊哙时，樊哙问的话。樊哙比张良先说话，体现出樊哙很担心主公的安全。通过这一对话描写，将一个充满真性情、忠心耿耿的武将形象展现在学生面前；第二句是"公为我献之"。宴会快要结束时，刘邦想让张良"留谢""献玉"。在这句话中，刘邦对张良的称呼发生了变化。联系"孰与君少长"一句，刘邦在询问张良：项伯与张良谁更年长。通过分析句子，刘邦在比较年纪的时候，所选用的"参照物"是张良，这有一个隐含的前提：如果对方比张良要年长，那么项伯就是他们两个共同的兄长，刘邦表示自己与张良是一致的。从这里可以看出，刘邦故意让张良感受到自己是把他视为一家人，以打动张良为自己"留谢"；第三句是"持剑盾步走"。刘邦下令让四名大将徒步走回军营，而自己是骑马回营地。这样做的目的是，万一项羽的追兵赶来，这四名大将可以为自己争取更多逃走的机会。从这三句话可以看出，刘邦是一个老谋深算、随机应变的人。

（五）确定目标，依托单元教学目标

单元目标与单篇文本教学目标密切相关，大单元目标设计是在课程标准统领下进行的。单篇教学目标是基于单元教学目标而设计的，单元目标是设计单篇课文教学目标的依据。《鸿门宴》所在单元目标是要求学生"学会分析和对比史传散文在叙事写人方面艺术手法的异同点"，在单元目标的统领下，《鸿门宴》教学目标是对其单元目标的具体化。学生在之前的学习中已掌握了一些阅读文言文的方法，具有一定的文言文基础。《鸿门宴》作为本单元的第二篇自读课文，学生应在掌握《齐桓晋文之事》阅读方法的基础上，进一步加强相关知识的学习，增强文言文阅读能力。单元视域下的教学目标设计，应当关注"人文主题"与"学习任务群"，本单元属于"中华文明之光"人文主题和"思辨性阅读与表达"学习任务群，教师在设计《鸿门宴》单篇教学目标时，应注意让学生把握作者司马迁严谨的史学态度，体会历史实录"真实"的特点，提高学生理性思维水平。

二、单元视域下单篇自读课文教学设计

（一）单篇教学的设计思路

1. 创设真实学习情境

"抓住单元核心任务，考虑选文的情况"是合理地设置学习情境的方法。

该单元围绕单元核心任务，教师可以将"单元主题情境"设置为"理解文人心路历程"，其中《子路、曾皙、冉有、公西华侍坐》《齐桓晋文之事》《庖丁解牛》三篇的情境设置为"关注儒家的社会理想和治国理念"；《烛之武退秦师》和《鸿门宴》属于史传记事文，将这两篇文章的情境设置为"寻找历史叙事中的真相"。在探究刘邦为何能够"顺利逃宴而去"这一问题时，教师创设真实学习情境"学校话剧社排演《鸿门宴》"节目，询问学生应该如何设置话剧主题。教师要适当提示学生，鼓励学生大胆发表看法。最后教师将子情境回归到单元主题情境"理解文人心路历程"，体会刘邦能伸能屈的精神品质、项羽重情重义的人格精神。

2. 把握自读课文特点

《鸿门宴》是一篇自读课文，"单元导语""学习提示""课下注释"和"单元学习任务"可以作为教师教学的参考，学生可以利用这些助读系统自主学习知识。合理地使用这部分内容可以有效提高自读课文的教学效果，增强学生阅读的自主性。比如单元学习任务的第二题"项羽不杀刘邦，仅仅是因为为人不忍吗？司马迁对鸿门宴的记述有没有不合常理的地方呢？"教师可以围绕这个问题，结合课下注释1涉及的时代背景，带领学生质疑这篇文章中的疑点。这样的思辨性阅读有利于提高学生理解历史、思考历史的能力。

3. 落实单元核心任务

《鸿门宴》所在单元的核心任务是"在理解文意的基础上，整体把握经典选篇的思想内涵，认识其文化价值，思考其现代意义"。《鸿门宴》一文围绕着"项羽是否发动进攻和刘邦能否安然逃脱"这两个疑问逐层展开。首先，作者揭示了项羽失败、刘邦取胜的历史必然性，教师应当引导学生正确评价历史人物；其次，这篇史传文表达了司马迁对中国古代道义精神的肯定，比如作者肯定了项羽的人格道德。司马迁认为，项羽的失败应该归因于时代，是高尚者的失败，从这个角度看，《鸿门宴》既体现了历史家的现实精神，又充满了文学家的浪漫想象。作者对道义的褒扬，是值得学生进一步思考道义精神的现代意义的，有利于学生形成关于"中华文明之光"的深刻认识，培养学生的文化传承与理解的学科核心素养。

（二）教学设计

基于大单元教学，从把握文本的思想内涵和学习人物描写艺术的角度出发，本文以"寻找历史叙事中的真相"为单元主题学习情境，进行了《鸿门宴》单篇自读课文的教学设计。

1. 教学目标

（1）借助课下注释、工具书，自主学习文言文；查阅相关史料，准确理解文章内容。

（2）查找注经评史，分析人物关系，准确把握文中人物形象的特点。

（3）通过合作探究，深刻把握文章的思想内涵。

2. 教学过程

师：大家都知道《鸿门宴》的结局，刘邦究竟是使用了什么计谋才安然逃脱的呢？让我们一起寻找历史的真相吧。

学习任务一：分析文本，理清人物关系

让学生分组找出描写各个人物的语句和情节。

（1）请学生梳理主要人物关系表格。

（2）教师组织学生互相观摩和交流表格"表1 刘邦和项羽阵营对比表"。

表1 刘邦和项羽阵营对比表

	主帅	谋士	武士	告密者
刘邦阵营	刘邦	张良	樊哙	项伯
项羽阵营	项羽	范增	项庄	曹无伤

设计意图：在信息社会，学会查找信息是一项重要的能力。在语文教学时，教师可以通过引导学生列表格、画思维导图的方式，培养学生查找信息的能力。

学习任务二：文本细读，把握人物形象

师：请同学赏析自己所找到的描写各个人物的语句和情节，并说明这段话反映了这个人物的什么性格。

参考示例：作者在构建复杂的人物关系中塑造人物形象。如《鸿门宴》中樊哙饮酒后，不忘败谢项王；在称呼上樊哙自称臣，而把项羽称为大王；刘邦有危险的时候，樊哙闯帐，项羽"赐之"；樊哙的"拜、起、立、饮"四个动词，也显示出他对项王是有礼数的；"大行不顾细谨，大礼不辞小让"，这里的语言描写更加衬托出他不顾个人安危，表现其"勇"，也表现其"忠"。我们可以看出，樊哙是一个有礼有节、粗中有细的人物形象。

设计意图:"语文课程是一门学习祖国语言文字运用的综合性、实践性课程",[①] 新课标强调了语言文字的运用,同时《鸿门宴》属于中华经典文学作品,因此,教师引导学生进行文本细读,深入地理解文本的内涵是很有必要的。通过在文中寻找具体情节表现,学生独立思考项羽、刘邦、张良等人的性格特点。

学习任务三:创设情境,把握文章主题

教师创设新情境"学校话剧社排演《鸿门宴》"节目,学生通过小组合作探究:话剧主题应该如何设置呢?(提示1:联系司马迁所处的时代特点;提示2:思考"成败论"和"人格论")

设计意图:联系本单元的核心任务,我们可以得知,学生要对《鸿门宴》的文章主题有深刻的认识,把握文本的思想内涵。语文教师通过创设真实学习情境是大单元教学的特征,有利于激发学生的兴趣。

学习任务四:援疑质理,多元解读文本

步骤一:教师再次抛出导入的问题:"刘邦究竟是使用了什么计谋才安然逃脱的呢?"学生独立发言。教师将学生的不同看法进行总结。

步骤二:教师将全班学生分成三组,分别是正方、反方和评委,组织学生进行课堂辩论赛,辩论的主题为"刘邦借助一文一武两个助手从鸿门宴上全身而退是否是真实的"。

最后教师做出如下总结:《鸿门宴》文本中存在强烈的价值导向以及作者的主观倾向,在对人物的描写中也暗含着司马迁自己的态度,所以我们要跳出历史作品的藩篱,合理地质疑历史事件中的"疑点"和"断点",积极寻找历史的真相。

设计意图:教师回归到导入时提出的问题,并引导学生进行探究,实际上是鼓励学生大胆发表自己的看法。"思辨性阅读与表达"学习任务群指出,该任务群旨在让学生"发展实证、推理、批判与发现的能力,增强思维的逻辑性和深刻性"[②]。辩论赛的形式既可以调度学生的学习激情,又可以促使学生产生理性思维的火花,提高学生的逻辑思维发展水平。

以上《鸿门宴》教学设计由四个学习任务组成,从单元视域入手,单篇教学指向发展学生的核心素养,基于"中华文明之光"人文主题,以"寻找历史叙事中的真相"为《鸿门宴》单篇教学情境,进一步落实本单元核心任

---

① 中华人民共和国教育部. 普通高中语文课程标准(2017年版2020年修订)[M]. 北京:人民教育出版社,2020:1.
② 中华人民共和国教育部. 普通高中语文课程标准(2017年版2020年修订)[M]. 北京:人民教育出版社,2020:18-19.

务。同时，设计教学活动注重学生的活动，这符合大单元教学的设计特点。

　　在单元视域下，教师在单篇自读课文备课时，要联系学情与课文，根据单元核心任务和单元目标，创设真实学习情境，深挖单篇文本内容。语文教学中处理好单篇自读课文教学与整合式的大单元教学的关系，既能保证单元知识的连贯性，又能凸显出单篇课文的个性。

单元整体视域下《变形记（节选）》教学路径探索

聂耀平　吴都保[①]

摘要：在新课标背景下，单元整体教学与单篇教学的关系越来越受到重视。单篇课文是单元的关键组成部分之一，其重要性不言而喻，落实单篇课文教学，能为单元整体教学奠定基础。如何在单元整体视角下进行单篇教学？本文依据《变形记（节选）》展开分析。首先，明确单元目标是关键，单元目标可准确定位单篇教学方向，使其不偏离整体轨道。其次，用心解读教材，深入挖掘教学重点，充分认识单篇课文在单元中的独特价值。最后，紧扣教学重点，积极探寻教学策略，引导学生深入理解单篇课文，进而感悟整个单元的主题。笔者从以上三个角度出发，探讨在单元整体视角下语文单篇教学的路径，以单篇教学实现大单元教学目标，为提升学生语文素养搭建稳固阶梯，为语文教学提供新的思路与方法。

关键词：单元整体视角；《变形记（节选）》；单篇教学

《普通高中语文课程标准（2017年版2020年修订）》（下文简称新课标）在前言中提及："进一步精选了学科内容，重视以学科大概念为核心，使课程内容结构化，以主题为引领，使课程内容情境化，促使学科核心素养

[①] 作者简介：聂耀平，黄冈师范学院学科教学（语文）23级研究生，邮箱：497421435@qq.com；吴都保，黄冈师范学院文学院（苏东坡书院）讲师，博士，硕士生导师，研究方向：中国现当代文学及乡村文学，邮箱：641243152@qq.com。

的落实。"① 新课标提出了"语文核心素养"和"学习任务群"的概念，大单元教学、单元整体教学越来越受到教师的青睐。但单篇教学聚焦单篇文本、知识讲解系统、教学节奏易控、情感体验深刻，其重要性也不可忽视。基于此，教师在实施教学时，应观照单元整体意识，同时关注单篇特色，在单元整体视角下对单篇课文实施教学。单元教学视域下的教学设计，应该遵循的要点是落实单元学习任务、有贯穿始终的核心任务、有整体的单元意识、围绕文本进行设计。② 本文依据《变形记（节选）》展开分析，在单元整体视角下对高中小说单篇教学进行探索。

一、明确单元目标，把握单篇教学

统编版高中语文教材创造性地采用了人文主题与学习任务群双线并行的方式来组织单元，教学时要观照单元整体，明确单元目标和单元学习任务，确定单篇教学目标。要确定《变形记（节选）》的教学目标，就要明确单篇与单元的关系，明确《变形记（节选）》教学在单元教学中的作用。

（一）单元与单篇的关系

单元整体与单篇之间是相互依存、彼此成就的关系，不仅要从单篇到单元，有单元的整体设计、思考；还要从单元看单篇，根据单元整体设计来处理单篇教学问题。单篇作为具备多样教学价值的独立文本，是单元的构成基石，各个单篇相互关联，属于单元整体设计的关键构成部分。并且，单元的构建价值并不只是若干文本的叠加，单元整体设计为单篇教学设定了全新的目标、情境、任务。单篇教学需要践行在单元整体设计中所肩负的学习任务，并与其他单篇协同合作，共同达成单元整体的学习要求。

（二）单元教学与《变形记（节选）》

通过分析教材发现，本单元隶属于"文学阅读与写作"学习任务群，其单元的人文主题为"观察与批判"。新课标中提到本任务群旨在引导学生阅读古今中外诗歌、散文、小说、剧本等不同体裁的优秀文学作品，使学生在

---

① 中华人民共和国教育部. 普通高中语文课程标准（2017年版2020年修订）[M]. 北京：人民教育出版社，2020：4.
② 王希明. 统编语文教材单元教学设计的类型及要点[J]. 语文学习，2022（10）：23-27.

感受形象、品味语言、体验情感的过程中提升文学欣赏能力。① 单元导语中也提道：本单元的课文均"通过虚拟的人物形象和故事情节反映社会生活"，"学习本单元，要注意知人论世，在人物与社会环境共生、互动的关系中认识人物性格的形成和发展，关注作品的社会批判性。要了解作者如何运用多种艺术手法实现创作意图，品味小说在形象、情节、语言等方面的独特魅力"。小说教学要以读懂小说为切入点，以认知小说所反映的现实社会为目标，本单元的课文《祝福》《林教头风雪山神庙》《装在套子里的人》《促织》《变形记（节选）》涵盖古今中外的内容，风格多样，都通过刻画的人物形象和虚构的故事情节来反映现实生活，批判现实社会。通过阅读这些小说，学生能够丰富自身的人生经验，提升对社会现实的观察、分析及判断能力，进而培育高尚的审美情趣。基于此，单元教学目标可以确定为：了解小说的时代背景，感受不同作家所展现的文学魅力，感受古今中外不同小说的创作风格；基于小说的情节发展梳理小说结构，分析人物命运发展脉络；基于小说的人物塑造分析人物形象特点，品味小说的艺术手法，学习小说的写作技巧；基于小说人物形象、情节发展和社会环境品味小说所揭示的主题，体会人物悲剧的成因及社会意义，提升对现实社会的观察与批判、分析与鉴别的能力。

《变形记（节选）》是本单元的最后一篇课文，它以荒诞的故事批判了资本主义社会的残酷和无情，这在主题上与单元的整体规划相互呼应，为学生理解和把握单元的核心思想提供了生动而深刻的范例；凭借深刻的主题内涵、新颖的写作技巧和对学生文学素养的提升，在本单元教学中具有不可忽视的作用。

单元教学与单篇教学的关系问题，实际上就是在单元教学中怎样科学合理地处理单篇文本的问题。单元视角下进行《变形记（节选）》教学，要从单元整体去认识它的教学价值，从单元整体的教学目标和内容去确定单篇教学的目标和内容，基于此，单元视角下《变形记（节选）》的教学目标可以确定为：通过了解时代背景、分析情节和细节来把握人物形象；了解并领会小说象征、荒诞与写实等艺术手法；通过分析人物、社会环境和荒诞的情节设置来把握"异化"的主题，认识小说揭示的西方现代社会"现代人的困惑"。

---

① 中华人民共和国教育部. 普通高中语文课程标准（2017年版2020年修订）[M]. 北京：人民教育出版社，2020：17.

二、用心解读教材，挖掘教学重点

（一）教材内容简析

《变形记》是奥地利小说家卡夫卡的一部小说，曾数次被编入不同版本的高中语文教材，小说共有三部分，本篇课文选自小说的第一部分，以"变形"为线索，讲述了主人公格里高尔一天清晨从睡梦中醒来突然变形成一只大甲壳虫，这一突发事件对格里高尔和他的家人产生了很大的影响，他惊恐又忧郁，最后被父亲无情地赶回房间。格里高尔虽然已经变成甲虫，但并没有过多地担心自己的处境，他所关心的仍然是父亲的债务问题以及家里的各种琐事。小说描绘了一个真实而荒诞的世界，通过刻画人物形象、设置荒诞情节、运用多种艺术手法，深刻地表现了人的异化这一主题，批判了资本主义制度下人际关系的冷漠。

（二）教学重点

《变形记（节选）》篇幅较长，值得品味的地方很多，若面面俱到地安排教学，则需要较多的时间，但课堂时间有限，因此教师需要抓住重点进行教学。与传统的单篇教学不一样，单元视角下的《变形记（节选）》教学重点的确定要综合考虑单元要素、单元目标和单篇特色。

单元教学立足于单元整体，单篇教学则需要聚焦单篇课文的特色之处[①]，单元视角下的单篇教学既要立足单元整体，又要聚焦单篇课文的特色。《变形记（节选）》的特色之一在于其深沉的批判，通过格里高尔的变形，批判了资本主义社会的冷漠无情，人在异化的世界的挣扎和无奈；此外，它的艺术手法也具有独特性，如寓真实于荒诞的隐喻象征手法。这是课文的特色之处，也是教学时需要深入解析的地方。

基于新课标、单元教学目标和单元主题确定单元视角下《变形记（节选）》教学目标，结合课文特色，教《变形记（节选）》一文时可以抓住三个教学重点，即人物形象、艺术手法、主旨。

---

① 耿红卫，李春燕. 单篇与单元教学关系考证及融合路径——以统编高中语文教材必修下册第六单元为例[J]. 语文建设，2023（21）：4-9.

三、紧扣教学重点，明确教学策略

（一）由浅入深：窥人物形象

人物、情节、环境是小说重要的三要素，分析人物是小说教学不可缺少的一环，《变形记（节选）》教学中需要把握格里高尔的人物形象，分析其典型意义和时代特征。本单元属于"文学阅读与写作"学习任务群，此任务群在"学习目标与内容"部分要求"精读古今中外优秀的文学作品，感受作品中的艺术形象"①。通过给学生提供学习支架，引导学生从整体出发把握总体形象；从细察环境入手，感受具体形象；从细节描写入手，深入解读形象，从而使学生由浅入深地把握格里高尔的形象，体会作者通过格里高尔传达的一个普通人在异化的社会里的典型际遇：丧失了作为个体的价值，又过分压抑自己而最终被物化成了一只"甲虫"，②展示了普通人的生存困境。

1. 从整体事件入手，把握总体形象

本单元的五篇课文，虽然横贯古今中外，但都有一个共通点，就是"变"，在单元整体视角下对《变形记（节选）》的人物形象进行教学时，可以从"变形"这一整体情节出发，通读全文，把握格里高尔的总体形象。《变形记（节选）》全文篇幅较长，在这里，教师可以提供一个学习支架，让学生在浏览全文之后填写多媒体上展示的格里高尔人物形象档案卡，引导学生在总体上把握人物形象，如表1所示。

表1 格里高尔人物形象档案卡

人物形象档案卡	姓名	
	职业	
	人物遭遇	
	人物关系	
	人物性格	

此外，教师引导学生注意突转事件（即格里高尔早上醒来突然变成了甲壳虫），概括出格里高尔发现自己变成了甲壳虫之后，始终担心家庭与工作，

---

① 中华人民共和国教育部. 普通高中语文课程标准（2017年版2020年修订）[M]. 北京：人民教育出版社，2020：17.
② 温儒敏. 普通高中教科书教师教学用书语文必修上册[M]. 北京：人民教育出版社，2019：211.

却遭到家人的恐惧与排斥，变形前他生活沉重、工作艰辛、拼命还债，变形后他活动艰难、亲人厌弃。基于此，学生能够感受到格里高尔是一个对工作认真努力，对家庭负责的善良忠厚的小人物形象。通过搭建学习支架，概括整体事件，由"变形"这一情节带动人物分析，为进一步分析格里高尔的形象做铺垫。

2. 从细察环境入手，体悟具体形象

小说中的主要元素包括人物、情节和环境，三者之间存在密不可分的关系，教师在教学过程中要引导学生将人物置于社会环境中进行分析，分析人物与环境之间的关系，体会社会环境对人物性格的塑造。

《变形记（节选）》的环境主要包括社会环境和家庭环境，教师在剖析社会环境对塑造格里高尔的形象的影响时，首先需要提供本文的背景资料，可在多媒体上展示文字材料，如在社会环境方面，第一次世界大战前夕，物质主义盛行，经济危机频发，社会矛盾尖锐，由于过分追求物质利益，从而忽视了精神层面的需求，人们的价值观受到冲击，个人普遍存在孤独感；在家庭环境方面，经济负担重，父亲事业失败欠债，母亲生病，妹妹上学，格里高尔成为家里的经济支柱。还可以放映相关的电影片段让学生直观地感受小说的环境，如扬·内梅克执导的电影《变形记》。其次，教师引导学生从社会环境和家庭环境中分析人物形象，如资本主义社会，人被利益所驱使，格里高尔生活在这样的社会中，承受着巨大的工作压力，他的生活完全被工作占据，没有了自我；家庭经济状况不好，父亲欠债、母亲生病、妹妹上学，格里高尔成为家里的顶梁柱，这种环境塑造了格里高尔强烈的责任感和牺牲精神。

3. 从细节描写入手，深入解读形象

在感知总体形象、把握具体形象之后，教师还可以从细节描写中深入教学。细节描写是对人物、景物、事件等表现对象的细微而具体的描写，它可以刻画人物形象、增强真实感、推动情节、凸显主题。《变形记（节选）》中的细节描写很丰富，尤其是心理描写细腻入微，格里高尔的心理活动是课文的主体也是最吸引人的地方之一。在课文中，格里高尔的心理描写主要通过内心独白、回忆过去和联想等方式表现。

教师可通过创设情境的方式带领学生去寻找文中格里高尔的心理描写，并从中分析这些描写刻画了一个怎样的格里高尔。如：教师先通过播放电影片段帮助学生走进格里高尔的内心，然后让不同的学生代入格里高尔的角色

朗读有关心理描写的句子，师生展开讨论。"成天都在奔波。在外面出差为业务操的心比坐在自己的店里做生意大多了。加上旅行的种种烦恼，为每次换车操心，饮食又差又不规律，打交道的人不断变换，没有一个保持长久来往，从来建立不起真正的友情。"说明他工作艰辛、奔波劳累、孤独无助，内心烦恼无人诉说。"格里高尔，使劲！继续转下去，别松手！"说明他渴望得到别人的接受和鼓舞……然后教师通过教学活动引导分析格里高尔的深层形象，学生可以分析出麻木压抑无自我又渴望别人理解和接受的小人物形象。

本单元是小说单元，人物是本单元教学的一个重点，但需要注意的是，教师需在单元整体视角下进行教学，如《祝福》多采用外貌描写，而《变形记（节选）》多采用心理描写，从单篇文章的角度来看待，这可能是卡夫卡不同于鲁迅的写作方式，但将它放在单元视角下看待，会发现无论是《祝福》中的外貌描写，还是《变形记（节选）》中的心理描写，都反映了社会对人的压迫，也展示了普通人的生存困境。

（二）渐次深入：品写作技巧

单元导语提到要"借鉴小说技法进行创作"，写作技巧教学是本单元教学不可或缺的一部分，通过分析写作技巧，可以提升学生的文学鉴赏能力，加深学生对小说主题的理解。基于此，象征手法、荒诞与真实交织等写作技巧亦是本文教学的一个重点。

1. 从物象陈述中分析象征手法

小说物象是"小说作者创设的对小说情节、人物塑造和文势发展起关键作用的客观物件"[①]，本文中物象丰富，如甲壳虫、门、房间等，甲壳虫是核心物象，教师可以通过剖析物象的方式达到教学象征手法的目的。首先，由教师引入物象的概念，并让学生寻找文中的物象，教师明确甲壳虫这一重点物象。其次，让学生从描写甲壳虫的语句中思考"甲壳虫代表了什么，格里高尔为什么会变成甲壳虫"。最后，教师联系主题，总结甲壳虫的象征意义，它暗示了人在现实生活中被异化的情形，体现出个体的怯懦心理以及对问题的躲避。

---

① 杜鹏飞.《金瓶梅》《红楼梦》的小说道具研究［D］. 大连：辽宁师范大学，2016：5.

2. 从"变形"情节中感受荒诞与真实的交织

变形是本文最大的特色之一，作者通过这一"突发事件"，深刻揭露了社会对人的异化。教师通过分析本文这一特色，并联动单元内其他课文，呼应单元主题与单元任务。

首先，教师可以从荒诞的梦境入手引发学生对荒诞和真实的思考并发言；其次，教师可以让学生找出格里高尔变成甲壳虫后的具体细节，如外貌、行动方式等，引导学生讨论这如何体现小说的荒诞性；再次，让学生找出格里高尔变成甲壳虫后的心理变化，让学生思考这如何体现真实感，总结他变成甲壳虫后担心工作、家人，这与人面对困境时的心理状态相似；最后，引导学生感受荒诞与真实交织的特点。由此，学生能深刻感受到寓荒诞于真实这一特点，体会小说写作的多种技法。

（三）层层递进：深入领悟主旨

《变形记（节选）》批判了资本主义社会的残酷现实，揭示了现代社会中人的异化。将《变形记（节选）》置于一个特定的单元中，其独特的主旨思想可以为单元主题增添丰富的层次和深度。卡夫卡通过塑造人物、设置情节，深刻批判了资本主义社会下人性的淡漠，揭示了社会现实压力下人性的异化、扭曲，与单元主题相互呼应，并且与单元中的其他作品相互补充，拓宽了学生的认知视野。因此，引导学生分析体悟主旨尤为重要。

1. 从人物形象中剖析主旨

《变形记（节选）》通过人物形象的塑造和命运发展深刻地体现了小说的主旨，本文的主要人物是格里高尔及他的家人。如何从人物形象出发教授课文主旨呢？首先，教师可以通过由整体到细节的方式，引导学生全面深入地分析课文中格里高尔的形象，深入了解他的性格特点和内心世界。其次，教师展示时代背景，引导学生分析格里高尔变形后其家人及公司协理态度的转变，探讨这种转变所揭示的现代社会中人与人关系的异化以及人性的扭曲，感受卡夫卡所反映的资本主义制度下的社会现实和人性问题，揭示人的异化、亲情的淡薄。最后，联系现实生活，教师引导学生将课文中的格里高尔与现实生活中的人物进行联系，思考作品所反映的现代人的生存困境，培养学生的批判性思维和社会责任感。

2. 从环境中领悟主旨

环境是小说主旨的重要呈现背景，主旨是对小说环境的深刻洞察与批判，探寻本文的主旨时，还可以从家庭环境与社会环境入手。文中环境具体呈现为资本主义社会的压力和冷漠的亲情关系，如何从环境中领悟主旨？教师可以让学生寻找文中关于环境的具体描写，体会这些环境因素如何影响格里高尔的心理和行为，抓住格里高尔的工作压力、经济压力和亲情异化让学生讨论交流，领悟在时代背景下人性的扭曲和异化。

3. 从荒诞情节中探寻主旨

情节是主旨的载体，主旨是情节的升华，教授本文主旨时，还可以从荒诞情节角度出发。本文主要描写了格里高尔的变形以及变形后的困境，在教学时，教师可以抓住格里高尔的变形、家庭关系的变化这两点，提出"格里高尔为什么会变成甲壳虫？""怎样理解作者对变形这一情节的安排？"等问题，引导学生从甲壳虫的象征意义等角度去思考，小组合作探究并自由发言，让学生领悟人在社会生活中的异化处境和自我逃避。然后，教师将荒诞情节与现实生活进行对比，让学生思考现代社会中是否也存在同样的问题，以帮助学生更好地理解作品的主旨。

单元整体视角下对《变形记（节选）》的教学路径探索，需要教师树立单元整体意识，明确单元与单篇的关系，深入解读教材，跟随教学重点，确定教学策略。在充分利用单篇教学的同时，彰显单元整合的优势，促进学生语文综合素养的提升。

单元整体教学视域下单篇课文教学的实施路径
——以九年级上册《湖心亭看雪》为例

曾翠柳①

摘要：单元整体教学逐渐成为初中语文教学的重要路径。学习任务群通过学习任务来整合整个单元的教学，不仅保留了单元教学的完整性，还增强了对单篇课文教学的深度拓展。在新课标的背景下，单篇教学仍是初中语文课堂教学中的主流。本文以《湖心亭看雪》的教学为例，围绕新课标、教材和单元任务的要求，从确立教学目标、设计教学活动、制定教学任务和开展教学评价等方面探究单元整体教学视域下单篇课文教学的实施路径，进而促进学生语文核心素养和人文素养的提升。

关键词：单元整体教学；单篇教学；实施路径

新课标聚焦于提升语文学科的四大核心素养，并引入了"学习任务群"这一创新概念。在教学实践中，众多一线教师倾向于采用大单元教学模式，这种模式是将一个单元内的课文内容进行整合，并在一项核心任务的指导下规划教学活动，以实现整个单元的教学目标。同时，也有部分教师选择突破单一单元的界限，通过跨单元组织文本，甚至超越现有教材的限制，力求借助大单元教学来促进学生核心素养的发展。然而，学习任务群的设计并不单

---

① 作者简介：曾翠柳，黄冈师范学院学科教学（语文）23级研究生，邮箱：1970825021@qq.com。

纯追求"群"的形式，整合只是其中一种方式，以"任务"的方式激发学生的学习兴趣，提高他们的语文核心素养才是真正的目标。无论是进行大单元教学，还是把重点放在单篇课文的教学上，只要能帮助学生在学习中提高语言、思维、审美等各方面的素养，都是与新课标的理念相一致的。①

一、单元整体教学与单篇教学的关系

初中语文教学的最终目标是培养学生的语文核心素养，而我们教材中的单元设计仅是达成此目标的辅助工具。在实际教学过程中，我们应避免将大单元教学简单理解为仅限于教材单元的教学模式，因为"大"的意义不只在于材料的广度和数量，它代表了一种全面的教育和学习理念，强调以思维能力的增长为核心。

自新课程标准实施以来，采用更大范围的单元教学已逐渐流行，但单篇课文的教学仍然是日常课堂教学中最常见的形式。尽管如此，根据新课程标准的要求，现行的单篇教学应当与过去有所区分。在传统教学中，单篇教学通常专注于单一课文的知识传授，导致学生的思维往往局限在特定的篇章内。相反，新课程标准倡导的单篇教学应融入整体性和单元性的理念，更加重视培养学生的语文核心素养。在教授《岳阳楼记》这一课程时，传统教学方法主要集中于文言文方面的学习。相比之下，统编版教材将《岳阳楼记》与《醉翁亭记》合并为同一单元，着重于文章的叙事特征。在学习过程中，学生不仅要掌握文言文的基础知识，还需深入分析故事情节的进展和人物的心理动态，感受作者的生活境遇，并进一步领会这些故事所隐含的对理想生活的向往和对现实社会的反思。

显然，无论是大单元教学还是单篇教学，在教育理念上都是相互联系的，不应被视为独立的个体。两者都应遵循新课程标准的理念，顺应教学的自然规律，初中语文教学的主旨在于培育学生的价值观念和塑造其品格。在现代教育体系中，教材中的单元与单篇课文之间的关系被设计为互为补充，共同构成一个有机的教学整体。这种设计不仅有助于学生从宏观上把握知识结构，而且能够通过对单篇课文的深入学习，促进对细节的理解和思考。然而，在实际教学过程中，如何平衡这两者之间的关系，确保教学效果的最大化，是教师面临的一大挑战。因此，教学时需考虑的因素包括单元的整体性

---

① 赵和平. 例谈大单元视域下语文单篇课文教学的实施路径 [J]. 中学语文，2023（27）：6-8.

和单篇课文的独特性。这意味着教师在进行教学设计时，既要考虑整个单元的教学目标和内容框架，也要关注每篇课文所承载的具体知识点和技能训练。

二、单元整体教学视域下《湖心亭看雪》单篇课文教学的实施路径

在新课程标准的指导下，单篇教学仍然在日常课堂中扮演着主导角色。本文以《湖心亭看雪》为典型实例，努力探讨在单元整体教学的视域下单篇课文教学的实施路径。

(一)围绕单元整体规划，制定单元学习目标

1. 依据课程标准

本单元属于"文学阅读与创意表达"任务群。《义务教育语文课程标准（2022年版）》中写道，本学习任务群旨在通过整体感知、联想想象，感受文学语言和形象的独特魅力，获得个性化的审美体验[①]。统编版语文九年级上册第三单元中的《岳阳楼记》《醉翁亭记》《湖心亭看雪》三篇散文，均为文人墨客在自然景观中畅游之时抒发情感、表达对山水的热爱，通过这些作品展现了他们对于人生忧乐的思考和感悟。

2. 关注单元助读系统

本单元的助读系统包括单元导语、学习提示和单元研习任务等内容。单元导语设定了整个单元的学习目标和核心任务，引领全局；学习提示则针对具体课文分析单元学习的重点，实现局部深入；而单元研习任务通过综合性的练习，落实并加深理解，完成从局部回归整体的过程。这三者之间相互作用，相辅相成。

《湖心亭看雪》是九年级上册第三单元中的一篇自读课文，本单元的人文主题是"游目骋怀"。教材单元导语中明确指出："本单元所选的诗文在描写景物、抒发感情的同时，也表达了作者的政治理想、志趣抱负。学习时，要注意体会古人寄托于山水名胜中的思想情感，感受他们的忧乐情怀。学习

---

① 中华人民共和国教育部. 义务教育语文课程标准（2022年版）[M]. 北京：北京师范大学出版社，2022：26.

这个单元，要在理解课文内容的基础上，熟读成诵，积累、掌握课文中的文言实词和名言警句，并体会文言虚词在关联文意、传达语气等方面的作用。"在进行整体性的单元教学设计时应当始终不脱离单元导语，不脱离单元教学目标。

3. 分析整合教材

本单元的设定目标应紧密结合单元文本的特点，基于这些文本所共有的属性。在《岳阳楼记》中，作者主要表达了登高时的所思所感，而非着重描绘岳阳楼或洞庭湖的景色；《醉翁亭记》则展现了作者在谪居滁州期间，与民众共享欢乐、心态豁达的生活态度；《湖心亭看雪》通过张岱观赏雪后西湖的美景，抒发了对故乡的思念和对逝去国家的哀伤。学习这些作品，学生能够探索古代人丰富的情感生活，进而形成积极的审美趣味。

笔者基于上述单元整体分析，制定了以下单元目标：

（1）积累并运用文言知识，掌握阅读方法，品析特殊句式与词汇，将文言应用于生活。

（2）品读文言山水散文，欣赏景色与文辞之美，联系历史背景分析情感含义。

（3）体会文中人物的经历，感受文章所表达的喜怒哀乐以及国家大义，从而继承和发扬古人的智慧和品格，为现代生活提供启发。

（二）深入单篇文本，明确单篇教学价值

（1）单元的语文素养涵盖人文主题和学习任务群的目标，这两点应作为解读单篇课文在课程中的价值的关键要素。以《湖心亭看雪》为例，单元人文主题为"游目骋怀"，单元教学目标要求，通过学习中国山水散文，深刻体会古代文人的游历心境，了解他们在自然景观中的心灵感悟，体会他们通过观察大自然而展开的丰富情感和超脱精神。在雪后的西湖上，张岱通过细腻的观察和深情的回忆，展现了一种超然物外、对美景的独特感受，这是《湖心亭看雪》所表现的游目骋怀的精神，也是《湖心亭看雪》本身的现实意义。此外，还可以引导学生从赏析《湖心亭看雪》所展现的艺术形象中，获得熏陶和感染，汲取人生营养，激发奋发向上的精神力量，坚定继承和发扬古代文人的游历传统。

（2）在本单元内，将课文与其他文章的相互联系与不同点进行比较。以一篇课文为基础，与其他多篇文章进行对比、互文和迁移式的阅读分析。如

《湖心亭看雪》《岳阳楼记》和《醉翁亭记》，三篇文章出自不同作者之手，每位作者的创作风格迥异。《湖心亭看雪》清新隽永，诗意盎然，充分彰显了张岱独特的游记风格；《岳阳楼记》意境宏大，哲理性强，展现了范仲淹的壮阔胸怀；《醉翁亭记》则叙述亲切，风格恬淡，体现了欧阳修与民同乐的情操。在比较中，既强化了对单篇文本创作风格的理解，避免文本价值被抹杀，又自然地落实了单元教学目标中要求赏析作家富有个性的创作风格这一点。

综上，本单元每一课每一篇文本的教学价值得以确立，《湖心亭看雪》《岳阳楼记》《醉翁亭记》都属于山水散文，在教学过程中应注重梳理文章思路，概括自然景观的描写，体会作者在自然中的感悟和情怀。品读重点语句，理清文章情感脉络，领会作者的写作意图，体会作者对自然之美的深刻思考，领悟古代文人在游历中追求的精神自由和意义。这三篇文章均属于散文，在教学过程中应引导学生关注散文三要素，即情、景、理。把握文中作者的情感变化，鉴赏文章中自然景观的描写，譬如山、水、天气、植被等。在群文阅读中体味三篇散文各自展现的风格，并结合前几课的内容，比较不同作者在游目骋怀中的不同表达方式，进而理解散文的"抒情"是建立在对自然景观深刻观察和体验基础之上的一种情感抒发。

（三）单元整体教学视域下《湖心亭看雪》的教学实践

1. 立足单元教学任务，设定单篇课文教学目标

围绕单元教学任务，本篇课文的教学目标设定为：一是通过诵读课文，能够准确掌握字音、停顿、重音和音韵的美感；二是利用注释和工具书，积累一词多义、古今异义等文言词语知识，初步理解文章；三是赏析文中描述雪景的句子，分析景物特点及其中所蕴含的情感；四是结合人物的生平和时代背景，评价作者所寄托的志趣和情感[①]。以上教学目标的设定，实际上是对语文核心素养的具体化，这四个目标以语言运用为基础，进而深化到思维能力、审美创造和文化自信的培养。从根本上来说，语文单篇教学是单元整体教学的一个环节，并不能脱离单元整体教学的框架。

2. 扎根具体情景，制定教学活动与任务

精心构建的教学情境可以有效地启迪思维，激发学生的情感，从而提高

---

① 李宏绯，孙玉凤. 指向教学评一致性的阅读教学设计与实施——以九年级上册《湖心亭看雪》为例 [J]. 语文建设，2022（15）：70-73.

学生在课堂上的积极性。以教授《湖心亭看雪》一文为例，可以创设这样的情境："本学期，校园电视台新开设了《人物专栏》节目，其中一期将专注于制作名为'古仁人的情怀——张岱'的专题节目，栏目编辑邀请同学们共同制作本节目。"以《湖心亭看雪》为例，在设计教学活动时，教师需根据教学目标精心策划以下三个具体的学习任务。

活动一：探索张岱的世界——朗诵感知历史人物

任务一：校园电视台正在筹划推出一期名为"古仁人的情怀——张岱"的专题节目。为了增加节目的吸引力和参与度，我们特此向全校同学发出邀请，征集大家为这一节目设计精彩的开场白，并鼓励同学们挑选出自己喜爱的张岱作品片段进行朗读。

这一任务具有较强的生活情境性，它不仅仅是一次简单的课堂作业，而是真正与现实世界接轨的学习活动。通过这样的方式，学生能够将自身所学与实际生活相结合，进而体会到学习的乐趣。教师应进一步明确学习方法和要求，提供详细的任务指导：

（1）同桌之间相互朗诵课文，确保发音准确，同时留意语音的停顿与轻重，以期达到流畅且熟练的阅读水平。在朗诵过程中，同伴之间可以相互指正和讨论，努力精确地掌握停顿和轻重音，共同提升彼此的朗读技巧。

（2）参考课文的注释，借助词典等工具，标注出关键句子和难懂的词汇，以便初步把握文章内容。小组成员内部积极解决疑难问题，互补式地解释文中的重点词汇和句子翻译，确保每位成员都能充分理解文本内容。

（3）熟读课文，全面理解文章的主旨，通过小组合作，精心挑选出有代表性的语句，概括文章内容，并以此构建节目的开场白。

这一环节不仅考验了学生对文章的理解能力，也锻炼了他们如何将文本内容转化为吸引听众注意的开场白的能力。鉴于每位学生都有自己独特的学习风格和节奏，教师在小组合作交流期间需要细致地观察他们的学习状况，确保能够及时了解每个学生的进展。

活动二：走进张岱的心境——沉思赏析西湖雪景

任务二：《湖心亭看雪》为什么能在中国文学史上有较高的知名度？节目的编辑请同学们结合张岱在文本中的景物描述，进行赏析。

此任务的核心目的是引领学生深入剖析文中的景物描绘，领悟景色的独到之处，并体察作者在文章中蕴含的情感。教师进一步提出任务要求：

（1）标注并解读文中关键词语，细品雪景描写，领略西湖雪景之独特风韵。

（2）通读全文，追寻作者的脚步，感受景物描绘中所流露的情感。

在《湖心亭看雪》中，张岱以细腻的笔触描绘了西湖的雾凇景象："雾凇沆砀，天与云与山与水，上下一白。"他巧妙地运用三个"与"字，将天空、云彩、山峰和湖水之间的界限模糊化，营造出一个白茫茫、难以分辨的景象。在诗词和古代散文中，景物描绘往往不仅仅是对外部世界的简单记录，更是作者内心情感与思绪的投射。通过细腻的景物描写，诗人或作家能够传达其独特的感受与思考。然而，在学习这类作品的过程中，学生们可能会遇到一些疑惑，比如为什么作者在描绘雪景时会详细提及"天、云、山、水""堤、亭、舟、人"，并且使用像"痕、点、芥、粒"这样的量词。

通过小组讨论，学生们逐渐领悟到作者巧妙地采用了白描手法，从宏观视角入手，逐渐转向微观细节，由大至小、由远及近，逐层展开，展现了视线的流转与景色的变换。在讨论过程中，教师可以通过观察和评价，适时地给予指导，解释"一痕、一点、一芥、两三粒"这样的数量词实际上描绘了小船在夜色中缓慢移动的场景，强调了在浩瀚自然面前人类的渺小与微不足道。这种模糊而朦胧的描写不仅表达了作者内心的孤独与淡淡的忧伤，同时也承载了他对已逝故国的深切怀念与无尽的感伤情绪。

活动三：领悟张岱的人生——文字深处寻觅情感

任务三： 从作者的作品集中，你领略到了张岱怎样的人生志趣与情怀？请谈谈你的感悟。

本次学习任务的主要目的在于引导学生深入阅读文章，通过全面认识张岱这位历史文化名人，来培育学生高尚的人生志趣和情操。为了达到这个目标，教师提出具体的学习任务：

（1）精读文章并结合辅助材料：学生们将仔细阅读关于张岱的文章，并结合《自为墓志铭》等辅助材料，深入探索张岱的人生历程。

（2）阅读《西湖梦寻》节选：通过阅读《西湖梦寻》的部分章节，学生们可以更直观地感受到张岱作品中所蕴含的精神内涵和情感色彩，从而更好地把握他的文学风格和创作特点。

在此环节中，教师可以带领学生深入了解张岱的人生经历，并结合他在《自为墓志铭》中的文字，揭示他作为明代遗民的身份特征。通过对比明朝灭亡前后的文字，展示张岱在不同时期截然不同的人生境遇。特别是在明朝灭亡后，张岱将自己深沉的情感寄托于自然景观之中，通过描写雪景等自然景象，表达了他对人类在广阔世界中的微不足道之感慨。特别值得关注的是，张岱并非在阳光明媚的日子游览西湖，而是在大雪纷飞的夜晚选择"更定"时分独自前往湖心亭欣赏雪景，反映出他内心的孤独与哀愁，以及他对家国情怀的持续挂念。张岱将自己深切的亡国之悲寄托在了冰冷的雪世界中，表达了他对故国深深的怀念之情。

通过以上活动与任务的设计与实施，学生们将能够更全面地理解张岱的人生经历和情感寄托，同时也能够在教师的指导下逐步提高自己的阅读水平和文学鉴赏能力。

3. 注重整体建构，优化教学评价

单元整体教学的精髓在于实现教学内容的整体性，强调课程之间和各个教学环节之间的紧密联系，构建一个连贯且流畅的教学流程。通过这种整体性的设计，可以使学生的学习过程更加系统化，有助于他们全面掌握知识点，并将其融会贯通。传统的教学评价方式往往依赖于一次性考试或作业成绩，这种方式无法全面反映学生的学习过程和进步。

因此，教学评价应有所改变，不能局限在以前期末的一次性结论性的评价，而应贯穿于整体教学的每一个环节，形成对每一位学生个性化的过程性评价[1]。通过提供个性化的过程性评价，教师可以更准确地了解学生在学习过程中的表现和发展，从而及时给予必要的指导和支持。

综上所述，单篇课文的教学在单元整体教学中占据着极其重要的位置。在设计单篇课文教学时，必须紧密结合新课程标准、教材内容以及单元任务，综合考虑教学目标、内容以及评价等多个要素。这样做不仅有助于学生更好地理解课文本身，还能引导他们学会如何将单篇的知识点与整个单元乃至更大的知识框架相结合。通过精心设计的教学活动，学生不仅能够掌握知识，还能在实践中培养解决问题的能力，进而促进学生的深度学习，提升他们的语文核心素养。

---

[1] 朱伟. 单元统整理念下文言记游散文的"浸润式"教学——以统编语文教材九（上）《湖心亭看雪》为例[J]. 初中生世界，2023（24）：39-41.

单元整体视域下单篇教学探究
——以《拿来主义》为例

吕 秋[①]

摘要： 在"三新"课改背景下，高中语文学科发生了从单篇课文教学走向单元整体教学的变革。单元整体视域下的单篇教学具有三个特点：整体性、情境性与任务性，它强调在立足单元教学目标的基础上，需兼顾各单篇课文的教学价值，通过提炼单元知识点与课文之间的关联度，明确单篇课文在单元整体教学中的角色与意义。本文以《拿来主义》为例，探究如何在单元整体视域下实施单篇教学实践，从单元教学目标的统筹、单篇教学价值的聚焦等方面提出教学策略，旨在为提高高中语文教学质量提供新的思路与方法。

关键词： 单元整体视域；单篇教学；《拿来主义》

在新课标、新教材、新高考的"三新"课改背景下，高中语文学科发生了从单篇课文教学走向单元整体教学的变革。所谓单元教学，是将一个单元视为语文教学的基本构建块，以大主题或大任务为中心，通过整体视角，对学习内容进行分析、整合、重组和开发，对教学内容进行系统性、前瞻性的规划与组织，形成具有明确的主题、目标、任务等要素的一个结构化的科学

[①] 作者简介：吕秋，女，黄冈师范学院学科教学（语文）23级研究生，邮箱：2679250598@qq.com。

设计。因此，在这个视域下的单篇教学，也不再是单纯地达成学科的知识、能力目标，而是以知识能力为基础，发展学生的语文的核心素养。《普通高中语文课程标准（2017年版2020年修订）》明确指出："以语文学科核心素养为纲，以学生的语文实践为主线，设计'语文学习任务群'。'语文学习任务群'以任务为导向，以学习项目为载体，整合学习情景、学习内容、学习方法和学习资源。"① 这一课程理念，清晰界定了课程内容应当围绕学习任务群进行结构化组织与展现，紧密联结课程的基本理念与具体内容。因此，我们要以特定的学习主题为轴心，明确语文学习的具体任务，设计一系列内在逻辑紧密相连的语文实践活动，以此促进学生全面而深入地掌握语文知识与技能。

一、单元整体视域下单篇教学特点

单元整体教学是由多个单篇教学组成的，单篇教学是单元整体教学的基础和组成部分。单篇教学的成功实施为单元整体教学提供有力支撑，促进单元整体教学目标的实现。单元整体教学与单篇教学之间相辅相成，共同构成了一个完整的教学体系。单元整体教学视域下的单篇教学，笔者认为有以下几个特点。

（一）整体性

传统单元教学的单篇课文教学作为知识组块呈现，而单元视域下的教学强调整体性，即单篇的教学应置于整个单元的教学目标之中。制定单篇教学目标时，应充分考虑该篇课文在单元教学中的地位和作用，以及它如何为单元整体目标的实现贡献力量。单元内的单篇课文并非孤立存在，而是与其他课文存在内在的逻辑或主题联系，共同构成对主题全面而深入的理解。这种关联性体现在单篇教学内容与单元主题紧密相关；单篇教学中的知识点与前后文相互衔接。在单元内，各篇课文涉及相同或相关的知识点，但在深度和广度上有所不同，通过单篇教学，学生可以逐步构建起对知识点的全面了解。同时，单篇教学之间也需要形成有序、连贯的教学流程，确保学生能够逐步建立起对单元主题的全面理解，使学生在更广阔的背景下理解单篇课文。

---

① 中华人民共和国教育部. 普通高中语文课程标准（2017年版2020年修订）[M]. 北京：人民教育出版社，2020：19.

（二）情境性

基于真实情境的语文大单元教学，是以单元主题为主脉络，创设真实的语文学习情境，单篇教学根据课文内容和教学目标，形成有机融合，并创设与之相适应的教学情境。通过情景的引导，学生可以更加深入地理解课文中的人物形象、情节发展、主旨等要素，加强对课文内容的整体把握。各篇课文的情境创设需要相互衔接、相互支撑，共同构成一个完整的教学情境体系，使学生在情境中应用所学知识，完成学习任务，感受文本情感和意蕴，加深对文本的理解和记忆，体会单元主题情感。

（三）任务性

单元视域下的单篇教学通常以学习任务为驱动，任务具有明确的目标和要求，可引导学生有针对性地开展学习活动，确保教学目标有效达成。基于单元学习任务设计的活动不是等待学生填充标准答案的机械空间，而是要求学生主动联系各方面的能力并创造个性化成果的能动空间。任务的设置应注重培养学生的自主学习能力和合作学习能力，使学生在完成任务的过程中逐步掌握单元的核心要点。

二、单元整体视域下单篇教学策略

（一）立足单元，统筹单元教学目标

统编版高中语文教材的组织结构是单元体例。与人教版高中语文教材编排体系不同的是，统编版教材主题和语文要素双线组织教学单元，而非以作品体裁进行单元划分。① 因此，确定一个单元的核心教学内容，必然需要从课程标准、人文主题、学情的视角来考虑。下面以统编高中语文必修上册第六单元为例，具体析之。

1. 课标要求

本单元属于"思辨性阅读与表达"学习任务群，"思辨性阅读与表达"学习任务群是指以促进学生核心素养发展和立德树人根本任务落实为导向，

---

① 付也. 高中语文单元整合教学中学习任务单的设计与实施研究［D］. 牡丹江：牡丹江师范学院，2022：11.

以学生主动阅读、自主探究为主要实现形式，运用辩证思维对文本内容进行思考分析和深度阅读，以一系列学习项目和阅读任务为载体的一种现代化语文课程教学模式①。统编版高中语文教材共有三个单元属于"思辨性阅读与表达"学习任务群。通过对比三个单元的选文编排，可发现本单元涵盖的篇目强调的不是论证的严谨、结构的严密，而更强调针对现实问题抒发议论的针对性，以及透视现象、揭露本质的概括性，二者呈现辩证统一的关系。

2. 把握人文主题

本单元的人文主题是"学习之道"，编选了六篇古今中外探讨学习的文章，《劝学》和《师说》是我国古代探讨学习问题的古文；《反对党八股（节选）》是毛泽东同志倡导马克思列宁主义文风的一篇政论文；《拿来主义》是一篇探讨如何对待外来文化的杂文；《读书：目的和前提》和《上图书馆》是有关读书的两篇随笔。六篇课文，前四篇从古到今，从探讨学习的态度、方法和意义到提倡"师道"，从批判党八股、倡导实事求是的马克思主义文风到探讨对待文化应有的态度，都是针对特定现象或现实问题有感而发，逻辑严密，具有很强的说服力和感染力；后两篇课文则是经验的阐述，作者现身说法，也能带给学生较多的思考。纵观整个单元，核心任务是探讨"学习之道"，要求学生形成正确的学习观，改进学习方法，提高学习能力。作为全套高中语文教材的第一个思辨性单元，通过单元内容的学习，要让学生对"思辨性阅读与表达"有一个基本的认识，理解论述类文章紧密关联相关现实问题的特性，能精准捕捉作者的核心观点及论述脉络，深入掌握文章论证方法与技巧，增强学生思维的缜密性与辩证分析能力。

3. 学情分析

高一学生步入新的学习阶段，对于求知学习的认识也面临着新的转变。本单元选文针对现实问题论述学习的观点、态度，逻辑思路严谨，论说生动灵活。学生对于文中所论的学习命题，包括学习之道、从师之道、求真求实的学风、批判继承的文化态度以及乐读善读的读书态度等，在理解和把握观点上较为容易，但是在理清说理的逻辑思路、感悟思辨思维和理性精神并能够在表达中加以调用等层面会存在困难。另外，对于学习之道背后延续的人类永恒的生命追求，学生也缺乏深入的领悟。因此，让学生结合自身体验形

---

① 陈群．"思辨性阅读与表达"学习任务群的教学实践［J］．中学语文，2024（05）：16-18.

成对学习之道的个性化理解成为教学难点。正是基于以上单元学习依据的分析，笔者设定了如下单元学习目标：

（1）学习富有思辨色彩的古今中外文本，通过对"学习之道"的梳理、探究和反思，把握学习的价值、意义、原则和方法，形成正确的学习观，提高学习能力。

（2）阅读课文，注意把握思辨类文本中作者的观点和态度，理解作者思考问题的角度，学习有针对性地表达观点的方法。

（3）研读课文，把握说理的逻辑思路，感受思辨当中蕴含的逻辑思维，感受思辨的力量，提高理性思维水平。

（4）在深入阅读文本、学习文本论述方法的基础上，学会选择合适的角度、以恰当的方式有针对性地阐述自己的观点。

（二）聚焦单篇，提炼单篇教学价值

有了对此单元整体性的认识后，应进一步深入单篇文本，提炼单篇文本的教学价值，以帮助学生实现知识的融会贯通和能力的全面提升。可着眼于以下两个维度展开：

1. 单元知识点与各篇课文的关联度

从单篇课文的视角出发，每个单元所提炼的知识点与具体课文之间的关联性存在着显著差异。例如，掌握文言文的基础知识，主要是通过《劝学》与《师说》的学习；对比论证的技巧，则主要通过《师说》来教授；比喻论证的学习，则需结合《劝学》与《拿来主义》；对于论说文语言特色的理解，则需从《反对党八股（节选）》与《拿来主义》中汲取营养；论证的针对性教学，则贯穿于《师说》《反对党八股（节选）》及《拿来主义》等多篇课文之中；同时，通过《读书：目的和前提》与《上图书馆》，学生能够深切感受到作者的学习历程。围绕现实问题，进行有针对性且逻辑清晰的观点表达，则需综合整个单元所有课文的学习成果。结合本单元的学习架构及各知识点的教学导向，我们可以明确每篇课文在教学中的独特价值及其核心知识点。

2. 单篇课文在单元整体教学中的角色与价值

在授课中，单篇课文可能扮演着多重角色，《拿来主义》一文，既是学习比喻论证方法的典范，也是探索语言表达特色的宝贵资源。同时，多篇课

文围绕人文主题"学习之道"展开讲解，六篇课文各自独特的视角——"学习之法、从师之道、学风改革、借鉴融合、开放态度、创新思维"，为学生提供讨论话题。所以，在单元整体教学中，为学习某个知识点或达成某条学习目标，应"抓住最核心、最典型的篇目或语段，以其余作为补充，做到详略得当，切忌平均用力"①。简而言之，每篇课文在单元整体教学中的角色与价值各异，要求教师在进行教学时，既要防止将单元教学简化为单调的课文串讲，也要防止过度强调情境任务与综合活动，而忽视了每篇课文所承载的核心教学任务与独特教学价值。

综上，在本单元的教学框架下，可为《拿来主义》设置以下教学目标：

（1）了解本文的写作背景，把握文章观点，梳理文章论证思路。

（2）学习本文先破后立论证方式及比喻论证、对比论证、类比论证等论证方法，体会表达效果。

（3）了解杂文的议论性和文学性相结合的特点，体会鲁迅杂文强烈的现实针对性。

（4）明确"拿来主义"的现实意义，学会正确客观地对待传统文化和外来文化。

三、基于单元整体视域下的《拿来主义》教学实践

新课标提倡树立"教学评一体化"的理念，所谓"教学评一体化"即保持目标统摄下情境、任务、评价工具等要素的内在一致性②。根据目标导向下的"教－学－评"一致性设计理念，有什么样的教学目标就应该匹配什么样的学习活动。设计《拿来主义》的学习活动时，重点指向上述四条教学目标有针对性地设计即可。

任务一：梳理文本，理清文章思路

活动一：国庆、中秋将至，实验中学的文化论坛贴吧里热火朝天，一条名为《坚决取缔洋节日发扬优秀传统文化》的帖子冲上热搜。请你默读课文，结合课下注释，勾画表明作者观点的句子，就如何对待洋节日，回复一条帖子，并谈谈自己的理由。

---

① 王希明. 融会"学习之道"，在任务群中落实与拓展教学 以普通高中语文统编教材必修上册第六单元为例 [J]. 基础教育课程，2020（24）：25-31.

② 赵慧. 大单元视域下的高中语文单篇教学研究 [D]. 济南：山东师范大学，2024：57.

设计意图：国庆、中秋是具有民族特色的传统节日，情境真实，富有趣味。所给的题目态度鲜明，坚决抵制外来文化对已经初步具备思辨意识的学生来说，多数不会赞同。情境的创设是为了更好研读文本，把握文章的观点。

活动二：请同学们默读文本，划分文章层次结构，用思维导图方式呈现出来。

设计意图：通过默读文本，要求学生抓住文中的主旨大意和层次结构，用思维导图呈现出来，让学生更直观了解文章，同时培养学生的阅读理解能力。

任务二：探究文本，分析论证思路

活动一：文章的标题是"拿来主义"，除了拿来主义，文中还提到了哪些"主义"？鲁迅先生对它们的态度如何？

设计意图：旨在引导学生理解文章的主旨，从而理解鲁迅先生对文化遗产和外来文化的态度，通过分析文中提到的各种"主义"，引导学生学会批判性思考，对不同的观点进行辨别和判断，形成自己的独立见解。

活动二：《拿来主义》即将刊印发表时，有报社编辑人员互相议论："此文，前面好几段都与'拿来'无关，不如删去；为什么作者不直接开篇就写'拿来主义'呢？"对此，你怎么看？

设计意图：设计具体的阅读情境，让学生身临其境感受其意。通过上述两个学习活动设计，让学生掌握先破后立的论证方式，能够更好地理清文章的论证思路，使论证更加清晰明了。

任务三：研读文本，探寻论证方法

活动一：本文第八、第九两个段落集中论证"拿来主义"这个观点。作者为了具体形象、鲜明生动地表达自己的思想情感和核心观点，在此运用了大量的比喻论证方法。请同学们找出一些相关语句进行品读和分析，重点思考鲁迅先生是如何进行比喻论证的？以及比喻论证究竟能够发挥什么样的表达效果？

设计意图：通过交流探究的方式引导学生掌握比喻论证的方法，化抽象为具体，把问题或道理通俗易懂、深入浅出地表达出来，进而达到加强论证、形象说理的效果。

活动二：本文除运用了比喻论证，还运用了多种论证方法，请结合具体的语句或段落进行分析。

设计意图：通过具体的语句或段落分析，帮助学生深入理解文本中使用的多种论证方法；不仅鼓励学生识别出文本中的论证方法，还让学生思考这些论证方法如何服务于作者的整体观点，培养其批判性思维。

活动三：统编版语文教材总主编温儒敏先生在其《鲁迅对文化转型的探求与焦虑》一文中说："他还写过一篇文章叫《拿来主义》，其中用他惯有的幽默，形象地说明对外国文明有各种不同的态度……鲁迅的深刻，就在于他不就事论事，能真正深入到民族心理的层面来提出问题，针砭文化转型中常发的老病根。"请同学们自由朗读这篇课文，尝试从文中找出典型语句或语段赏析，谈一谈温儒敏先生这样说的理由。

设计意图：杂文具有议论性和文学性，此文的论述性特点主要表现在先破后立、破立结合的写作思路上，而此文的文学性特点则主要表现在其类比和比喻的说理方法、形象的动词和形容词的选用、排比和反语等修辞手法的介入。此活动有助于学生自主体会鲁迅犀利、讽刺、深刻、幽默的语言特色，进而分析反语、比喻等修辞手法的作用。

任务四：拓展文本，深析主旨内涵

活动：结合前面所学，明确"拿来主义"的现实意义，并针对新时代的"独有主义"发表看法。以下两个观点：更应该推行拿来主义，更应该推行独有主义。对此，你怎么看？结合本节课所学的知识，谈谈你的认识。

设计意图：此活动贴近生活，让学生没有距离感。主题充满了理性的思辨，学生要想阐述好，首先得把《拿来主义》的观点和做法理透彻，辩证地看待两个观点。

四、结语

综上所述，在单元整体教学盛行的今天，单元整体教学与单篇教学并非孤立存在的两个概念，而是相辅相成、相互促进的有机整体。在单元整体视域下实施单篇教学，不仅能够挖掘每篇课文的独特价值，还能强化学生对单元知识点的掌握与运用。以《拿来主义》为例的教学实践表明，通过创设真实的教学情境、设计具有针对性的学习任务，引导学生深入文本分析与思考，可以有效地实现单元整体教学目标与单篇教学价值的双重提升。因此，在未来的高中语文教学中，我们应继续深化对单元整体教学的理解与实践，不断探索更加高效、科学的单篇教学策略，为学生的全面发展奠定坚实的基础。

单元整体视域下单篇选文教学研究

——以《答司马谏议书》为例

张怡文[①]

摘要：在《普通高中语文课程标准（2017年版2020年修订）》（以下称新课标）颁布和统编版高中语文教材采用双线并行新单元选编方式的背景下，高中阶段语文教学可以立足单元整体视域，挖掘单篇文本的独特性以开展单篇教学。本文在厘清单元整体和单篇文本关系的基础上，结合新课标的要求和单元导语的提示等确定单元教学目标，并深入分析《答司马谏议书》作为单元唯一一篇驳论文的独特之处，基于单元整体教学目标，明确了该单篇文本的教学重点。本文紧扣《答司马谏议书》的教学重点，以"深入教材原文，大胆质疑纰漏""结合互文文本，仔细探寻细节""回归教材原文，品味经典魅力"三个阶段展开教学，让学生经历"质疑—再质疑—论证"的学习过程，以求促进学生思维发展与提升。

关键词：《答司马谏议书》；单元整体视域；单篇教学

新课标的颁布为高中阶段语文教学提供新的指引，统编版高中语文教材在单元选编上采用双线组元的新方式。在这一背景下，如何立足于单元整体、深入挖掘单篇文本特点开展教学，让单篇教学成为单元整体的有机部

[①] 作者简介：张怡文，黄冈师范学院学科教学（语文）23级研究生，邮箱：1977202114@qq.com。

分，成为研究的重点。统编高中语文必修下册第八单元《答司马谏议书》是"唐宋八大家"之一王安石的一篇代表作。该文作为一篇驳论文，思路清晰，语言简洁，刚柔并济，但不可忽视的是其文也存在着逻辑瑕疵和不符驳论文基本要求的地方。因此，如何在单元视域下开展单篇教学，让学生体会该文章特点，发现其中存在的瑕疵，提升学生思辨能力是本文研究的重点。

一、辨析单元与单篇关系，明确单元教学目标

统编版高中语文教材单元内部的选文既围绕着"人文主题"选编，让学生在学习过程中受到文化的熏陶，单元所属的"学习任务群"又为单篇及单元学习指明了方向、确定了基本要求。同时，单篇文章在语言风格、写作思路等方面具有独特性，文本之间彼此独立、各具特色；单篇文章之间又具有相似性和关联性，既独特又相互联系的文本共同构建起了单元整体。因此，在设置单元教学目标和单篇教学目标、设计教学时，不仅需要统筹考虑单元特点、选文的关联性和相似性，更要充分挖掘单篇选文的特点，厘清单篇文本和单元整体的关系，明确单篇文本在单元中的具体作用，并将单元教学目标具体落实在单篇文章上，确保每篇选文都能发挥出其独特作用，在完成单篇教学目标的同时，也为单元整体教学服务。

《答司马谏议书》所在的统编高中语文必修下册第八单元由《谏太宗十思疏》《答司马谏议书》《阿房宫赋》《六国论》四篇文章构成，属于"思辨性阅读与表达"学习任务群，人文主题是"责任与担当"。新课标"思辨性阅读与表达"学习任务群中指出，要"引导学生学习思辨性阅读和表达，发展实证、推理、批判与发现的能力，增强思维的逻辑性和深刻性"[1]，要求在教学过程中"注重对学生思维过程和思维方法的引导，注意发展学生的辩证思维和批判性思维"[2]。高中语文必修下册第八单元在单元导语部分要求学生"注意领会作者观点及其现实针对性，把握其解决现实问题的理性思维方式，鉴赏文章的说理艺术，学会在辩证分析与合理推断的基础上进行理性判断"，并展开"大胆质疑、缜密推断"。其人文主题"责任与担当"需要学生在阅读中感受领悟，并不断提升自身的责任担当意识。

---

[1] 中华人民共和国教育部. 普通高中语文课程标准（2017年版2020年修订）[M]. 北京：人民教育出版社，2020：18-19.
[2] 中华人民共和国教育部. 普通高中语文课程标准（2017年版2020年修订）[M]. 北京：人民教育出版社，2020：19.

该单元四篇选文均为古代议论文的代表作，学生在学习过程中需要积累文言字词和特殊句式；选文涉及"疏""书""赋""论"四种文体，不同文体之间的语言风格特点、书写对象等都不尽相同，学生应在完成该单元的学习后，了解四种文体使用的对象、场合和语言风格等特点。在通读文本后，掌握每一篇文章的论证逻辑体系，体会经典作品的论证特点并学习其理性的表达方式，鉴赏文本的语言艺术和说理艺术，学会选取合适的论据论证自己的观点，采用合理的论证方式，能用清晰、严密的论证逻辑完成一篇议论文的写作。同时，部分文本可能存在一定的瑕疵，与历史史实不相符或与互文性文本不能相互印证，学生要根据自己掌握的史料等，大胆质疑经典文本，谨慎论证，学会辩证思考。单元选文或是犯颜直谏、警示君主的奏疏，或是表明坚决推行变法的书信，或是评说亡国盛衰、讽谏本朝的辞赋，或是借古讽今、委婉劝喻的史论，学生要结合作品创作的背景体会其现实针对性，感受古代士人的家国情怀和匡世济民的责任担当意识，增强自身的责任担当意识。

综合以上内容，本单元整体教学目标设置如下：

（1）利用课文下注释和工具书，读通、读懂全文，了解文章的主要内容，把握作者的观点，能用自己的话阐述文章的中心观点和主要内容；结合相关背景知识，理解文章的写作目的及现实针对性。

（2）深入学习文本，抓住作者解决现实问题的理性思维方式，梳理出作者的论证思路，鉴赏文章的说理艺术和说理方法，了解"疏""书""赋""论"四种不同文体的语言风格、写作对象及应用场合等。

（3）利用史实资料、互文性文本等，大胆质疑、辩证思考作者的观点和论证过程，并在认真分析、合理推断的基础上作出理性的判断，养成大胆质疑、认真分析、谨慎思考的习惯。

（4）感受古代文人爱国爱民、心怀天下的博大胸怀，增强自身自觉担当的责任意识。

（5）根据教材所得，梳理议论文写作的论证思路、说理艺术等，将所学应用于写作实践，完成一篇议论文的写作。

二、深掘单篇文本特点，明确单篇教学重点

单篇文章教学作为单元整体教学的子系统，在确定单篇教学重点前必须对文本的独特性进行深入挖掘，在兼顾文本独特性和单元整体的基础上明确

教学重点，以达到单篇教学为自身服务、为单元服务的效果。

《答司马谏议书》创作的背景是北宋王朝建立之初存在着的"冗官""冗兵""冗费"等问题，在经历庆历新政后并未得到改变，王安石提出全面改革的想法，并在宋神宗的支持下开启变法。司马光给王安石写了三封信反对变法，王安石作《答司马谏议书》作为对第一封信《与王介甫书》的回信，文章中显示出王安石变法的坚定决心，彰显着他济世救民、勇于担当的博大胸怀。

《答司马谏议书》不仅是一封回信，更是一篇驳论文，也是单元选文中唯一一篇驳论文，具有独特的教学价值。所谓驳论文是议论文的一种，是针对对方的错误展开针对性批驳，针锋相对地提出自己的观点并对此观点展开论证的一种文体。作为一篇驳论文，必须符合驳论文的基本要求——坚持同一立论基础，旗帜鲜明地树立驳论的对象作为自己攻击的靶子，指出驳论的纰漏；简洁明了、逻辑清晰地表明自己的观点并利用充足的论据论证自己的观点；联系事实，利用确凿的观点反驳对方的观点。《答司马谏议书》从驳论思路角度说，行文简洁，逻辑清晰。除使用一些必需的礼貌性语言之外，全文都针对是否能推行这一问题展开，对司马光提出的"侵官""生事""征利""拒谏"四项罪名一一回应，阐述了自己的观点——不为侵官、不为生事、不为征利、不为拒谏，并表明自己变法的坚定决心。就驳论技巧而言，文章综合使用了直接驳论、借助论据驳论、举史实驳论等多种驳论方法，是学习驳论方法的优秀代表。就驳论语言角度而言，其文气势磅礴，刚柔并济。多用短句，显得铿锵有力，穿插的富有礼貌性和感情色彩的语句又在一定程度上对强硬的气势有所缓和，使文章呈现出刚柔并济的特点。

基于驳论文的基本要求，《答司马谏议书》并非完美无瑕的驳论作品。借助历史史实和互文性文本《与王介甫书》我们发现，《答司马谏议书》作为一篇驳论文抛弃了对方的"义利之辨"的立论基础，转而将"名实之辨"确定为自己的立论基础；对对方指出的事实和部分观点完全回避、不予回应；对部分罪名一一回应但存在着逻辑谬误。这些都是《答司马谏议书》中存在的问题，该文编入统编版教材，其优点足以引起重视，能帮助学生了解驳论文的基本特点，学习驳论文的写作方法。同时，其中存在的部分"瑕疵"可以作为思辨性阅读教学的有力材料，能帮助学生突破思维的茧房，提升思辨能力。

笔者基于上述对《答司马谏议书》的独特性分析，结合单元整体教学目标，确定如下单篇教学重点（即单元整体教学目标 2 的部分内容和单元整体教学目标 3）：

（1）深入分析文本，鉴赏《答司马谏议书》写作特点，掌握驳论文基本要求。

（2）利用史实资料、互文性文本等，大胆质疑、辩证思考作者的观点和论证过程，并在认真分析、合理推断的基础上作出理性的判断，养成大胆质疑、认真分析、谨慎思考的习惯。

三、紧扣单篇教学重点，提出阅读教学建议

以上厘清了单元整体和单篇文本的关系，确定了单元目标和《答司马谏议书》单篇教学重点，下面紧扣这一重点，提出相关的阅读教学建议，让学生经历"质疑—再质疑—论证"的思维训练过程，力求发展学生的思辨性思维，提升学生的思辨能力。

（一）深入教材原文，大胆质疑纰漏

教师提问："王安石信件的开篇写道'故略上报，不复一一自辨'，又在该段结尾写道'故今具道所以，冀君实或见恕也'，这是否是自相矛盾？""王安石对'侵官''生事''征利''拒谏'四项罪名一一反驳，在逻辑上能成立吗？"回答这些问题需要教师引导学生大胆、合理质疑经典文本，打破思维定式，突破思维的茧房。

针对第一个问题，教师可以引导学生聚焦文本的第一段，结合相关史实寻找答案。王安石在开篇写到的"略"是指司马光因反对王安石推行变法曾三次给王安石写信，其中第一封信就长达三千余字，但是王安石仅仅用极精练的语言作四百余字的《答司马谏议书》对第一封信进行回应，这一"略"是字数篇幅上的简略。而面对司马光提出的反对变法的原因，王安石在信中对四项罪名一一回复，此所谓的"具"，这一"具"是内容上详尽，这一"略"一"具"所指向不同，因此并不矛盾。

回答第二个问题需要借助一定的逻辑知识，教师可以介绍相关逻辑知识，也可以结合统编高中语文选择性必修上册第四单元"逻辑的力量"的内容展开教学。明确王安石对四项罪名的反驳从逻辑角度来看均存在逻辑瑕疵。针对"侵官"，王安石回应"受命于人主，议法度而修之于朝廷，以授之于有司"，说变法是受命于皇帝，在朝廷上公开并修订法令制度，交由有关部门执行，实际指出的是变法的支持者和变法制度的修订和执行问题，并不能用于反驳司马光指责其变法"侵官"，反而犯了"转移话题"的逻辑谬

误。针对"生事"一项，王安石指出"举先王之政，以兴利除弊，不为生事"，但"先王之政"具体指什么并未讲明，且施行先王的政策就一定能够清除彼时北宋的弊政、兴盛国家吗？显然这样的反驳并不能成立，王安石想要用先王的威严压制司马光，犯了"诉诸权威"的逻辑谬误。针对"征利"一项，王安石指出"为天下理财，不为征利"，在变法中推行的均输法、青苗法等由于吏治腐败、制度缺陷等因素严重侵害百姓的利益，这与王安石"为天下理财"一言并不相符，且王安石打着于天下有益的名号实际上犯了"诉诸正义"的逻辑谬误。"拒谏"是针对王安石个人的罪名，王安石反驳道"辟邪说，难壬人，不为拒谏"，指出自己批驳的是不正确的言论，排斥的是巧辩之人。从史实可知，王安石变法队伍中不乏吕惠卿等奸邪小人，由此推断王安石此处所指的"壬人"和"邪说"之人大概率指的是包括司马光在内反对变法的人，支持变法的是"英才"，反对者就是"壬人"。王安石在论证的过程中将反驳的中心指向提出论点的人，犯了"诉诸人身"的逻辑谬误。

这一部分主要是依据教材内容思考并质疑其中的逻辑关系，是培养学生思辨性思维的第一个步骤，打破了传统教学将鉴赏放在首位的教学过程，具有一定的挑战性，需要教师鼓励学生开放思维、大胆质疑、谨慎思考，突破传统思维的束缚。

（二）结合互文文本，仔细探寻细节

王安石的《答司马谏议书》与司马光的《与王介甫书》是互文性文本[①]，鉴于《与王介甫书》长达三千余字，需要教师提前印制并布置预习任务：通读《与王介甫书》，利用该文发现《答司马谏议书》中可能存在的有悖驳论文基本要求的地方。适当提示，为学生指明学习方向："《答司马谏议书》的立论基础是'名实之辩'，《与王介甫书》的立论基础是什么？两者是否矛盾？""《答司马谏议书》对四项罪名一一回应，这四项是否是司马光信中全部内容？"

关于第一个问题，在阅读过两篇文章之后，能明显发现司马光和王安石信件往来所谈均是变法是否应该继续推行的问题，基于驳论文的基本要求，两者的立论基础理应一致。司马光在《与王介甫书》中指出："君子喻于义，

---

① 孙悦. 针对互文之体，评析辩驳之力——部级精品课《答司马谏议书》品赏[J]. 语文教学通讯，2023（16）：65-68.

小人喻于利。"① 可见该文的立论基础是义利之辨，主张重视义轻视利、舍利取义。而王安石在回信中却直接将对方的立论基础置之不理并另起炉灶，"盖儒者所争，尤在于名实，名实已明，而天下之理得矣"，阐明本文的立论基础是"名实之辨"。驳论文的写作基础是清楚对方的立论基础，并在此基础上阐述自己的观点，《答司马谏议书》显然有违驳论文的基本要求。

针对第二个问题，王安石在阅读司马光的来信后总结出"侵官""生事""征利"和"拒谏"四项罪名并予以回应，但对司马光在信中所提及因变法带来的诸多问题，王安石并未作出回应。如司马光指出在变法过程中"往往暴得美官，于是言利之人，皆攘臂瞠视，炫鬻争进，各斗智巧"②。因为推行变法设置新的岗位，让一些人得到好的官职，他们并未为变法尽心尽力，而是自卖自夸、争相炫耀。为了推行青苗法，派遣官员，实际上"所遣者虽皆选择才俊，然其中亦有轻佻狂躁之人，陵轹州县，骚扰百姓者"③，在变法中新任命的部分轻佻狂躁官员侵扰百姓，最终造成了"士大夫不服，农商丧业，谤议沸腾，怨嗟盈路"④。根据史实所知，司马光所言确是事实。王安石推行变法的宗旨是革除国家旧有的弊病，改变国家积贫积弱的局面，面对司马光提及有关变法推行过程中产生的消极影响，王安石理应重视，但实际上王安石在回信中全然不提这些事实，这有违驳论文真实性的原则。

（三）回归教材原文，品味经典魅力

在前两个部分对《答司马谏议书》展开了思辨性学习后，教师引导学生发现文章存在的漏洞，在这一部分要让学生发现文章的优点，促进学生思维的转换和进一步发展。可以向学生提出一个核心问题："《答司马谏议书》存在着一些不足之处，它又为何能被选入教材？"

首先，《答司马谏议书》作为一篇驳论文，其文逻辑清晰，结构严谨，层次分明，行文简洁。书信的第一自然段在使用一些礼貌性套语后，直接指出写信的目的和原因；在第二自然段明确立论基础后对四项罪名逐一驳斥；接着在第三自然段分析反对派对变法怨恨、诽谤的原因是人们习惯苟且偷安，长久以来，士大夫多不考虑国家大事，把献媚讨好上级当作上策，王安石在此段表明自己不会像这些人一样苟且偷安，会坚定推行变法；最后使用

---

① 司马光．司马温公集编年笺注［M］．成都：四川出版集团，2009：550-552.
② 司马光．司马温公集编年笺注［M］．成都：四川出版集团，2009：550-552.
③ 司马光．司马温公集编年笺注［M］．成都：四川出版集团，2009：550-552.
④ 司马光．司马温公集编年笺注［M］．成都：四川出版集团，2009：550-552.

客套话语结束全文。全文除了开头和结尾所用的礼貌客套用语之外，均围绕着是否推行变法这一问题展开，行文简洁凝练，堪称古代驳论文的典范之作。

其次，作为一篇驳论文，该文驳立结合，展示出作者鲜明的立场。王安石对四项罪名反驳的同时也表明自己的立场——不为侵官、不为生事、不为征利、不为拒谏。后面举"盘庚迁都"的史实说明自己会像盘庚一样不会因为流言蜚语就放弃推行变法，表明自己推行变法的决心，同时也向司马光表示自己推行变法必然会像盘庚迁都一样成功，以表明推行变法的正确性。

再次，作为一篇驳论文，其文驳论方法多样。一是作者采用直接反驳的方式，如"举先王之政，以兴利除弊，不为生事""为天下理财，不为征利"等，直接反驳对方观点，简洁明了。二是借助论据，如"受命于人主，议法度而修之于朝廷，以授之于有司，不为侵官"，说明自己是从皇帝那里接受的命令，法令制度是在朝廷上修订并由专门的官员执行，表明自己的权利来源正当，不是独断专行。在驳论文中使用一定的论据不仅能反驳对方的观点，也使得自己的观点论据更加充分。三是举史实进行反驳，如文中的"盘庚之迁，胥怨者民也，非特朝廷士大夫而已；盘庚不为怨者故改其度，度义而后动，是而不见可悔故也"。王安石借助盘庚迁都的史实说明自己会像盘庚一样，不会因为流言蜚语就放弃推行变法，表明自己推行变法的坚定决心，同时也向司马光表明自己会像盘庚一样不畏阻力，变法最终也会获得成功。

最后，作为一篇驳论文，其文刚柔并济、气势磅礴。王安石对四项罪名的反驳，多用精炼短句、铿锵有力，四个"不为"的连用更是展示出势如破竹的磅礴气势。同时，"人习于苟且非一日，士大夫多以不恤国事"中的"非""多"和"非特朝廷士大夫而已；盘庚不为怨者故改其度"中的"非"和"不"，两组否定词和副词也显示出王安石的坚决和刚毅。除此之外，开篇的"昨日蒙教，游处相好之日久"和信中穿插着的"重念蒙君实视遇厚""冀君实或见恕也""则某知罪矣"以及结尾处的"不任区区向往之至"，这样礼貌、谦逊且富有感情色彩的用语，在一定程度上让语气有所缓和，虽据理力争却不失委婉。

在新课标、新教材等背景下，立足单元视域下发掘单篇文本的特殊性开展教学，将单篇教学作为单元整体教学的子系统或许是可行的教学方案。这种教学需要教师深入新课标、新教材，建构起单元整体教学方案，同时注重单篇教学，推动高中阶段语文教学向着单元整体视域下的单篇教学发展。

单元整体教学视域下单篇课文教学实施策略
——以必修上册《念奴娇·赤壁怀古》为例

胡梦达[①]

摘要：单元整体教学视域下的单篇教学既要符合单元整体的学习目标，又应建立在单篇课文听说读写的基础之上。基于此，其教学设计既要体现单元与单篇之间的关联性，也要展现语文知识学习过程的进阶性。本文以统编高中语文必修上册《念奴娇·赤壁怀古》为例，从"单元教学重点的明确"到"课文主旨目标的确定"再到"目标导向的学习任务设计"，构建一个完整的教学设计思路，为教师开展单元整体视域下的单篇教学提供帮助。

关键词：单元整体；单篇文本；任务设计；《念奴娇·赤壁怀古》

《普通高中语文课程标准（2017年版2020年修订）》指出，"应关注学生学习方式的转变，做好学生语文学习活动的设计、引导和组织，注重学习的效果……加强课程实施的整合，通过主题阅读、比较阅读、专题学习、项目学习等方式，实现知识与能力，过程与方法，情感、态度与价值观的整合，整体提升学生的语文素养"[②]。这表明普通高中语文课程标准指导下的语文教学，要关注学生学习方式的转变，教师应有目的地创设丰富有趣的学

---

① 作者简介：胡梦达，黄冈师范学院学科教学（语文）23级研究生，邮箱：1137661255@qq.com。

② 中华人民共和国教育部. 普通高中语文课程标准（2017年版2020年修订）[M]. 北京：人民教育出版社，2020：42.

习情境，设计富有挑战性的学习任务，建立巧妙的学习支架，以逐步提升学生的语文素养和综合能力。学习任务是以基于生活的真实情境为基本载体，引领学生在核心任务的驱动下自主、积极地参与语文实践活动。当前，以学习任务来驱动语文教学，不仅落实了普通高中语文课程标准的教学实施理念，而且已然成为当下语文教学中重要的教学方式。

单元教学有效地整合了学习情境、任务、目标等多重学习要素，为单元的知识内容提供了结构性的设计，顺应了时代对于学习方式转变的需求，为广大教师落实素养目标提供了有效的教学路径参考。但从单元教学中单篇文本的学习活动的实施案例来看，我们缺乏可行的实践操作。当单元整体教学中的单篇教学忽略了具体篇章的独特价值，只满足于追求单元整体目标的完成，则会导致其学习任务、情境、目标犹如空中楼阁。而只注重单篇教学的内容，则又会导致学生对于语文知识的学习成为无源之水、无本之木。因此，单元整体视域下的单篇教学既不能脱离具体的课文去空谈，也不能忽略单元对于语文知识的整合作用。笔者以为，单元教学要以单篇教学为学习单位，科学合理地处理文本元素，设计具体可行的学习任务，进而逐步地完成单元整体目标，提升学生的语文素养。

笔者以统编高中语文必修上册第三单元《念奴娇·赤壁怀古》为例，试着谈一谈对单元整体视域下单篇课文学习任务设计的理解。

一、单元教学重点的明确

单元作为教材组织和教学活动的基本单位，是依据学科知识的逻辑体系而建构出的知识系统。它将相关联的知识、技能、素质、目标等整合成为一个连贯的学习单位，有着共同的大主题、大任务、大情境。"基于系统化的单元分析，才能把握正确的教学方向，切实保证课堂教学成效，学生才能真正有所收获。"[①] 统编版高中语文教材中，每个单元按照"人文主题＋语文要素"的形式进行双线组元。其中"人文主题"统领各单元中的经典选文，而"语文要素"主要指向课程标准中的学习任务群。因此，明确单元的教学重点，必然要从课程标准和单元内容两方面进行宏观把控。

---

① 韩雪. 基于核心素养的单元整体教学探究 [J]. 华夏教师，2022（17）：33-35.

从课程标准来看，语文必修上册第三单元属于必修课程"文学阅读与写作"学习任务群。该任务群旨在"使学生在感受形象、品味语言、体验情感的过程中提升文学欣赏能力"。学习目标与内容方面要求学生"感受作品中的艺术形象，理解欣赏作品的语言表达，把握作品的内涵，理解作者的创作意图"，"根据诗歌、散文、小说、剧本不同的艺术表现形式，从语言、构思、形象、意蕴、情感等多个角度欣赏作品，获得审美体验"，"用自己喜欢的文体样式和表达方式写作"，"养成写读书提要和笔记的习惯"。教学提示方面要求教师要"创设阅读情境，激发学生阅读兴趣，引导学生阅读、鉴赏、探究与写作"，"向学生提供有效的学习支持"①。

从单元内容来看，《念奴娇·赤壁怀古》位于高中语文必修上册第三单元。该单元的人文主题是"生命的诗意"，单元学习目标需要依据教材中的单元导语，并参考学习提示、单元学习任务及选文内容来确定。学生通过对本单元整体进行深度学习，获得本单元所要求的语文素养。笔者参考统编版高中语文教材编写说明并结合课标与教材将本单元主要学习要素（带 * 号为自读课文）及具体要求整合归纳如下（见表1）。

表1 统编高中语文必修上册第三单元学习内容及要求

人文主题	生命的诗意：感受古典诗词的魅力，体味古人丰富的情感、深邃的思想、多样的人生，激发对中华优秀传统文化的热爱，提升审美情趣和审美品位，增强文化自信
单元导语	1. 逐步掌握古诗词鉴赏的基本方法，认识古诗词的当代价值，增强对中华优秀传统文化的传承意识； 2. 在诵读和想象中感受诗歌的意境，欣赏其独特的艺术魅力； 3. 感受诗人的精神世界，体会诗人对社会的思考与对人生的感悟，提高自身思想修养和文化品位； 4. 尝试写作文学短评
单元选文	第七课：《短歌行》《归园田居（其一）*》 第八课：《梦游天姥吟留别》《登高》《琵琶行并序*》 第九课：《念奴娇·赤壁怀古》《永遇乐·京口北固亭怀古*》《声声慢（寻寻觅觅）*》

---

① 中华人民共和国教育部. 普通高中语文课程标准（2017年版2020年修订）[M]. 北京：人民教育出版社，2020：17.

学习提示	1. 体会两首诗所表达的不同情感； 2. 明确诗的体式； 3. 在诵读中体会两首诗不同的韵律、节奏和表达技巧； 4. 背诵《短歌行》	1. 了解李白、杜甫和白居易在中国古典诗歌史上的重要地位； 2. 明确这三首诗的体式； 3. 在诵读中体会诗歌抒发的情感； 4. 学习诗歌不同的创作手法； 5. 背诵《梦游天姥吟留别》和《登高》	1. 品读本课的三首宋词，感受不同的风格特点； 2. 体会词人所表达的不同的思想情感； 3. 感受词的声韵、句式、节奏等自由灵活的特点； 4. 背诵《念奴娇·赤壁怀古》
单元任务	1. 阅读本单元诗作，采用知人论世的方法，通过了解诗人的生平、创作背景等，深入了解作品； 2. 通过多种形式的朗诵，体会古诗词的音韵美； 3. 选择一首诗词，写一则800字左右的文学短评		
语文素养	1. 在反复诵读和想象中感受、欣赏古代诗词独特的艺术魅力； 2. 了解古诗词的形式特征，包括对偶平仄、押韵等语言形式，掌握鉴赏古代诗词的基本方法； 3. 体会诗人对社会的思考与人生的感悟，理解文学作品丰富的内涵和语言的独特表达，提升审美能力； 4. 尝试写文学短评		

通过对课程标准和单元内容的整理，可以看出课程标准和单元内容中有相近的学习要素或要求。例如："文学阅读与写作"学习任务群中强调"要把握作品的内涵，理解作者的创作意图"，这与单元任务中"通过了解诗人的生平、创作背景等，深入了解作品"具有相近之处。此外，在单元学习内容中，单元导语、单元任务和语文素养都提到了"尝试写文学短评"。通过分析，可以发现部分单元学习目标在课程标准及单元整体内容中重复出现。由此，参考课程标准和单元内容并结合学情可将本单元的核心学习内容归纳、总结如下：① 了解诗词的体式特征，掌握古诗词鉴赏的基本方法；② 通过反复诵读涵泳，感受诗歌的音韵之美；运用想象和联想，感受诗歌的意境之美，欣赏诗歌独特的艺术魅力；③ 认识古典诗词的当代价值，增强对中华优秀传统文化的热爱，增强对中华优秀传统文化的传承意识，提高自身的思想修养和文化品位，增强文化自信；④ 学习不同时期、不同风格体式的经典诗词作品，采用知人论世的方法，了解诗人的生平简介和作品的

创作背景，体味诗词所表达的不同情感，感受诗人的精神世界，体会诗人对于人生的感悟和社会的思考，提高审美综合能力；⑤ 尝试写一则文学短评。

二、课文主旨目标的设定

明确单元的教学重点，并不意味着可以忽略单篇课文的个性，而是要在单元与单篇之间探寻知识联结点，将单元中知识的共有属性依据不同文本赋予其个性。"每个单篇教学都是'完整的学习故事'中的一环，都要明确所处的位置和价值，共同指向单元核心概念的学习，协力完成并实现单元学习目标。"① 具体而言，单元整体视域下的单篇教学就是在单元大主题、大情境、大任务的宏观指导下，对单篇课文所具备的知识点进行上位学习，最终完成单元目标，指向学生的语文素养。

聚焦单篇课文来看，三篇词作虽在体式、内容、手法、意境、情感等方面各不相同，但在具备单元整体意识的教学中其内容又相互关联，所以在进行单篇课文知识点的选取时，不仅应重视单元整体对单篇课文的系统指导，而且要关注前后课文之间的知识联系。基于单元的教学要点，需要具体细化本节课的教学知识点。《念奴娇·赤壁怀古》既是宋代词人苏轼的豪放词代表作，也是将写景、咏史、抒情融为一体的怀古词。为此，在单元整体意识的指导下，结合单元教学重点中的1、5，要对诗词的体式、风格及作者生平进行知识点讲解。而豪放和婉约是词的两种最典型的风格，教师应善于运用教材资源，例如，在本单元的学习中可以将豪放词《念奴娇·赤壁怀古》与婉约词《声声慢（寻寻觅觅）》进行对比学习，让学生加强对两首词的不同风格的感受，接着对这两种不同的风格特征进行总结，然后再引导学生依据这两种风格进行诗词举例，最终掌握豪放词和婉约词的风格特征。

统览整首词，该词写于1082年，是苏轼被贬于黄州游赏黄冈城外的赤鼻矶时，将自己的所见美景汇于情思之中，写下这篇脍炙人口的经典名作《念奴娇·赤壁怀古》。作者苏轼在词中描绘了赤壁的壮丽景色、历史的波澜壮阔、人生的超脱豁达，将览物之情、怀古之思、身世之感巧妙地融于一体，构建了一幅极具美感的艺术画卷。该词笔力雄健、气势奔放、境界宏阔，描绘赤壁胜景，抒发豪情壮志，蕴含人生哲理。对该词内容进行学习，应关注词篇融写景、咏史、抒情于一体的特点，对于文章中的"景、事、

---

① 章新其.整合：使单篇与单元达成教学的统一[J].语文建设，2024（07）：27-31.

情、理"要逐个击破，理清词人的思路脉络。例如：在导入环节可以利用现代教育技术在多媒体上展现赤壁江山的美景，一方面可以吸引学生投入更多的注意力去学习；另一方面可以领略词作中的波澜壮阔、雄奇伟丽的赤壁风光。通过播放视频，学生对于词作之中"大江、浪花、乱石、惊涛"等景物及特点会有更加直观的视觉感受。视频不仅可以使学生欣赏到祖国的美好河山，而且有助于学生后期展开联想和想象，理解词篇内容、感受词作的意境之美，提高自身的审美鉴赏能力，逐步完成单元教学重点中的5。为达成教学重点中的2、4、5，教师在教学过程中应设置多种形式的朗诵方式，如"个诵、合诵、集体诵"等，学生通过反复诵读，品味苏轼词作的声韵美，感受该词作雄浑苍凉的意境。在朗诵的过程中结合教材的注释帮助学生解析文本内容，提高学生的诗词鉴赏能力，激起学生对祖国优秀传统文化的热爱。通过设置核心任务驱动学生学习词作所蕴含的独特情感和人生哲理，理解作者壮志难酬的苦闷，学习作者乐观豁达的精神，提高学生的文化品位。此外，要重视与前两课诗词的对比学习，体会诗人所表达的不同情感，学习单元教学重点中知人论世的方法。在学习整节课（三首词）之后，布置作业时可以让学生任选一个角度评析本首词作，写一则800字左右的文学短评。例如词作《声声慢（寻寻觅觅）》之中别出心裁的叠词运用，帮助学生尝试写文、学短评，以完成单元教学重点6。

  根据前文所述，基于单元整体教学要点，结合《念奴娇·赤壁怀古》的知识内容，可以将本篇词作的学习目标确定为：第一，了解苏轼的生平经历及写作风格，了解咏古抒怀诗词的特点，积累文学常识。第二，通过反复诵读，把握词篇主要内容，感受词作雄浑苍凉的意境之美，品味词的声韵美，理清词篇的思路脉络。第三，体会词作将"写景、咏史、抒情"融为一体的写法，感受豪放词的风格特征，提高古诗词的鉴赏能力。第四，学习苏轼豁达的胸襟，体会作者的思想情感，引导学生树立积极向上的人生观。

三、目标导向的学习任务设计

  《念奴娇·赤壁怀古》位于统编高中语文必修上册第三单元第九课。这篇课文是第三单元的最后一课，学生经过前两篇诗词的学习，对于古诗词中的一些基础知识、技能、情感都有了一定的了解。基于学生的学情去选取知识点，进行学习任务设计，做到因材施教，有益于提高课堂效率，逐步完成单元目标，进而提高学生的语文素养。根据目标导向下"教—学—评"一致化的设计理念，学习活动应与学习目标相适配。基于此，教师可设置以下四个核心任务，引领学生完成学习目标，提高课堂的学习效率。

学习目标一：了解苏轼的生平经历及写作风格，了解咏古抒怀诗词的特点，积累文学常识。

核心任务一：利用多媒体展示一幅宋代山水画卷，配以悠扬的古琴曲，营造出一种穿越时空的氛围。教师以"讲述者"的身份，缓缓道出苏轼的生平经历，突出作者苏轼创作《念奴娇·赤壁怀古》时的背景与心境。结合苏轼个人的生活经历，简要介绍苏轼的写作风格。要求学生分组搜集苏轼的生平资料，制作时间线或思维导图，展示苏轼的重要人生节点和代表作品，加深对苏轼及其写作风格的理解。

设计意图：这个核心任务设计，旨在引导学生搜集苏轼的生平经历，制作思维导图。学生通过了解苏轼的写作风格及咏古抒怀诗词特点，丰富文学常识，提升审美鉴赏能力。

学习目标二：通过反复诵读，把握词篇主要内容，感受诗词雄浑苍凉的意境之美，品味词的声韵美，理清词篇的思路脉络。

核心任务二：关闭教室灯光，仅留一束光线照在《念奴娇·赤壁怀古》的书法作品上，营造专注而庄重的氛围。邀请一位学生或教师领读，全班跟读，反复诵读诗词，感受其韵律与节奏。学生个人或小组内轮流诵读，注意体会诗词中的意象与情感变化，尝试用自己的语言描述诗词所展现的赤壁景象及苏轼的心境。同时，引导学生分析诗词的声韵美，如押韵、平仄等，感受其音乐性。

设计意图：通过领读、跟读、轮流诵读等多种诵读方式，鼓励学生反复品味苏轼这首词的韵律、节奏与意象，使他们在诵读过程中不仅能够把握词篇的主要内容，还能深刻感受到其中蕴含的雄浑苍凉的意境之美，有助于提高学生的文学鉴赏能力，培养他们对中国古典诗词的热爱和传承意识。

学习目标三：体会词作将写景、咏史、抒情融为一体的写法，感受豪放词的风格特征，提高学生的古诗词鉴赏能力。

核心任务三：将教室一分为二，一侧布置为"赤壁战场"，另一侧布置为"李清照闺房"，通过道具和氛围营造，让学生仿佛置身于两个不同的时空。引导学生对比《念奴娇·赤壁怀古》与《声声慢（寻寻觅觅）》在内容、情感、表现手法等方面的异同。特别是探讨《念奴娇·赤壁怀古》如何将写景（赤壁景象）、咏史（赤壁之战）、抒情（个人感慨）融为一体，以及这种写法如何体现了豪放词的风格特征。同时，教师可以引导学生简要回顾《声声慢（寻寻觅觅）》的细腻婉约风格，品味两种词风的审美意趣。

学生分组讨论，每组选择一个角度（如写景、咏史、抒情等）进行深入分析，并撰写一篇小论文或制作PPT进行汇报。鼓励学生结合具体词句进行阐述，展现对两种词风的深刻理解。

设计意图：通过创设"赤壁战场"与"李清照闺房"两个截然不同的学习情境，引导学生深入对比《念奴娇·赤壁怀古》与《声声慢（寻寻觅觅）》在内容、情感及表现手法上的异同，聚焦《念奴娇·赤壁怀古》如何将写景、咏史、抒情三者巧妙融合，以此体会豪放词的风格特征。同时，通过回顾《声声慢（寻寻觅觅）》的细腻婉约风格，形成鲜明对比，加深学生对古诗词多元风格的鉴赏能力，提升他们的文学素养和审美能力。

学习目标四：学习苏轼豁达的胸襟，体会作者的思想情感，引导学生树立积极向上的人生观。

核心任务四：回到全班集中的环境，通过分享与交流，引导学生思考苏轼在《念奴娇·赤壁怀古》中所表达的思想感情对自己的启示。同时，鼓励学生将苏轼的乐观豁达精神与自己的生活实际相结合，探讨如何树立积极向上的人生观。学生撰写一篇读后感或心得体会，分享自己在学习《念奴娇·赤壁怀古》过程中的感悟与收获，特别要关注苏轼如何在逆境中保持乐观态度，以及这种态度对自己的启发和影响。教师收集并评选优秀作品进行展示和点评。

设计意图：通过学习苏轼的《念奴娇·赤壁怀古》不仅让学生掌握词作的艺术特点和表现手法，更重要的是引导学生深入理解苏轼乐观豁达的人生态度。这一学习过程旨在促进学生形成健全的人格和正确的人生观，鼓励他们将苏轼的乐观豁达精神内化为自身的行为准则，以更加坚韧和乐观的态度面对生活和学习中的挑战。通过撰写读后感或心得体会，学生不仅深化了对苏轼词作的理解，也促进了自我反思和成长，而教师的展示和点评则进一步提升了学生的鉴赏能力和写作水平，增强了教学的实效性。

通过以上四个核心任务及其对应的情境设置与教学活动，学生不仅能够深入理解《念奴娇·赤壁怀古》的文学价值与艺术魅力，还能在对比学习中提升古诗词阅读的鉴赏能力，并受到苏轼积极人生观的熏陶与启迪。

总之，单元整体视域下的单篇教学既要以单元整体为指导，又要以单篇课文为基础，两者不可偏废。本文从"单元教学重点的明确"到"课文主旨目标的设定"再到"目标导向的学习任务设计"，建构了一个完整的教学设计思路，希望可以为广大一线教学工作者开展单元整体视域下的单篇教学提供些许参考。

论单元整体教学视域下《荷塘月色》的语言与情感融合

聂海兰[①]

摘要：在单元整体教学视域下，笔者选取经典作品《荷塘月色》作为范例。首先将单元整体教学视域作为视角，对课标选文要求以及《荷塘月色》独特风格进行阐释，找到其立足点。接着分析《荷塘月色》入选其单元的原因，《荷塘月色》与单元主题和目标的契合度以及与单元任务的关系。最后详细剖析其语言艺术的独特韵味，同时解读情感内涵的多元与复杂，以及语言、情感与审美构建的诗意世界和语言对情感表达的多维助力。本研究旨在为教师引导学生领悟语言与情感的融合之美，深化对作品的理解，增强综合语文素养提供参考。

关键词：单元整体教学；《荷塘月色》；语言；情感

一、立足于单元整体教学视域

在高中语文教学领域，单元整体教学模式日益受到关注。该模式注重将单元作为一个整体来进行教学设计，强调知识的系统性与连贯性。其中，课

[①] 作者简介：聂海兰，黄冈师范学院学科教学（语文）23级研究生，邮箱：2941353934@qq.com。

标规定教材中的选文应具有典范性和时代性，文质兼美，选文格调要积极向上、健康明快，有利于开拓学生的学习视野，激活思维，发展核心素养。①高中语文必修上册第七单元旨在通过文学作品对自然的描写反观自然，提升学生对自然美的感悟力，激发学生对自然和生活的热爱之情。《荷塘月色》对本单元整体教学有着独特的贡献。在主题方面，如果单元主题是"自然与人生"，它提供了在自然中寻求心灵慰藉的独特视角，丰富了主题的多元性；若单元围绕"情感表达"展开，它又深化了情感的多层次内涵。从语言风格来看，在本单元中《荷塘月色》优美典雅的语言极为突出，如"微风过处，送来缕缕清香，仿佛远处高楼上渺茫的歌声似的"，通感手法的运用，为单元增添了别具一格的语言韵味。教师可依据单元主题进行整体备课，科学安排教学内容与进度，防止教学出现碎片化，使学生在单元整体学习中，能够从更宏观的角度理解知识的关联性，提高知识的迁移能力和综合运用能力。同时，深入探究一个主题，有助于唤起学生的学习热忱与主动性，塑造学生的自主学习能力与钻研精神。

二、以自然淡雅风格入选的《荷塘月色》

《荷塘月色》所在单元选取的都是写景抒情的名篇，有对故都"秋味"的吟唱，对荷塘月色的描写；有北京地坛牵出的人生故事。学习本单元，学生应关注作品中的自然景物描写和人生思考，体会作者观察、欣赏和表现自然景物的角度，分析情景交融、情理结合的手法；还要反复涵泳咀嚼，感受作品的文辞之美。② 以下试分析《荷塘月色》入选本单元的原因。

(一) 风格独特的标志性文本

在单元之内，《荷塘月色》能够与其他选文构建起良好的拓展及对比关系。《荷塘月色》写作手法细腻、优美，善于运用比喻、拟人、通感等修辞手法。如"叶子出水很高，像亭亭的舞女的裙""微风过处，送来缕缕清香，仿佛远处高楼上渺茫的歌声似的"，这些修辞手法的运用，使文章的语言更加生动形象，富有感染力。

---

① 中华人民共和国教育部. 普通高中语文课程标准（2017年版2020年修订）[M]. 北京：人民教育出版社，2020：50.
② 人民教育出版社，课程教材研究所，中学语文课程教材研究开发中心. 普通高中教科书教师教学用书语文必修上册[M]. 北京：人民教育出版社，2019：45.

不像《故都的秋》质朴自然、情景交融，《赤壁赋》骈散结合，《我与地坛》简洁朴实而情感饱满，《荷塘月色》的情感更加细腻复杂。它兼具淡喜与哀愁，营造出朦胧清幽的氛围，不同于《故都的秋》的清、净、悲凉，《赤壁赋》的豁达与感慨交织，以及《我与地坛》的深沉凝重。其他作品或许较为侧重对自然景观的客观刻画，然而《荷塘月色》在描绘自然景观之时，还深入地探寻了作者的内心情感世界。《荷塘月色》更着重于意境的营造以及情感的表达。凭借对荷塘月色的细腻描摹，营造出一种空灵、宁静的氛围，让读者在阅读的过程中感受到一种浓浓的静谧与美好。这种对比和拓展对学生理解文学作品意义重大。一方面，可以使学生从多个角度理解作品的内涵与价值，认识到文学的多元性。另一方面，可拓宽学生的文学视野，提升鉴赏能力。

（二）自然主题的高度契合

《荷塘月色》所在的单元多围绕自然之美、情感表达、文学意境等主题展开。《荷塘月色》以其细腻且独特的视角，将自然之美展现得淋漓尽致。文中对荷塘月色的描绘，如"曲曲折折的荷塘上面，弥望的是田田的叶子。叶子出水很高，像亭亭的舞女的裙。层层的叶子中间，零星地点缀着些白花，有袅娜地开着的，有羞涩地打着朵儿的；正如一粒粒的明珠……"这些描写极为生动，读者就像置身其中，能够真切体会到荷塘月色蕴含的宁静与诗意之美。作者在对自然美景进行描绘时，把自己复杂的情感也融入其中，既有对宁静自然的憧憬与沉醉之感，又有在现实生活中的微微哀愁与无奈之情。这种情感的抒发，使作品并非仅仅是对自然的单一描绘，而是作者内心世界的真切呈现，与单元情感表达的主题高度契合。

（三）语言能力培养的范例

在以培养学生语言能力为目标的单元中，《荷塘月色》是一个极具价值的学习范本。作者把比喻、拟人、通感等多种修辞手法都运用到了作品中，使得作品的语言变得更具表现力。同时，在进行自然美景描绘时，作者将自身复杂的情感融入其中。比如"微风过处，送来缕缕清香，仿佛远处高楼上渺茫的歌声似的"，在这里采用了通感手法，将嗅觉和听觉相互联系起来，使读者能够更深入地感受清香的美妙境界。在描写荷叶与荷花时，作者采用了比喻和拟人的修辞手法。如"叶子出水很高，像亭亭的舞女的裙。层层的叶子中间，零星地点缀着些白花……"这样的描写不但使荷叶和荷花的形象更加生动鲜活，也让读者真切地感受到作者对自然的钟爱与赞美之意。从结构布局的角度来看，该作品结构严谨、层次分明。作者以夜游荷塘作为线索，先是对荷塘景色进行了描绘，接着抒发了自身的感受，而后又对江南采莲的旧事展开了回忆。这样的布局，使作品内容丰富多样且富有层次感，也使读者在欣赏自然美景的同时，能够深刻体会到作者的情感变化。

三、《荷塘月色》的语言与情感融合之特色

（一）语言艺术的独特韵味

王荣生教授说："《荷塘月色》是一篇经典的散文，它以优美的语言、深远的意境、真挚的情感描绘了作者在荷塘边月色下的所见所感。"[①] 在教学中，教师可引领学生用心体悟文中丰富多样的修辞手法，如生动形象的比喻，"叶子出水很高，像亭亭的舞女的裙"，这里把荷叶比作舞女的裙，不但将荷叶的形态有效地展现了出来，还让荷叶有了一种动态的美感。又如拟人手法的运用，"有袅娜地开着的，有羞涩地打着朵儿的"，这是把荷花当作娇羞的少女来描写，荷花一下子就变得生动鲜活了。再如那别具一格的通感，"微风过处，送来缕缕清香，仿佛远处高楼上渺茫的歌声似的"，将嗅觉与听觉巧妙地联结起来，让读者的感官体验范围极大地延展开来。通过深入分析这些修辞手法，能让学生真切地体会到它们在增强语言表现力方面的强大作用。除此之外，文中词语的精准选用也是一大亮点。作者精心选择每一个词汇，例如"弥望""田田""袅娜"等词，它们精准地勾勒出了荷塘的景致，营造出了独特的意境。教师应注意带领学生分析这些词语的含义和用法，使他们感悟到精准用词对于提升文章品质的重要性。同时，可以组织学生进行词语替换的练习，这样能使他们在对比中更加深入地理解作者用词的精妙。在此基础上，还可鼓励学生在自己写作时借鉴这种精准用词的方法，以此不断提高语言表达的准确性与生动性。

为了让学生更有效地理解和把握《荷塘月色》的语言风格，教师可以开展语句仿写、段落创作等活动。例如，可以引导学生仿照文中对荷塘景色的描绘来进行景物描写训练，将经典的语言作为范本。或者，让学生仿照作者抒情的表达方式来写一段表达自身情感的文字。通过这些实践活动，能够提

[①] 王荣生. 散文教学教什么[M]. 上海：华东师范大学出版社，2014：7.

升学生运用优美语言进行写作的水平，使他们在模仿的过程中逐步形成自身的语言风格。教学中，教师引导学生对比分析不同作品，能更好地理解《荷塘月色》的独特性及文学作品的丰富多样性。

（二）情感在文字间的细腻编织

在《荷塘月色》中，作者所表达的情感细腻且复杂，既有淡淡的喜悦，又有难以言表的哀愁。教师应带领学生深入解读这种情感，并探讨其产生的背景和原因。因为当时社会环境动荡不安，作者内心充满对现实的忧虑与无奈，而清华园的荷塘月色则成为他心灵的寄托之处，在这片宁静的自然美景中，他暂时找到了一丝慰藉。学生对这些背景有所了解之后，就能更好地把握作者的情感变化，深切地感受作品中的深刻内涵。教师还应引导学生在写作时融入自己的真情实感，从而让文章更具感染力，可以《荷塘月色》为例，带领学生分析借景抒情、融情于景的表达技巧。让学生明白，在写作时不能仅仅局限于对事物的表面描写，而应深入挖掘自己内心的感受，将情感与景物、事件相结合，使文章富有真情实感。此外，还可以通过写作练习，鼓励学生尝试运用这些情感表达技巧，提高其情感表达水平，或开展主题讨论活动，促使学生分享自己对作品情感的理解与感悟，可以设置一些讨论问题，比如"你从《荷塘月色》中体会到了怎样的情感？""作者的情感转变对你有什么启示？"等。在讨论过程中，鼓励学生踊跃发言，倾听他人观点，增进学生之间的情感交流和思维碰撞。通过这类活动，学生不仅能更深入地领会作品情感，还能在这个过程中培养批判性思维与表达能力。

（三）语言、情感与审美构建的诗意世界

《荷塘月色》凭借对自然景观的精细描摹，营造出了别具一格的文学意境。从朦胧月色到摇曳的荷与花，自微风带来的阵阵芬芳至远处高楼上隐隐约约的歌声，满溢着诗意与美感，为学生领会文学意境提供了极佳范例。《荷塘月色》中蕴含着令人陶醉的意境美。从画面构图层面分析，作者运用远近结合与高低错落的手法，把荷塘、荷叶、荷花、月色等元素有机整合，呈现出层次分明且和谐优美的画面效果。其色彩运用极为考究，碧绿的荷叶、洁白的荷花与朦胧的月色相互映照，共同营造出清新雅致的氛围。在氛围营造上，作者对微风、清香、歌声等细节的描写，让整个画面充满了灵动的气息，使人仿佛置身于一个静谧而美妙的世界之中。教师要引导学生对这些审美要素逐一展开剖析，从而让他们体悟作品独特的审美境界，领略文中

的自然美和艺术美。就自然美而言，教师要促使学生去感受作者对荷塘月色等自然景观的细致描摹，进而领略大自然的奇妙与壮美。在艺术美方面，教师可把美术作品或音乐作品引入教学过程。通过不同艺术形式的对比，让学生体悟相似的审美感受。例如，展示一些与荷塘月色相关的绘画作品，让学生比较绘画与文学作品在表现自然美方面的异同；抑或播放一段悠扬的音乐，请学生闭上双眼，构想音乐所勾勒出的图景，随后与《荷塘月色》的意境进行对照。借用这些方式，培育学生对美的察觉力，提升他们的审美层次。还可布置审美创作作业，进一步强化学生的审美素养。可让学生开展绘画、摄影或诗歌创作等活动，以《荷塘月色》为灵感启发，抒发自身对美的认知与感悟。例如，学生可以用画笔描绘出自己心中的荷塘月色，或者用相机捕捉生活中的美丽瞬间，或者用诗歌抒发自己对自然之美的赞美之情。鼓励学生发挥自己的想象力和创造力，大胆地表达自己的审美观点。最后，组织作品展示及交流活动，让学生彼此欣赏和评议作品，交流创作的体会与感悟。

（四）语言对情感表达的多维助力

《荷塘月色》通过景物描写融合情感，文中开篇便呈现出"曲曲折折的荷塘上面，弥望的是田田的叶子"的景象。这满目的荷叶，就像一片绿色的海洋，它们层层叠叠、安安静静地在眼前铺展开。这种静态的画面营造出宁静氛围。在当时社会动荡、生活繁杂的背景下，作者的内心渴望摆脱外界的喧嚣与纷扰，而这宁静的荷塘，仿佛是他心灵的避风港，作者将自己对安宁的向往寄托于这片静谧的美景之中。其中，景物的色彩也表现出了作者不同的情感。例如，绿色的荷叶缓解了他内心的焦虑和不安，白色的荷花寄托着他对纯净、美好人性和社会环境的向往之情。在银色月光的笼罩下，作者暂时抛开了现实的束缚，进入了一个空灵、超脱的精神境界。作者借助对荷花不同状态的精细描摹，呈现出荷花的娇美与羞涩。教师要引领学生掌握这些景物描写的技巧，让他们在实地观察中运用这些方法进行写作练习。作者还采用了借景抒情、情景交融的抒情方式，将自己的情感融入对自然景物的描写之中，使得情感的呈现更为内敛与深沉。教师可以让学生分析文中的抒情段落，例如，"叶子本是肩并肩密密地挨着，这便宛然有了一道凝碧的波痕"，将叶子之间的紧密排列形容为"肩并肩"，赋予叶子团结、亲密的人类行为特征。这种拟人化的描写，体现了作者对大自然中生命之间和谐相处的向往，以及对这种和谐之美的歌颂之情。教学中，教师要引导学生体会作者是如何通过景物描写来传达自己的情感的，让学生能够在写作过程中尝试运用这种抒情模式，传达自己对某一事物的情感体验。《荷塘月色》的结构严谨规整，行文流畅自然，其中的语言节奏与情感节奏是同步的。作者以夜游荷塘作为线索，依次对荷塘的景色、自身的感受以及江南采莲旧事进行了描绘，使得整个作品内容丰富，层次感极为突出，这种段落结构的递进与作者情感的深化是同步的。学生随着景色描写的深入、段落的层层递进，体会作者对自然的欣赏和对人生及社会的思索。

　　本文阐述了《荷塘月色》在教材单元中的地位，及其与单元主题、目标、任务的关系。《荷塘月色》用词富有时代感与古典气息，修辞手法丰富多样，句式长短相间。作品蕴含多元主题与复杂情感，借助景物描写、表现手法和语言节奏变化，实现了两者的融合。

　　总之，以《荷塘月色》为例展开的单元整体教学视域下的单篇选文教学内容研究，为高中语文教学带来了新的思路与方法。通过对单篇选文进行深入剖析以及精心确定教学内容，教师能够更好地达成单元整体教学目标，提升学生的语文综合素养，培养学生对文学作品的欣赏能力。

单元目标指导下的单篇教学策略

——以《项脊轩志》为例

石林可[①]

摘要： 囿于对新教材和新课标的认知和实践，许多大单元视域下的单篇教学实践存在篇章个性与单元共性缺乏辩证统一、能力发展与思维迁移缺乏有效情境、活动设计与文本掌握缺少深度联结等误区。本文在对这些误区进行梳理和总结的基础上，以统编语文选择性必修下册第三单元课文——《项脊轩志》为例，在单元目标的指导下，确定单篇目标，并提出有效教学实践路径，使单篇与单元达成教学的统一。

关键词： 单元整体教学；单篇教学；《项脊轩志》；教学策略

依据《普通高中语文课程标准（2017年版2020年修订）》（以下简称新课标），高中语文的大单元教学已广泛展开实践。大单元的教学设计打破了单篇讲解的教学思路，不再是逐篇、逐段、逐句地讲解。大单元的"大"不是"大容量""大难度"，而是强调教师对教学进行"整体观照"[②]。"单元"也不是简单的"教材单元"或"内容单元"，而是根据课标、教材和学情等实际情况确立的"学习单元"[③]。

[①] 作者简介：石林可，黄冈师范学院学科教学（语文）23级研究生，邮箱：2524789844@qq.com。
[②] 徐鹏. 核心素养语境下的大单元教学反思 [J]. 中学语文教学，2021（04）：4-8.
[③] 叶胜男. 大单元设计下单篇学习的实践价值和路径 [J]. 中学语文，2024（01）：42-45.

一、大单元视域下的单篇教学存在的误区

"大单元教学"并不意味着对单篇教学的抛弃，也不是要我们忽略单篇教学在大单元当中的作用；相反，在语文教学中妥善处理单元整体设计与单篇文本学习之间的关系愈发重要。然而，囿于对新教材和新课标的认知和实践，大单元视域下的单篇教学仍然存在很多误区。

（一）篇章的个性与单元的共性缺少辩证统一

新课标提出，高中语文大单元教学指向学生的学科核心素养，以学科大概念为核心，以主题为引领，实现教学内容的情境化①。大单元教学本质上是一种以核心概念为轴心的主题化课程设计模式。高中语文课本就是一大亮点，课本中每个单元都有一个明确的主题。在进行大单元教学时，首先应明确单元学习任务群的归属，根据单元主题设计单元目标，再根据单元目标，结合单篇特点进一步研究教学内容，从而对单元主题做出更加精准的定位，以确立单篇目标。按照这样的流程才能实现大单元教学与单篇教学的辩证统一，实现高中语文教学的向心结构。

（二）能力的发展与思维的迁移缺少有效情境

按照建构主义理论，知识并非依靠机械记忆获得，而是学习者在具体情境中主动建构的结果。新课标强调学生通过语文学习活动，依靠真实情境在"语言建构与运用、思维发展与提升、审美鉴赏与创造、文化传承与理解"几个方面都获得进一步的发展，可见语文教学中"情境化"的必要性。语文情境教学的提出，从某种程度来说是为了解决语言表达上"言意矛盾"这一核心问题②。但很多一线教师在构建情境时只简单地停留在语言运用层面，只理解其"言"而忽略其"意"，忽视了语文素养的培养和语言技能的迁移。因此，教师在教学过程中应始终从学生的角度出发，深入了解并激发他们的求知欲望、好奇心、学习兴趣以及参与热情，不仅要创设立足文本的深层、

---

① 中华人民共和国教育部.普通高中语文课程标准（2017年版2020年修订）[M].北京：人民教育出版社，2020：4.

② 杜娟.语境考辨与意义生成：语文学科的"情境"界说[J].语文建设，2024（01）：22-26.

真实、有效的情境，还要带动语言文字的灵活运用，帮助学生学会迁移与转化①。

（三）活动的设计与文本的掌握缺少深度联结

大单元教学倡导设计有效的学习活动或任务，唤醒学生对文本学习的主动性，以实现深度学习。但现实中，很多活动的设计或是非常"肤浅"，浮于表面，只追求课堂形式的花里胡哨，并不能有效指向对文本意义的挖掘；或是基于传统教学理念，把任务设置局限于课后习题，死板地要求学生背诵默写、划分层次、标记段落，以此来夯实学生的学科基础②。这样的活动设计只针对学生基础知识的培养，无法达到新课标全面提高学生学科核心素养的要求。大单元视域下的单篇教学需严格从"阅读与鉴赏、表达与交流、梳理与探究"三个方面来设计教学活动，加深与文本所传达思想的深度联结。

二、单元教学视域下的单篇教学目标

在深入分析了解以上问题后，笔者以统编高中语文选择性必修下册第三单元的《项脊轩志》为例，呈现以单篇教学设计实现大单元教学任务的路径。

（一）单元定基——统摄单元整体教学要求

《项脊轩志》选自统编高中语文选择性必修下册第三单元，该单元在新教材中隶属于"中华传统文化经典研习"学习任务群。该任务群的教学目标旨在引导学生通过阅读中华传统文化经典作品来"增强文化自信，更好地继承和弘扬中华优秀传统文化"。在教学中要组织学生"就传统文化的历史价值、时代意义和局限等问题，用历史和现代的观念进行审视，表达自己的看法"。可见，如果脱离了学习任务群的要求，把单篇教学目标简单设定为"学习作者表达情感的写法""体会归有光对亲人的思念之情"等是不符合该单元学习要求的。

---

① 杜娟. 语境考辨与意义生成：语义学科的"情境"界说 [J]. 语文建设，2024（01）：22-26.

② 汪俊. 探究高中语文大单元教学模式的有效实施与成效 [J]. 高考，2024（22）：27-29.

不仅教学目标的设定要注意，在教学内容的选择上也应注意：本单元的学习内容是散文作品的研习，选文皆是古代名篇，在教学过程中，应避免将文章单纯视为文言文学习的工具，仅仅侧重于逐字逐句地解析文言字词，导致学生陷入烦琐的"章句之学"，从而失去对文章整体意境和情感的理解。抑或将其作为散文教学样本，执着于作者"喜—悲"情感变化的梳理，最终"废于清议"，有文无"言"。

（二）单篇定位——单元导向确定单篇目标

高中语文选择性必修下册第三单元的编写初衷一方面在于让学生理解古人"修辞立其诚"的创作手法，另一方面在于让学生体会六篇文章的文化内涵，"探究这些文化观念在当今社会的价值"。故在大单元整体目标视域下，基于《教学设计与指导》的建议，按照中国古代散文发展的历史沿革，可以对9课时的目标做如下分解：

《陈情表》《兰亭集序》《归去来兮辞（并序）》安排5课时，进行群文阅读，指导学生学习这三篇魏晋时期的经典散文。首先设计1课时，用相关任务驱动学生明确三篇作品的文体特征，初步领略魏晋名士的风采；再针对不同的文章设计3课时，学习文言知识，品味魏晋时代经典散文的个性与共性；最后1课时对比阅读《兰亭集序》与《归去来兮辞（并序）》这两篇文章，紧扣本单元的人文主题，学习魏晋时期文人在面对挫折时用自己健全的人格、坚强的心灵和旷达的精神积极完成心理自救的价值取向。

《种树郭橐驼传》《石钟山记》《项脊轩志》安排3课时，分别进行单篇教学，指导学生学习这三篇分别来自唐、宋、明三个时期的经典散文，体味古文运动的文学主张及现实意义，品析不同文体特征的章法之妙。

单元写作安排1课时，依据先前所学各文本，总结作者叙事、说理、抒情的方法，重点是学习如何进行"思辨性"表达。围绕"人与自然"的主题，先让学生自由发言，畅谈感悟；接着让学生"练笔"，当场评价，找出问题；最后，请同学们找出能体现"思辨"的方法，完成"思辨性表达"的写作任务。

上述课时安排中，《项脊轩志》进行1课时单篇教学——目标设定为：

（1）深刻体会归有光通过描写生活琐碎小事所呈现出来的"外枯中膏，似淡实美"的表达效果。

（2）了解归有光作品直抒胸臆、反映其个人本色的独特风格，感受明朝散文的特点。

难点设置为：感受"项脊轩"事物变迁的背后所蕴含的归有光对亲人、家庭的思念之情以及光复家族荣耀的豪情壮志。

（三）课前准备——为课堂活动开展自主热身

对单篇目标有了基础定位之后，安排学生的预习也就有了方向。《项脊轩志》是归有光创作的一篇借记物以叙事、抒情的散文，但课本中的选文并不完整，删减了原篇中的第四段，从删减的这一段里我们可以挖掘出更多的内涵，有助于学生们理解课文。

"项脊轩"是作者归有光的书屋，"志"大都用来记录重要人物事迹。有学者对《项脊轩志》的文体做了相关研究，认为归有光用书写历史的"志"来记录家庭琐事是因为时年18岁的归有光胸怀大志[①]。在这段议论性的表达中，归有光以诸葛孔明自比，写自己虽然目前还是籍籍无名且"区区处败屋中"[②]，但他相信自己有朝一日必定也能名扬天下、振兴家族，他希望《项脊轩志》能够被当作历史来读。所以他用"志"来庄重地抒发自己的豪情壮志，又客观地记录着家族的兴衰变化。从这里我们也可以初步体会作者归有光独特的创作观，为了实现教学目标，笔者设置了两个预习任务：

（1）请利用课余时间，以小组为单位查阅相关资料，了解"志"这个文体，辅助阅读《项脊轩志》原文，品析课本中删减的完整篇章的第四段文字。

（2）文章以书斋的演变轨迹为主线，同时交织着对祖母、母亲以及妻子这三代女性的深切怀念。请梳理文中的"今昔对比""他'我'对比"并绘制成思维导图，下次课上与大家一起分享。

三、单元教学目标指导下的单篇教学策略

（一）课程导入

语文课堂的导入是关键环节，通过设置有效情境且指向学习目标的导入可以快速将学生带到文本中。

[①] 童志国.文体视角下的经典散文教学解读——以《项脊轩志》为例[J].语文建设，2023（21）：26-30.

[②] 童志国.文体视角下的经典散文教学解读——以《项脊轩志》为例[J].语文建设，2023（21）：26-30.

从课程标准的表述来看,"中华传统文化经典研习"学习任务群比较看重"特定的社会文化场景",强调"用历史和现代的观念进行审视"[①]。本文的教学目标第一条通过对文章的翻译和赏析可以轻松感知,但后续结合实际了解作者的个人创作风格和理解中心主旨才是本文的重点和难点,因此,笔者对本文线索设计了一个情境化导入:

书斋在古代不仅是庭院建筑的一部分,在明清时代更是作为文人志士们抒情表意、励志言志的场所,也成了他们前所未有的生命依托之所。如明代张溥的"七录斋",清代蒲松龄的"聊斋",梁启超的"饮冰室"等,他们在这有限的空间里,将书斋作为情感与文化的交汇点。书斋不仅承载了他们独特的审美情趣和文化追求,更成为他们的最终归宿和心灵栖息之地[②]。今天我们就一起来看看,作者归有光在自己的书斋"项脊轩"里又看到了什么样的家族变迁、寻找着什么样的人生寄托吧!

(二)初读感知

前面说到学习古代散文需要"言文兼顾",针对文章的第一个教学目标,也就是《项脊轩志》的"文",归有光通过描写生活琐碎小事来呈现"外枯中膏,似淡实美"的表达效果。笔者认为可以通过以下问题带领学生感知:

(1)第一段里归有光在修葺一新的书斋中"杂植兰桂竹木于庭",使昔日老旧的书房呈现欣欣向荣的面貌。他为何独选"兰桂竹"进行种植?种植其他花卉树木不是同样能美化环境吗?(明确:这一段写项脊轩修葺前后的不同风貌。旧时的项脊轩是"室仅方丈"的"百年老屋",简直无法居住。修葺之后,变成了理想的书斋。他在其中长啸歌吟,悠然自得,陶醉在自己的世界中。祖母对他有重振家业的厚望,正如庭院中笔直的竹子节节攀升,使他的信心越来越足。"兰桂"又如古代的各种文人雅士,营造的读书氛围无时无刻不督促着归有光勤于学业。因此,"兰桂竹"作为象征,承载了归有光对学业和仕途的热切期望。)

(2)作者分别写了项脊轩改造前后的特点,改造前旧、小、破、暗,而改造后,以绿植和书籍加以充实与修饰,项脊轩成了窗明几净的幽雅胜境。

[①] 中华人民共和国教育部.普通高中语文课程标准(2017年版2020年修订)[M].北京:人民教育出版社,2020:21.

[②] 童明辉.发挥语文独特的育人价值——《项脊轩志》教学探究[J].语文建设,2015(25):31-35.

这里作者用了什么写作手法？表达出什么样的情感和志趣呢？（明确：作者欲扬先抑，写修葺前的项脊轩意在表现自己青少年时期读书生活过的书斋，可爱、可亲、可美，不仅表达了自己深深的眷恋之情，也用陋室突出自己年少时的志趣——虽独处书斋，孤守寂寞，但书籍为伴，故精神最终还是升华了。）

（3）作者把"篱"改为"墙"有何用意呢？（明确：因为"篱"通常是临时性的，构建简单且易于拆卸，而"墙"则不同，不仅留存年代可以更加久远，而且往往也表明了建造人的决绝态度。）

（4）归有光母亲过来时是"以指叩门扉"，祖母离去时是"以手阖门"，这"叩""阖"二字很有韵味，请同学们赏析一下。（明确：结合前后文以及背景知识，可以知道，在封建大家族中，孩子一般生下来由奶妈照看，跟生母接触的时间不是很多，"叩"字在这里写出了母亲关心他的饮食起居，对他非常细致的爱。包括后文祖母"以手阖门"的"阖"字，生动地描绘了祖母以手轻轻合上门扉、担心轩外的嘈杂的声音影响到孙儿安心读书的情景，写尽了祖母对孙儿的关心。）

除了"文"，还要兼顾学生的思维盲点，促使学生动脑，即古代散文中的"言"。故以此为出发点，可以提出以下问题：

（1）文中第一段提到项脊轩"室仅方丈"，却"前辟四窗"，如何理解这个"四窗"呢？

（2）修葺后的项脊轩焕然一新，作者"借书满架，偃仰啸歌"，其中"借书满架"中的"借"字，有的版本作"积"，请从知人论世的角度出发，并结合文本内容，说说哪个词更贴合作者本意？

（3）"内外多置小门墙，往往而是"一句，有的版本断句为"内外多置小门，墙往往而是"，请谈谈你的理解①。

这些问题可以增加学生理解这篇文章的深刻性和准确性。

（三）重点击破

大单元视域下的阅读教学倡导真实情境下的自主任务驱动学习，因此，笔者依据"真实情境下的自主任务驱动"，针对课堂目标的重点和难点、贴合当代社会生活设计了一个主任务：

---

① 童志国. 文体视角下的经典散文教学解读——以《项脊轩志》为例 [J]. 语文建设, 2023 (21): 26-30.

××学校第三届微电影节即将召开,本次微电影节的主题是"传统文化":咱们班抽取到的是明清时代散文,请同学们以"书斋里的文化——探寻'项脊轩'"为标题,制作一部15分钟左右的微电影,以小组为单位制作脚本,完成以下三个任务:

第一,微电影的宣传需要海报,请为微电影《书斋里的文化》设计一张海报;

第二,录制一段微视频和视频配音,要求通过一些特定的场景来表达我们的感受,探寻书斋情结背后的中华文化基因;

第三,明代文学界认为文学创作一定要"绝假还真",表达自己内心最真实的情感①。通过参与视频的制作以及观看其他小组的视频,相信大家一定会有更多的感触,那么在你印象中,让你最感动的一幕是什么?能运用真情实感把它写下来吗?

前面让学生在课前制作了项脊轩事物变迁的思维导图,让他们站在归有光的角度找出"今昔对比"和"他'我'对比"。"今昔对比"主要是引导学生体会项脊轩事物的变迁,除了环境的变化,还有亲人的伤逝和家族的分裂。"他'我'对比"则是更加聚焦重难点,引导学生感受归有光藏匿在生活琐事中的传统文化观念——一个普通的知识分子希望通过自己的努力光耀门楣。最后任务则指向本单元教学目标"修辞立其诚",要求学生做到"说真话,抒真情",既发展了学生的思维,又让学生的能力得到了训练。

在主任务的情境下,三项任务活动既是一个整体,又从认知上一步比一步深入。学习任务群是情境教学的一把梯子,缘梯而进,它能更好地进行情境化学习,学习任务任务群的设置使学习活动更加整体化、层进化,使学生整体感知、整体认识,有利于思维的流畅展开和循序渐进。

综合以上,本设计在规避大单元整体视域中单篇教学的误区下,从探访者的角度创设了一个真实的历史情境,引导学生基于真实,立足现实,在单元目标的引领下完美实现了单篇目标的要求,达到了单篇教学与单元教学的统一。

---

① 许云彤. 归有光与汪曾祺——明代散文的生活风味与延续 [J]. 散文百家(理论),2020(11): 28,75.

单元整体教学视域下单篇教学策略研究

——以《包身工》为例

陈国畅[①]

摘要：本研究旨在探讨单元整体教学视域下《包身工》这一单篇选文的教学内容设计与实施策略。通过分析单元与单篇目标导向、聚合中心任务、辐射任务活动几个方面将单篇课文的教学融入单元整体框架中，不仅关注文本本身的解读，同样也注重它与单元主题的紧密联系，使得学生在深入理解文本内容的同时深刻体会单元主题精神，同时通过完成多元的情境任务来增强学生合作探究的能力与批判性思维，提升学生的核心素养。此外，该教学实施策略也丰富了课堂内容的呈现方式，激发了学生的学习兴趣与参与热情。研究表明，将单篇选文置于单元整体视域下进行教学设计，是实现教学目标、提升教学质量的有效途径，为语文课堂的具体教学提供了一种新的、具有可操作性的教学思路。

关键词：单元整体视域；教学研究；《包身工》

温儒敏教授曾提到对现有的统编版教材进行教学时，可以把"任务群"的教学方式融汇到单篇课文的教学中来，以用来反映这个单元的主题内容，有利于将"单篇"与"单元"更好地结合，对课堂的整体教学提质增效。在

---

① 作者姓名：陈国畅，黄冈师范学院学科教学（语文）23级研究生，邮箱：1395600575@qq.com。

单元整体视域下对于单篇课文的教学应注意教学过程的知识性、实践性、情境性的特点，同时还要考虑到单元素养目标以及单篇课文任务的达成之间的关系：单元素养目标为单篇课文的教学提供了主题中心与培养要求，单篇课文教学的良性实施则是达成单元素养目标的基石，只有每一篇单篇课文的教学目标顺利达成，才能发挥聚合效应，促使单元目标的有效落实。《普通高中课程标准（2017年版2020年修订）》（以下简称新课标）虽然对课文的单篇教学提出了要求，但是在传统的教学实践中仍然存在着许多"闭门造车""各自为政"的教学现象，对于单篇课文的讲授就着眼于课文本身，并未有意识地贴近单元核心素养目标去设计教学任务与教学活动，不利于学生综合素养的形成与发展。基于此现状，为了更好地将单篇教学与单元任务目标合理融汇，本文从单元整体视域对《包身工》这篇课文进行研析，结合课前的单元整体预习以及单篇课文的具体的教学任务，设置情境教学活动，综合性地探索课文内容，并感悟其传达的主题内涵与人文情怀，为单元视域下的单篇课文的教学提供参考。

一、明晰目标导向，多维分析文本

在单篇课文的教学安排中，目标导向是整个教学过程的方向指引，对文本整体的多维分析解读则是学生在学习单篇课文时首先要解决的基本点，教师在此基础上引导学生在学习的过程中达成目标、掌握知识、锻炼能力。因此，教师在进行单篇课文具体设计时可以从研读课程标准、把握学情、解读文本要素三个方面切入，落实目标与任务，多维分析文本，保证教学设计的合理性与规范性、文学性与素养性，从而改善在具体教学实践中的讲授效果。

（一）研读课标指方向

新课标指出："语文课程对继承和弘扬中华优秀传统文化、革命文化、社会主义先进文化，培养文化自信，推动文化的创新发展，具有不可替代的优势。"同时建议"创设综合性学习情境，开展自主、合作、探究学习"。[①]在单元整体视域下对《包身工》这篇课文进行教学设计时，首先要考虑到这

---

① 中华人民共和国教育部. 普通高中语文课程标准（2017年版2020年修订）[M]. 北京：人民教育出版社，2020：2.

一单元所处的任务群，也就是"中国革命传统作品研习"任务群，要求学生阅读学习《包身工》这篇课文，教师设置具体的教学活动与任务，带领学生梳理文章的脉络，品读文本内容，参与情境活动并从中感受当时社会背景下劳动人民的苦难以及革命的迫切性，从而深切体会到"苦难与新生"这一人文主题。

（二）把握学情明主题

1. 析学情

在单元整体教学的视域下对《包身工》进行学情分析，我们需深刻认识到学生群体对于这篇经典报告文学的认知差异性。《包身工》位于统编高中语文选择性必修中册第二单元，学习到这一阶段的学生已经具备了一定的知识储备，并且也在必修阶段中"当代文化参与"这一单元学习到了基本的搜集资料与调研方法，但是在学习这篇课文时，学生对于当时复杂的社会背景以及包身工这一特殊历史现象的认知难免会存在知识上的欠缺。因此，在具体的教学设计时要考虑到以下几个方面：首先要对学生的整体学情进行考量分析，了解学生是否已掌握相关的历史知识背景，包括民国时期的社会状况、包身工的制度等。对于这些学情信息，教师可以更有针对性地设定教学目标，如提升学生的历史认知、文学鉴赏能力，或是培养学生的批判性思维和人文意识。

2. 明主题

明确教学主题方面，教师应紧扣《包身工》所反映的社会现实与细微之处传达出的人性光辉，将其与当代社会价值观相结合，提炼出具有时代意义的教学主题。例如，可以围绕"穿越时光的呐喊：探索旧中国社会变迁与意识觉醒"这一主题展开教学，引导学生深入理解社会历史背景，剖析课文内涵，了解旧中国工人阶级的悲惨处境和抗争精神，最后通过对比现代视角，将糟粕的包身工制度与现代社会劳动者权益保护以及人权观念进行对比，引导学生思考历史的进步与人权意识的觉醒，进而更为深切地体会课文与单元共同传达出的主题内涵。

（三）解读文本抓要素

在对单篇文本进行解读时，首先要明确文章的基本信息与单元定位，再对具体的文本要素进行切入分析。《包身工》是夏衍于 1935 年创作的一篇报告文学，位于统编高中语文选择性必修中册第二单元。该单元的主题是"苦难与新生"，在对文本进行解读的时候可以从以下几个要素进行分析，详见图 1、表 1。

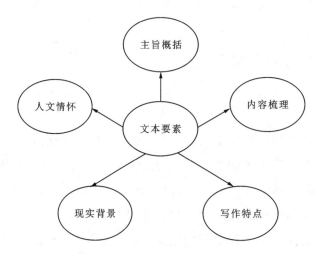

图 1　文本要素分析结构图

在具体分析的时候，要注意凸显这一课文在对包身工制度描述中蕴含的批判意识与斗争思想，领悟其中传达出的崇高人文情怀。

表 1　文本要素解读

文本要素	内容解读
主旨概括	《包身工》以包身工的生活和命运为线索，揭示了中华人民共和国成立以前工人阶级的悲惨处境和抗争精神。解读文本时，首先要引导学生把握文本的主题和核心思想，即揭露旧社会的黑暗和包身工制度的残酷，同时颂扬工人阶级的坚韧与不屈
内容梳理	第一部分（1—10 段）：此部分详尽描绘了包身工们极度悲惨的日常生活状态，同时揭露了黑暗残酷的社会制度的成因。 第二部分（11—22 段）：本部分聚焦包身工们早餐的凄凉场景，通过细腻的笔触展现了包身工们在饥饿与疲惫中挣扎求生的画面，并进一步探讨了包身工制度的发展脉络。 第三部分（23—34 段）：此部分生动记录了包身工们上工的艰辛过程，深刻揭露了帝国主义工厂对工人阶级的极端压迫和剥削，展现了资本家贪婪无度的丑恶嘴脸。 第四部分（35—50 段）：作为全文的高潮与总结，本部分以沉痛的笔触概述了包身工们遭受的种种非人待遇和悲惨遭遇，表达了作者对这一野蛮吃人制度的强烈愤怒和控诉。同时，也寄寓了对未来的希望，指出在黑暗与苦难中，黎明的曙光终将到来，为全文画上了一个充满力量与希望的句号

续表

文本要素	内容解读
写作特点	《包身工》采用多种写作手法来增强文本的表现力，如排比、比喻、反复、点面结合、叙议结合等，以及生动的细节描写和典型人物塑造。解读文本时，要引导学生分析这些写作手法在文本中的具体运用和效果，理解它们如何服务于文本的主题和核心思想
现实背景	《包身工》不仅是一篇文学作品，更是一面反映中华人民共和国成立以前社会现实的镜子。解读文本时，要引导学生挖掘文本背后的社会现实与历史文化背景，了解包身工制度产生的历史根源和社会条件，以及当时工人阶级的斗争历程和历史地位
人文情怀	解读文本的最终目的是培养学生的人文情怀和批判性思维。在解读《包身工》的过程中，要引导学生关注文本中的人文关怀和批判精神，引导学生思考如何以史为鉴、面向未来，为构建更加美好的社会贡献自己的力量

二、聚合中心任务，辐散思维意识

温儒敏认为，学语文不只是为提升语言文字表达能力，还有特别重要又容易被忽视的，就是通过语文学习进行思维训练，包括直觉思维、形象思维、逻辑思维、辩证思维和创造思维等。在进行教学活动的时候要注意对学生综合思维的培养，通过情境式的教学活动，教师引导、学生自主探索来达成思维的锻炼与提升。因此在对本篇课文进行具体的教学设计时可以聚合一个中心任务——"穿越时光的呐喊：探索《包身工》背后的社会变迁与意识觉醒"，围绕这一中心任务结合单元主题与目标导向，引导学生深入理解文本本身的内容以及其折射出的社会变迁和思维意识觉醒，同时设置多元教学任务与情境教学活动，辐散学生的思维意识，培养其综合素养。

（一）活动一：以己为镜，看包身工生活

高中阶段的学生相比于初中小学阶段，在日常作息上发生了较大的变化，因此很多学生难免会产生一些负面的情绪。可以以此为问题出发点，先让学生畅所欲言，去描述自己对高中生活环境的认知，继而抛出问题："在自己发表的观点基础上去细读课文，探索包身工生活的环境是什么样？"共同完成表2内容。

表 2　高中生与包身工生活条件对比

	现代高中生	包身工
起床时间	早上6:00—7:00，天刚亮	早上4:15，天未亮
居住环境	现代楼房、平房 干净、舒适、宽敞	工房内充斥着汗臭、粪臭和湿气，居住环境极其不卫生。房间内没有良好的通风和采光条件，空气污浊，容易滋生病菌
基础设施	床铺、洗漱生活用品齐全，卫生条件较好	都睡在地板上，有的人甚至没有床铺，只能轮流睡觉。房间内设施简陋，缺乏基本的生活用品。马桶公用，数量有限
饮食条件	学校食堂提供卫生、种类丰富的饭菜，营养充足	食物匮乏：粥的质量极差（实际上是碎米汤），饭常常是发霉的糙米做的，导致她们营养不足，身体不健康
学习/工作条件	学校教室上课，放学在家里完成各科作业	安排在纺织厂，充斥着噪音、有害物质，工作时间长、强度大、超负荷，没有人身自由

基于以上分析，让学生通过审析自身的生活感受包身工艰难的生活条件，引发学生的情感共鸣与反思意识，深刻地体会到包身工制度下工人地狱般的生活情形，紧接着抛出新的情境任务：

（1）"思考这样黑暗的包身工制度存在的背景原因是什么？"

（2）"了解到包身工制的背景后，你对旧中国社会的动荡与不安是否有了更多的认知？结合本单元其他课文进行综合分析，从整体上感悟时代之殇。"

（二）活动二：内忧外患，感悟时代之殇

学生在活动一中对包身工这一群体有了初步的了解，教师在启发学生反思的同时引出是什么造成了包身工所在的时代背景这个问题，在这里教师可以适度地采用跨学科教学策略，对学生进行历史背景的补充：

这与外国资本入侵和本国农民破产不无关联。就外部而言，上海有许多纺织纱厂都是由英、美、日等外商开办，语言不通，对工人的管理有诸多困难，他们招募工人在一定程度上依赖包工头，特别是数量众多的日资纱厂，

所以最初的纱厂大都采取招标的方式包给工头，再由工头去招募工人进行生产[①]。从内部来看，20世纪上半叶的中国，战争、灾荒、匪祸连绵不绝，农村经济衰败、农民破产，他们或因生活困难，或因耕种艰难，又或因兵祸匪患而难以维持生计，不得已另谋出路[②]。

"包身工"并不是一般的工人，他们被工头通过签订卖身合同骗到东洋纱厂中，在工房里经历无尽的欺凌、剥削与压榨。通过补充的史实材料引导学生们总结其中的"内忧"与"外患"，真切了解包身工制度，体会他们"身不由己"的艰难处境。再联系单元主题与目标导向，分小组进行合作，并结合课前布置的预习任务共同完成表3。

表3 单元视域下的"时代之殇"

课文篇目	主要内容	时代之殇
《记念刘和珍君》	悼念在北京女师大风潮中牺牲的学生刘和珍，愤怒控诉反动军阀政府的暴行	军阀割据，政治动荡
《为了忘却的纪念》	回忆与"左联"五烈士的交往，抒发对烈士的怀念和尊敬，以及对国民党反动派的愤恨	国民党反动派的专制统治
《包身工》	描述中华人民共和国成立以前上海纱厂包身工的悲惨生活，揭露了帝国主义和封建势力对工人的残酷剥削	封建势力的压迫和剥削，国内战乱、天灾人祸不断，以及帝国主义的经济侵略和压迫
《荷花淀》	通过细腻的人物刻画和生动的场景描写，描绘了抗日战争时期白洋淀地区人民的生活和斗争	封建残余势力的阻碍和压迫
《小二黑结婚（节选）》	讲述小二黑和小芹在中国共产党领导下反抗封建势力、争取婚姻自由的故事	封建社会下家庭包办婚姻
《党费》	讲述了第二次国内革命战争时期，从事地下工作的女共产党员黄新为交纳党费和掩护同志而壮烈牺牲的故事	国民党反动派武装"围剿"

---

① 上海纺织工人运动史编写组. 上海纺织工人运动史[M]. 北京：中共党史出版社，1991.

② 曹冰冰，朱正业. 城市边缘人——近代上海纱厂包身制女工群体探析[J]. 皖西学院学报，2018，34（03）：126-131.

教师在进行小组巡视后，结合各组任务完成情况，分别从每组中抽取两人进行上台汇报，在图表完成之后再提出问题：从以上表格内容中能提取出哪些共通点？

社会动荡、封建势力干扰、帝国主义压迫、反动派虎视眈眈……

这一活动任务可以使学生从这一单元不同作品的特殊性之中寻觅到普遍性的现象，锻炼学生的感知概括思维能力，同时更直接地体会到当时社会存在的内忧与外患，感悟其中的"时代之殇"。

（三）活动三：视点聚焦，呼吁意识觉醒

经过前面的活动学习，学生已对单篇课文内容以及单元整体内容有了基础的了解，从大的背景和单元视角看到了当时社会的黑暗，知道处于那个时代的人饱经磨难。教师在此基础上提出更深层次的问题：若我们把视点聚焦于细微之处，作者是如何具体呈现这些苦难与压迫的呢？

设置情境任务如下：

（1）根据表4要点提示，结合课文内容进行概括。

表4　文章内容的细节感知

表达角度	内容分析	段落出处
人物描写		
环境描写		
对比		
比喻、借喻		
引用警句		
议论与抒情		

（2）结合宏观与微观视域，感受作者传达出的批判思维与斗争意识。

通过要点提示概括出《包身工》这篇课文细节上的刻画，点面结合，分别从宏观与微观上让学生感知文章，以此更加全面具体地感受其传达出的批判思维与反抗意识。

（3）今时与往昔：通过文中对于旧时代劳动人民苦难与压迫的呈现，思考历经社会变迁，当今时代的劳动者与之前相比有何变化？

忆往昔，看今朝。当今社会，劳动人民受法律的保护，即使在某些领域和个别企业中，仍然可能存在压迫和欺凌，但是与旧社会的包身工相比，如今的劳动者不再像以前一样任人宰割，他们有更多的途径和机会来维护自己的权益，敢于向不公平现象说"不"。可以向学生普及一些劳动人民维权成功的案例，同时让学生分享自己经历过或看到过的事件进行补充，结合课内与课外，达成知识的补充与思维的开拓。

在进行完上述环节之后结合单元目标导向再延伸，并请学生思考问题：从曾经的包身工"苦难"发展为如今公平、完善的社会"新生"，依靠的是什么？

是法律制度的完善、政治体制的改革、国家政府的努力、科技经济的发展等，但要强调一点——社会的变化与进步离不开无数革命先烈的努力。"吃水不忘挖井人"，正是这些革命先烈们以无畏的勇气和坚定的信念，前赴后继地投入推翻旧制度、建立新社会的伟大斗争中。他们用鲜血和生命铺就了我们今天走向幸福生活的道路。

对于《包身工》这篇课文的研究与教学，不仅要着眼于单篇课文的基本内容的分析与学习，而且要结合单元主题与整体的目标导向，通过综合性的课题任务去引导学生深刻理解在当时社会背景下革命的必要性与迫切性，更要从中汲取力量，培养学生的历史使命感、社会责任感以及爱国情怀，从而全面达成语文核心素养的培养目标。

单篇课文《装在套子里的人》教学实践探索

——基于大单元视角

李 枝①

摘要： 在新课改的背景之下，抓好语文单篇教学，有助于大单元教学。那么，该如何组织单篇教学呢？本文以《装在套子里的人》为例，从教学内容的选择、教学实施的建议、教学设计的撰写等方面来探讨大单元视角下单篇课文的教学实施路径。

关键词： 大单元视角；单篇课文；教学实践

统编版高中语文教材以主题组块，形成单元，以群为载体，形成学习任务。无论是"主题"还是"群"都明确指向整体教学，倡导大单元教学。②作为单元构成要素之一的单篇课文教学是实现大单元教学目标的基础与支撑。因而，教师应当充分发挥主体创造性，以"大单元"视角来开展单篇课文的教学活动。本文基于大单元视角，以单篇课文《装在套子里的人》为例，按照课程标准、单元目标、文本体式、学情选择教学内容，依据小说中的故事情节、艺术形象、叙事语言、写作技法给予教学建议，从教学目标、

---

① 作者简介：李枝，黄冈师范学院学科教学（语文）23级研究生，邮箱：343598505@qq.com。
② 颜廷发．大单元背景下单篇教学内容确定的原则[J]．中学语文教学，2022（02）：22-25.

学习任务、学习测评等方面来进行教学设计,以期为高中语文教师在进行单篇教学时提供一点参考和借鉴。

一、基于大单元视角下《装在套子里的人》的教学内容选择

教学内容的选择直接影响着教学的质量和效果。下面将从四个方面探讨基于大单元视角下《装在套子里的人》的教学内容选择。

(一) 依据课程标准选择教学内容

"课程标准"是课程编制、课程实施和课程评价的准则和指南。[①] 高中语文新课标创造性地提出"学习任务群"的概念,明确各个任务群的教学关键点,并将其作为组织高中新课标和统编版语文教材内容的重要方式。除此之外,它还强调以学科大观念为核心,主张促进课程内容的结构化,因而,"大单元教学"应运而生。基于此背景,大单元视角下单篇课文教学内容的选择与确定不能脱离单元学习任务群,也不能不考虑新课标对学习任务群提出的学习要求。

《装在套子里的人》隶属"文学阅读与写作"学习任务群。该学习任务群的主要教学目标是引导学生阅读不同体裁的优秀文学作品,使学生在理解、分析、品味、鉴赏的过程中提高文学欣赏能力和写作能力。为了促成这个教学目标,本任务群从两个方面来界定学习目标与内容:一方面强调学生在学习过程中的吸收和内化,通过精读古今中外优秀的文学作品,在进行文本理解与艺术表现形式鉴赏的同时,将对文学作品的浅层认识提升到深层认识;另一方面则涉及学习之后的输出与转化,此处不做具体描述。由此,对标《装在套子里的人》的教学内容可以确定为:揣摩作品中的语言表达,体会小说"幽默讽刺"的艺术风格。

(二) 依据单元目标选择教学内容

大单元教学不仅是一种教学模式或方法,更是一种单元整体教学思想,它的设计与实施以选文及单元为基础,因此,单篇教学不能将思维停留在"这一篇"上,只强调单篇课文知识的讲授,而要体现整体观、单元观,注重语文核心素养的培养。

---

① 梁瑞霞. 高中文言文大单元教学策略研究 [D]. 广州:广州大学,2023.

首先,《装在套子里的人》所在单元的人文主题是"观察与批判"。从单元导语来看,它指出:"学习本单元,要注意知人论世,在人物与社会环境共生、互动的关系中认识人物性格的形成与发展,关注作品的社会批判性。"其次,从教材的单元学习任务来看,本单元共设有三项读写结合活动,整体指向小说这一体式,围绕人物、情节、环境、叙事艺术等方面展开,这无形之中从宏观层面对《装在套子里的人》的教学内容进行了规约。最后,本课的"学习提示"有这样的内容表述:"阅读时要注意把握别里科夫的性格特征,分析其成因,体会这一形象的社会批判意义。还要注意从情节、结构等方面欣赏这篇小说'讲故事'的艺术,体会契诃夫小说幽默讽刺的风格。"鉴于此,可以将《装在套子里的人》的教学内容确定为:把握"别里科夫"人物形象及其典型意义,并分析其成因。

(三)依据文本体式选择教学内容

大单元视角下单篇小说教学注重单篇主题与单元主题的对接,强调多维度讲解选篇本身,其教学思路和教学内容的选择需要以教材为出发点,以小说文体特征为渗透性知识。

小说在很大程度上被理解为虚构叙述者解释过去向度事件的散文体文学文本,叙述性和虚构性是其主要特征,二者共同作用于小说且相辅相成。[①]《装在套子里的人》所在的单元是小说单元,它具有一定的虚构性和出色的叙事技巧。其中,叙述者、叙述视角以及叙述时间的处理都具有典型性和代表性。因此,教师应当将"虚构与叙述"的相关知识融入教学之中,为学生建立小说阅读图式提供契机。同时,《装在套子的人》是一篇自读课文,它与《林教头风雪山神庙》共同组成第六单元的第二课。"自读课文"更注重学生的自主学习和自我探索,强调要在具体的阅读实践中运用已有的知识,使知识内化为能力。在教学设计中,教师需要注意选文的课型功能,以文本体式为依据来选择教学内容、分配"教读"和"自读"课时等等,以便更好地发挥出《装在套子里的人》的教学价值。鉴于此,可以将《装在套子里的人》的教学内容确定为:从叙事视角、叙事结构入手,把握故事嵌套的结构艺术。

---

① 李明慧. 大单元视域下的高中小说教学研究——以部编本必修下册第六单元为例[D]. 石家庄:河北师范大学,2022.

(四) 依据具体学情选择教学内容

经过《百合花》和《哦，香雪》两篇小说的学习，高一下半学期的学生已经具备基本的小说阅读经验，因此，他们能够完成本篇课文的理解性阅读，获得阅读小说的方法和初感，但是并不具备成熟和完善的知识体系。在调研学情的过程中，学生可能会产生如下疑问：一是相较于常人，别里科夫"与众不同"，他极力地把自己包在套子里，害怕与现实生活接触，造成这种性格的原因到底是什么？二是别里科夫昏了头，决定与华连卡结婚，是出于对爱情的渴望、对美好生活的向往，还是他人怂恿与游说的结果？如果结了婚，他能走出套子吗？三是为什么一张漫画就能把别里科夫吓得半死，让他嘴唇发抖，脸色发青，颤颤巍巍地说"天下竟有这么歹毒的坏人"呢？

不可否认，这些都是学生在阅读文本的过程中产生的疑惑和困顿。教师在撰写教学设计的过程中要充分考虑这些问题，并以此作为教学内容，确保教学的针对性和指向性。基于以上内容，可以将本篇课文的教学内容归纳为：从"情节"入手，分析"骑车事件、漫画事件、吵架事件"。

二、基于大单元视角下《装在套子里的人》的教学实施建议

根据新课标的理念，可将《装在套子里的人》的教学内容确定为：一是从情节入手，分析"骑车事件、漫画事件、吵架事件"；二是把握"别里科夫"人物形象及其典型意义，并分析其成因；三是揣摩作品中的语言表达，体会其"幽默讽刺"的艺术风格；四是学习小说叙事手法的运用。基于此，笔者从以下四个方面入手，提出大单元视角下《装在套子里的人》的教学实施建议。

(一) 梳理故事情节，提升学生素养

情节是小说的三要素之一，它与人物性格的塑造密切相关。只有在理清小说情节的前提之下，学生才能更好地把握别里科夫的人物形象，理解小说的主题。

新课标指出："语文学科核心素养是学生在积极的语言实践活动中积累

与构建起来，并在真实的语言运用情境中表现出来的语言能力及其品质。"[①]因此，学生在梳理故事情节的过程中，能促进自身整体素养的提升。

首先，《装在套子里的人》是一篇外国小说，其情节生动流畅，阅读起来较为容易。它不仅围绕别里科夫这一小人物描写了漫画事件、骑车事件、恋爱事件、与华连卡的斗争等等，还以此带出了对俄国专制统治的批判。其中，"骑车事件""漫画事件"属于突发事件，是情节向前发展的动力。在事件发展的过程中，别里科夫摔下楼梯被恋人华连卡嘲笑最终走向死亡，其虚伪懦弱、顽固守旧、害怕变革的人物性格得以逐步显露。故教师要引导学生理解作者设计情节的用意，感受情节发展与人物塑造的关系。其次，学生要在梳理、概括小说的前提之下，准确且有逻辑地表达清楚自己对文本的认识，并且以此为方向，在其他单元中的小说学习中学以致用，自主建构起小说阅读图式，为自身的素养提升打下良好基础。

（二）感受艺术形象，观察批判生活

高中语文新课标中关于课程目标提出："感受和体验文学作品的语言、形象和情感之美，能欣赏、鉴别和评价不同时代、不同风格的作品，具有正确的价值观、高尚的审美情趣和审美品位。"[②] 学生在感受艺术形象的过程中，能丰富人生体验，全面地感知人间世相和人生百态，提高审美品位。

别里科夫被社会规训成"套中人"，在时代的摧残之下，过着一种保守僵化的生活。他是千千万万个普通人中的典型代表，其人生缩影预示着时代枷锁对普通人的异化。正如文中所言，"虽然我们埋葬了别里科夫，可是这种装在套子里的人，却还有许多"。而华连卡则是昏暗社会的一抹亮色，作为新事物、新力量和新思想的代表人物，她热情洋溢、敢作敢为，与虚伪怯懦的别里科夫形成了鲜明的对比。此外，本篇课文具有非常鲜明的社会情境，高中生已经具备了一定的"洞察与批判"能力。教师需要有意识地引导学生掌握本文的写作背景，了解作者所处的社会环境，梳理出小说人物在时代大潮中受到的冲击。这一过程，不仅丰富了学生体察世界的途径，而且在提升"文学阅读与写作"能力的同时，还能让学生比照社会生活，认识社会，引发对人生的思考。

---

① 中华人民共和国教育部. 普通高中语文课程标准（2017年版2020修订）[M]. 北京：北京师范大学出版社，2020：15.

② 中华人民共和国教育部. 普通高中语文课程标准（2017年版2020修订）[M]. 北京：人民教育出版社，2020：6.

（三）赏析精妙语言，落实单元任务

《装在套子里的人》作为外国名篇，具有一定的艺术价值，主要体现在文学语言艺术这一方面，这为我们品鉴小说提供了方向和契机。

本文对别里科夫的外表、生活习惯、思想性格进行了细致的描写，其语言描写充满幽默讽刺的意味，将别里科夫顽固保守、荒唐可笑的人物形象刻画得淋漓尽致。因此，教师要引导学生赏析文章中的精妙语言，感受小说中语言描写的魅力。例如，"'天下竟有这么歹毒的坏人！'他说，他的嘴唇发抖了。"这句话运用语言描写的手法，将别里科夫见到恋爱漫画后极端恐惧的心理表现得淋漓尽致，辛辣地讽刺了以他为代表的旧势力的荒谬绝伦和不堪一击。还有，别里科夫的"只求不出什么乱子才好"，乱子一般指难以处理的麻烦事，可对别里科夫来说，一丁点小事就能让他惶恐不已，且乱了阵脚。他凭借着"唉声叹气""苍白小脸上的眼镜""降服"了我们。这里夸张的语言描写消除了作品中的悲剧色彩，营造出一种喜感，读者夹杂着双重情绪，为别里科夫这一人物既感到可笑又感到可怜，这种感受是直指作品深处的。像这样值得赏析的语句还有很多，在此就不一一赘述。此外，教师要将单元任务的落实与文本解读有机结合起来，不能顾此失彼，让大单元主题下的单篇教学"变了味"。

（四）借鉴小说技法，有效迁移运用

《装在套子里的人》是一篇自读课文，根据"教读—自读—课外阅读"三位一体的阅读教学体制，教师可以借鉴前文中已讲解过的小说技法，在具体的教学过程中，引导学生有效地进行迁移运用。

一方面，《林教头风雪山神庙》注重用曲折的故事情节来表现人物性格，强调细节描写、环境描写、闲笔、伏笔等多种叙事技巧的使用，这有利于学生形成对小说叙事知识的结构化认识。① 基于此，教师可以引导学生在自读课文《装在套子里的人》中对这一知识点进行得体运用，具体体现在故事情节的梳理、人物性格的把握、精妙语言的赏析等等。

另一方面，《装在套子里的人》也具有出色的叙事技巧。首先，它采用的是典型的嵌套结构，同时，也是一个关于"套子"的故事，这构成了隐喻

---

① 常芬艳．大单元视角下单篇选文教学内容研究——以《林教头风雪山神庙》为例[D]．西安：西北师范大学，2021．

与暗示，彰显了作者的叙事巧思；其次，作者最开始使用的是第三人称的全知视角，中途转换到所要讲述的故事本身，还多次回归到伊凡内奇和布尔金对话的现实时空，叙事视角经历了多次的来回切换；最后，本文采用倒叙的手法，以别里科夫的死为开端，逐步展开故事情节。以上三点，从叙事学的角度对小说进行全景式解读，有利于学生借鉴其叙事技法，有效地进行迁移运用。

在此过程中，教师还可以安排"写"的活动，深化学生对小说这一文体的学习，进而在单元教学中有效运用，实现语文核心素养的提升。

三、基于大单元视角下《装在套子里的人》的教学实践设计

上文确定了大单元视角下《装在套子里的人》的教学内容，并给出了一些教学建议，那么在语文教学实践中该如何落实呢？以下是笔者为此设计的教学实践方案。

（一）教学目标

在了解学情的基础之上，结合大单元教学目标、已选定的教学内容，以及课程标准，现将教学目标拟订为：
（1）阅读文本，梳理故事情节，提炼主要内容。
（2）把握"别里科夫"人物形象及其典型意义，并分析其成因。
（3）揣摩作品中的语言表达，体会"幽默讽刺"的艺术风格。
（4）借鉴写作技法，学习小说中叙事技巧的运用。

（二）学习任务

（1）概括课文的主要内容，仿照《水浒传》章回体形式，重新拟写标题。
（2）感知"别里科夫"的人物形象，更换其人物称谓，并说明缘由。
（3）补写《装在套子的人》（节选）中某一省略情节，并与原文做比较。

（三）学习活动

活动一：重拟标题——概括课文主要内容

（1）通读课文，梳理故事情节，提炼其主要内容，仿照《水浒传》章回体的形式，如"林教头风雪山神庙"，为《装在套子里的人》拟写标题。

（2）设计评分标准，选出每一小组中较好的标题，全班进行互动点评。教师鼓励学生从内容、用词、对仗、情感等方面来阐述自己的拟题理由，票数较高者获得"最佳拟题奖"。

（3）比较原标题和现拟标题之间的异同，并分析原标题的精妙之处。可从"修辞""意蕴"等角度出发。

设计意图：本单元所选的五篇小说，由情节梳理归于标题分析可设定为统一的学习入口。① 要求学生仿照"林教头风雪山神庙""陆虞候火烧草料场"的样式来为本文拟写标题，可以锻炼学生的概括能力。后续的活动则在设计评价标准的前提下，逐步引导学生品味作者的拟题艺术，感受其表达效果。

活动二：更换人物称谓——解读"套中人"

（1）从身份、职业、经历、处境等角度入手，列出《装在套子里的人》这篇小说主人公的其他称谓，人物名字除外。

例如："装在套子里的人"、中学教师、老穿着雨鞋和拿着雨伞的小人物、华连卡的未婚夫等。

（2）从上述称谓中，选取一两个代表主人公遭遇"突发事件"的称谓，说说主人公脱离正常生活的缘由，并探讨背后隐藏的深层原因。

设计意图：提炼人物称谓，分析成因，考查学生对小说情节的细读，对"突发事件"的把握，同时也有利于学生理解主人公的人物形象及其典型意义。

活动三：补充空白——学习写作技法

（1）纳入教材的是本篇小说的节选部分，并没有呈现其全貌。请选择作品中某一省略的情节，在发挥想象与联想的基础上将其补写成文。然后，将补写的情节代入小说原作的对应位置，与同学探讨教材编者省略其情节的具体原因。

（2）要求：补写、讨论结束之后，通读原作，从多角度比较原作与选本之间的差异。

设计意图：《装在套子里的人》是非常不错的学习范本，补写省略情节并进行对比探讨的学习活动既能将学生的主观感受转化为文字表述，又能帮助他们领略小说中独具一格的叙事艺术和语言风格。

---

① 刘伟，甘云萍．如何教出"这一篇"——统编版必修（下册）第六单元教学设计［J］．中学语文教学参考，2020（8）：51-60．

（四）学习测评

学校话剧社打算将《装在套子里的人》改编成话剧，请同学们利用课余时间写出这一话剧的节目串词。

设计意图：这项测评任务符合课标的要求，考查学生文学阅读与写作相结合的能力。同时，撰写节目串词，有利于培养学生的跨文体转化能力。

单元整体视域下单篇教学研究
——以《种树郭橐驼传》为例

王 琼[①]

摘要： 传统的单篇教学有一定的弊端，而单元整体教学范围又太大，基于课堂教学改革的创新要求，单元整体与单篇教学之间的关系需要重新设计建构。本文以统编高中语文选择性必修下册第三单元的课文《种树郭橐驼传》为例，将单篇课文放在单元整体中去教学。立足"课标要求、教材、学情"三个方面设计单篇教学目标和单元整体目标，通过设计一个核心问题、提出三个任务的方式开展具体教学，以"文化传承与理解"层面的核心素养为基准，帮助学生加深对传统文化的理解，体会中华传统文化的精深和丰富，进一步加强他们对祖国文化的热爱，探讨落实"中华传统文化经典研习"学习任务群的要求。在达成核心素养的基础上，发展学生多方面的审美能力和文化观念，促进学生身心健康成长。

关键词： 单元整体；单篇教学；《种树郭橐驼传》

《普通高中语文课程标准（2017年版2020年修订）》（以下简称新课标）提出："普通高中语文课程，应使全体学生在义务教育的基础上，进一

[①] 作者简介：王琼，黄冈师范学院学科教育（语文）23级研究生，邮箱：1562308015@qq.com。

步提高语文素养……为终身学习奠定基础。"① 高中语文学习是一个更高的阶段,对学生的语文核心素养提出了更高的要求,这也推动了课堂教学进行创新改革,促使单元整体教学成为一种新兴的教学模式。但在实际教学中,多数语文教师对于如何妥善处理单元整体与单篇教学之间的教学平衡,还存在一些问题。"单篇"课文构成了教学价值的"整体"(单元),而教学价值的"整体"(单元)又由一组"单篇"课文构成,它们形成了一个相对独立的意义系统和教学单位。② 故而如何处理好单元整体与单篇教学之间的平衡是一个难点,也促使探讨单元整体视域下的单篇教学的价值成为研究的一个重点。本文以统编高中语文选择性必修下册第三单元的《种树郭橐驼传》为例,将这一篇课文放在第三单元整体视域下,通过确定目标、设计教学活动以及语文核心素养的达成来探讨其中的价值和意义。

一、教学目标:单元整体和单篇教学

《种树郭橐驼传》出自统编高中语文选择性必修下册的第三单元。该单元选取了魏晋到明代的六篇经典散文,是古代散文的归结性单元。其中《陈情表》《兰亭集序》《归去来兮辞(并序)》是晋代作品,《种树郭橐驼传》《石钟山记》是唐宋八大家古文,《项脊轩志》是归有光名作。其体裁也各不相同,《陈情表》是奏章,《项脊轩志》是志,《兰亭集序》是序,《归去来兮辞(并序)》是辞赋,《种树郭橐驼传》是传记,《石钟山记》是游记,基本涵盖了古文的体裁类型。此外,该单元选文风格各异,按不同的叙述语言风格,两两一组,可分为三组:《陈情表》《项脊轩志》以事见情,事中蕴情;《兰亭集序》《归去来兮辞(并序)》以情见理,情理交融;《种树郭橐驼传》《石钟山记》以事见理,叙议结合。③

单元整体不同于单篇教学,因而单元整体教学目标要综合考虑多种因素,可从三个方面进行目标设计:新课标、语文教材以及学生学情。④ 首

---

① 中华人民共和国教育部. 普通高中语文课程标准(2017年版2020年修订)[M]. 北京:人民教育出版社,2020.
② 王林. 大单元教学、单元整体教学、单篇教学与教学实施[J]. 语文教学与研究,2023(08):21-25.
③ 陈大伟,赵宁宁,金英华. 定体明章,万象生情——统编高中语文教材选择性必修下册第三单元专题学习设计[J]. 语文教学通讯,2022(31):29-34.
④ 冯旭洋. 统编初中语文教材单元教学目标设计——基于单元整体教学的视角[J]. 课程·教材·教法,2021,41(12):75-80.

先，在新课标上，该单元出自选择性必修，高中课标中对于选择性必修课程要求通过学习，丰富传统文化积累，理解其中的表达思想和情感艺术，培养健康高尚的审美情趣。结合高中课标以及单元导语部分可知，该单元属于"中华传统文化经典研习"学习任务群。在该学习任务群中，主要落实"文化传承与理解"层面的核心素养，要求学生体会其代表性作品的精神内涵、审美追求和文化价值，增进对中华优秀传统文化的理解。① 同时，也指出了相应的学习方法，要求学生诵读，合理运用精读、略读的方式，从多个角度分析，撰写作品的评论。其次，在语文教材上，现行统编版语文教材采用"双线组元"模式，即按照"人文主题"和"语文素养"双线来组织单元结构。② 对于"人文主题"，该单元的单元导语中表明要引导学生体察古人的情感和人生感悟，又结合单元研习任务的写作要求"说真话，抒真情"，可知该单元的"人文主题"可概括为"至情至性"。而对于"语文素养"，它包括基本的语文知识、必需的语文能力、适当的学习策略等，分成若干个知识或能力训练的"点"，由浅入深，由易及难，分布并体现在各个单元的课文导引或习题设计之中。③ 单元导语明确指出"学习本单元，重在把握课文的思想情感及其承载的文化观念，领会不同作者在审美上的独特追求"。可知，思想情感、文化观念和审美追求是重点要解决的问题。除此之外，导语中还指出了几种学习方法，要求学生"在对比中体会，在联系中思考……还要做些梳理和评点，领会章法之妙和细节之美"。因而教师在教学时要引导学生使用这些方法进行学习。最后，在学生学情上，该课的学习是建立在前面学习的基础上，所以学生有一定的文言知识积累，能够借助课文注释和工具书自主进行浅层的学习，教师只需引导学生开展更深层次的学习即可。根据前面的分析，综合高中课标、教材以及学情，可将第三单元整体教学目标设计如下：

（1）诵读六篇古代散文，理解其文意，把握其思想情感及承载的文化观念，感受古代散文的多样面貌，增进对中华优秀传统文化的理解和认同。

（2）反复诵读涵泳，理解作者抒发的情志，学习其表达思想的个性化手法，领会不同作者在审美上的独特追求，品析其章法之妙、细节之美。

---

① 中华人民共和国教育部. 普通高中语文课程标准（2017年版2020年修订）[M]. 北京：人民教育出版社，2020.
② 冯旭洋. 统编初中语文教材单元教学目标设计——基于单元整体教学的视角[J]. 课程·教材·教法，2021，41（12）：75-80.
③ 温儒敏."部编本"语文教材的编写理念、特色与使用建议[J]. 课程·教材·教法，2016，36（11）：3-11.

（3）结合体验与思考，运用对比、联系、评点的方法，集中学习古代散文，深入了解古代散文的体裁特点和多样风格。

（4）学习本单元散文的表达艺术，说真话，抒真情，述真知，结合单元研习任务，写一封书信，提高自己的写作水平。

现行语文教材的编写理念还体现了"三位一体"。"三位一体"即从"教读课文"到"自读课文"再到"课外阅读"，是其突出特点与创新之处。[①]《种树郭橐驼传》在第三单元中属于自读课文。自读课文与教读课文不同之处在于，自读课文的学习建立在教读课文学习的基础上，以学生自主学习为主，教师引导、指导为辅。正如温儒敏先生所说："自读课要放手让学生自主阅读。"[②] 中学语文教材编者陈恒舒也表明自读课应该以学生的自主阅读、自主探讨为主，而教师则是组织者和引导者。[③] 所以《种树郭橐驼传》的学习是建立在《陈情表》《兰亭集序》这类教读课文的基础上，用前面已经学会的阅读方法让学生自己探索。《种树郭橐驼传》为唐宋八大家之一的柳宗元所著，是古文时期的作品，又从课文后面的学习提示可知，《种树郭橐驼传》寓意深刻，融叙事说理于一体，婉而多讽。因而，这篇课文带有针砭时弊的用意。文章通过郭橐驼种树体现出来的"种树之道"传达出"养人之术"的道理，批评了当时的弊政，可谓"文章合为时而著"。综合对自读课文、教材学习提示的分析，可将《种树郭橐驼传》单篇教学目标设计如下：

（1）借助注释和工具书自主学习文言字词，积累文言知识，能用自己的话概述文章的主要内容。

（2）反复诵读，自主合作探究，学习文中类比和映衬的手法，把握郭橐驼的人物形象，理清文章由事及理的论述过程，联系实际探究顺天致性的道理。

（3）体会作者同情人民的思想和改革弊政的愿望，培养对祖国文化的兴趣和热爱。

由此，《种树郭橐驼传》的教学目标和第三单元的整体目标得以具体化，为接下来的教学活动设计指明了方向。

---

① 冯旭洋. 统编初中语文教材单元教学目标设计——基于单元整体教学的视角［J］. 课程·教材·教法，2021，41（12）：75-80.

② 温儒敏. "部编本"语文教材的编写理念、特色与使用建议［J］. 课程·教材·教法，2016，36（11）：3-11.

③ 陈恒舒. 统编初中语文教材自读课文的设计思路［J］. 语文学习，2017（11）：12-15.

二、教学活动：单篇教学在单元整体中的价值

单篇教学目标与单元整体教学目标是一脉相承的。单篇教学目标不仅要落实这一篇课文的教学目的，还要在此基础上，落实所在单元整体教学目标的一部分。通过加强单篇与单元整体的融合，促进学生核心素养的发展。

《种树郭橐驼传》的教学以目标2为重点，落实在第三单元整体教学目标中，可具体化：对应目标1，理解柳宗元阐述的"治民之术"，体会他同情百姓、为国为民的思想感情，增进对中华优秀传统文化的理解；对应目标2，在教师的指导下，学习以事见理、叙议结合的文风，感受婉而多讽的寓言效果；对应目标3，了解传记的体裁特点，将《种树郭橐驼传》与《石钟山记》联系起来阅读，鉴赏其不同的审美趣味；对应目标4，学习《种树郭橐驼传》的说理艺术，结合单元研习任务，写一篇短小的书信。在教学活动上，可设计一个主问题贯穿教学全过程，将其作为教学的核心任务。因《种树郭橐驼传》以叙事进行说理，可将该课文的主问题设计为"郭橐驼种树之理的启示是什么"。在该问题的驱使下，结合前面所学方法，学生自主理清行文思路，体会作者表达的"顺天致性"的道理。根据单篇所确定的目标以及需要达成的单元整体目标，可设计如下教学活动：

首先以解题的方式导入。以学生课堂分享交流为主，介绍这是一种记录人物生平事迹的人物传记。接着引导学生走进课文，让学生借助注释和工具书自主解决文言字词难题，教师适时进行疑难解惑。学生在初步阅读学习后，结合课前所查阅的资料，用自己的话概述文章的主要内容，理清文章的说理思路。

接着开展教学活动，整个过程可分为三个任务："识其人""观其事""悟其道"。任务一是"识其人"，即简单分析文章中郭橐驼的人物形象。教师指明"身体特征""性格""职业"这些方向，让学生在文章中自主寻找，并做整理分析。在郭橐驼的身体特征方面，橐驼是他的绰号，因为他"隆然伏行，有类橐驼者"，所以乡里人都称之为"驼"。在性格方面，原文中有这样一句"甚善。名我固当"，这个名字并不好听，但他却舍弃了自己的名字，自称"橐驼"，可见其性格豁达、随性。至于他的职业，从标题就可以看出是种树，那么他种树的本领如何呢？从原文中可以总结出：高超。故而通过上面的分析，可以得出郭橐驼是一个身体残疾，但豁达随性、擅长种树的人。任务二是"观其事"，探讨郭橐驼的种树秘诀。在这个部分，先由教师

设置三个问题，然后让学生以小组合作的形式进行自主探究。三个问题分别为：① 郭橐驼种树手艺"绝"在哪里？② 郭橐驼种树的方法、态度和结果是怎样的？他的秘诀是什么？③ 他植者怎么做？结果又如何？在问题的指引下，学生进行探究，教师引导归纳总结。首先，郭橐驼种树有"四绝"，一绝是技术全面，对应原文"凡长安豪富人为观游及卖果者，皆争迎取养"，可以看出郭橐驼种的树非常受达官贵人的喜欢；二绝是树挪能活，在原文中体现为"或移徙，无不活"；三绝是树品质优，文中说明"且硕茂，早实以蕃"；四绝是独门本领，这是通过比较得出来的。原文说"他植者虽窥伺效慕，莫能如也"，说明郭橐驼种树的技术无人能仿。其次，郭橐驼种树的秘诀，即"能顺木之天，以致其性"，可概括为顺天致性。通过"本舒、培平、土故、筑密"的方法，从而"其莳也若子"，保持"不害其长""不抑耗其实"的态度，进而"其置也若弃"，最终得到"或移徙，无不活；且硕茂，早实以蕃"的好结果，而这全都是因为郭橐驼能够"其天者全而其性得矣"。最后，他植者的种树方法，在原文中表现为勤虑害树。"根拳而土易，其培之也，若不过焉则不及"，不能让树木顺性成长，又因为爱太恩、忧太勤、旦暮视抚、复顾、爪其肤、摇其本，导致"窥伺效慕，莫能如也""木之性日以离矣"。不难发现，此处运用了对比的描写手法，教师引导学生深入分析，可从人和树两个方面进行探究。从人的角度，"凡长安豪富人为观游及卖果者，皆争迎取养"；从树的角度，"视驼所种树，或移徙，无不活；且硕茂，早实以蕃"。侧面与正面、映衬与反衬相对比，以郭橐驼和他植者所种的树导致富人的不同表现，突出"顺木之天，以致其性焉尔"的道理。事实上郭橐驼种树并没有什么特殊的秘诀，只是按照植物生长的本性去种植罢了。

最后的任务三是"悟其道"，由"种树之理"探究"养民之术"。前面分析了郭橐驼的种树之道，接下来探究这篇课文的深层主旨。分析郭橐驼种树之法后，文章并没有结束，而是用一个过渡句"移之官理，可乎"转至官吏治民之术，所以"治民之术"才是作者此文的真正用意。再次让学生朗读课文，可以发现文章的最后一句"传其事以为官戒也"直接表明了该文的意图。这里的"其"指郭橐驼，"事"指他的种树之事，"传其事"就是记录郭橐驼种树的秘诀，而"为官戒"很明显就是将"种树之理"转成"养人之术"。询问"养树"，却得到"养人之术"，如此又得到了新的问题：官吏是如何治民的？官吏治民和种树人种树之间有什么关联？继续让学生合作讨论，结合前面所学的对比映衬的手法，在文章中找出关键要点，思考理解问题。在原文中，他植者种树"爱之太恩，忧之太勤。旦视而暮抚，已去而复顾。甚者，爪其肤以验其生枯，摇其本以观其疏密"，最终导致"而木之性日以离矣"。又通过郭橐驼之口，可知当时官吏治理的状况是"旦暮吏来而呼曰：'官命促尔耕，勖尔植，督尔获，早缫而绪，早织而缕，字而幼孩，遂而鸡豚。'鸣鼓而聚之，击木而召之"。这样的做法让百姓不堪其扰，于是造成"故病且怠"的结果。二者的相似之处在于他植者"虽曰爱之，其实害之；虽曰忧之，其实仇之"，官吏则是"若甚怜焉，而卒以祸"。通过这样类比的方法，可以得出结论：种树和治民有相似之处。由此，学生通过探究，分析出文章从"种树之道"推出"治民之术"，他植者勤虑害树，官吏繁政扰民，只有像郭橐驼一样顺民之天性才能治理好百姓，从而得出"顺天致性"的主旨。作者怎么会从"养树"联想到"养人"？对此教师可以引入一些背景资料，安史之乱后政府的苛捐杂税导致民不聊生，柳宗元借为人立传的方式，喻治国养民之术于种树之道当中，揭露了当时统治阶级政乱令烦的弊病给百姓带来的祸害，表现了作者进步的"养民"治国思想，也从侧面体现出了百姓想要安居乐业的愿望和要求。学生结合这些史料，会加深对这篇文章的理解，教师再让学生联系现实生活，结合文章中"顺天致性"的道理，谈谈自己得到的启示，升华主旨。

《种树郭橐驼传》和《石钟山记》都属于以事见理、叙议结合的叙述风格，故而在学习完该课后，教师可继续指导学生将《种树郭橐驼传》和《石钟山记》联系起来阅读。《石钟山记》通过阐述作者对前人关于石钟山名字的解释提出质疑，经过实地考证后，否定了前人的说法这件事，表达了看问题不能主观臆断，而应实地考察论证观点的哲理。文章思维严密，说理艺术高超，可与《种树郭橐驼传》相联系，探讨以事说理的妙处。此外，教师还可以拓展，将《庖丁解牛》与之联系学习。《庖丁解牛》通过阐述"解牛之道"揭示"养生之道"，阐明了要"顺应天理"的道理，学生可体会其中的异曲同工之妙。最后，在作业布置上，可结合单元研习任务，以《种树郭橐驼传》所学的说理艺术为基础，写一篇短小的书信，要求说真话，述真知。

在教师的引导下，学生通过自主合作探究，能够理解作者抒发的情志，学习表达思想的个性化手法，领会作者在审美上的独特追求，品析其中的章法之妙，基本上可以落实单元整体目标和单篇教学目标，单篇和单元整体能够实现和谐统一的效果。

三、教学意义：单篇在单元整体中核心素养的落实

《种树郭橐驼传》的教学建立在第三单元整体的基础上，以单篇的目标

落实单元整体的部分目标，帮助学生落实学习任务群的核心素养，促进学生学习能力的提升。

《种树郭橐驼传》的教学主要落实"文化传承与理解"层面的核心素养。通过引导学生学习中华传统文化经典作品，提升对中华民族文化的认同感、自豪感，增强文化自信，① 这是主要的目的。柳宗元的这篇文章虽然是以人物传记的形式叙述故事，但本质带有寓言的效果，所以这篇文章不仅仅是讲故事，更是寓理于事。教师指导学生自主学习《种树郭橐驼传》这篇散文，学生通过学习表面的"种树之道"理解背后蕴含的"治民之术"，作者从"养树"法则上提炼出"顺天致性"是循其根本之道，继而由树及人，指出为官治民不能"好烦其令"，这才是本篇深层指向的"官之理"。② 柳宗元是一位关注现实的文学家，在这篇文章里所揭露与批判的内容具有针砭时弊的进步意义，文字婉转幽默，独具匠心。学生通过学习知道了为官治民、做人做事的哲理，凡事不能操之过急，需要顺应事物的本性，徐徐图之，无为亦是有为。在此过程中，学生能够与柳宗元所表达的思想与愿望产生一定的共鸣，从而加深对古人情志及其承载的文化观念的理解，感受古文之美，进而获得情感浸润和审美体验。学生学习这篇文章，能以小见大，增进对中华文化核心思想理念和中华人文精神的认识和理解。同时，教学作业的布置也呼应了单元研习任务，结合单元要求，落实了新课标这一任务群中"学习经典文化作品，提高学生写作水平"的要求。

单篇教学是个性，单元整体是共性，个性与共性相结合能产生一加一大于二的效果。第三单元属于"中华传统文化经典研习"学习任务群，学习《种树郭橐驼传》，体会"顺天致性"的道理，能帮助学生加深对传统文化的理解，体会中华传统文化的精深和丰富。此外学生通过学习能够以自己的视角对传统文化的历史价值和时代意义表达自己的看法，进一步加强他们对祖国文化的热爱。学生在达成核心素养的基础上，多方面地发展审美能力和文化观念，促进身心健康成长。

---

① 中华人民共和国教育部.普通高中语文课程标准（2017年版2020年修订）[M].北京：人民教育出版社，2020.
② 王军.多维视角解读《种树郭橐驼传》"顺天致性"之道[J].语文建设，2023（23）：49-52.

单元整体视域下单篇课文教学目标的确定与达成
——以《归去来兮辞（并序）》为例

柯 燕[①]

摘要：单元整体视域下的单篇教学是教学改革的重要路径之一，而明确单篇教学目标则是实施单篇教学的关键所在。本文以《归去来兮辞（并序）》为例，探讨如何在单元整体视域下确定单篇课文的教学目标以及如何实现这些教学目标的路径。首先，综合考量课标要求、教材编排、学生学情，以此来确定该篇的教学目标。其次，紧密围绕单篇教学目标设计涵盖学生完整学习过程的活动任务，进而实施教学目标。最后，制定与活动任务相伴随的学习评价，借助评价来促进学生学习，并检验教学目标的达成。通过以上路径，力求促进学生语文核心素养的提升，并为单元整体视域下高中语文单篇教学实践提供参考。

关键词：单元整体教学；《归去来兮辞（并序）》；单篇教学目标

《普通高中语文课程标准（2017年版2020年修订）》（以下简称新课标）指出："教材编写要体现整合的课程理念，根据学习任务群的特点和学习任务群的组合等整体设计学习活动"。[②] 这表明推进单元整体教学是落实

[①] 作者简介：柯燕，黄冈师范学院学科教学（语文）23级研究生，邮箱：2052310983@qq.com。

[②] 中华人民共和国教育部. 普通高中语文课程标准（2017年版2020年修订）[M]. 北京：人民教育出版社，2020：50.

课标精神、用好统编教材的必然要求。单元整体教学离不开单篇课文的教学,教学目标是单篇教学的关键因素。单元整体视域下单篇教学的目标应当基于单元整体的核心任务和学习目标,是对单元整体学习任务的分解、落实和照应。陶渊明的《归去来兮辞(并序)》是中国古典文学中的经典作品,被选入统编高中语文选择性必修下册第三单元。本文拟以这篇课文为例,探究单元整体视域下单篇课文教学目标的确定与达成。

一、单元整体视域下《归去来兮辞(并序)》教学目标的确定

统编版高中语文教材是以人文主题和语文学习任务群双线组织单元,要在单元整体视域下合理地确定《归去来兮辞(并序)》的教学目标,首先需要明确这一单元所在学习任务群的要求。

(一)依据课标,遵循语文学习任务群的要求

《归去来兮辞(并序)》与李密的《陈情表》、归有光的《项脊轩志》、王羲之的《兰亭集序》、柳宗元的《种树郭橐驼传》和苏轼的《石钟山记》共同构成一个古代散文单元。本单元属于"中华传统文化经典研习"学习任务群的最后一个研习单元,这一任务群旨在让学生"积累文言阅读经验,培养民族审美趣味,增进对中华传统优秀文化的理解"①,该任务群具有"研究性"和"拓展性"的特点②。结合单元在任务群的地位及任务群的特点来看,《归去来兮辞(并序)》的教学目标设计应聚焦于对古代散文阅读方法的总结,引导学生阅读相关作品,探究《归去来兮辞(并序)》所蕴含的文化内涵。

(二)依据教材,明确《归去来兮辞(并序)》在单元中的教学定位

1. 基于整体,关注单元核心任务及教学目标

"单元导语第三段即明确提出该单元的核心任务"③,关注单元核心任务

---

① 中华人民共和国教育部. 普通高中语文课程标准(2017年版2020年修订)[M]. 北京:人民教育出版社,2020:21.

② 王本华. 以"研习"为主,打通统编高中语文必修与选择性必修教材——统编高中语文选择性必修教材介绍[J]. 课程·教材·教法,2021,41(11):4-12.

③ 人民教育出版社,课程教材研究所,中学语文课程教材研究开发中心. 普通高中教科书教师教学用书语文选择性必修下册[M]. 北京:人民教育出版社,2020:157.

及教学目标是单元整体视域下设计《归去来兮辞（并序）》单篇教学目标的应有之义。《归去来兮辞（并序）》所在单元的核心任务及教学目标从人文性和工具性角度可以概括为三点：一是理解作者抒发的情感及作品承载的文化观念，领会不同作者的审美追求；二是理解作者是如何通过特有的语言形式去抒发情志的；三是领会章法之妙和细节之美。其中，第一个目标是贯穿单元所有课文的人文性目标，后两个目标是工具性教学目标。

2. 关联选篇，整合单元学习任务

单元整体视域下的单篇教学目标不仅要关注单元学习任务，还应关联单元其他选文，明确这一篇在单元中所处的位置及其承担的任务，并对单元任务进行整合，培养学生语文学科核心素养。

从选文编排上看，本单元选文围绕"至情至性"这一单元人文主题，选取了从魏晋到明代不同时期、不同文体的 6 篇经典散文组合为 4 课。"这些课文，组合成单元教学资源，带有明显的整合性质"[①]。《归去来兮辞（并序）》是统编高中语文选择性必修下册第三单元第 10 课，前面有两篇教读课文，本篇选文是单元的最后一篇教读课文。一方面，它承担着本单元教读课文共同的学习任务，即把握课文的思想情感及其承载的文化观念，理解作者抒发情志的个性化手法；另一方面，又为后两篇自读课文储备独立鉴赏古代散文的方法。

因而，《归去来兮辞（并序）》教学目标应考虑与教读课文和自读课文的关联。教师可以将《归去来兮辞（并序）》与前一篇教读课文《兰亭集序》进行组合，教学目标可以关注两篇教读课文抒发的情怀及其语言表达的异同点。在比较鉴赏中，感受不同作者的个性化抒情手法。此外，《归去来兮辞（并序）》还可以与后一篇自读课文《种树郭橐驼传》进行关联，教学目标的设计应注意阅读方法的总结，将这一篇的学习经验迁移到自读课文的学习中。

3. 立足单篇，凸显单篇文本特色

"单元整组教学会凸显单元内学习资源的共性特征，而单篇课文作为'这一个'的教学价值，也不容忽略。"[②] 每篇课文的特点不同，教学目标也

---

① 王本华. 统编高中语文教材的设计思路 [J]. 人民教育，2019（20）：55-57.
② 张霞. 冷静审视 把握核心 优化路径——语文学习任务群视域下单元整组教学的操作与实施 [J]. 小学教学设计，2023（16）：49-52.

会不同。《归去来兮辞（并序）》"序"与"辞"不同文体相得益彰，以六字句为主的句式特点和平淡自然的文化内涵是本课有别于单元其他文本的独特之处。

首先，本单元选文篇目文体各不相同，《归去来兮辞（并序）》这篇课文采用"序"和"辞"两种文体表达情思。小序以散文化的语言交代自己做官和辞官的原因，展现陶渊明辞官的果断与坚决。正文"辞"具有诗歌性质的语言特点，全文押韵、语气舒缓、音节绵长，勾勒田园画面、营造意境，反复吟唱"回去吧，为什么不回去"的心声，表现出作者对"仕"与"隐"的纠结。

其次，骈偶押韵的六字句是课文的一大亮点。虽然本单元其他课文也有骈句，但大多是骈散结合，没有像本篇课文这样出现大量韵律和谐、语气舒缓的句式。整齐和谐的六字句与宁静和谐的环境、心境相契合，展现了陶渊明冲和平淡的性情和审美追求。同时，文本句式富于变化，也不乏七字句和四字句。如陶渊明用四字句表达回归自然的激动和急切，用充满疑惑的七字句来表达自己的犹豫。这正是陶渊明借用不同句式来抒发情志的体现。

最后，《归去来兮辞（并序）》还具有独特的文化价值。陶渊明是古今隐逸之宗，是田园诗的开拓者。《归去来兮辞（并序）》作为陶渊明"出仕"与"归隐"的一道分水岭[①]，不仅受到一线教师的重视，还获得学者的广泛关注，是一篇有着学术研究价值与教学价值的佳作。这篇课文的文化内涵应围绕作者在"仕"与"隐"之间的矛盾心理进行探究，从而理解陶渊明修齐治平的志向、平淡自然的审美追求以及对固穷守节的坚守。

立足单篇文本特色，结合教读课文的任务，本篇课文应让学生在朗读中体会"辞"这一文体的韵律美与结构美，抓住句式体会作者所抒发的复杂情感，如借疑问句探究作者内心不平的原因，借骈偶押韵的六字句学习作者乐天知命、平淡自然的人生态度。

（三）依据学情，契合学生学习需要

统编版初高中语文教材收入了陶渊明的许多代表性作品，如八年级收录了《饮酒（其五）》和《桃花源记》两篇作品，高中语文必修上册收录了《归园田居（其一）》。学生对陶渊明的生平、审美理想、语言特点与表现手

[①] 陈景妹.《归去来兮辞》教学研究[D]. 福州：福建师范大学，2019：63.

法有一定的积累，具备一定的古诗文阅读与鉴赏的能力。因此，可以让学生自主鉴赏感兴趣的语句，感受作者与田园合而为一的融洽。《归去来兮辞（并序）》写于作者将归未归之际，与陶渊明的其他作品相比，这一篇的情感更为复杂，在"归"与"不归"的抉择中，流露出作者归园后的担忧、孤独等情感。学生能够很容易读出陶渊明作品中渴望归隐的心愿和归隐后闲适自在的精神世界，但对陶渊明回到田园获得自由为何还会流露出忧愁、感伤的情绪，从做官再到归隐的心路历程等内容还需进一步探讨。

依据语文学习任务群的要求，结合教材和学生的学习需要，从语文核心素养的四个维度，将《归去来兮辞（并序）》单篇教学目标制定如下：

（1）在朗读中感受"辞"的韵律美，对比"序""辞"两种文体的语言形式，体会章法之妙。

（2）反复诵读"辞"的内容，能从不同句式中读出作者回归田园后的不同情感，借助疑问句梳理作者的心路历程并探究作者辞官的原因。

（3）涵泳品味骈句，能多角度鉴赏语言，感受作者平淡自然的审美追求；在与《兰亭集序》的比较鉴赏中，归纳个性化抒情手法并能迁移阅读经验。

（4）结合相关作品，理解作者固穷守节的人生选择，汲取作者忠于内心的人生智慧，以"选择"为话题，用擅长的文体真实地表达自我。

二、《归去来兮辞（并序）》教学目标的实施路径

教学目标的达成需要在具体的学习过程中落实，这就需要教师设计典型任务，将目标转化为具体的学习任务。引导学生在课前、课中、课后这一连贯的学习过程中完成一个个学习任务，从而达成教学目标。

（一）课前预习活动设计

学习资料：教师在课前为学生提供《和陶归去来兮辞》《荣木》《有会而作（并序）》等阅读篇目、注释和预习评价表。

预习要求：学生在疏通《归去来兮辞（并序）》和《种树郭橐驼传》文章内容的基础上展开以下活动：

（1）标出《归去来兮辞（并序）》正文的韵脚，对"辞"进行分行、分节，可参照苏轼的《和陶归去来兮辞》中的排列形式，反复诵读，体会"辞"的文体特点。

(2) 观察"辞"的句式，用不同的颜色画出疑问句、感叹句和你喜欢的骈句，思考：不同句式表达的情感有何不同？你能读出几种情感？

(3) 自主学习陶渊明的《荣木》和《有会而作（并序）》，借助注释，理解作品的主要内容。

说明：课前预习活动指向课堂学习的任务一、任务二。前两项任务主要通过朗读让学生初步感知这篇课文的文体和句式特点，积累语感。第三项任务提供反映陶渊明人生志向和人生选择的作品供学生进行拓展阅读，旨在加深对文本内涵的理解。

（二）课堂学习活动设计

任务一：整体感知，比较"序"和"辞"的文体特点与章法之妙。

（1）检测预习1的学习效果并做朗读指导。

（2）通读全文，比较"辞"和"序"的语言特点，体会两种文体组合表达的妙处。（见表1）

表1 "辞"与"序"两种文体形式异同比较一览表

不同文体	相同点	不同点			
		语言形式			情感内容
		表达方式	句式特点	语气词	
"序"					
"辞"					

（3）阅读"辞"的部分，除了按韵脚分节排列的形式梳理文章结构，还可以采用哪些方法梳理文章的结构？选择你喜欢的形式绘制结构图，小组成员交流分享，推优展示。

说明：这一子任务旨在达成第一项教学目标和单元任务"领会章法之妙""理清其整体结构与部分之间的联系"。这既是对教读课文阅读方法的总结，也是为自读课文积累经验。

任务二：巧借句式，探寻"仕"与"隐"的情感纠葛与人生抉择。

（1）检测预习2的学习效果。

（2）从以下六个反问句中，选择你感触最深的一句，结合本文内容和相关资料，谈谈它体现了作者怎样的矛盾心理。

① 归去来兮，田园将芜胡不归？② 既自以心为形役，奚惆怅而独悲？

③ 世与我而相违，复驾言兮焉求？④ 寓形宇内复几时？⑤ 曷不委心任去留？⑥ 胡为乎遑遑欲何之？

（3）结合本文内容，按照一定顺序梳理陶渊明从做官到辞官的心路历程，推理陶渊明做官和辞官的根本原因。小组成员相互配合，做好记录，推选同学在班内进行展示。

支架1：因为……"故便求之"，然而……"眷然有'归欤'之情"……又因为……故而求之……

支架2：结合《荣木》这首诗，思考陶渊明说的"平生之志"指的是什么。

（4）陶渊明在发出一连串的疑问后，最终以感叹句作结。从文中的两声感叹中你能说出陶渊明表达的文化内涵吗？同桌间相互交流。

（5）结合本文内容并回顾所学诗文，梳理能表现陶渊明的性情和志趣的语句。在朗读中涵泳品味并将自己诵读这些骈句的感受分享给小组成员和老师。

说明：这一任务旨在促进学生通过句式来体会语言背后的情感状态，发展思维。达成教学目标的第2点"能从不同句式中读出作者回归田园后的不同情感"以及落实"理解作者如何通过特有的语言形式去抒发情志的"这一单元教学目标。

任务三：比较鉴赏，感受不同作者的审美情趣与个性表达。

（1）想象田园生活的画面，在朗读中涵泳品味，摘录文中你最喜欢的一句话，思考这句话通过怎样的语言形式表达了什么情感？

支架：回顾古诗文鉴赏的方法，可参照以下示例，从意象、句式、情感等角度进行评点。

示例："陶渊亮《归去来辞（并序）》一种旷情逸致，令人反复吟咏，翩然欲仙。然尤妙于'息交绝游'一句，下接'悦亲戚之情话，乐琴书以消忧'。若无此两句，不将疑是孤僻一流，同于槁木乎？（伍涵芬《读书乐趣》卷三）"[1]

（2）王羲之和陶渊明都有对人生短暂的感慨，找出相关语句，借助表2归纳两位作者在抒发情感和语言表达上的差别。

---

[1] 人民教育出版社，课程教材研究所，中学语文课程教材研究开发中心. 普通高中教科书教师教学用书语文选择性必修下册[M]. 北京：人民教育出版社，2020：157.

表 2 单元选文语言表达异同一览表

不同作者	相同点	不同点			情感状态	人生追求
		语言形式				
		句式	感叹词	语气词		
《兰亭集序》						
《归去来兮辞》						

（3）陶渊明晚年的田园生活是怎样的？结合《有会而作（并序）》和《饮酒（其九）》两首古诗的内容进行交流，谈谈你对陶渊明人生选择和人生态度的看法。

说明：这一子任务主要达成教学目标第 3 点内容"多角度鉴赏语言"；在与《兰亭集序》的比较鉴赏中，归纳两位作者抒情所采用的个性化表达方式，积累散文的阅读经验。

（三）课后迁移活动设计

必做题：

高中阶段，我们将面临人生重要的选择，结合陶渊明的人生选择反观自身，思考：你内心真正追寻的是什么呢？今后又该怎样选择呢？采用你擅长的文体形式表达情感。（600 字左右）

选做题：

（1）陶渊明的《归去来兮辞（并序）》与柳宗元的《种树郭橐驼传》两篇课文虽文体不同，但都有顺天致性的主题。借鉴《归去来兮辞（并序）》这篇课文的学习策略，结合《种树郭橐驼传》的学习提示，思考《种树郭橐驼传》中的思想内涵以及采用怎样的表达方式。从文体、章法、句式等角度对课文进行评点。（400 字左右）

（2）阅读苏轼的《和陶归去来兮辞》，从语气、情感、意象等角度与陶渊明的《归去来兮辞（并序）》进行比较，体会两位名家对"归"的不同理解，感受两位名家不同的情感状态和审美追求，写一段文学短评。（400 字左右）

说明：通过课后作业评估学生在新的问题情景中能否对所学内容进行迁移，从而检验教学效果。必做题着重评估学生对这一篇课文文化内涵的理解，选做题侧重于单元选文的联系，满足学生不同的学习需要。

三、单元整体视域下《归去来兮辞（并序）》学习评价设计

评价是教学的重要组成部分，依据新课标对选择性必修课程学业质量水平 3 和学业质量水平 4 的描述以及学科核心素养的四个维度，围绕教学目标和学习任务设计《归去来兮辞（并序）》学习评价，将"评"与"学"结合起来，"引入评价量规，及时对学生的阅读做出诊断或反馈，以评价促进学习"①。

（一）课前预习评价设计

在课前预习阶段，围绕课堂学习任务，设置课前预习的自我评价表（见表 3），指引学生自学，也方便教师了解学情。

表 3　课前预习自我评价表

预习任务	预习要点	感受与思考	遇到的困惑	合作与分享	完成情况
任务一	了解"辞"的特性				
任务二	观察发现句式特点				
任务三	读懂两首诗歌内容				

（二）课堂学习评价设计

在课堂学习阶段，预先告知学生本节课的教学目标和学习任务，然后提供评价表（见表 4）并指导学生如何利用评价表。课堂评价活动包括对课前预习活动成果的检验和评价。课堂活动中的三个任务是以语言积累与建构为基础，侧重培养学生不同方面的语文核心素养，每个任务都为学生提供相应的评价标准，让学生知道学习的重点和方向，落实相互关联的学习任务，从而完成这一篇课文的教学目标。

---

① 黄勇智，陈芳. 例谈高中语文大单元教学视域下学习任务群的设计与实施 [J]. 新课程研究，2022（01）：11-14.

表 4　课堂活动表现性评价表

评价维度	学习任务	评价内容描述	学习目标	评价主体		
				自我评价	同伴互评	教师评价
语言积累与建构	任务一	1. 能说出"辞"押韵、一唱三叹、多用"兮"字等特点，乐于朗读。 2. 能说出"辞"和"序"表情达意的差异	学习目标 1			
	任务二	1. 能够准确地绘制"辞"结构图。 2. 归纳把握散文结构的方法				
思维发展与提升	任务二	1. 能够结合文本内容按照一定顺序进行梳理，做到表达清晰、自然流畅。 2. 能够结合背景资料和相关作品，有理有据地进行表达	学习目标 2			
审美鉴赏与创造	任务三	1. 能用口头阐述或书面评点的方式对自己喜欢的语句从不同角度进行鉴赏。 2. 能够准确地说出这篇课文表达了作者怎样的人生追求、人生选择和人生态度	学习目标 3			
		1. 将本文与《兰亭集序》进行对比，说出两者表情达意的异同。 2. 将本篇课文与《和陶归去来兮辞》等课外作品进行比较，欣赏不同作者的审美情趣				
文化理解与传承	任务二 任务三	1. 能够结合作者所处时代，客观地评价作者的人生选择。 2. 结合陶渊明其他作品，能够对质性自然、乐天知命的审美追求进行阐释。 3. 能够结合自身体验，真实地表达自我	学习目标 4			

（三）课后作业评价设计

单元整体视域下《归去来兮辞（并序）》的作业评价应根据单元任务、这一篇课文的教学目标，围绕作业内容并考虑不同层级学生的学习水平，设计不同的评价等级。"教学所要达到的水平，即教学活动结束时，学生所能达到的最低表现标准。"[①] 单元整体视域下《归去来兮辞（并序）》所要达成的教学目标是通过这节课的学习绝大多数学生都能达成的最低标准，可以参照表 5 中 B 类标准作为可测量的评估依据，检验单元整体视域下这一篇课文的教学目标是否达成。

表 5　课后作业评价表

评价内容		参考标准		
		A	B	C
必做题	情感	思考陶渊明的人生选择，结合自身真实情境真诚地表达自我	结合自身情境，真实地表达自我	能够真实地表达自我
	语言	语言清晰，自然流畅，有感染力	语言清晰，自然流畅	语言不通顺，表意不明
	章法	文体规范，符合表达的要求；结构分明，层级清晰	文体规范，符合表达的要求	结构分明，层级清晰
选做题	情感	对作品情感定位准确，能在比较中体会情感差别	定位准确	理解偏差
	表达方式	能准确地概括作品的语言特点；理解作者抒情的个性化手法	能准确地概括作品语言特点	不清楚作品的语言特点
	评点	能在联系与比较中，从多角度鉴赏作品语言，表达清晰	能在联系与比较中，从多角度鉴赏作品语言	能从多角度鉴赏作品语言
评价主体	自我评价		修改与改进	
	同伴评价		修改与建议	
	教师评价		修改与建议	

---

① 张秋玲. 语文教学设计：优化与重构[M]. 北京：教育科学出版社，2012：159.

四、结语

综上所述,确定单元整体视域下单篇教学目标,应依据课标,依托教材,结合学情,基于单元整体的学习任务,关联单元选文并对单元学习任务进行整合,立足单篇课文的文体、句式等特色。教学中,教师围绕教学目标设计学习活动和伴随学习活动的学习评价,以学习活动中的形成性评价促进单篇教学目标的达成,以课后作业的终结性评价检验学生的学习效果,评估单元整体视域下单篇课文的教学目标是否达成。总之,单元和单篇是密不可分的整体,单篇教学目标的确定应基于单元整体教学目标,单篇目标的达成可促成单元整体目标的达成。

单元整体视域下单篇选文教学内容研究
——以《祝福》为例

张笑洁　舒开智[①]

摘要：鲁迅的作品作为中小学语文教材的"常驻客"，入选各大版本中学语文教材并成为中学阶段师生双方重点关注的对象。鲁迅笔下塑造的一大批人物形象典型而深刻，有些人物甚至成为某种特定的"文化符号"，这些都得益于鲁迅敏锐的洞察力与高超的文学才能。由于思想的深刻性与形式的独特性，鲁迅的作品成为中国现代文学史上一颗璀璨的明珠。《祝福》作为中学语文教材的经典篇目，对中学生有独特的育人价值。本文将采用单元整体的研究视角，紧扣新课标理念及单元学习任务的要求，从单元教学依据、教学思路及设计和单元教学设计反思等方面展开研究，具体分析文本中环境描写的内涵与作用，深入探讨《祝福》中祥林嫂人物命运的悲剧性与小说环境之间的内在逻辑关系，以期对单元整体视域下单篇教学理论做进一步完善，并对教学实践路径的优化提供有益的借鉴与参考，从而更好地落实语文学科立德树人的根本任务。

关键词：单元任务；《祝福》；环境；人物命运；教学设计

[①] 作者简介：张笑洁，黄冈师范学院学科教学（语文）23级研究生；舒开智，黄冈师范学院文学院（苏东坡学院）副教授，从事学科教学（语文）研究。

一、《祝福》单元教学依据

在单元整体视域下,《祝福》教学内容设计与教学活动实施可以从课标指向、教材关照、学情把握和文体特征等方面展开研究。新课标倡导教师创新课堂教学模式,要求教师能够从单元整体的角度出发进行创造性的语文教学实践活动;教材中的单元导语与学习提示为单元整体视域下的教学提供了相关说明;学情是影响教师在单元整体视域下进行教学的重要因素,准确把握学情,了解学生的认知水平与学习需求在很大程度上影响着单元整体视域下教学取得的实效;文体影响鉴赏方法的选择,为保证选文的原有特色,需选择恰当的文学鉴赏方法,单元整体视域下单篇选文教学研究应针对具体文体及鉴赏要求选择相应的教学设计与实施路径。

(一)立足新课标,紧扣新理念

《普通高中语文课程标准(2017年版2022年修订)》(以下简称新课标)是教师进行语文教学实践的重要依据。新课标的修订,为语文教学提出了新的建议及要求,为语文教学提供了指引方向,并创建了"学习任务群",这有利于提高学生的学科核心素养。新课标为教师教学实施指明了方向,领会新课标的编写意图,教师能够更好地把握单元整体视域下课文的定位,更好地确定教学内容的重难点,做到有的放矢,从而收到良好的教学效果。《祝福》是统编高中语文必修下册第六单元第一课的课文,本单元共选取了三篇现代小说和两篇文言小说。通过结合新课标的课程结构以及课程内容,可发现本单元为"文学阅读与写作"任务群。本任务群旨在引导学生阅读古今中外诗歌、散文、小说、剧本等不同体裁的优秀文学作品,使学生在感受形象、品味语言、体验情感的过程中提升文学欣赏能力,并尝试文学写作,撰写文学评论,借以提高审美鉴赏能力和表达交流能力。[①] 同时,要求教师树立"以人为本"的观念,尊重学生的主体地位,采取多样化的教学方法,开展形式丰富的教学活动,有效激发学生学习的积极性与主动性。本单元的学习任务群为单元教学提供了有力的理论支撑,紧扣语文核心素养,极具现代教育意义。从新课标中,我们可以看到语言、情感、形象和写作等内容都

---

① 中华人民共和国教育部. 普通高中语文课程标准(2017年版2020年修订)[M]. 北京:人民教育出版社,2020:17.

是教授这几篇课文的重要抓手，并且在教学实践中要创新教育教学方式，摒弃传统教学中"一言堂"的教育弊端。这为《祝福》的教学设计指明了方向，对教学目标的达成具有深远的意义。

（二）研读新教材，把握新动向

1. 单元导语

单元导语为教师从整体上把握单元选文的教学要求设置了框架，是教师设计单元整体教学的重要出发点。单元导语中的人文部分往往通过简短的话语揭示单元主题，这便明确了教师教学的重点所在。单元导语中的语文要素部分指明了单元学习的目的与方法，从文本阅读、写作练习、口语表达等方面为教师教学提供了有效建议与行动指南，这些建议具有较强的导向性与可操作性。因此，深入研读单元导语，有助于教师准确领悟教材的编写意图，从而设计出更为贴切的教学内容与组织更为高效的教学活动。

《祝福》是统编高中语文必修下册第六单元的一篇文章，在课型上属于教读课。本单元共选取五篇小说，分别为《祝福》《林教头风雪山神庙》《装在套子里的人》《促织》《变形记》，在类型上兼顾古今中外，有利于学生了解不同风格的小说的特质。本单元的单元导语可以概括为以下内容：首先，通过"阅读这些小说，可以丰富人生体验，提升对社会现实观察、分析、判断的能力，激发想象，培养高尚的审美情趣"。其次，"学习本单元，要注意知人论世，在人物与社会环境共生、互动的关系中认识人物性格的形成和发展，关注作品的社会批判性"。《祝福》《林教头风雪山神庙》这两篇小说中均有多处环境描写，尤其是其中对"雪"的描写，但两篇课文中"雪"的具体内涵与作用又不尽相同。《祝福》中的"雪"衬托了心地善良、勤劳质朴的农村妇女形象，但妇女在鲁镇这样的社会环境中却是十分卑微的，处处受到各种力量的排挤与打压；而《林教头风雪山神庙》中的"雪"既象征了形势的紧急，暗示了林冲生存环境的恶劣与社会环境的黑暗，又有力推动了情节的向前发展，比如雪势大引起天气寒冷，才有了后文中林冲去沽酒的故事情节。《装在套子里的人》中同样有多处关于社会环境的描写，比如，"他的卧室挺小，活像一只箱子……"无论是自然环境抑或社会环境，了解环境的内涵及其与人物命运的关系是本单元教学的核心任务。通过对本单元的学习，有助于学生领略社会的复杂多样，加深其对人生的思索。

2. 学习提示

学习提示为学生学习课文提供了具体的建议与落实的举措，是对单元导语的有效回应。与单元导语相比，学习提示更侧重于微观表述与指向，因此，在进行教学设计时，学习提示也是其中不容忽视的重要一环。

《祝福》这篇课文的学习提示明确指出，"小说阅读要关注人物形象。阅读时，注意从性格和心理特点角度感受和分析祥林嫂这一形象，思考造成她不幸命运的社会根源"。法国人类史学家马丁·莫内斯蒂埃在《人类死刑大观》中指出：身为万物之灵的人类，不光创造了有形的杀人方法，更创造了更高层次的杀人于无形的方法。《祝福》主题的深刻性便体现在其揭示了造成祥林嫂悲剧命运的根本原因，即推崇封建礼教和等级观念的社会环境。本篇论文将以祥林嫂之死作为出发点，探讨其背后的社会成因，这对于理解文本的主题表达具有重要意义。

3. 单元学习任务

单元学习任务，是一个单元学习需要完成的项目和通过本单元的学习所要达到的目标，并通过任务的形式引导教师与学生进行本单元的教和学。本单元的学习任务明确指出，本单元所选取的五篇小说在主题表达上具有一致性，即小说主人公命运的悲剧性与当时所处的社会环境有着密切的因果关系，掌握人物性格与社会环境之间的关系便是我们在教学中需要重点把握的内容。本单元均采用"以小见大"的表现手法，通过人物命运的波澜起伏，深刻揭示了社会环境与人物命运的紧密关系。比如小说《祝福》中的底层人物祥林嫂，她的命运遭际与精神困境，与当时禁锢与戕害人性的社会环境不无关系。深入理解祥林嫂一生的悲剧色彩与当时社会环境之间的关系，对我们完成本单元的教学任务与理解小说主旨具有重要意义。《装在套子里的人》中的"套子"具有多重意义，深刻讽刺了沙皇专制制度下人们思想的腐朽与面对变革时的恐惧心理。《促织》通过描写人到虫的角色转换，讽刺了在黑暗势力的压迫下人不如虫的残酷社会现实。

二、《祝福》教学思路及设计

传统教学往往偏重解读小说中的情节与人物，忽略了小说中的环境描写。人物性格的形成在很大程度上受到周围环境的影响，人物性格都会带有环境的烙印。本文为了纠正以往小说教学存在的偏差，紧扣单元学习任务要求，探讨《祝福》中祥林嫂人物命运与社会环境的关系，深刻理解祥林嫂悲惨遭遇的必然性，这有利于学生准确理解《祝福》的主旨表达。

《祝福》这篇小说结构完整，语言极具代表性，人物形象丰富多彩，主题表达深刻鲜明。综合考虑课标指向、教材关照、学情把握和文体特征等方面，本篇课文的教学目标主要从人物形象、语言品味、分析环境描写、提高学生的审美鉴赏能力等几个方面来制定。具体目标如下：首先，浏览文章，快速概括出小说故事情节并理清小说主要人物之间的关系；其次，通过小组合作探究，借助文章语言、环境描写等挖掘祥林嫂悲惨结局的原因；最后，从祥林嫂的人物形象特征及死亡原因中认识旧社会封建思想和封建礼教的罪恶本质。通过分析文章"矛盾冲突"，进行主题探究，了解作者创作意图，结合自身经验，感悟自身生存价值。本篇课文的教学设计将采取探究式教学法、情景教学法、读写结合法等教学方法。具体的教学思路如下：

（一）活动任务一：梳理情节，引导整体感知

《祝福》这篇小说篇幅较长，因此有必要引导学生梳理并整理出祥林嫂从初次来到鲁镇到祥林嫂之死整个过程所经历的故事情节，便于学生掌握整个故事的发展脉络，培养整体感知能力。

1. 梳理故事情节，了解小说文体特征

文中作者共提及三次"祝福"的场景，分别是鲁镇的祝福、鲁四老爷家的祝福，以及作者"我"眼中祝福的场景，引人深思。新年本是喜庆的、充满欢乐的、大家都忙着祝福的节日，但作者却将它与祥林嫂的悲剧联系在一起，极具讽刺意味。给学生讲解辛亥革命之后的黑暗的社会现状便于学生学习课文，也为后续环境描写的分析做铺垫。在引导学生梳理故事情节的过程中，教师要注意帮助学生进一步了解小说"虚构性"的文体特征。

2. 分析人物形象，培养学生观察能力

文中描写的人物众多，文中的主人公祥林嫂的人物特征可以从祥林嫂眼睛的变化生动地展现出来，从初到鲁镇时顺着眼到最后的眼睛里没有一点光，这一细节描写将祥林嫂的悲剧人物形象展现得淋漓尽致。再如描写鲁四老爷时，从他陈旧的书房摆设以及他所说祥林嫂"可恶""谬种"等话语可以看出他呆板、自私、冷漠的特点。通过文中的语言、环境、外貌描写去分

析人物形象，可以培养学生的观察能力、文本解读能力和语言表达能力。因此我设计了表1。

表1　祥林嫂在鲁镇的神态变化一览表

祥林嫂	眼睛变化	人物形象
初到鲁镇	顺着眼	性情温和，心地善良
再到鲁镇		
讲阿毛的故事		
……		

3. 体味小说语言，感受小说独特魅力

《祝福》中有多处人物语言描写，这些描写生动形象，极具个性。例如祥林嫂与鲁四婶在新年准备祝福时的对话、祥林嫂在阿毛去世后与镇上其他人的对话、祥林嫂与"善女人"柳妈的对话等等，这些语言描写准确展现了人物的性格特征。比如四婶怕祥林嫂碰祭祀的东西慌忙地说"祥林嫂，你放着罢！"，将四婶慌忙的神态以及对祥林嫂的嫌弃展现得淋漓尽致。因此有必要带领学生分析文本语言，感受小说语言的独特魅力，这也是小说教学的重点所在，不容忽视。

（二）活动任务二：深入解读文本，明确写作意图

1. 分析环境描写，寻找悲剧原因

引导学生去分析《祝福》中的环境描写，例如：鲁镇准备祝福的场景，鲁四老爷的书房摆设，封建礼教下夫权、族权、神权、政权对下层劳动妇女的无情压榨等。从自然环境的解读再到社会环境的剖析，引导学生领悟到祥林嫂悲剧的必然性以及辛亥革命后令人窒息的社会环境。

2. 分析看客形象，理解写作意图

《祝福》中的鲁四老爷、四婶、柳妈、"我"等小说中的人物均扮演了看客的形象，这些人物不仅推动了整个故事情节的发展，还导致了祥林嫂一步

一步走向死亡，整个鲁镇冷漠无情的看客心理使得祥林嫂没有了生存的余地。比如《祝福》中关于柳妈看客心理的描写，充分展示了旧社会劳动妇女愚昧麻木、迷信迂腐的一面，可悲又可叹。文中的"我"作为一名深受革命新思想熏陶的知识分子，对鲁镇的习俗带着抵触和审视的眼光，然而在面对祥林嫂的"灵魂之问"时，却显得局促不安且不知如何回答。可见，"我"作为一名看客，在残酷的社会现实面前显得懦弱与无能为力，祥林嫂之死显然与"我"也存在一定的关系。难能可贵的是，鲁迅不仅对鲁四老爷、四婶、柳妈等人采用了审视与批判的眼光，而且对小说中的"我"同样进行了反思，这体现了一个知识分子自我革新与批判的良知与勇气。

3. 开展联读教学，拓宽学生视野

《祝福》和《林教头风雪山神庙》均是统编高中语文必修下册第六单元的课文，因此可以引导学生对两篇课文进行联读，拓宽学生阅读视野。两篇课文中均多次涉及"雪"的描写，通过分析两篇文章中雪的不同内涵与作用，可以有效提升学生的文本解读能力。《促织》是本单元另一篇文章，小说描写了在封建制度下令人窒息的生活方式，展现了封建制度对下层人民的压迫和剥削，与《祝福》进行联读教学，符合语文教学培养学生核心素养的要求。

（三）活动任务三：多维评价反馈，巩固学习成果

1. 看相关文本解读，引导学生对文本进行评论

教师除了要带领学生进行《祝福》的文本解读，还要带领学生观看具有权威性的相关文本解读，通过这些可以提高学生多角度鉴赏文本的能力，并且及时了解学生对文本内容的理解是否到位，是否达成了本课的学习目标。

2. 紧扣新课标理念，制定评价量表

制作评价量表（见表2），符合单元学习任务和"文学阅读与写作"任务群的要求，引导学生在学习的过程中将听、说、读、写相结合，加深对文体的深层次理解。引导学生从文本解读、形象分析、思维提升等方面进行自我评价以及学生之问互评，在学生评价的基础上，教师要及时地反馈，做到查漏补缺，保证学习目标的顺利达成。

表 2　学生评价量表

评价类别	评价内容	分数
语言建构与交流能力	1. 能够读懂小说《祝福》，理解文章主要内容	
	2. 与同学交流主要的故事情节，并表达自己的感受	
	3. 通过比较阅读探讨并发现《祝福》与《促织》等文章的异同之处，并发表自己的见解	
思维发展能力	1. 能够从外貌、语言、环境等描写手法出发分析文中主要人物形象	
	2. 多角度分析与解读《祝福》，获得多种阅读体验	
审美鉴赏能力	1. 能够把握文章主题，体会封建礼教中夫权、族权、神权、政权对下层劳动妇女的无情压榨	
	2. 理解《祝福》深厚的思想内涵，把握小说的写作风格，挖掘其审美价值	
文化交流能力	对《祝福》蕴含的文化底蕴进行探讨分享，发表自己的见解	

三、《祝福》单元教学设计反思

（一）融入单元目标是有效教学的前提

学习目标为教学活动的开展指明了方向，能够切实保证语文教学的效率与质量，有效激发学生的学习积极性与主动性。单元视域下单篇教学活动的开展需要教师依据课程标准、单元导语、学习提示等确定本单元的学习目标。

统编高中语文必修下册第六单元共收录了五篇小说。这一单元属于小说类文本阅读，人文主题为"观察与批判"，在教学活动的设计中教师需要抓住文体特征，从小说的三个要素即人物塑造、情节发展、环境描写三个方面进行研究。《祝福》作为第六单元的第一篇课文，必须考虑到它在本单元的重要地位，分析多篇课文组合的内在逻辑与联系以确定教读课与自读课在学习方法上的不同之处。

（二）创设任务情境是有效教学的支撑

统编高中语文必修下册第六单元的五篇小说既有中国的，也有外国的；

既有古代的，也有现代的，学生在理解上可能存在一定的难度与障碍，这就要求教师在教学实施的过程中创设真实而具体的教学情境，激发学生的求知欲望，引导学生在具体的学习情境中积极探索，以促进学生思维能力的发展，有效实现提升学生语文核心素养的学科目标。因此，在《祝福》的整个教学过程中情境创设一直贯穿始终，在教学设计的开始就采用情境导入的方式和相关背景介绍，在激发学生学习兴趣的同时，增强学生对于文本内容的理解。由于《祝福》的创作背景与现在差异较大，学生在理解时存在一定的难度，所以教师在教学过程中要注意引导学生化身侦探去寻找祥林嫂的死因，这一情境的创设拉近了学生与文本的距离，逐渐带领学生走进那个"吃人"的社会。

（三）联系课内外文本是有效教学的抓手

在单元视域下进行单篇课文的教学要注意联系课外文本，实现教学效益的最大化。在讲解《祝福》时，教师可以引入鲁迅的《狂人日记》来使学生更深刻地认识到当时社会"吃人"的本质。此外，也可以将《祝福》和契诃夫的《苦恼》结合起来进行群文阅读教学模式的有效尝试。两篇小说在内容上存在相似之处，比如，它们均讲述了社会底层人民的不幸遭遇，可以鼓励学生化身侦探，深入文本并联系创作背景去寻找造成文本中人物不幸命运的根源，在寻找根源的过程中，学生的逻辑推理能力便获得了有效的锻炼与提升。同时也可以引导学生分析并归纳《祝福》与《苦恼》二者在创作手法方面的异同，这一问题的设置有效落实了语文学科核心素养中的"审美鉴赏与创造"的要求，学生的审美与鉴赏能力获得了有效提升。此外，教师也可以引导学生把《祝福》《装在套子里的人》结合在一起进行联读，分析"看客"的心理活动，培养学生的文本解读与语言表达能力。由此可见，在一定议题统摄下的群文阅读教学实践有效拓宽了学生阅读的视野，有利于单元整体视域下学习目标的达成，有效提升学生的语文核心素养。

四、结语

单元整体视域下的单篇教学实践是一种具有开创性与示范性的教学尝试，它将单元整体与单篇教学有机结合在一起，克服了以往教学中存在的种种弊端。本文紧密结合语文课程标准、单元学习任务、单元选文研究等方面来确定具体的学习目标与学习活动，并且在整个教学过程中能够根据学情反馈有针对性地组织与开展教学活动，有效激发了学生的学习兴趣，提高了学生学习的积极性与主动性，能够保证单元整体视域下单篇教学目标任务的完成，完满地落实了语文教学立德树人的根本任务，有利于帮助学生建立人道主义精神、涵养仁爱之心，对学生的终身发展起着重要的导向作用。

单元整体教学视域下的单篇教学策略
——以《归园田居（其一）》为例

赵晓丛　杨瑰瑰[①]

摘要：大单元教学理念的提出，意味着单篇教学的完善和对文化素养要求的提升。本文通过《归园田居（其一）》单篇教学示例，旨在研究单元整体视域下的单篇教学思路与策略。"单元整体"意味着联合多方面任务要求，提炼单元和单篇教学目标，以提升学生综合文化素养。本文采用文献研究法，融合新课标、单元学习任务、学生语文素养水平等多方面要素设定教学目标。还采用比较研究法，将《归园田居（其一）》与该单元其他诗歌意蕴连接起来，完善和体现本单元整体学科素养，同时加强单篇学习的广度与深度。由于单元整体视域下的单篇教学处于不断地发展中，本文也提出在教学中应注意的问题和解决方法。

关键词：单元整体视域；单篇教学；《归园田居（其一）》

大单元教学作为一种新兴的教学方式，是一种充分利用教材资源优势与特色的教学方式，至少有两方面好处：一方面将风格与写作背景不同的诗歌与作者"集合"在一起，给了这些诗人及他们的作品跨越时空"对话"的平台与机会，也给了教师和学生创造这一"盛宴"的机会，让学生学习本单元

[①] 作者简介：赵晓丛，黄冈师范学院学科教学（语文）23级研究生，邮箱：1579398386@qq.com；杨瑰瑰，黄冈师范学院副教授，硕士生导师，邮箱：24578492@qq.com。

所有的诗歌时更加深刻，学到的知识更加完备；另一方面这些来自不同背景、作者的作品，如同一幅幅来自不同时期的历史画卷，带我们走进一个又一个陌生、生动、新奇的场景。而这些场景连接起来，就成为连接中华五千年文化的一颗又一颗闪耀在时空里的星辰。学生通过这种不同时代的对比式、跨越式学习，可以更加了解我国优秀传统文化，具有文化体认感，最终可以提高自身文化素养，增强民族文化自信心。

对于单篇教学而言，采取单元整体教学有利于突出《归园田居（其一）》这首诗歌"田园诗"的特色，从而加深学生对田园诗中方宅、草屋、榆柳、桃李、村庄、炊烟、狗吠、鸡鸣等意象及其构成的意境的印象与体会。了解诗人从"少无适俗韵，性本爱丘山"到"误落尘世网中，一去三十年"，再到"久在樊笼里，复得返自然"，中间经历的不同的生活境遇，表达的不同的生命体认。另外，通过在意象、风格、情感等方面与其他诗歌进行联结分析，有利于丰富学生对本课内涵的心得体悟。

一、综合多元要素，设定单元教学目标

《普通高中语文课程标准（2017年版2022年修订）》（以下简称新课标）明确了教学方向，高中语文必修上册第三单元归属于学习任务群"文学阅读与写作"。"本任务群旨在引导学生阅读古今中外诗歌、散文、小说、剧本等不同体裁的优秀文学作品，使学生在感受形象、品味语言、体验情感的过程中提升文学欣赏能力，并尝试文学写作，撰写文学评论，借以提高审美鉴赏能力和表达交流能力。"① 新课标在"学习目标与内容"提出了三个要求："一是精读古今中外优秀的文学作品，感受作品中的艺术形象，理解欣赏作品的语言表达，把握作品的内涵，理解作者的创作意图。二是根据诗歌、散文、小说、剧本不同的艺术表现方式，从语言、构思、形象、意蕴、情感等多个角度欣赏作品，获得审美体验，认识作品的美学价值，发现作者独特的艺术创造。三是结合所阅读的作品，了解诗歌、散文、小说、剧本写作的一般规律。四是养成写读书提要和笔记的习惯。"② 根据需要，可选用杂感、随笔、评论、研究论文等方式，写出自己的阅读感受和见解，与他人

---

① 中华人民共和国教育部. 普通高中语文课程标准（2017年版2020年修订）[M]. 北京：人民教育出版社，2020：17.
② 中华人民共和国教育部. 普通高中语文课程标准（2017年版2020年修订）[M]. 北京：人民教育出版社，2020：17-18.

分享，积累、丰富、提升文学鉴赏经验。由此可见，学生学习这一单元应重点关注：深入解读文本，分析人物形象，赏析艺术手法，掌握诗歌语言形式特征，理解诗人抒发的感情和作品的意蕴内涵；运用多种方法赏析不同作品，获得审美体验，增强传统文化的理解，增强文化自信，树立正确的人生观和价值观。

该单元为诗词单元，围绕"生命的诗意"人文主题，选入不同时期、不同题材的诗词作品共8篇。单元导语指出了"要逐步掌握古诗词鉴赏的基本方法，认识古诗词的当代价值，增强对中华优秀传统文化的传承意识。要在诵读和想象中感受诗歌的意境，欣赏其独特的艺术魅力；感受诗人的精神世界，体会诗人对社会的思考与对人生的感悟，提高自身的思想修养和文化品位；尝试写作文学短评"。这一单元的特别之处在于，全单元的诗歌蕴含的不只是语文学科素养知识，更是中华优秀传统文化的集中体现。在学习诗歌题材和语言形式等知识的同时，更应该学习其中蕴含的中华优秀传统文化，比如与《归园田居（其一）》有关的"魏晋风度"、与《短歌行》有关的"建安风骨"、与《声声慢（寻寻觅觅）》有关的"婉约派"等这些和诗歌相关的优秀传统文化知识。此外，学生在学习本单元之前已有一定的诗歌知识和学习方法积累，但还有许多需要学习提升的地方，比如艺术手法赏析能力和情感分析能力不足，对于诗歌中诗人的人生境界体悟较难等。

因此本单元学习的教学目标可以确立为：① 积累诗歌体裁、文言语法、艺术赏析手法、情感解读路径等知识，提高诗词文化素养。② 感受诗人历经世事沧桑的生命高度与人生境界，启迪学生爱生命、爱生活，"从心而归"。树立正确的人生观与价值观。③ 结合整体单元诗歌学习，丰富学生诗歌相关知识，增强优秀传统文化认同感，增强文化自信。

二、融合单元目标，制定单篇教学目标

统编高中语文必修上册的第三单元全部选用了诗歌体裁，且均为经典之作。引导学生学习时应指出：陶渊明的《归园田居（其一）》主要抒发其对官场生活的厌倦，对回归自然和田园生活的渴望以及喜悦。朴实的语言文字和普通的事物、娓娓道来的叙述、平静满足的喜悦，不加任何修饰与刻画，就描绘出世人皆向往的田园生活。由此可见，《归园田居（其一）》应以自然之美为抓手，注重在诵读中感受诗人对田园生活的深切向往与真挚热爱，细致品味诗歌中的每一个意象，感受诗歌营造的超脱尘世的宁静与自由意

境；进而领悟诗人辞官归隐后内心的平和与满足，以及对自然的无限热爱与向往之情，体会诗人的人生状态与生命价值，这都可以作为单元教学的联结点。

在课型特点方面，需要注意《归园田居（其一）》是高中语文必修上册第三单元第七课的一篇自读文本，其教学设计需充分考虑自读课文的独特性。自读课文强调学生自主阅读能力和知识迁移运用能力。[①] 相较于教读课文，自读课文的难度通常设计得更为适中，旨在为学生提供一个相对宽松的学习空间，让他们能够独立思考、自主探究，从而深化对文学作品的理解与感悟。如在教授《归园田居（其一）》时，教师应首先引导学生回顾并总结《短歌行》的学习重点，包括诗歌的基本结构、意象分析、情感把握、艺术手法等关键要素。随后，鼓励学生将这些学习方法作为知识支架，开启对《归园田居（其一）》的自主学习。在整个自读过程中，教师应扮演好引导者和促进者的角色，适时提供必要的指导和帮助，并鼓励学生之间进行交流与分享，通过思想碰撞来拓宽视野和深化理解。

就学生基础而言，高一学生经过小学和初中的学习，已经接触过一定数量的古诗词，对古诗词的基本结构和韵律有了一定的了解，已经具备一定的古诗词鉴赏能力，能够识别诗歌中的意象、理解诗歌的基本情感。且他们已学习过陶渊明的《桃花源记》《饮酒（其五）》等篇目，对陶渊明的生平、思想和文学风格有初步的认识。但学生学习《归园田居（其一）》可能面临的主要难点是：如何准确理解诗人的情感变化、如何把握诗歌中的意象与意，以及如何通过白描手法体会诗歌的朴素美。此外，学生还可能对陶渊明辞官归隐的动机和背景了解不够深入，难以全面理解诗歌的深层含义。因此在教学过程中，教师应针对学生基础，强化《归园田居（其一）》的深层解读，引导学生深入理解陶渊明的情感变化、意象意境及白描手法，并补充其辞官归隐的背景知识，以促进学生对诗歌的全面把握与深刻感悟。同时，教师还应关注学生的个体差异，针对不同层次的学生提供适当的指导和帮助。

综上所述，本课的教学目标：① 诵读诗歌，抓住诗眼，理解诗人创作意图。② 赏析诗中的意境之妙，掌握田园诗的艺术手法。③ 了解诗人回归田园的心境，领悟诗人的人生志趣和精神品格，逐步掌握鉴赏诗歌的方法。

---

① 聂珊. 核心素养视域下统编版高中语文自读课文阅读教学研究［D］. 汉中：陕西理工大学，2024：2.

三、依循单篇教学目标，有序推进单篇教学

"语文学习任务群"以任务为导向，以学习项目为载体，整合学习情境、学习内容、学习方法和学习资源，引导学生在运用语言的过程中提升语文素养。① 单元整体视域下开展单篇教学就是将高中语文必修上册第三单元的诗歌教学视为一个统一体，将《归园田居（其一）》和整个单元的诗歌编织成一个更为完备的诗歌学习体系，促使教学更加深入和全面。

（一）自学单篇课文，读懂诗歌内涵

《归园田居（其一）》是一篇自读课文，学生主要通过自学的方式吸收理解。在自学过程中，首先需要学生运用他们的"诗歌知识储备库"。比如用在前一篇目《短歌行》中积累的文言和语感等相关知识，诵读文本和概括大意，为进一步探究《归园田居（其一）》的内涵做准备。其次是精读诗歌，体会《归园田居（其一）》中特有的田园风光及其展开的意境画面，赏析其中所运用的艺术手法。进一步探究诗人田园生活的心境，体悟诗人的志趣与品格。并结合单元中其他篇目的学习和总结加强对本文的理解与领悟。通过这一学习过程，学生对本单元以及本课的理解和学习内化更加深刻。

1. 自学目标

（1）诵读诗歌，抓住诗眼，理解诗人创作意图。

（2）赏析诗中的意境之妙，掌握田园诗的艺术手法。

（3）了解诗人回归田园的心境，领悟诗人的人生志趣和精神品格，逐步掌握鉴赏诗歌的方法。

2. 学习任务

任务1：诵读诗歌，感受诗歌独特的古典韵味和文化底蕴。

任务2：学习诗歌的体裁、构思技巧、语言写作形式如押韵、对偶、平仄等，了解运用赏析诗歌的基本方法。

任务3：领会诗人的思想境界和人生感悟，体会诗歌丰富的精神内涵，

---

① 中华人民共和国教育部. 普通高中语文课程标准（2017年版2020年修订）[M]. 北京：人民教育出版社，2018：8.

提高审美品位。

任务 4：结合单元学习任务，学习分析《归园田居（其一）》与本单元其他诗歌的异同。

任务 5：尝试写文学短评。

3. 学习活动

学习活动一：诗歌诵读与感知

任务 1：请大家先放声诵读《归园田居（其一）》，标注生字词，尝试自己了解文章大意。

任务 2：查阅相关资料，了解陶渊明的生平、思想及创作背景，特别是他辞官归隐的原因。

活动设计意在让同学们回顾已学的诗歌知识，为自学《归园田居（其一）》及单元其他诗歌做准备。让同学们结合课文注释，运用积累的诗词知识略读课文，读懂文章大意。学生也可以前后四个人为一组，交流课前预习知识，相互补充学习。

学习活动二：理解意象，品味诗境

任务 1：请同学们深入理解意象的内涵，发挥想象，细细品味那些描绘田园风光的语句，想象诗中田园生活的景象，体悟意境之美。

任务 2：尝试用自己的话概括诗歌的主要内容，并思考诗人通过哪些意象表达了自己的情感。

任务 3：陶渊明笔下的田园生活与你想象中的有何不同？你如何理解他对这种生活的热爱和向往？

活动设计意在让学生赏析文中的意境画面，感悟意象构成的画面，深入体会这种意象传达的感受，分析诗人寄托了怎样的感情在这些意象里。学习诗歌的象征手法，感悟诗歌的情感内涵。提升自己的诗歌鉴赏能力和审美趣味。

学习活动三：情感与主题探究

任务 1：结合陶渊明的生平背景，分析他辞官归隐的动机，探讨这一选择背后所蕴含的人生哲理。

任务 2：思考在现代社会，你认为陶渊明的隐士情怀有哪些现实意义？它对你的人生选择有何启示？

活动设计意在让学生思考探究和感悟陶渊明的经历和人生境界，理解他的心境。通过陶渊明在人生之路上作出的重要抉择，理解他淡泊名利和洁身自好的高尚情操，以陶冶自身的道德情操，树立正确的人生观和价值观。

（二）基于单元整体，展开对比阅读

《归园田居（其一）》与《短歌行》《声声慢（寻寻觅觅）》《登高》《永遇乐·京口北固亭怀古》等诗歌组成了统编高中语文必修上册的第三单元。在本单元的任务架构下，本课着重于深入赏析《归园田居（其一）》，并借助专题比较阅读的策略，将《归园田居（其一）》《短歌行》《梦游天姥吟离别》《念奴娇·赤壁怀古》等几首诗作相互贯通，要在诵读中体会几首诗不同的韵律、节奏和表达技巧，结合诗人的身世领悟诗中的思想感情。即旨在引领学生领悟诗歌在语言表达和写作技巧上的差异，同时把握其内在情感，体察几位诗人各自的人生志向与生命追求。

学生在之前的学习中已经对这几位诗人及其作品有了了解，但不够深入；对比阅读要求更深层次的掌握与理解。因此在引导学生重点把握《归园田居（其一）》时，也要引导学生运用教读课文《短歌行》的学习方法，去掌握其他几首诗歌。引导学生将诗歌中的意象、写作手法、意境、思想感情等作为联结点，整体把握本单元的传统文化内涵，最后写文学短评作为总结，提高自身文化素养。

学习活动：拓展、比较阅读

任务 1：阅读陶渊明的其他田园诗（如《饮酒》系列），比较它们在主题、意象、情感等方面的异同，加深对陶渊明诗歌风格的理解；结合单元内其他文本，如《短歌行》《念奴娇·赤壁怀古》等，比较异同。

任务 2：尝试写一篇短文，谈谈你对《归园田居（其一）》的感悟，以及它对你个人成长或价值观的影响。

活动设计通过与单元其他诗歌进行对比阅读，加深和完善学生对《归园田居（其一）》的学习理解，增加学生的诗歌知识储备，提高学生的文化素养。最后让学生总结输出自己的观点，将所学内容吸收内化。

（三）教学建议

（1）自主学习与合作学习相结合：鼓励学生独立完成自学任务单上的任务，同时安排小组讨论环节，促进学生之间的交流与合作。

（2）教师引导与反馈：在学生自学过程中，教师应适时给予指导和反馈，特别是针对学生在意象分析、情感理解等方面的困惑进行解答。

（3）多元评价：通过课堂表现、小组讨论、作业完成情况等多种方式对学生进行评价，关注学生的个体差异，鼓励其个性化发展。

单元视域下的单篇课文教学研究
——以《雷雨（节选）》为例

李朋瑞[①]

摘要： 单元整体教学作为一种新兴的教学模式，随着新课标的颁布在语文课堂中的地位日益凸显。而单篇教学不是单元教学的对立面，而应该是其基础。新课标明确提出要培养学生的"语文学科核心素养"，这为我们提供了一个新的教学方向。《雷雨》被誉为中国现代话剧的巅峰之作，与《雷雨》有关的教学探索也从未停歇。单元视域下，如何确定《雷雨（节选）》的教学内容，使得学生对同类文本达到触类旁通的理解效果，值得广大语文教育工作者深思。针对《雷雨（节选）》所在单元，以此篇课文为例，本文探讨单元视域下单篇课文的教学路径，从中寻求可以借鉴和反思的地方。

关键词：《雷雨》；单元教学；单篇教学；核心素养

新课标（《普通高中语文课程标准（2017年版2020年修订）》）明确了语文学科的新方向——核心素养，并创造性地提出了"学习任务群"这一教学新概念，这也是新课标的一大亮点。"新课标提出的新要求，意味着教师在设计教学时也将面临新的挑战，语文教学要由分散、孤立向单元整体教学进行转变。"[②] 在实际教学中，很多教师采用单元教学，所谓单元教学，

---

① 作者简介：李朋瑞，黄冈师范学院学科教学（语文）23级研究生。
② 朱会敏. 单元视域下《雷雨》教学研究[D]. 上海：上海师范大学，2023：1.

即教师根据教学内容、学生情况、自身实际重新整合单元课文，在大任务的统领下，设计教学目标，完成教学任务，通过单元整体教学提高学生核心素养。实际上，单元整体与单篇文本之间是一种相互建构的关系，单篇文本教学要在单元整体设计框架内进行。教师应根据具体的教学目标和教学内容来选择合适的教学方法，使单元教学和单篇教学有机结合起来，以提高教学效果。

一、单元整体教学和单篇课文之间的关联

大单元不完全等同于教材单元，它们虽有交叉，但更多的是不同，一方面，"大"体现了内容繁多；另一方面，"大"更是一种高瞻远瞩的整体教学视野与学习理念，教师在教学过程中应避免将两者趋同。大单元教学意味着语文教学由分散孤立向单元整体转变，但是单篇教学作为课堂教学的传统形态，依然保持着生命力。需要注意的是，新课标理念下的单篇教学要在单元学习任务的统领下展开，体现出单元意识和整体意识，学生的知识面不再停留在"这一篇"，而是向更深更广的方向拓展。比如学习《阿房宫赋》这一课，传统教学基本把梳理文章大意、学习文言知识作为教学重点，统编教材在编排方式上做出了调整，把《阿房宫赋》和《六国论》编为一课，前者阐述秦国速亡的原因，后者探讨六国破灭的缘由，如此安排突出了文章的"议论性"，学习时除了文言知识外，还要注重知人论世，关注作品的社会批判性。

在教学理念上，单元整体教学和单篇教学是一脉相通的，根本任务都在于立德树人，培养学生正确的价值观，塑造学生良好的品德，提高学生核心素养。在实际教学中，教师应根据实际情况选择教学方法，实现单元教学和单篇教学的有机结合，以提高教学效果。以统编高中语文必修下册为例，第八单元中的课文都是文言文，两课四篇课文都是内容深奥、思想深邃的篇目，如果采用单元教学，老师教起来困难，学生理解起来更是难上加难；如果采用单篇课文教学，则需在遵循单元教学理念的基础上，构建整体观念，紧密围绕单元人文主题和学习任务群展开，以实现教学效果的最优化。

单篇教学与单元教学之间的关系，具体来说，应是交叉型和协作型的共生关系。基于当前的教学实践，单篇教学与单元教学之间的融合已是必然趋势。本文以曹禺的《雷雨（节选）》为例，探讨单元视域下语文单篇课文教学的实施路径。在探讨这篇课文的教学内容时，既要不遗余力地向学生传授

知识，又要用"这一篇课文"带动"这一类课文"，借此让学生对同类文本达到触类旁通的理解效果。因此，在教学中，既要关注课文的共性，也要关注每篇课文的独特性，促进学生更加全面地了解戏剧，促进学生高阶思维能力的发展。

二、单元视域下单篇戏剧文本的教学解读

《雷雨》是一部具有深刻社会意义和艺术价值的作品，是中国现代话剧的经典之作，有着极高的鉴赏价值，但是由于高考较少考察戏剧知识，所以戏剧长期处于语文教学的边缘位置。首先，戏剧文本是戏剧创作的基础，它承载着艺术家的创意和情感，是艺术作品的灵魂所在。其次，戏剧文本在艺术创作和社会文化中发挥着重要作用。好的剧本能够传递社会价值观和人类追求的精神内核，引发社会广泛讨论和思考，推动社会进步。

《雷雨》围绕两个家庭、八个人物、三十年的恩怨展开，主要矛盾集中在雷雨之夜爆发，揭示了家庭矛盾纠葛和封建家庭的腐朽顽固，同时也反映了更深层次的社会及时代问题。剧中的人物形象塑造丰富，周朴园的自私虚伪、鲁大海的疾恶如仇都是对那个时代人物命运的深刻描绘。作品深刻揭露了剥削阶级家庭的黑暗、腐朽混乱，鞭挞了封建专制赖以生存的黑暗社会，批判了封建专制与虚伪道德。《雷雨》不仅是对一个特定家庭悲剧的描绘，也是对那个时代社会问题的深刻反思。《雷雨》以周公馆为背景，围绕周朴园与鲁侍萍的旧情恩怨，展现了一个资产阶级家庭的悲剧。通过两代人的情感纠葛，揭示了封建社会的腐朽与人性的复杂。在教学中，教师要引导学生深入分析主要人物的性格特征，如周朴园的专横虚伪、鲁侍萍的善良坚韧、鲁大海的反抗精神等，理解人物行为背后的动机与冲突。探讨作品反映的社会现实，揭露封建资产阶级家庭的黑暗，同时引导学生思考人性的多面性与复杂性。分析作品的戏剧结构、语言风格及心理描写等艺术特色，让学生体会曹禺作为杰出剧作家的艺术才华。

与其他类型的文学作品相比，戏剧对学生的阅读和理解要求更为严苛。新课标提出要将课程内容情境化，在教学中设置情境，有利于学生进入状态，在课堂上集中注意力，提高教学效果。《雷雨》是现代经典话剧，可以让学生在班级上组织演出，通过情境表演的方式来体验。这不仅与课程内容相关，而且能够激发学生的学习兴趣，以此来贯彻新课标的要求。基于新课标的理念，教师可以充分挖掘戏剧的艺术价值和人文价值，将戏剧教学与社

会生活相结合,提升学生的文学鉴赏能力和批判性思维,丰富学生知识,培养学生正确的价值观。因此,在新课程改革背景下,为有效落实语文学科核心素养培养的要求,促进学生综合全面发展,教师必须重视戏剧作品的教学。

三、单元视域下《雷雨(节选)》教学的实施路径

单元视域下,《雷雨(节选)》的教学可以通过如下步骤实现:首先要概括出单元的思想主题,确定教学目标;其次设置真实的学习情境,激发学生的学习兴趣;最后通过任务引领和活动探究,完成教学目标。

(一)立足课标,依托教材,确定教学目标

《雷雨(节选)》在教材中所处位置为高中语文必修下册第二单元,相较于先前的语文教材,统编版更加突出课文的单元意识,将《雷雨(节选)》和同为戏剧作品的《窦娥冤》《哈姆雷特》编为一个单元。《雷雨(节选)》属于"文学阅读与写作"学习任务群,"本任务群旨在引导学生阅读古今中外诗歌、散文、小说、剧本等不同体裁的优秀文学作品,使学生在感受形象、品味语言、体验情感的过程中提升文学欣赏能力,并尝试文学写作,撰写文学评论,借以提高审美鉴赏能力和表达交流能力"。① 单元人文主题是"良知与悲悯",三篇课文在体裁上都属于悲剧,旨在引导学生更深刻地理解社会人生。阅读这些作品,有助于我们把握作品的悲剧内涵。"学习提示"要求:阅读本文时要抓住人物关系,初步理解人物性格。仔细揣摩剧中的"潜台词",思考作者是如何设置尖锐复杂的冲突的。"单元学习任务"指明:阅读课文,以悲悯的情怀看待悲剧人物的命运,感受悲剧作品震撼人心的力量。基于上述要求,立足课标,依托教材,围绕单元主题确定本文的教学目标:一是仔细品味人物语言,分析剧中人物的性格特点;二是把握戏剧的语言特征,揣摩人物的潜台词;三是分析人物的悲剧命运,探究其悲剧命运的深层原因;四是理解悲剧的美学价值,涵养悲悯情怀。以上四个教学目标层层深入,是落实语文学科核心素养要求的细化。

(二)设置情境,活动引领,激发学生兴趣

新课标、新教材背景下,如何设计学生喜闻乐见、效果显著的教学任

---

① 中华人民共和国教育部.普通高中语文课程标准(2017年版2020年修订)[M].北京:人民教育出版社,2020:17.

务和活动，值得广大语文教师思考探究。根据学习目标设计以下四个活动：

活动一：深入研读，理解剧本

书读百遍，其义自见。《雷雨（节选）》篇幅较长，潜台词众多，人物关系复杂，教师要引导学生细读文本。只有深入研读，才能理清人物关系，把握矛盾冲突。活动一旨在引导学生精读剧本，仔细揣摩人物语言的言外之意，抓住戏剧冲突，把握人物性格特征，多层次深入探究剧本表达的思想，为正式排演奠定良好的基础。

活动二：集体讨论，形成台本

学生在教师引导下，依据实际情况对剧本进行处理，适当增减。"补充细节时要特别注意那些意蕴丰富、充分表现人物性格和内心活动的关键台词或关键动作，悉心体会戏剧情境和人物性格，揣摩最合适的语气、语调，设计最适宜的表演方式。"① 比如鲁侍萍在剧中有两句经典台词："你是萍，——凭，——凭什么打我的儿子"和"我是你的——你打的这个人的妈"，鲁侍萍说这话的本来意思是"你是萍，你是我的儿子，我是你的母亲"，可是她话说到一半时意识到母子不能相认，所以话语一转，这两句台词蕴含着丰富而又复杂的情感，演员在表演时要声情并茂，才能表达出鲁侍萍想要母子相认却不能的无奈和悲哀。另外，原剧本对于服装、道具等并没有作出详细的说明，这就需要学生发挥想象力，仔细揣摩和推敲，补充细节，形成初步演出台本。

活动三：进行排演，准备演出

前期准备完成，接下来就是排演。在排演阶段学生可以化身为剧中人物，成为自私虚伪的"周朴园"、成为命运多舛的"鲁侍萍"、成为疾恶如仇的"鲁大海"，身临其境，也许就会有新的发现。对话是话剧的精髓，《雷雨》往往通过人物对话来推动情节发展，表演时要特别注意表现人与人之间的交流互动。教师要引导学生关注人物对话，从人物对话中发现人物的相互关系。"一场戏中，有时候登场人物比较少，只有一两个人（比如《雷雨》中周朴园与鲁侍萍相认），有时候登场人物众多（比如《雷雨》中周朴园等与鲁大海对峙）"②，无论是哪种情况，都要表现出人物之间的相互关系，让他们始终处在互动之中。

---

① 沙廷婷. 统编高中语文必修教材学习提示研究 [D]. 上海：上海师范大学，2021：87.

② 张乐辰. 统编版高中语文必修下册配套练习册戏剧单元习题研究 [D]. 上海：上海师范大学，2023：137.

活动四：正式演出，评议总结

学生正式演出，老师在旁边观演指导，边看边记录。演出结束后，请担任导演、演员的同学谈谈自己的收获，围绕"良知与悲悯"，全班同学发表评论，可以谈谈自己对所排演剧本的见解，也可以说说自己的观剧心得。最后，老师概括总结。

本活动是教学的重点，意在引导学生细读剧本，更全面地理解剧中人物，深入把握主要人物的性格特征，理解剧中尖锐复杂的矛盾冲突，把握其悲剧意蕴，激发心中的良知与悲悯情怀。学生充分参与课堂教学，而不是被动地接受知识，这样充分发挥了学生学习的主动性和能动性，课堂活动才算"活"起来。

（三）以生为本，任务驱动，发散学生思维

教学要以学生的发展为本，关注学生，关注教学过程。任务驱动这种方式有利于激发学生的学习动机，引导学生进行"自主、合作、探究"式学习。以理解人物性格为例，可以围绕"周朴园对鲁侍萍的怀念中到底有几分真情、几分假意""鲁侍萍究竟是坚强的还是软弱的"等问题进行探讨，唤起学生的思考意识，启迪学生思维，学生在教师灵活巧妙的引导下学会学习，学生的主体地位才能充分体现出来。当学生讨论得热火朝天之时，要进一步追问：这个戏剧给人什么启示？传达出作者怎样的人生思考？此时，学生不仅感受到了悲剧的意蕴，也激发出心中的良知与悲悯情怀。最后，提问学生：《雷雨》的故事和你听过的其他悲剧故事相比有哪些不同？给你带来怎样的感受？提出问题供学生思考，引导学生分析不同悲剧作品的风格特征，感受悲剧震撼人心的力量，欣赏作者的独特艺术创造，感受语文学习非比寻常的美。"这里根据教学目标，创设一系列具有逻辑关联的语文实践活动，引导学生在语文学习活动中发散思维，提升语文素养。"[1]

（四）主题探讨，课后评价，提升学生素养

学生在老师的带领下，探究主题，将"雷雨"这一标题的象征意义总结为以下三点：① 表示故事的背景与环境气氛；② 预示情节的发展，暗示情

---

[1] 赵和平. 例谈大单元视域下语文单篇课文教学的实施路径［J］. 中学语文，2023（27）：6-8.

节的高潮；③ 象征在半殖民地半封建社会沉闷的空气里，一场暴风骤雨式的斗争即将到来。

最后是课后评价。评价对于师生双方都是至关重要的，老师通过评价检验教学效果，学生通过评价检查学习成果。教师可以设置随堂检测题目精讲精练，帮助学生查缺补漏，同时，教师也可以自己编写一些简单的题来检查学生对课文的掌握情况。教师依据学生对知识的掌握水平，布置课后作业，夯实基础，巩固所学。除此之外，学生也可以自评、互评，在整个教学过程中都有评价的环节。

《雷雨》是中国现代话剧的代表作，也是高中戏剧教学的经典篇目，几十年来，与《雷雨》有关的教学探索也从未停歇。在新课标、新教材背景下，立足单元学习任务探究《雷雨（节选）》的教学路径，是从一篇课文走向单元多篇的拓展。在组织单元教学时，要抓住戏剧这一文本体式，提炼出单元文本的共性，但也不能忽视单篇课文的独特价值。综上所述，单篇教学为实现大单元教学目标提供了强有力支撑，对提高学生语文素养有重要作用。在设计单篇课文教学时，要立足课标，依托教材，以目标为引领，以活动为载体，促进学生深度学习，从而达到培育学生语文学科核心素养的目的。

单元整体视域下《谏太宗十思疏》教学研究

马 霜 吴作奎[①]

摘要： 单元整体与单篇文本之间是一种相互建构的关系，单篇文本教学要在单元整体设计框架内进行。本文在单元整体视域下，以《谏太宗十思疏》教学为例，分析其在文体、论述和创作意图上的特点。同时，强调单元整体教学下对单篇文本的解读，需关注单元语文素养的深化和文本间的关联差异。从素养为核心的培养目标、系统构建的学习情境、基于学情的活动模式以及问题导向的评价机制四个维度，探讨单元整体视域下的单篇教学策略。具体而言，教学目标应围绕语文学科核心素养设定，学习情境需系统构建以促进知识整合与应用，活动模式应基于学情设计以促进自主学习与合作学习，评价机制则需通过问题导向以检验学习效果并促进学生持续发展。通过这些策略，以期为高中语文教学提供有益的借鉴。

关键词： 单元整体视域；单篇教学；《谏太宗十思疏》

随着新课标的颁布与实施，单元整体教学作为一种新兴的教学模式，在高中语文课堂中的地位日益凸显。然而，在实际教学过程中，如何妥善平衡单元的整体性与单篇文本的独特性，如何在单元整体视域下深入挖掘并发挥单篇课文的教学价值，成为每位语文教师面临的重大课题。《谏太宗十思疏》

[①] 作者简介：马霜，黄冈师范学院学科教学（语文）23级研究生，邮箱：1305637811@qq.com；吴作奎，黄冈师范学院文学院（苏东坡书院）教授，博士，硕士生导师，研究方向：中国古代文学批评，邮箱：477784740@qq.com。

作为一篇经典的文言文作品，不仅承载着丰富的历史文化内涵，还蕴含着深刻的治国理政智慧与人文精神。鉴于此，在单元整体视域下，如何更加有效地教授这篇课文，使学生在掌握文言知识的同时，提升思辨能力，培养历史责任感和时代精神，便成了本文研究的重点。本文从单元整体视域出发，以《谏太宗十思疏》为例，探讨如何在单元教学中实现整体与局部的和谐统一，提出教学策略，促进学生语言、思维、文化等多方面的发展。

一、单元整体与单篇文本之间的关系

单元整体与单篇文本之间呈现出一种相互建构的关系。每一篇单篇文本都承载着独特的课程价值，相互关联、相互依存，共同组成了单元整体。在单元内部，选文的编排是根据主题、内容或写作技巧来归类和组合的，这种方式打破了文本体裁的限制。采用单篇与多篇文本相结合的教学模式，共同构成了单元的核心学习内容。单篇的建构作用不只是几个文本的积累，单元整体设计赋予单篇文本新的目标、情境、任务及评价①。因此，在进行单篇文本教学时，教师需要将其置于单元整体设计的背景下考虑，确保每篇文本都承载对应的学习任务，并加强它们与其他单篇文本之间的相互关联，共同实现单元整体的学习目标。

传统单元教学的单篇课文教学作为知识组块呈现，而基于大单元的单篇教学还要考虑任务群的系统性，承载着独特的分解任务，是一种子系统实践单位②。单元视域下的单篇教学以"语文核心素养"为基石，着重培养学生在不同情境下的分析能力、问题提出与解决能力，这些共同构成了学生的综合素养，且其思维方式趋向于立体和多元化。具体而言，这种培养方式体现在将单篇教学纳入文本系统进行深入考察，借助比较、分析、推理、判断等一系列思维活动，以期实现学生思维能力的全面发展与提升。在这种教学模式下，我们不仅要考虑学生所学知识能否实际应用，更应思考学生是否能够形成自己的见解，这有利于培养他们的批判性思维和创造性思维。

因此，在着手进行单元整体的教学设计前，教师需要深入剖析单元内的每篇文本，同时，依据文本间教学价值的相同点与不同点，重新进行系统的梳理、整合与规划。以统编高中语文必修下册第八单元《谏太宗十思疏》为例，其教学价值主要体现在以下几个方面：围绕"责任与担当"的人文主

---

① 秦晓静. 单元整体设计下的初中语文单篇教学［J］. 中小学班主任，2024（02）：39.
② 赵慧. 大单元视域下的高中语文单篇教学研究［D］. 济南：山东师范大学，2024：6.

题，通过诵读与分析，掌握文言字词与文体知识，了解"疏"这种文体的特点；通过深入讨论与理解，学习比喻论证和对比论证的方法，领略文章骈散结合的行文特点，领悟"十思"的积极意义；结合现实与历史，体会作者对国家大事的担当精神，反复开导、循循善诱的劝谏艺术，领悟文章的治国理念；理解"居安思危，戒奢以俭"的道理，体会其对国家长治久安的借鉴意义，培养历史意识与批判性思维。《谏太宗十思疏》与本单元的另一篇文章《答司马谏议书》，以及赋体散文《阿房宫赋》和政论文《六国论》可构成"思辨性阅读与表达"任务群，主题确定为"责任与担当"，任务是"倾听理性的声音"。其主要目标是让学生通过单篇文本的学习，积累文言词语、句式及相关文学文化常识，理解并认同"天下兴亡，匹夫有责"的历史责任感，鼓励学生在理解和鉴赏的基础上进行创造性表达。

二、单元视域下单篇文本的教学解读

教学解读是在整合普通阅读经验和专家解读理论的基础上所建立的一套可以用于教学、有效促进学生阅读能力发展的解读系统和序列[①]。在单元视域下解读单篇文本，需兼顾单篇文本特点与单元整体框架，寻求两者间的平衡。这不仅能够展现文本的个性，也确保了教学内容的系统与连贯。通过细致剖析文体的独特风格、语言的精妙运用、表达方式的多样选择、写作思路的缜密布局以及对创作意图的深刻挖掘，教学才能展现出丰富的层次与张力，从而彰显教学艺术的独特魅力。

《谏太宗十思疏》作为一篇经典谏文，其特点具体体现在：

1. 文体风格

该文以疏体写成，既有奏章的正式庄重，又不失劝谏的温婉与恳切。魏征以古鉴今，旁征博引，其语言既具文言文的凝练典雅，又饱含臣子对君主劝谏的直率坦诚，既体现了"言必有据"的严谨性，又蕴含了"意在言外"的深邃思考，展现了谏文独特的"理深而辞婉"的风格。

2. 论述逻辑

在论述过程中，魏征巧妙运用排比、对比等修辞手法，层层递进，步步

[①] 黄伟. 教学解读与阅读能力发展层级简论 [J]. 学语文，2019（01）：4.

为营。他并未直接指责太宗的过失,而是通过提出一系列引人深思的问题,如"源不深而望流之远,根不固而求木之长",引导太宗自我反思。这些看似推测性的设问,实则是对治国理政根本问题的深刻洞察。最后,他通过"十思"的提出,引导太宗自我反省,如"将有作则思知止以安人"等句,每一"思"都蕴含着深刻的治国理政之道,体现了作者论述的周密与逻辑的严谨。

3. 创作意图

魏征撰写此文,旨在规谏唐太宗居安思危,戒奢以俭,广开言路,保持清醒头脑,避免重蹈历史覆辙。其意图不仅在于眼前对唐太宗的劝谏,更在于实现国家的长治久安。文中虽无直接"劝说"之语,但字里行间透露出对国家的深切忧虑和对君主的殷切期望,展现了忠臣心系天下的高尚情操,如"水能载舟,亦能覆舟"的比喻,形象生动、寓意深远,既是对太宗的警醒,也是对作者治国理念的深刻阐述。这种寓理于情、寓谏于事的创作手法,正是本篇谏文独有的魅力所在。

在单元整体教学的框架下,对单篇文本的解读需同时考量其文本价值与课程价值,应着重关注以下几点:

首先是单元语文素养的深化,具体包括单元的人文主题以及任务群目标两大方面。我们应从这两个方面入手,深入剖析单篇文本在课程教学中的独特价值。以《谏太宗十思疏》为例,单元人文主题为"责任与担当",该文不仅是对唐太宗个人修养的谏言,更是对古人的治国智慧的一次深刻剖析。通过魏征的谏言,我们可以窥见古代士人对于君主德行、国家兴衰的深邃思考,以及他们勇于担当、直言不讳的"忠臣"精神。这种精神,是对"仁政""德治"理念的坚守,也是对后世治国理政者的鞭策与启示。在"思辨性阅读与表达"任务群中"把握作者的观点、态度和语言特点,理解作者阐述观点的方法和逻辑"[①] 的要求下,《谏太宗十思疏》的教学应聚焦于其严密的逻辑结构、深刻的思想内涵以及精练的语言表达。文章通过"十思"的提出,层层递进,构建了一个完整的治国理政框架,展现了作者高超的论辩技巧。同时,其语言平实而富有力量,既体现了文言文的典雅,又不失劝谏的恳切,是文章结构清晰、论证有力、语言精练的典范。

其次,应当重视单元内本文与其他文本之间的关联和差异。以当前课文

[①] 中华人民共和国教育部. 普通高中语文课程标准(2017年版2020年修订)[M]. 北京: 人民教育出版社, 2020: 19.

为起点，通过与单元内的其他课文相联系，并运用对比、迁移、聚焦、拓展等多种方式，进行深入、细致的学习，从而全面把握课文之间的联系与区别。如《谏太宗十思疏》和《答司马谏议书》同为谏言书，但《答司马谏议书》侧重于对政治见解的正面回应与自我辩护，展现了王安石的政治立场与改革决心，与《谏太宗十思疏》的劝谏风格形成鲜明对比，可以在劝谏风格和语言表达上做对比阅读。围绕"责任与担当"这一主题，可以将《谏太宗十思疏》《答司马谏议书》《阿房宫赋》《六国论》这四篇文章进行聚焦式解读，探究古代士人在治国理政方面的共同追求与不同见解。同时，还可以进一步拓展阅读范围，引入更多相关的历史文献和学术著作，如《资治通鉴》《史记》等，以更广阔的视野审视古代中国的政治文化和社会变迁。通过这样的拓展型阅读，学生可以更加全面地认识古代中国的历史与现实，增强对中华文化的认同感和自豪感。

三、基于单元整体设计的结构模式

统编高中语文教材通过"单元学习任务"实现了将教学内容有效转化为课堂教学实践。然而，单元学习任务有着高度整合性的特点，在直接将其应用于课堂教学时，容易导致师生忽视对单篇文本的深入探讨，只为完成单元学习任务而去学习，容易导致学生在学习过程中缺乏解决任务所必需的过程性思考，从而影响教师的教学效果以及学生的学习体验。

那么，在单元教学的大背景下，若要具体地将单篇教学内容转化为切实可行的任务，首先要紧扣阅读的规律，即引导学生首先进行"理解性阅读"，然后逐步过渡到"批判性阅读"，最终迈向"研究型阅读"，据此设计有层次、有梯度的任务，以有效促进学生阅读能力的提升和思维发展。同时，所有教学活动的核心都应紧密围绕单元语文素养的培养，尤其是"思维发展与提升"这一语文核心素养的重要层面，它要求教学活动不仅要关注语言知识的建构与运用，更要注重通过实际的语言应用实践来促进学生思维能力的发展与提升，确保教学活动与核心素养的要求紧密相连。基于上述理念，《谏太宗十思疏》这篇课文可以这样设计教学结构：

1. 素养为核心的培养目标

在《谏太宗十思疏》的教学中，我们首先要明确教学目标，即围绕语文学科核心素养的四个层面——文化自信、语言运用、思维能力和审美创造来设定。《谏太宗十思疏》所在单元的文章属于"思辨性阅读与表达"任务群，单元导语是：领会作者观点及其现实针对性，鉴赏文章的说理艺术，学会在辩证分析与合理推理的基础上进行理性判断，养成大胆质疑、缜密推断的批判性思维习惯。为此，每篇文本都应具备清晰的定位。以《谏太宗十思疏》一文为例，就可提炼为"理解'居安思危，戒奢以俭'的道理，体会其对国家长治久安的借鉴意义，培养历史意识与批判性思维"这一价值目标。通过本篇文章中魏征的谏言，教师引导学生体会古代士人的忠诚与智慧，增强对中华优秀传统文化的认同感和自豪感。教学中可以引入唐代历史背景的介绍，讲述唐太宗与魏征之间的故事，让学生感受君臣之间的和谐与忠诚。

2. 系统构建的学习情境

在单元整体设计的框架下，单篇文章的教学应置于一个整体、系统的学习情境中，但同时也需要充分发挥单篇文章的独特价值，教师应引领学生深入探究文本情境，完成相对独立的学习任务。这样的教学方式不仅有助于学生掌握单篇课文的知识点，还能有效推动单元整体设计的落实。以《谏太宗十思疏》为例，本单元主题为"责任与担当"，《谏太宗十思疏》作为其中一篇重要文本，应与其他三篇文本共同构成一个学习情境。教学时可以以"穿越时空的对话"为引子，引导学生想象自己置身于唐代宫廷之中，与唐太宗和魏征对话。通过这一情境的导入，激发学生的学习兴趣。在教学过程中，通过角色扮演、模拟对话等方式，让学生代入角色，深入理解魏征的谏言内容和意图。同时，结合历史背景和现实情况，引导学生探讨魏征谏言的现代价值和应用意义。在学完文章后，组织学生进行小组讨论或全班交流，阐述魏征的治国理念和智慧对现代社会的启示和影响。通过这一环节，巩固学生的学习成果，以提升他们的综合素养。

3. 基于学情的活动模式

教学活动的设计应充分考虑学生的学情和兴趣点。虽然本教学策略强调单元整体设计，但针对《谏太宗十思疏》这样的经典文本，还是应采用逐篇教学的方式。教师应重视单篇文本的独特性，通过细致的文本解读和深入的分析，挖掘其阅读价值，帮助学生全面理解文章的内容和思想。《谏太宗十思疏》的论证手法是文章的一大特色。作者以"木之长、流之远、国之安"作类比，运用贴切的比喻手法，将国家生动地描绘成繁茂的树木与奔腾不息的江河，进而自然地引出了"居安思危，戒奢以俭"的劝诫。第二段中，"有善始者实繁，能克终者盖寡……傲物则骨肉为行路"则运用了对比论证，将"善始者繁"与"克终者寡"对比,同时将"竭诚则胡越为一体"与"傲物则骨肉为行路"对比,以此来阐述赢得民心对于国家繁荣昌盛的关键作用。"怨不在大,可畏惟人;载舟覆舟,所宜深慎"一句则采用了比喻论证,将"君主"与"民众"比喻为"舟"与"水",道理表述简明,极大地提升了文章的说服力。在教学中,教师应引导学生积极参与自主、合作与探究的学习方式,共同总结并归纳文章的论证技巧。这不仅有助于文言文课堂摆脱传统机械且僵化的教学模式,更能有效地推动学生自主思辨能力和阅读能力的发展。

此外,教师也可以将《谏太宗十思疏》与单元内其他文本进行关联,如《答司马谏议书》,将"倾听理性的声音"作为研讨的主题,引导学生阅读、学习两篇文章。通过对比阅读、主题研讨等方式,引导学生深入理解古代士人的治国理念和智慧。同时,也可以结合现代社会的实际问题,引导学生思考如何将古代智慧应用于现代生活。

4. 问题导向的评价机制

为了检验学生的学习效果,促进他们的持续发展,在备课阶段,教师需要思考学生学习本篇课文后,是否能够解决生活中的实际问题,能否将所学知识灵活运用到实际生活中。在进行单元整体设计之前,教师首先要明晰每篇文章的教学活动期望达成的具体目标,并确立相应的评价标准,以此来验证这些教学目标是否实现。例如在教授《谏太宗十思疏》时,教师可以这样设计:为"古代智慧与现代应用"专栏推荐《谏太宗十思疏》,阐述其现代价值;以"十思"中的某个细节或观点为灵感,观察现代社会或组织中的类似现象,写出一篇具有现实意义的短文;为"治国理政的智慧"主题展览策划一个展区,以《谏太宗十思疏》为核心展品,设计展览内容和互动环节;等等。这样的问题设置旨在激发学生的思辨能力,帮助他们拓宽思维视野,学会将古代智慧应用于现代生活。

单元视域下的单篇教学实现了单元教学与单篇教学之间的辩证统一,有效融合了单元整体性与单篇独特性,为教学领域带来了更加灵活多变的创造空间,同时也为教师和学生充分发挥主观能动性、共同推动学习任务群的完成以及核心素养的落实,提供了有力的支持。这种教学方式既顾及了当前以单篇教学为主的教学实际,也体现了在语文核心素养要求的推动下单篇教学转型升级、逐步实现任务群教学的需求。

单元整体视域下《孔雀东南飞（并序）》教学探究

张芷仪[①]

摘要： 以学习任务群、单元研习任务和单元学习目标为主线的教学突破传统单篇教学的弊端，建立起单元整体和单篇之间的有效联结。本文以《孔雀东南飞（并序）》为例，明确单元视域下的单篇教学价值指向，从"熟读文本，理清文章思路"；"解析人物，探究诗歌内蕴"；"综合感知，品味精神内涵"角度出发，为语文教师提供教学策略选择。

关键词： 高中语文；单篇教学；单元视域；《孔雀东南飞（并序）》

语文课程改革以来，以学习任务群为导向的单元教学成为"突破单篇阅读精讲细析的固定模式，让学生在自主的语文实践中学会学习，建构'语文核心素养'"[②]的重要教学模式。单元教学以"目标的系统化、知识的结构化、内容的任务化、过程的情境化"[③]为价值导引，单篇教学则侧重于探究文本思想内涵、语言表达、写作方式和艺术特色。二者看似相悖，但留给广大语文教师对二者进行融合的空间却是巨大的。单元视域下的单篇教学有何价值？如何实现单元的整体性与单篇的独特性之间、实践活动与文本细读之

[①] 作者简介：张芷仪，黄冈师范学院学科教学（语文）23级研究生，邮箱：2306779761@qq.com。

[②] 温儒敏. 统编高中语文教材的特色与使用建议[J]. 语文学习，2019（09）：4-10.

[③] 朱再枝，严景东. 高中语文单元视域下的单篇教学探究——以统编高中语文教材必修下册第三单元《说"木叶"》为例[J]. 语文教学通讯，2021（10）：14-16.

间的平衡？单元视域下单篇教学策略的选择有哪些？在落实学习任务群的学习内容和教学要求上，这些问题都是语文教师需要面对和深思的。

一、传统单篇文本教学的弊端及误区

单篇教学在我国的语文教育实践中积累了大量经验，对于指导学生在语言学习、文本分析、策略方法理解以及读写能力构建等多个方面展现出了显著的优势。但传统教师在处理单篇文本时往往着眼于如何教好这一篇，而不是观照整个单元以及任务群的规划，忽视了语文要素之间的意义联结，单篇教学缺乏学理的支撑，显得零散、无序。

《义务教育语文课程标准（2022年版）》指出："义务教育语文课程内容主要以学习任务群组织与呈现。设计语文学习任务，围绕特定学习主题，确定具有内在逻辑关联的语文实践活动。"[1] 尽管新课标运用六个学习任务群重构了语文课程内容体系，但由于长久以来的阅读教学传统模式，教师在实际操作当中还是会存在"碎片化""肤浅化"等实践偏差，不免会出现只追求形式上的整体，盲目进行群文教学或是大单元教学的问题，语文知识和核心素养未落到实处。因此，要实现从单篇文本走向单元整体，语文教学必须从侧重单一学习任务的独立教学模式，转变为在统一学习情境下整合多篇文章的整体教学模式，落实学习任务群以及语文核心素养的内化与提升。

二、单元视域下单篇文本教学的价值指向

在语文教育发展历程中，单元教学是继单篇教学的一个教学形态，至今对于单元教学的探索也从未停歇。但单元教学并不意味着完全取代单篇教学，而是以单篇教学为起点，"通过教材单元选文的统筹观照来建立知识之间、能力之间的关联，实现多篇文本的最优化教学"[2]。这个过程就是平衡单元整体性和单篇独特性的必要路径，单元视域下单篇文本教学的价值就在于以实现语文核心素养为本，在单元文本系统中审视独立篇章，并通过对比、分析、推理和判断，促进学生思维能力的提高和发展。因此，明确单篇

---

[1] 中华人民共和国教育部．义务教育语文课程标准（2022年版）[M]．北京：北京师范大学出版社，2022：19．

[2] 贾阳，徐鹏．语文学习任务群视域下的单篇教学与单元教学[J]．中学语文教学，2022（11）：4-9．

文本的独特性和单篇文本的单元整体性是探索单元视域下单篇文本教学价值的重要指标。

理解单篇文本的独特性就需要对文本价值进行解读，解读的角度可以是文体、语体、艺术手法、写作思路等。以统编高中语文选择性必修下册第一单元《孔雀东南飞（并序）》为例，这是一篇中国古代叙事诗的代表作品，其独特性具体表现在以下几个方面：第一，文体方面。文章通篇采用第三人称的叙事视角，文中出现的刘兰芝、焦仲卿、焦母等人物，还有兰芝自请遣归、兰芝抗婚等故事情节，以及不同的环境设定等都是叙事诗文体所必须具备的文体特征。第二，艺术手法方面。《孔雀东南飞（并序）》一方面继承了《诗经》中赋比兴的表现手法，另一方面也保留了民歌自身的特点。比如通过描绘孔雀的尊贵与美丽，诗人强调了刘兰芝的端庄与美德；借助孔雀丧偶后的流连忘返，隐喻了刘兰芝与焦仲卿之间坚不可摧的情感纽带；诗人以比兴手法贯穿全诗，成功地营造出了一种缠绵悱恻、凄婉哀伤的气氛。除此之外，文中还多次出现了铺排的艺术手法，比如刘兰芝离开焦家之时换衣物的场景。第三，写作思路方面。这首长篇叙事诗以女主人公被遣、抗婚、殉情的命运为线索，展现了复杂激烈的矛盾冲突，同时还塑造出了鲜明的人物形象。

理解单篇文本的单元整体性就不仅仅只对文本进行解读，而是要综合课程价值来统筹观照。具体而言可以从以下几个角度进行解读：第一，以学习任务群为导向，以单元人文主题为指引。以《孔雀东南飞（并序）》为例，单元人文主题为"诗意的探寻"，我们可以通过了解我国古典诗歌的发展脉络，比较不同体裁的诗歌在节奏韵律、表现手法、艺术风格等方面的异同，同时深入探索诗意的幽径，细细品味诗歌中流淌的绝美韵味，与古人的喜怒哀乐产生共鸣，深刻领悟并把握诗歌所承载的丰富传统文化精神。在"中华传统文化经典研习"任务群中提到"学习传统文化经典作品的表达艺术""合理运用精读、略读的方式，由点到面地体会中华传统文化的精深和丰富"。① 第二，单元内文章之间的互联性和差异性。"单篇之间又彼此互联，是单元整体设计的有机组成部分。"② 以某一篇为起点，与单元内一篇或是多篇进行对比式、迁移式阅读。比如《孔雀东南飞（并序）》和《氓》，这两首诗都是讲述古代婚姻爱情悲剧的民歌，但是《氓》的情节相对简单，且

---

① 中华人民共和国教育部. 普通高中语文课程标准（2017年版2020年修订）[M]. 北京：人民教育出版社，2020：21.

② 秦晓静. 单元整体设计下的初中语文单篇教学[J]. 中小学班主任，2024（02）：39-40.

通篇都是自述，《孔雀东南飞（并序）》的情节则略为复杂，全篇以对话为主，贴近人物性格。还有，《氓》产生于秦，在周礼体制下，妇女的社会地位低下，因此故事当中的婚变完全是被动的；而《孔雀东南飞（并序）》产生于汉末，属于一个动荡的年代，由于儒家教化的松动，女性追求婚姻自由、个性舒张的意识开始觉醒，所以更多地体现了主体的抗争精神。

三、单元视域下单篇文本教学的策略

统编高中语文教材创设了"单元研习任务"以及"单元学习目标"，目的在于引导学生学习，聚焦核心素养，为教师教学提供方向性指导。但若直接照搬套用，就会出现"为任务而任务"的课堂形态。① 这样的做法忽视了对单篇文本独特性的深入探讨，缺乏在解决问题过程中的思考，在实际操作中也难免会陷入困境。"教师实施单元教学首先就要确定单元中的单篇教学内容。"因此，单元视域下的单篇教学需要根据教学内容制定相应的教学策略，以学习目标为指引，在真实的情境中展开学习活动，完成学习任务，提升语文核心素养。

以《孔雀东南飞（并序）》为例。统编高中语文教材将《氓》和《孔雀东南飞（并序）》编为一课，前者为教读课文，后者为自读课文。结合两篇课文的学习提示可知，二者的关联之处在于都是讲述爱情婚姻悲剧的民歌，在叙事、抒情、韵律上既有相似之处，细细品味又各有千秋。基于此，教读课文《氓》的教学重点是理解人物形象的复杂性和发展性，学习鉴赏这类古典诗歌的方法。自读课文《孔雀东南飞（并序）》的重点则是要落实巩固在《氓》中学习到的内容，进一步积累鉴赏这类文章的经验。由此，可以根据以上思考提出相应单篇教学策略。

（一）熟读文本，理清文章思路

读是学习文言文重要的方法。《孔雀东南飞》是汉乐府中篇幅最长的一首叙事诗，字数高达1785字，在教材当中占据了不少篇幅，这无疑为学生阅读和理解增添了难度。为了帮助学生理解文章，并帮助他们深入理解诗歌的艺术特色，教师可以为学生搭建阅读框架，引导学生识别关键信息，从而

---

① 朱再枝，严景东. 高中语文单元视域下的单篇教学探究——以统编高中语文教材必修下册第三单元《说"木叶"》为例[J]. 语文教学通讯，2021（10）：14-16.

全面掌握诗歌的核心内容。

任务一：阅读与梳理。

（1）请用"何人＋何事＋何结果"概括文章所叙述的主要内容。

（2）思考：对于能够直接用两三行文字简洁说明的事件，最终选择以较长的五言诗歌形式表达，你认为有必要吗？

提示：回顾《氓》中有关表现手法，如赋比兴。

在阅读的过程中学生可以借助注释对文章中的字词进行标注，解决字词问题。接着教师基于文章内容抛出疑问，引导学生分析诗歌的具体内容，总结和概述其艺术特点。教师在这一环节可以再次为学生搭建学习支架，要求学生按照"运用了怎样的手法＋产生了怎样的作用"① 这一范式进一步探知诗歌艺术特点。

该任务环节学生会比较容易陷入简单的分析手法当中，由于对乐府民歌的了解不足，学生分析某一艺术手法特征的意识会比较淡薄，比如在刘兰芝归家的这一段描写当中，学生能够发现这里诗人运用了排比的修辞手法，以相同的句式结构写刘兰芝梳妆，用"指如削葱根，口如含朱丹"来形容刘兰芝的美艳无双。所以这里教师需要引导学生回顾本单元第一课《氓》，结合两篇课文的学习提示思考《孔雀东南飞》有何特点。有了该学习支架，学生回忆起分析《氓》这篇诗歌的方法，在此基础上进行迁移，梳理出《孔雀东南飞》中刘兰芝"请归—辞别—归宁—诀别—殉情"的事件发展顺序，以及诗歌的艺术特点。《孔雀东南飞》主要运用了赋比兴的表现手法，如第二段开头兰芝自述种种技能修养，颇含自夸之情，即赋的写法，有很强的冲击力；对兰芝化妆后的描写："腰若流纨素""指如削葱根，口如含朱丹"等是比的写法。除此之外，对比的写作手法和回环往复的艺术效果等都展现出二者对于《诗经》传统的延续。整篇诗歌看似淡化事件情节，实则强化场景，真正发挥出抒情言志的艺术效果。

（二）解析人物，探究诗歌内蕴

解析人物形象是学习《孔雀东南飞》的重点之一。《孔雀东南飞》成功塑造了焦、刘两位主角的正面形象，以及反对二人婚姻的反面形象。在教学当中，教师可以具有探究意义和思考价值的问题作为出发点，以深入解析诗歌主人公形象为主线，引导学生对诗歌内容进行分析。

---

① 吴云．高中语文古诗词教学策略研究——以《孔雀东南飞（并序）》为例［J］．中学语文，2023（26）：10-11．

任务二：交流与探究

结合诗歌内容以及时代背景思考：你认为刘兰芝是一个怎样的人？焦仲卿是一个"软弱无能"之人吗？

这一任务环节需要学生利用在《氓》当中学习到的分析人物的方法。比如从刘兰芝的自述中看出她的聪慧贤能，但后文中出现了"大人故嫌迟"，以此来反驳前文中的自述；还有"无礼节""自专由"等方面来对比"诵诗书"这一形象等。再如男主人公焦仲卿，单从文字当中似乎可以窥见其面对母亲和妻子时的懦弱、犹疑，但是结合"汉朝以孝治天下"的背景来看，这里的"软弱无能"实则是对母亲有情、对妻子无义的无奈之举。在这样的分析当中，学生不仅能够深入文本，仔细解读文言内涵，还可以在理解诗作细节的基础上，了解历史背景，知人论世，丰富语文素养。

（三）综合感知，品味精神内涵

古诗词通常深藏着丰富的情感和意蕴，诗人们通过细腻且简练的语言，传递和映射了他们的情感以及理想抱负。"中华传统文化经典研习"学习任务群旨在让学生在理解诗作细节的基础上，结合知人论世，沉浸于这些作品所展现的深邃精神世界，深刻体会诗歌的深远意义与独特价值，从而进一步洞悉并领悟其中蕴含的丰富而厚重的文化内涵。而单元视域下的单篇教学离不开篇与篇之间的交叉学习，因此，在深入感知单篇课文时，必然要结合类似文章进行对比整合，以此落实单元学习任务以及学习任务群。

任务三：对比与整合

（1）角色扮演：挑选最吸引你的片段，小组合作演绎，并说说你们的想法和感受。

（2）依据对《氓》和《孔雀东南飞》的深入理解，想象刘兰芝遇到淇水畔走来的被弃女或是"氓"遇到焦仲卿后，二人会有怎样的对话呢？试着演绎出来并分享自己的感受和认识。

在诗歌鉴赏课上，教师的职责不仅在于帮助学生掌握语言的基础知识和写作技巧，更在于引导学生感受诗句背后的深邃情感。体验式学习活动可以使学生深入诗的情境，从而更深刻地领略和感悟诗歌所蕴含的情感韵味。在第一个活动当中，学生可以从人物之间的对话入手进行细致的分析，比如，刘、焦二人被迫分离时的"时时为安慰，久久莫相忘"；焦仲卿得知刘兰芝要再嫁，只说"独向黄泉"，在得到"黄泉下相见"的誓约后先"拜阿母"再"长叹"又"徘徊"的场景。学生在编排演绎的过程当中必然会仔细感知其中人物的心理活动以及精神世界，例如拥有倔强性格和不妥协的斗争精神的刘兰芝，"孝""爱"无法两全的焦仲卿，还有可憎亦可怜的焦母等，各类人物的演绎可以让学生更好地体会该爱情婚姻悲剧的精神内核。第二个活动则是在第一个活动的基础上做了提升，对比整合前面所学的同为爱情婚姻悲剧的《氓》，学生在对比当中可以认识到二者不仅在语言风格、表现手法上面有一定的差异，还可以感知到二者在文化主题上所蕴含的女性个性舒张、追求婚姻自由意识的觉醒。最后在学生的感受分享当中，可以适时加入对社会生活的思考，学会将阅读体验与生活经验相结合，切实体会诗歌当中蕴含的文化精神。

"单篇教学是单元教学的基础，单元教学是单篇教学的统整。"① 单元视域下的单篇文本教学在讲解课文、完成单元目标和落实学习任务群当中找到了契合点，摆脱了传统语文教学中"精耕细作式"的教学形态，没有面面俱到，而是从单篇出发，整合学习任务，做到一课多篇。在开展学习任务群的教学过程中，我们应当传承语文教育领域在单篇教学和单元教学方面的宝贵经验，同时克服这些方法的局限，防止重复以往的实践错误。重要的是，在关注学习单元整体的同时，要深入挖掘每篇文本在育人方面的价值，借助单篇教学来增强单元教学效果。我们需要恰当地协调单篇与单元教学的关系，使其相互作用，从而有效地促进学生语文核心素养的提升。

---

① 贾阳，徐鹏. 语文学习任务群视域下的单篇教学与单元教学[J]. 中学语文教学，2022(11)：4-9.

思维的多元培养
——以《谈创造性思维》为例

刘 轲[①]

摘要：由于升学率的压力，教师往往只重视知识的传授而忽略学生思维的发展，如何在重视知识传授的同时兼顾学生思维的发展是教师教学的一大难点。基于此，本文以《谈创造性思维》为例，以文章结构、内容和细节为中心，采用正逆向思维结合法、鱼骨图等方式多角度促进学生思维的发展，为教师提高教学质效、实现知识与思维并重提供了一种具体的、可操作性的教学思路。

关键词：《谈创造性思维》；思维；教学

"认知决定命运，而认知的基础是正确的思维"[②]，培养和提升学生思维能力对其长远发展具有深远影响。《义务教育语文课程标准（2022年版）》也明确指出，要培养学生的"直觉思维、形象思维、逻辑思维、辩证思维和创造思维"，让"思维具有一定的敏捷性、灵活性、深刻性、独创性、批判性"，使学生"勇于探索创新，养成积极思考的习惯"。[③] 但在目前的基础教育语文教学中，教师"很少关注学生思维的发展……往往陷于应试的泥沼，

[①] 作者简介：刘轲，黄冈师范学院学科教学（语文）23级研究生，邮箱：1174717203@qq.com。
[②] 吴迪. 思维素养培养的三个要素［J］. 语文教学通讯（学术刊），2014（01）：1.
[③] 中华人民共和国教育部. 义务教育语文课程标准（2022年版）［M］. 北京：北京师范大学出版社，2022：5.

教学处处面向考试,更不利于思维发展"。① 基于此,本文拟选取《谈创造性思维》一文,从结构、内容、细节三个方面着手,探索如何在语文教学中发展学生的多元思维能力,以期为一线语文教师的教学提供参考。

一、分析文章结构,提纲挈领启思维

作为文章构成的骨架,结构是教师较为容易把握的思维启发材料。文章的结构之"纲"像是一条清晰的脉络,贯穿整篇文章,将各个部分有机地连接起来。通过抓住这条"纲",教师可以帮助学生更好地理解议论文的论证过程,从而提高学生的逻辑思维能力和批判性思考能力。

1."双核"切分,以"核"导思

明确议论文的中心论点是理解文本的钥匙,而准确定位中心论点需要靠深刻的思考。议论文常见的格式是将中心论点放置在文章的开头或结尾,而《谈创造性思维》由于其漫谈和生活化的特性,有两个中心论点,第一个中心论点为"事物的正确答案不止一个",第二个中心论点为"人人都拥有创造力"。"双核"的存在既是学生理解文章结构的难点,也是教师提高学生思维能力的关键点,教师可在"双核"的切分中,帮助学生理清文章的行文结构,促进其思维的发展。

首先,教师可以引导学生依据其当前的思维发展水平进行自主探索,通过小组合作的学习模式,共同探寻本文的中心论点,并对文章的整体结构进行初步的分析与思考。在此过程中,学生可能会就文章的中心论点是"事物的正确答案不止一个"还是"人人都拥有创造力"产生分歧。此时,教师需适时介入,引领学生进行更为深入细致的探讨与辨析。首先,教师运用假设法,先假设学生要以"事物的正确答案不止一个"为中心论点写一篇议论文,询问学生的写作思路,大多数学生的写作思路可能是先写事物正确答案不止一个的重要性,再写怎样寻求第二种答案,最后进行总结和深化。之后,教师再假设学生要以"人人都拥有创造力"为中心论点,再次询问学生行文逻辑,学生的行文逻辑可能是先写创造力很重要,再写认为自己富有创造力会怎样,不认为自己拥有创造力又会怎样,最后写怎样拥有创造力。教师通过两次假设让学生领悟议论文常见格式的行文思路。

---

① 温儒敏. 坚持立德树人,立足核心素养——用好统编本语文教材的两个前提 [J]. 语文建设,2019(14):4-7.

其次，在学生掌握了议论文的基本行文逻辑之后，教师可运用逻辑分析法，进一步引导学生深入思考：若本文分别以"事物的正确答案不止一个"和"人人都拥有创造力"作为中心论点，其行文逻辑是否呈现出环环相扣、层层递进的紧密关系。通过细致分析关键词、过渡句等文本元素，学生能够发现：当以"事物的正确答案不止一个"作为全文的中心论点时，第一至第八段的内容确实符合环环相扣、层层递进的逻辑关系，然而第九段至第十三段的内容却与之不完全契合；反之，若以"人人都拥有创造力"为中心论点，第九段至第十二段的内容与该论点紧密相关，然而，第一段至第八段以及第十三段的内容与中心论点之间却存在逻辑上的漏洞。但无论中心论点是哪一个，第十三段都是对全文的总结和概括。据此，教师可带领学生继续运用逻辑分析法，将全文划分为三个逻辑部分：第一段至第八段，以"事物的正确答案不止一个"为中心论点；第九段至第十二段，以"人人都拥有创造力"为中心论点；最后的第十三段，是对全文的总结和概括。通过这样的划分，学生初步感知了文章的复杂逻辑关系。

最后，在理顺文章逻辑的基础上，教师可进一步采用绘制鱼骨图的方式锻炼学生的多种思维能力。在绘制过程中，教师带领学生深入理解全文的行文思路，并最终以鱼骨图的形式直观呈现出全文的行文逻辑。这种方式将抽象的思维过程以形象直观的形式展现出来，实现了逻辑思维和形象思维的有机结合，使学生能够更加形象地理解"事物的正确答案不止一个"和"人人都拥有创造力"都是本文的中心论点（图1）。在上述过程中，教师以"双核"切分为目标导向，通过假设法、逻辑分析法和绘制鱼骨图等多种教学方法，循序渐进地引导学生解决中心论点不明确的难题，能有效地锻炼学生的逻辑思维能力。

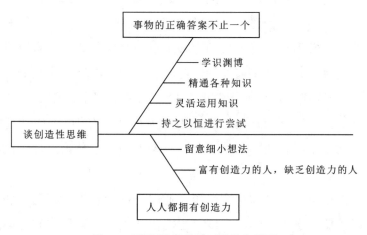

图1　《谈创造性思维》结构鱼骨图

2. "点据"切分，以"据"引思

清晰的逻辑思维是精准定位议论文论点和论据的坚实基石，而在定位论点和论据的过程中也同样促进着逻辑思维的发展。在议论文的常见格式中，论据紧跟着一个分论点，通过数据、名人事迹等材料来论证分论点的正确性。然而，在《谈创造性思维》一文中，分论点和论据交织在一起，区分度较低，这无疑增加了学生学习和理解的难度。教师可以此为突破口，运用正逆向思维结合法带领学生准确切分论点和论据，提升学生的多元思维能力。

对于第一个中心论点的分段点和论据，教师可以采用先逆后正的方法带领学生进行"点据"切分。首先，教师运用逆向思维法，以探究法为基础，指导学生逆向分析文本第七、八段与上文论点的对应关系，可推导出：第七、八段是两则人物事迹的堆积，明显是作为论据来论证某一个分论点的正确性的，且两段为并列关系，共同强调了灵活运用知识的重要性。而灵活运用知识的重要性正是对上文"如何运用知识"论点的具体展开，据此可推断，"如何运用知识"是本文的一个重要分论点，且直接回应了文中"如何寻求第二种答案"的议题。随后，教师转而运用正向思维法，以问题为导向，引领学生探寻文中对于"如何寻求第二种答案"这一问题的其他解答。鉴于这些答案均针对同一问题，它们之间构成并列关系，因此，其他答案同样作为分论点存在，与"如何运用知识"并列。由此，教师可进一步引导学生分析出"孜孜不倦地汲取知识，使自己学识渊博""精通各种知识"以及"持之以恒地进行各种尝试"三个悬而未决的分论点，并与"谷登堡发明印刷机"和"罗兰·布歇内尔发明交互式游戏机"两个论据切分开。

对于第二个中心论点的分论点和论据，教师可鼓励学生运用逆向思维法，用从论据出发到分论点最后到中心论点的思维模式，独自对第二部分的论点和论据进行切分。基于前面的学习经验，学生能进行深刻的思考，可从"贝多芬、莎士比亚、爱因斯坦"的论据，倒推出"富于创造力的人，认为自己具有创造力；缺乏创造力的人，不认为自己具有创造力""拥有创造力的人留意自己细小的想法"为第二个中心论点的两个分论点，由此将论点和论据成功切分。

教师从论据出发，带领学生运用正逆向思维结合法，将论点和论据进行切分，不仅降低了学生的学习难度，也能使学生的逻辑思维和逆向思维能力都得到有效提高。

3. "分总"切分，以"段"诱思

"分总"切分是宏观把握文章结构的重要手段。准确掌握段与段之间的联系是正确切分的前提。议论文的常见格式通常结构清晰明确，开头开门见山，中间陈述观点，最后总结深化，呈总分总的结构。而《谈创造性思维》是一篇生活化的议论文，文章结构较为模糊。教师可以紧扣本篇文章结构模糊的特性，采用概括总结法和逻辑分析法，通过概括每段的具体内容，理清段与段之间的逻辑链条，在概括和理清的过程中锤炼学生的思维能力。

教师通过抓关键词、关键句的方式，引导学生运用概括总结法将全文概括为五个部分。第一、二段是对图表四个答案都正确的合理性分析，进而引出"事物的正确答案不止一个"的观点；第三段凸显"不满足一个答案，要寻求第二种答案"的重要性；第四段至第八段都是对"创造性思维必须具备的条件"的论述；第九段到第十二段聚焦于"富有创造力的人和缺乏创造力的人的区别"；第十三段总结全文指出拥有创造力所需的要素。

学生在充分理解五个部分的内容之后，教师可以巧妙地运用逻辑分析法，引导学生积极探寻各部分之间的内在联系，通过明确找寻这些关联点，帮助学生理清五个部分之间的逻辑链条，从而实现知识从"散"到"整"的有效整合。首先，教师可引导学生将第三段的关键句"生活中解决问题的方法并非只有一个，而是多种多样"与前两段的中心思想"事物的正确答案不止一个"结合起来分析，通过对照可发现前者是后者的引申，二者存在递进逻辑关系。再找到第四段关键句"寻求第二种答案……有赖于创造性思维"可知第三段和第四段至第八段之间是先陈述重要性后讲述怎么做的递进关系。总的来看，第一段到第八段是层层递进的逻辑关系，以"事物的正确答案不止一个"为核心展开论述。由于本文"双核"的特性，前八段与第九段至第十二段为并列关系，而第十三段又是对全文的总结，至此全文结构已较为清晰，文章整体可分为"事物的正确答案不止一个""人人都拥有创造力"、总结三大部分；三个部分呈现出分总的逻辑关系。

教师运用概括总结法和逻辑分析法，以归纳段落的大意和明确段落与段落之间的联系为任务，不仅明确了文章的结构，降低了学生学习的难度，还锻炼了学生的分析、概括、推理等多元思维能力。

二、探文章内容，条分缕析拓思维

内容是文章的核心，也是传达作者写作意图和思想观念的重要载体。在

教学中，教师应当立足于文章内容这一根本，灵活采用多样化的教学策略，带领学生深入探索文章内涵，细致感知作者思想，在探寻和感知过程中培养学生的多元思维能力。

1. 以"导入"激发散之心

导入是激发学生对课文内容产生兴趣的重要环节，优秀的导入能激发学生的好奇心和求知欲，活跃学生的思维。在创作时，作者一般会采用多种导入方式，勾起读者的好奇心和求知欲，引发读者对文章的思考。其中，故事导入、问题导入、悬念导入和情感导入是最为常见的几种方法。具体而言，故事导入是通过一个有趣的故事表达文章主题；问题导入，层层递进提出多个与主题相关的问题；悬念导入，文章开头设置引人入胜的悬念；情感导入，通过强烈的情感表达引起读者的共鸣。《谈创造性思维》的教学可以采用问题导入的方式，通过多个问题层层递进得出"事物的正确答案不止一个"的主题。

利用问题导入策略，教师可以带领学生思考"从下列四种图形中，找出一个性质与其他三个不同的来"这一问题。受数学逻辑思维的影响，绝大多数学生可能会选择图形 B 作为正确答案。然而，课文却指出图形 A、B、C、D 均可视为正确答案，这与学生的常规认识产生了冲突。在这种常规答案与非常规答案的碰撞中，学生会积极思考为什么图形 A、C、D 也能成为正确答案。在课文的提示下，学生会意识到自己的思维局限，并努力打破这种思维定式。此时，教师还可以进一步提出发散性问题，如：还有没有其他理由可以使图形 A、C、D 成为正确答案，引导学生提出多种答案。学生就在这样先打破思维局限后培养发散性思维的一"破"一"立"的过程中，实现了发散性思维的提升。

2. 以"点据"探创新之法

在议论文的常见格式中，作者的观点通常作为中心论点呈现，通过运用论据来佐证各个分论点，而这些分论点又共同支撑起中心论点，从而系统地阐述作者的观点。而《谈创造性思维》由于其漫谈的特殊性而设置了两个中心论点，文章前半段（第一段至第八段）以"事物的正确答案不止一个"为中心论点，文章后半段（第九段至第十二段）则以"人人都拥有创造力"为中心论点。基于这样的结构，将这两个中心论点综合起来考虑，可以提炼出作者的主要观点：探讨并教授人们掌握创造性思维的有效方法。因此，教师引导学生学习论点与论据的过程，实质上也是引领学生探究创新方法的过程。

由于有"点据"切分的学习基础，学生能较为容易地找到第一个中心论点"事物的正确答案不止一个"的四个分论点，分别为："孜孜不倦地汲取知识，使自己学识渊博""精通各种知识""活用知识""持之以恒地进行各种尝试"，而这四个分论点正是对文中"创造性思维必须具备哪些条件呢？"的回答。文章后面列举了谷登堡发明印刷机和罗兰·布歇内尔发明交互式游戏机的例子，论证"创造性思维必须具备渊博的学识和会活用知识"的分论点，向学生证明了这四个分论点是创造性思维的必备条件。同理，学生也能较为容易地找到第二个中心论点"人人都拥有创造力"的两个分论点，即"富于创造力的人，认为自己具有创造力；缺乏创造力的人，不认为自己具有创造力""拥有创造力的人留意自己细小的想法"。而将这两个中心论点的各个分论点综合起来的过程，正是引导学生全面、系统地理解创造性思维的核心要素与培养方法的关键环节，通过这一过程，学生能够构建起关于文章的完整认知框架，也能为自身运用创造性思维打下基础。

学生在深入学习文章的论点和论据的基础上，教师可以巧妙地引导学生探索创新的方法，从理论上培养学生的创造性思维。此外，教师还可以进一步引导学生在掌握这些理论方法之后进行实际操作，例如举办"变废为宝"的小活动、组织创意大赛等，通过理论与实践相结合的方式，全面培养学生的创造性思维。

三、琢文章细节，抽丝剥茧砺思维

细节构成了文章的肌理，而对细节的深入剖析则是锻炼与提升思维能力的重要方式。教师可引导学生寻找细节、分析细节，运用对比法、问题法等方法剖析细节，并以此过程为契机，有效锤炼学生的逻辑思维能力。

1. 以"图"发问唤思维

图表作为一种可视化的思维工具，能够将学习者的思维过程具象化。它通过将知识依据某种内在联系构建成可视化的知识框架，使得学习者能够迅速且高效地获取并利用知识，进而降低学习的难度，提升学习效率。因此，教师在教学过程中应当充分把握并有效利用文章中出现的图表资源，引导学生学会通过图表来理解和掌握知识，在提高学生学习策略的同时培养其思维能力。

《谈创造性思维》文章开头就用图表抛出四个图形和问题，教师可以就图形设置的细节，由浅入深地进行一系列的发问。问题一：这个问题你的答案是什么？大多数学生的答案可能是 B。教师继续发问，问题二：你为什么会选 B？问题三：由直线构成的图形有很多，作者为什么选择三角形作为选项？教师通过这三个问题，让学生们意识到作者选择图形的巧思。受数学思维的影响，大部分学生看到这题会选择三角形为正确答案，作者将三角形放入选项中，能让多数学生陷入思维的局限中。图形 C 是一个数学题目中较少成为正确答案的不规则图形，也是大部分学生做题时第一个排除的图形，而这个图形也可以是正确答案，这打破了学生的常规思维，让学生直观地感受到了"事物的正确答案不止一个"。作者的这些巧思如果通过言语直接陈述难以达到理想的效果，而使用图表表达不仅形象直观，更能锻炼学生的多种思维能力。

2. 以"点"追问淬思维

论点是串联全文行文思路的纽带，而正确串联的基础是逻辑思维。议论文通常根据中心论点提炼几个分论点，再通过正反对比、举例等论证方法论证分论点的正确性，从而进一步巩固中心论点的正确性，结构上往往呈现总分或递进的逻辑关系。而《谈创造性思维》中串联全文行文思路的论点逻辑链条不完整，存在着分论点中必备条件概括不足、分论点论证乏力等问题，教师恰恰可以利用这些问题，以分论点为基础进行追问，引导学生找出本文的逻辑漏洞，在"找茬"中锻炼学生的逻辑思维。

教师在带领学生复习完议论文的相关知识后，可以就分论点提出一个封闭式问题：本文的分论点是否都成立？再通过一个引导性问题进行追问，即本文的哪些分论点不成立，请说出你的理由。教师先通过封闭式问题引导学生进行初步思考，再通过引导性问题带领学生进行深入探索，指导学生运用对比分析法，将生活化的议论文与常规的议论文进行对比分析，用逆向思维法，反推分论点是否成立。两个问题层层递进，由浅入深地带领学生在对比和反推的过程中锻炼逻辑思维。

学生通过对比分析的方法，可以得出本文的几个分论点："精通各种知识""持之以恒地进行各种尝试""富于创造力的人，认为自己具有创造力；缺乏创造力的人，不认为自己具有创造力""拥有创造力的人留意自己细小的想法"悬而未论。再通过逆向思维的方法对六个分论点进行反证，得出有些分论点如：要精通各种知识，"不精通各种知识就一事无成"的说法过于绝对，不符合议论文语言严谨的要求。

最后教师再提出一个开放性问题：既然本篇论文有如此多的问题，编者为什么还要将其放入课本？我们为什么还要学习这篇课文？以无标准答案的问题，鼓励学生发散思维、畅所欲言。封闭式问题、引导性问题、开放性问题层层深入，形成一个逻辑闭环，锤炼着学生的逻辑思维和发散性思维。

单元整体视域下单篇教学策略研究
——以《梦游天姥吟留别》为例

周可雅　杨瑰瑰[①]

摘要：本文旨在探讨单元视域下《梦游天姥吟留别》单篇教学的有效路径。单元教学并不排斥单篇教学，二者相辅相成、互为补充。在新课标与新教材背景下，单元视域下的单篇教学成为连接宏观教学目标与微观教学实践的桥梁。本文采用文献研究法，首先综合课标、教材与学情确定单元整体教学目标，并聚焦文本明确《梦游天姥吟留别》单篇教学目标；其次明确《梦游天姥吟留别》作为教读课的特点，关注其文本独特性，并与单元相联系规划教学内容；最后贯通单元单篇，实施单元视域下单篇教学策略，从文本的个性点、联结点、特征点出发，在篇、课、单元中实施教学，有效避免教学孤立化，以提升学生语文核心素养为目标，促进学生对单元内容的整体把握，以期为高中语文教学提供有益参考。

关键词：单元教学；单篇教学；《梦游天姥吟留别》

随着（《普通高中语文课程标准（2017年版2022年修订）》）的深入实施，单元教学日益成为一线教学的重要趋势。《梦游天姥吟留别》作为高

[①] 作者简介：周可雅，黄冈师范学院学科教学（语文）23级研究生，邮箱：1447743958@qq.com；杨瑰瑰，黄冈师范学院文学院（苏东坡书院）副教授、硕士生导师，邮箱：24578492@qq.com。

中语文教材中的经典篇目,其单篇教学在单元视域下显得尤为重要。本文以《梦游天姥吟留别》为例,在单元整体视域下开展单篇教学研究,通过深入分析教学目标、教学内容与教学路径,以期为一线教师提供有益的参考与借鉴,促进学生对古典诗词的深入理解与鉴赏,提升其文学素养与文化底蕴。

一、统揽单元意识,厘定教学目标

开展单元视域下单篇教学研究,应树立全局性单元意识,综合课标、教材与学情,厘定教学目标,明确教学导向。《梦游天姥吟留别》收录于统编高中语文必修上册第三单元,在单元视域下开展单篇教学,应先确立单元整体目标,挖掘整体价值,再细化至单篇教学目标,确保单篇教学在单元视域下的有效实施。

(一)课标引领,指明方向

课标为开展教学指明方向,在确立教学目标时,"教师需要重点关注课标对各个学习任务群目标与内容、学业质量水平的描述"。[①]

1. 学习任务群

本单元属于"文学阅读与写作"任务群,该任务群引导学生关注作品的语言、构思、形象、意蕴、情感,让学生有全面、丰富的审美体验,并且尤其注重提升学生的文学欣赏能力与审美鉴赏能力,"使学生在感受形象、品味语言、体验情感的过程中提升文学欣赏能力""撰写文学评论,借以提高审美鉴赏能力和表达交流能力"。[②] 同时,该任务群也多次强调读写结合,要求学生在阅读中有自己的独特理解与发现,写出自己的感受与见解,注重个性化与创造性。

2. 学业质量

"学业质量是学生在完成本学科课程学习后的学业成就表现。"参考新课标中的学业质量标准确立教学目标,以终为始,有助于整体把控单元教学目

[①] 吴欣歆,朱来青.依托教材自然单元发挥学习任务群的综合效应——以高中语文必修下册第八单元为例[J].语文建设,2021(05):49-53.
[②] 中华人民共和国教育部.普通高中语文课程标准(2017年版2020年修订)[M].北京:人民教育出版社,2020:17.

标。《梦游天姥吟留别》被选入高中语文必修教材，学生的学习结果应达到"能整体感受作品中的形象，把握作品的思想观点和情感倾向""能整体感受作品的语言、形象和情感，展开合理的联想和想象；能对作品的内容和形式作出自己的评价"。①

因此，在本单元的诗歌教学中，应引导学生把握作品的语言风格与文体特色，掌握多样化的表达方式，领悟作品蕴含的内涵与情感，培养辩证思维与多元解读能力，并在实践创作与分享中"增进对祖国语言文字的美感体验""体会中华文化的博大精深、源远流长"②。

（二）教材解读，构建体系

"统编高中语文教材在教材选文结构上更加注重篇章之间前后相承的紧密联系，前后关联的不同单元又潜在地与课程标准中的十八个学习任务群一一对应。"③ 教师在备课时，需明确单元中的每篇课文在教材体系中的定位，这对于确定教学目标，进而有效实施教学具有重要意义。解读教材，可以从人文主题和选文分析、助读系统和作业系统等方面入手。

1. 人文主题和选文分析

统编版高中语文教材遵循"双线组元"的编排原则，将人文主题与学习任务群相链接。立足人文主题是有效开展单元教学的前提。《梦游天姥吟留别》所在单元的人文主题为"生命的诗意"，通过单元导语，教师可提炼出古诗词中的"文化基因""多样的人生"与"人生的感悟"等关键词，构建出相关的"主线"教学思维，引导学生在阅读与鉴赏古诗词时体会诗人对社会、人生乃至生命的思考与感悟。

明确单元整体教学目标，需挖掘单元中每篇选文的教学价值。本单元汇集了不同时期、不同体裁的古诗词名作，包括《短歌行》《归园田居（其一）》《梦游天姥吟留别》《登高》《琵琶行（并序）》《念奴娇·赤壁怀古》《永遇乐·京口北固亭怀古》《声声慢（寻寻觅觅）》。曹操的豪情壮志、陶渊明的自然情怀、李白的浪漫超脱、杜甫的忧国忧民、白居易的同情共鸣、

---

① 中华人民共和国教育部. 普通高中语文课程标准（2017年版2020年修订）[M]. 北京：人民教育出版社，2020：35.

② 中华人民共和国教育部. 普通高中语文课程标准（2017年版2020年修订）[M]. 北京：人民教育出版社，2020：6-7.

③ 李嘉哲，李可. 统筹全局，分流合击离经析志，巧设情境——大单元视域下的《子路、曾皙、冉有、公西华侍坐》教学策略研究[J]. 语文教学通讯，2022（13）：8-11.

苏轼的旷达乐观、辛弃疾的豪放不羁、李清照的柔美婉约，展示出诗人们迥异的人生哲学。在教学中，教师应根据各篇选文的特点，引导学生掌握阅读与鉴赏古诗词的技巧，使学生能够深切体会古诗词中蕴含的独特魅力，并激发他们对中华优秀传统文化的热爱与传承意识。

2. 助读系统和作业系统

助读系统主要包括学习提示、注释与插图。本单元学习提示涉及体式、语言、手法、意象、情感等知识点。以第8课为例，学习提示部分说明"这几首诗体式不同，抒发的情感和创作手法也各不相同，诵读时要细加体会"。因此，本课教学目标需强调诵读的重要性，并注重对诗歌体式、手法与情感的教学。《梦游天姥吟留别》中，描写了想象、梦境、意象、精神追求，教师应以此为契机确立教学目标，设计教学活动，如诵读比赛、诗歌鉴赏讨论等，让学生在实践中提升语文素养。在注释部分，应关注通假字、古今异义、一词多义等知识点，并结合多版教材与古籍，纠正易错点，如"惟觉时之枕席"中"觉"字的读音，可引导学生结合权威典籍与上下文意辨析"jué"或"jiào"，深化学生理解基础文言知识。

在作业系统的"单元学习任务"部分，主要提到"采用知人论世的方法"进一步探究诗歌内涵，从中得到启示，并"体会古诗词的音韵美"。在"学写文学短评"部分则要求形成"自己对作品的理解""积累个人的阅读经验"，评论古诗词中的情感、形象、思想内涵，提高文学审美与鉴赏能力。

（三）综合学情，确立目标

本单元是学生步入高中后学习的第一个古诗词单元，应为培养学生审美与鉴赏能力奠定坚实基础，而《梦游天姥吟留别》作为一首乐府长诗，诗中意象罕见，蕴含典故生僻，梦境描绘奇幻，教师应重点讲解。

综合上述课标、教材与学情要求，可将本单元整体教学目标确立为：诵读古诗词，体会诗歌意境和艺术魅力；掌握知人论世的方法，深入理解诗人蕴含其中的情感和思想，思考其人生追求；探究古诗词的艺术特色，掌握鉴赏古诗词的基本方法，提高审美鉴赏能力；结合所学知识与个人感悟撰写文学短评，提高自身文化修养。

而《梦游天姥吟留别》单篇教学目标应为完成单元整体教学目标提供支架，教学目标设计如下：在诵读和想象中感受诗歌意境，体会诗歌的韵律美，领悟李白豪放飘逸的诗风；通过知人论世的方法，感悟作者蔑视权贵、向往自由的人生追求；把握诗歌内容，品味梦境意象，探索作者的精神境界；感受浪漫主义风格，撰写个性化阅读体验。

二、把握单篇特色，规划教学内容

在明确单元整体教学目标和单篇教学目标的基础上，组织单元视域下《梦游天姥吟留别》单篇教学内容，注意要在关注单篇文章的独特性的同时，联系单元整体脉络。

（一）定位单篇坐标，明确课型特色

《梦游天姥吟留别》是"诗仙"李白的代表作之一，开展单元视域下《梦游天姥吟留别》单篇教学，需定位单篇坐标，明确课型特点，明确教学内容。

界定课型特点，能明确开展教学的侧重点与方式。统编版高中语文教材创新采用"一课多篇"的编排体例，《梦游天姥吟留别》是本单元第8课的首篇教读课文，为学生的后续学习奠定基础。在教学中，教师应进行详尽的背景阐释，构建情境，使学生仿佛穿越时空与诗人共赴天姥山之旅。随后，引导学生聚焦诗歌语言艺术，通过朗读、讨论与分析把握诗歌意象、修辞与韵律，感受意境之美及诗人的超脱情怀。进而，教师适时引导学生开展跨文本比较阅读，将《梦游天姥吟留别》与后续教读课文《登高》及自读课文《琵琶行（并序）》进行初步比较，拓宽学生的文学视野，培养其批判性思维和比较阅读能力。这一过程不仅加深了学生对个体文本的理解，更促进了其对整单元乃至中国古典诗歌整体风貌的把握与感悟。

（二）挖掘单篇精髓，彰显独特价值

孙绍振认为："文本解读，核心是文本。"[①] 文本解读是明确教学"教什么"的重要前提。《梦游天姥吟留别》作为一首集记梦与游仙于一体的诗作，彰显了李白的浪漫主义情怀，其独特之处不容忽视，应深入文本解读，挖掘其在内容与结构、文体特色、语言艺术等方面的独特教学价值。

---

① 孙绍振. 多元解读和一元层层深入——文本分析的基本理论问题 [J]. 中学语文教学，2009（08）：4-8.

《梦游天姥吟留别》是唐代诗人李白创作的乐府歌行体长诗，全诗以梦游天姥山的奇幻旅程为载体，展现了李白超凡脱俗的想象与对自由的无尽向往。在内容与结构上，以"海客谈瀛洲"开篇，引出天姥山的神秘，设置梦境起点；随着梦境深入，诗人以瑰丽的想象和夸张的手法，描绘了飞度镜湖、登山奇景、山林颤栗、洞天仙境等场景，反映了诗人内心世界的波澜壮阔；而梦境的破灭与现实的回归，则让诗人领悟到"古来万事东流水"的哲理，最终以"安能摧眉折腰事权贵"表达了自己不愿屈从权贵、追求自由独立的高尚情操，突出李白借助梦境抒发个人情感、批判现实社会的"蔑视权贵"说的主题思想。在文体特色上，诗题中"吟"字标志着歌行体形式自由，杂言相间，兼采骚体，笔调随兴而发，尽显李白诗歌的奔放不羁，但在教学中，许多一线教师忽略文体教学，需在此方面多加改进，提升学生对诗歌体式的认识；在语言艺术上，诗句华丽流畅、音韵和谐，通过韵律的变换体现诗人情感脉络的起伏，在教学中应引导学生细品其音乐性与美感；在表现手法上，运用拟人和比喻，同时"天姥""仙人"等典故蕴含着深厚的文化内涵和诗人的情感寄托，而虚实结合的艺术手法增强了诗歌的感染力，特别是"梦境"的构建，赋予诗歌丰富的想象和象征意义；在情感表达上，面对仕途失意，李白通过《梦游天姥吟留别》表达了对自由与超脱的深切向往，同时隐含了对现实社会的不满与批判，情感深沉而激烈。全诗构思精妙，意境开阔雄伟，内容曲折丰富，洋溢着浪漫主义色彩，是李白追求自由、独立、超脱精神世界的真实写照，也是其文学才华与人格魅力的集中体现。

（三）联结单元脉络，强化联系意识

　　《梦游天姥吟留别》单篇教学应紧密联结单元整体脉络，强化单元内部的联系意识。规划本诗教学内容时，应与单元人文主题、单元整体目标和单元其他选文相联结，在单篇教学中促进学生对单元整体知识的把握。

　　首先，与单元人文主题相联系。《梦游天姥吟留别》通过描绘梦游天姥山的奇幻经历，展现了诗人对自由、独立、高洁人格的向往与坚守，这正是对生命诗意的一种极致表达。在教学中，教师可通过本诗情感内涵与单元主题相呼应规划教学内容，并结合单元其他选文，让学生感受到不同诗人对生命意义探索的多样性。其次，与单元整体目标相融合。单元整体目标已明确为诵读、感受意境、掌握鉴赏方法、提升审美素养等。在开展《梦游天姥吟留别》的单篇教学时，教师应围绕目标规划教学内容，带领学生通过诗歌音韵美体验诵读，通过诗歌意象感悟意境，掌握鉴赏古诗词的基本方法，并深入理解诗歌情感与思想内涵，提升审美素养。这些教学活动不仅服务于《梦游天姥吟留别》的单篇教学，也促进了单元整体目标的实现。最后，与单元其他选文相联系。可以进行跨文本比较阅读，寻找相通之处。例如，在情感表达上，《梦游天姥吟留别》与《登高》都表现了诗人对现实的不满与对理想的追求，但前者以梦境为载体，虚实结合，后者则以秋日登高为背景，更为写实，展现了不同的情感抒发方式。通过文本间的异同之处规划教学内容，学生可以更全面地认识中国古代诗歌的丰富性，提升文学鉴赏能力。

三、贯通单元单篇，实施教学策略

单元教学并不排斥单篇教学，开展单元视域下的单篇教学，需要贯通单元单篇，实施教学策略。可参考徐汉华提出的单元教学的"三个结合"，即"单元课文共性与各篇个性的相结合，讲读教学与写作教学的相结合，课内精读与课外博览的相结合"。① 基于此，需要在教学中做到聚焦个性点、挖掘联结点、把握特征点，从而实施单篇的精准教学、一课内的对比教学与单元的专题教学，力求促进学生语文核心素养的稳步提升。

（一）聚焦个性点，开展精准教学

本诗亮点在于对浪漫飘逸的梦游仙景的描绘，它不仅勾勒出一幅超脱尘世的奇幻景象，更深刻反映了李白的内心世界，是全诗的点睛之笔。因此，在教学中，教师应精准施策，围绕"梦"开展学习活动，通过梦境层次理清文章结构，通过梦境意象变化感受诗歌意境及其体现出的诗人情感变化，引导学生进行精读与细化学习。可设计以下四个活动。

活动一：知人论世，掘梦境起源

柏拉图认为"梦是一种感情的产物"，弗洛伊德提到"梦是愿望的满足"，由此可见，"梦"是人在现实中愿望难以被满足、欲望被压抑后的感情显现。通过"知人论世"的方法，教师可引领学生追溯本诗创作背景，即李白长安之行受挫、深感仕途无望之际。活动一旨在引导学生了解李白的生平

---

① 徐汉华. 单元教学设计中的"一、二、三"原则[J]. 语文教学通讯，1981（04）：2-4.

经历与创作背景，理解李白诗歌中"梦"的根源与深层含义，为接下来的学习打下坚实基础。

活动二：梦境分层，析内容结构

教师引导学生以"梦"为线索，将全诗划分为"梦前之现实压抑""梦中之仙境畅游"与"梦醒之悟道反叛"三大板块，理清文章结构。此活动还需要引导学生分析诗歌韵脚的改变，从中体会出诗人情感脉络的转折起伏，感受诗歌的浪漫主义色彩。同时，"梦中"部分作为教学的核心点，需引导学生深入剖析，感受诗人超脱现实的自由与对美好理想的追求。

活动三：意象解析，悟情感变迁

教师组织学生开展自主合作探究，解析梦境中的具体意象，如"湖、月、影、溪"的清幽，"熊咆、龙吟、云、雨"的壮阔，以及"霓衣、风马、云君纷纷"的仙幻，让学生在学习鉴赏诗歌基本方法的同时，深刻体会这些意象背后所蕴含的诗人情感的变迁。

活动四：梦意辩论，明心志所向

此外，教师还可巧妙设计"美梦"与"噩梦"的辩论环节，引导学生探讨李白之梦究竟是对现实困境的逃避还是对美好理想的追求，抑或二者兼有的复杂情感。这些活动不仅能加深学生对文本的理解，还能培养学生的表达能力与批判性思维。

（二）挖掘联结点，进行对比教学

挖掘"一课多篇"中的联结点，以一篇带多篇。《梦游天姥吟留别》与《登高》《琵琶行（并序）》组成一课，都是诗人仕途失意后所作，教师可以围绕这一联结点进行对比教学，开展如下活动。

活动五：仕途失意，探异同对比

《梦游天姥吟留别》中李白因政治打击与朝廷排挤，以梦游仙境寄托理想，虽失意却仍怀仕途热望，展现积极人生态度；杜甫晚年多病，于《登高》中抒发忧国忧民、壮志未酬之痛，个人与国家命运的交织，透露出深沉的无奈；白居易则在《琵琶行（并序）》中，借琵琶女之境遇映射自身政治失意，表达贬谪后的孤独与苦闷。尽管三位诗人仕途受挫的具体情境各异，但共同的仕途不顺促使他们在诗歌中深刻反思生命与命运。

教师在教学中应引导学生对比表达失意的意象的异同。一方面，关注相同意象所表达的情感差异，如"月"意象在《梦游天姥吟留别》和《琵琶行（并序）》中均有出现，前者的"月"贯穿全文，不仅是自然景象，更是诗人内心世界的映照,象征诗人的孤独与超脱;而后者的"月"在文中出现五次,将白居易送客的离别之情、琵琶女演奏后的清冷之感、回忆往昔的落寞之感、琵琶女当下的寂寞之情及白居易谪居的愁苦之思巧妙串联起来。又如《梦游天姥吟留别》与《登高》相同的"猿"意象,前者描绘自然的美好,隐喻诗人内心对自由的渴望;后者营造凄凉的氛围来表达悲情。另一方面,也要关注《梦游天姥吟留别》中的独特意象,如"天鸡、迷花"等展现出梦境的壮丽与迷人,暗示着诗人对理想世界的向往;"熊咆、龙吟"等透露出梦境中的惊险与变幻莫测,象征着现实中自身仕途的坎坷;"洞天石扉、青冥浩荡"、虎鸾、仙人如麻等,更是将梦境推向了极致的浪漫,展现了李白在失意时既愤懑又超脱的心态。通过异同对比,学生能够更深入地理解文本内涵,锻炼批判性思维,感悟古代文人在逆境中的精神追求与生命哲思。

(三)把握特征点,深化专题教学

开展单元视域下《梦游天姥吟留别》的单篇教学,应着眼于单元整体,关注作者对人生、生命的不同感悟和理解,将作者各自的困境作为特征,深化专题教学。教学以《梦游天姥吟留别》为基点,旨在引导学生实现从"这一篇"到"这一类"的突破,促进学生语文核心素养的提升。可设计如下拓展活动。

活动六:困境抉择,映生命诗意

五代时王定保在《唐摭言》中曾言:"玉经磨琢多成器,剑拔沉埋便倚天。"面对困境,作者在各自诗歌中寄寓着自己的人生态度和追求。以《梦游天姥吟留别》一文为基点,本诗是作者李白被放逐长安、官场不得志时所作,他面对权贵排挤、仕途失意的困境,选择跻身于梦境,将梦中经历的"由喜而惊、由惊而怒、由怒而叹的奇谲变化"[①]与现实中自身"入京、遭谗、被疏、放归"等经历紧密联系,通过实现精神的自我回归,消除了现实中的困境与焦虑,梦醒后"安能摧眉折腰事权贵"一句更表达出对权贵的蔑视。探讨出《梦游天姥吟留别》一文中李白所面对的困境及其摆脱困境的选择和态度时,就能与本单元其他文章进行群文教学。如《短歌行》中曹操的困境是对人生苦短、贤才难得、功业未就的"忧思难忘",但背后却是对天下志在必得的豪情壮志;《归园田居(其一)》中陶渊明面对俗世之间的紧张与对抗,选择"归园田"以寻找内心的宁静;《念奴娇·赤壁怀古》中苏

---

① 王岱,王希明. 统编高中语文名师单元教学设计:必修[M]. 济南:山东教育出版社,2022:44.

轼壮志未酬却"早生华发",但仍感悟出"人生如梦,一尊还酹江月"的旷达;《声声慢》是李清照遭受国破家亡的劫难后,"凄凄惨惨戚戚"的哀愁。面对困境,有人踌躇满志,有人另辟蹊径,有人困顿其中,在教学中,应引导学生结合时代背景分析困境成因和诗人面对困境时的态度与选择,总结诗人的生命观,并鼓励学生围绕"困境"撰写文学短评,在读写结合的实践中加深对文本的理解。

本文深入研究单元视域下《梦游天姥吟留别》的单篇教学,强调不能割裂地将每一篇诗文独立教学,而应贯通单元与单篇,采用多样化教学手段,促进学生对文本的深入理解与能力的全面提升,以期为单元教学实践提供有效策略,也为高中语文教学贡献绵薄之力。

单元整体教学视域下单篇选文教学内容研究
——以《赤壁赋》为例[1]

张路遥[2]

摘要：本文提出在单元整体视域下，以单元导语为中心，以教学目标为统领，通过创设教学情境、搭建学习支架、组织教学活动对统编高中语文必修上册中的《赤壁赋》进行教学，以此加深学生对此文的理解，提高教师的教学质量和效率。

关键词：单元整体视域；《赤壁赋》；教学设计

提升学生的语文综合素养是现阶段语文教学的首要任务，在单元整体视域下进行语文教学是培养学生语文综合素养的有效方法之一。单元整体教学追求的是工具性与人文性的统一，通过提炼单元主题，发掘单元人文主题与各个语文要素之间的有机关系，进行单元学习任务设计，整合整个单元的文本资源和语文知识，改变单篇教学逐一讲解、反复训练的教学方式。如何在单元视域下对单篇课文进行教学是现阶段语文教学中存在的一大难题。

《赤壁赋》是统编高中语文必修上册第七单元的一篇文言文，是宋代诗人苏轼被贬黄州时写下的。此篇创作于元丰五年（1082年），是苏轼因"乌

---

[1] 项目基金：本文系国家社会科学基金青年项目"清代鼎甲策整理与研究"（22CZW033）阶段性成果。

[2] 作者简介：张路遥，黄冈师范学院学科教育（语文）23级研究生，邮箱：919758133@qq.com。

台诗案"被贬黄州、泛舟游赤壁时写下的。在以往对《赤壁赋》的教学中，教师往往采用的都是单篇视角，很少在单元整体视域下对《赤壁赋》进行教学研究，忽视了单篇课文与单元整体之间的联系，难以提高教师的教学效率。《赤壁赋》作为第七单元的一部分，与整个单元有密不可分的联系。

基于此，本文将聚焦单元整体视域，以《赤壁赋》为例，探讨如何在单元整体视域下对《赤壁赋》展开有效教学。在单元整体视域下进行教学，应该以单元教学任务为纲，以单篇教学目标为具体任务，建立起单篇课文与单元整体之间的联系，在具体篇目的教学过程中完成单元的整体任务，提高教师的教学质量和效率。教师在对《赤壁赋》进行教学的过程中要紧扣单元导语，在教学实施的过程中，不仅要实现单篇教学目标，更要实现单元教学目标。在单元整体视域下，教师要以教学目标为统领，通过情境创设、学习支架搭建以及活动创设来推动教学任务的完成。

一、紧扣单元导语，制定教学目标

统编高中语文教材注重选篇课文的逻辑结构，重视每篇课文在单元教学中体现出来的价值。因此，教师在进行教学时，要注重单篇课文与单元整体之间的关系，将整个单元视为一个整体，着眼于整体，立足单元教学目标，明确单元整体和单篇课文之间的异同点。单元导语体现了一个单元的整体设计意图，是整个单元教学和学习的目标定位和学习导航。教师在教学前应该仔细研读单元导语，明确本单元的人文主题以及单元教学目标，制定具体篇目的教学目标时要以单元导语为统领，聚焦单元导语，制定优化教学目标。

以统编高中语文必修上册第七单元为例，第七单元的单元导语分为三段，第一段说明学生"通过文学作品对自然的描写反观自然，可以提升对自然美的感悟力，激发对自然和生活的热爱之情"。第二段说明学生在写景抒情散文对风物美景的描写中可以受到美的熏陶，"领会深厚的人文内涵"。第三段要求学生在学习本单元的过程中要"体会民族审美心理，提升文学欣赏品位，培养对自然的热爱之情"。由此可以将单元教学目标归纳为：第一，掌握景物描写的特点，学习写景抒情散文的语言之妙；第二，分析情景交融、情理结合的写作手法，提升文学作品的欣赏能力；第三，感受作者在作品中表现出来的思想情感，探究作者寄寓作品背后的民族审美心理，培养学生对自然的热爱之情。因此教师要找到《赤壁赋》与本单元其他课文之间的联系与不同点，将单元教学目标具体化，着眼于单元教学目标，立足于《赤壁赋》本身的文学特点来制定本篇课文的教学目标。

《赤壁赋》以作者的主观感受为线索，将情、景、理进行巧妙结合，通过主客问答的形式表现自己由乐到悲再到喜的情感变化过程，表现出了作者的乐观豁达以及忘怀得失、超然物外的境界。结合单元教学目标以及《赤壁赋》本身，教师可将教学目标制定为以下三点。

（1）《赤壁赋》作为一篇文言文，与现代文之间存在着较大差异，因此，在深入学习理解文本之前，需要先了解文章的大意，理清文本结构，在此基础上，将教学任务一确定为反复诵读，借助注释和工具书疏通文章大意。

（2）情、景、理三者的巧妙结合是本篇文章的一大写作特色，且本单元的单元导语和课后的单元学习任务中都提到了情景交融、情理结合的写作手法，所以将本课的教学任务二和教学难点确定为"分析文章情景交融、情理结合的写作手法"，品味文章的语言之美，感受文章的艺术特点。

（3）苏轼在《赤壁赋》中传达出来的乐观旷达的人生态度是学生需要学习的，且只有真正理解了作者在文章中表达出来的情感态度才算是真正领悟到了课文的内涵，实现了语文的育人功能。因此，将教学任务三以及教学难点确定为体会作者的情感变化过程，结合作者的背景生平，感受作者的乐观旷达。

在单元整体视域下，教师应以单元教学任务和单篇文章自身特点来制定教学目标，双线进行，将整体与部分结合，使单元教学目标贯穿于单篇教学的过程中。

二、创设教学情境，拓宽教学空间

"情境"一词曾多次出现在课标之中，它不是指教师在课堂的开始引入的音乐视频等简单的背景资料，而是指在教学的过程中，教师创设出来的符合学生生活实际的，与学生的当下生活产生联系的教学情境。教师通过创设教学情境，拓宽学生的学习空间，为学生深入学习课文提供一定的帮助。

在单元整体视域下创设教学情境，应该将单元作为一个整体，创设一个整体的学习情境，将每篇课文作为分任务，将单篇课文教学融入整体的教学情境中，在完成分任务的过程中实现整体目标。根据单元导语确定本单元的人文主题，依据人文主题创设合适的贴近生活实际的教学情境。

第七单元的人文主题是"自然情怀"，主要为写景抒情散文，通过大量的景色描写来展示自然之美以及情感之美。作者通过文字向读者展示了一幅幅具体生动的画面。教师在对第七单元进行教学时，可以创设视频拍摄比赛的教学情境，将不同的课文设置为不同的拍摄主题，让学生自由选择课文，将其改写为具体的视频拍摄脚本，并根据脚本进行拍摄，让学生在理解课文的基础上通过视频的方式再现课文中的画面。

《赤壁赋》是宋朝文人苏轼于元丰五年（1082年）在黄州创作出来的一篇写景抒情散文，表现的是作者苏轼对人生的思考以及超脱豁达的人生态度。为了缩短学生与古代文言文之间的距离，教师在帮助学生理解课文大意的基础上，再现文章中所描绘的场景和画面，会让学生有身临其境之感。因此，教师在设计教学活动的过程中可以结合文本内容，组织脚本改写和视频拍摄活动，以分角色朗读、角色演绎等活动为载体，让学生对文本进行脚本改写，让学生站在作者的视角对文章进行思考和品读，从而感受整篇文章的思想境界和真实情感。《赤壁赋》是苏轼泛舟游于赤壁时所作，在教学的过程中，教师要指导学生用现代汉语对文章进行翻译和转换，让学生在理解文章大意的基础之上，对文章进行再创作，将晦涩难懂的文言文改编成通俗易懂的视频拍摄脚本，让学生分角色进行演绎，再现文章所描绘的场景。让学生在角色扮演的过程中，更加直观地感受和体会作者的所思所想，感受苏轼泛舟赤壁时的真实心境，从而让学生更加深刻地理解苏轼由乐到悲再到喜的情感变化过程，理解苏轼乐观豁达的心境，从而解读其在文中寄寓的"变与不变"的人生哲理和深刻感悟。

教学情境的创设有利于学生更好地理解文章的内涵，感受作者的思想情感，同时也可以拓宽学生的学习空间，帮助学生更好地学习本篇课文。教师在创设教学情境之前，要帮助学生补充相关的背景知识，让学生对苏轼的生平以及作品的创作背景有一定的了解，为学生深入情境做铺垫。在活动中教师要为学生提供指导，为学生创作视频拍摄脚本提供一定的帮助，帮助学生深入文本。同时，还要在活动结束后，对学生的表现进行评价，以教师评价为主，结合学生互评，让学生及时了解自己的优点及不足，加深学生对文章内容的理解。

三、搭建学习支架，扩充学习资源

在语文教学的过程中，如果没有充足的学习资源和适宜的学习工具，学生就没有了学习支架。教师只有不断地扩充学习资源，为学生搭建学习支架，才能促进学生的语文学习向纵深方向发展。

首先，教师在教学过程中，要在单元整体视域下开展教学活动，以单元中的典型活动任务作为支架，为学生的学习提供适宜的路径。例如第七单元的单元学习任务中提道："结合《赤壁赋》，分析文的景与情是怎样完美融合在一起的。如有兴趣，可以选取文中的一个片段，拟写视频拍摄脚本，挑选合适的音乐和场景，制作一个小视频。"教师可以以此活动任务作为支架，为学生提供学习《赤壁赋》的学习路径，激发学生的学习兴趣，让学生在参与此活动的过程中梳理文章的结构内容以及把握作者的思想感情。这样的活动也可以使语文课堂变得更加生动，利于提高学生的学习效率以及学习的主动性。

其次，教师在教学前以及教学的过程中，还要为学生提供丰富的助学资源。文言文本就晦涩难懂，时间距离现在又十分遥远，如果没有充足精确的学习资源，学生学习起来将更加困难。教师应为学生提供助学资源，建立起知识与知识之间的联系，将语文教学从课堂延伸到课外，从单篇学习转向群文学习，从单一内容拓展到综合性学习，将零散知识整合为系统知识，为学生的深入学习提供支持和工具。在教授《赤壁赋》时，可以将其与第三单元的《念奴娇·赤壁怀古》结合，同时为学生提供《卜算子》《西江月》《定风波》等课前阅读材料，引入《后赤壁赋》作为课堂教学内容，将《苏东坡传》等作品的节选及苏轼的生平事迹作为背景资料。在课堂上，教师可以通过比较三篇课文的异同，分析作者的思想情感，引导学生体会苏轼对人生的感悟，并借助补充的背景资料，帮助学生深入探讨苏轼的人物形象，从而对其作品进行文学评论。这种方式不仅合理整合了语文教学资源，还能拓宽学生的文学视野，帮助他们更好地理解文章内容，体会作者的情感与心境，提升他们对文学作品的审美鉴赏能力。

最后，教师可以利用小练笔这样的教学活动，给学生提供一个进阶的学习途径，使他们把语言的鉴赏变成语言的创造，把美学的欣赏变成审美的创造。在单元整体视域下，教师可以通过与单元学习任务相结合的方式，为学生的提高提供一条途径。第七单元的单元学习任务为"同是写景抒情，本单元的几篇文章运用的艺术手法各具特色。借鉴这些文章的写法，写一篇不少于800字的散文"。因此，教师在课后可以让学生借鉴《赤壁赋》的写法，选取一个自己喜欢的题目写一篇写景抒情散文。小练笔的作业形式不仅可以检验学生的课堂学习效果，也可以培养学生的审美创作能力，让学生将学习到的理论知识运用到写作实践中去，更好地提高学生的语文综合素质。

四、组织教学活动，优化教学任务

以活动任务贯穿教学实践的始终，让学生带着任务和问题去学习课文，有利于提高学生的学习兴趣和学习参与感。在单元整体视域下，教师可以找到整个单元选文的共通点，创设总体单元活动大纲，再根据每篇课文的特点，将活动具体化、特色化。最终通过一系列的教学活动来完成教学任务，达成教学目标。

《赤壁赋》位于统编高中语文教材必修上册第七单元，整个单元的选文都为写景抒情散文，且本单元的人文主题为"自然情怀"，所以在制定单元活动大纲时，可以将学习写景抒情散文和感受培养自然情怀作为整个单元的共通点，再根据《赤壁赋》这篇文章自身的特点以及需要完成的教学目标，来组织具体的特色的教学活动。据此，在进行《赤壁赋》教学时，可以组织以下教学活动。

活动一：导入新课，发布拍摄任务

在班级举办一场视频拍摄比赛，要求学生自己作为导演和演员，将《赤壁赋》改编成视频拍摄脚本，并自编自导自演拍摄一段视频。

教师通过情境设置的方式导入新课，设置视频拍摄比赛这一教学情境，在向学生发布学习任务的同时，也可以激发学生的学习兴趣，帮助学生将注意力更快地集中到课堂和学习中来，提高学生的学习主动性和积极性。以这种方式进行导入，不仅可以在课堂的一开始就让学生明确学习任务，让学生带着任务进行下面的学习，也可以激发学生的学习热情，让他们以最快的速度进入学习状态。

活动二：整体感知，明确脚本内容

（1）走近作者，明确文体。

以复习的方式向学生提问关于作者的相关知识，对学生的答案进行补充，向学生展示作者简介以及相关的文体知识，让学生对文章的整体背景有所了解。

（2）自由朗读，翻译全文。

要求学生反复朗读课文，并结合文下注释和工具书对全文进行翻译，梳理文章的结构，理清文章大意。

（3）以问促读，整体感知。

让学生对全文进行概括（何时何地何人何事），检查学生是否理清文章的大意，并引导学生抓住原文中的关键词来概括主客的情感变化，让学生明确作者的情感是由乐转悲再到喜的。

活动三：研读赏析，编写视频脚本

（1）第一段描绘了怎样的画面，作者和友人的心理感受是怎样的？

让学生反复自由朗读课文，圈点勾画重点，明确第一段描绘的是作者与友人相聚，泛舟游于赤壁之上，畅饮美酒，迎着江风观赏明月。此时作者和友人都是喜悦的心情。

（2）第二段中的"悲"是如何表现出来的，悲又从何而来？

让学生小组讨论，合作探究，明确本段是通过悲凉的洞箫声来表现"悲"的，抓住"渺渺兮予怀，望美人兮天一方"，引导学生结合屈原的《离骚》中的美人意象来理解，以"美人"比喻君王，代表着作者的理想追求。作者被贬黄州，政治理想得不到实现，由此感到苦闷、忧伤。

（3）第三段中作者通过主客问答表现了友人怎样的情感？

让学生分角色朗读，通过文中的问答来引导学生，让学生明确第三段通过客人的视角，抒发了友人对人生之短暂、世事之无常的感慨。本段首先描绘赤壁自然美景的壮丽，接着转向探讨赤壁的历史沧桑。当主人提出"何为其然也"时，客人则巧妙地回应以赞美赤壁的历史古迹，显示出文脉的顺畅过渡和转折。客人首先引用了曹操的《短歌行》提问："此非曹孟德之诗乎？"接着又以眼前的山川景色发问："此非孟德之困于周郎者乎？"两次提问使文章的情感波动再起。随后，客人追忆起曹操破荆州的壮举，迫使南阳刘琮开城投降。那一年，曹军浩荡而来，从江陵顺流而下，曹操站在船头，意气风发地饮酒作诗，那种豪迈与自信，堪称"一世之雄"！可如今，这位英雄又身在何处呢？历史的洪流滚滚向前，英雄终将化作尘埃。对我们这些平凡之辈而言，又怎能不感到无奈和悲哀呢？因此，客人不禁感叹起生命的无常，羡慕江水的绵延不绝，还渴望与神仙相交，与明月同在。可是这些都是痴心妄想。于是他便将悲伤与愁苦"托遗响于悲风"，用箫声倾诉内心深处的悲伤与愁苦。客人的回答充满了虚无主义的思想，体现出消极的人生观。这也是苏轼借客人之口，表达自己思想的一个侧面。

（4）文章的第四段主要是作者在抒情写景的基础上阐发人生哲理，作者表达了何种观点？

通过师生问答，教师引导学生从多个角度感受作者阐述的观点，明确苏轼在与客人交谈时，试图宽慰对方。客人心中涌起对长江那浩渺无边无际的向往，憧憬着能怀抱明月长眠于此。苏轼用江水与明月作比，表达了对时间流转的感慨，又提醒人们要珍惜当下，不要过于贪恋身外之物。他进一步阐释道，正如天地间的万事万物在不断地变化，其存在状态似乎也是瞬息万变，但当我们从永恒的视角出发，去审视这一切时，便会发现事物和人类本身拥有着无穷的生命力和可能性。因此，我们没有必要对江水、明月乃至整个宇宙生出羡慕之情，更无须因"哀吾生之须臾"而深感忧伤。苏轼通过这种思考，展现了他那广博的宇宙观和豁达的人生观。因此，即使身处逆境，他也能保持豁达、超然、乐观和随缘自适的心态，从人生的无常中解脱出来，理性地面对生活。接着，苏轼进一步阐述了天地间万物各有其主，个人无法强求的道理。我们所能见到的，江上有清风之声，山间有明月之色，江山虽无尽，风月却常存，我们恰好可以在其中徘徊，享受其乐。

（5）在理解的基础上，将《赤壁赋》一文改写为视频脚本，并以小组合作的形式将写好的脚本拍摄成微电影。

五、小结

总之，单元整体和单篇课文之间的联系是十分紧密的。在单元整体视域下进行语文教学，要重视单元导语的作用，聚焦单元导语，制定优化教学目标。创设单元整体教学情境，将单篇课文作为情境中的分任务，最后以教学活动作为支架，通过组织教学活动，优化教学任务，帮助学生深入挖掘文本内涵，在实践中深化对文本的理解，最终完成单篇课文的教学。

高中语文单元视域下的单篇教学探究
——以《中国建筑的特征》为例

王贺杰　郭　伟[①]

摘要：《中国建筑的特征》是一篇介绍中国传统建筑特色的科普文章，不仅涵盖了丰富的建筑学知识，还蕴含着深厚的文化底蕴和民族情感。在高中语文新课标背景下，单元视域下的单篇教学越来越受关注。本文将《中国建筑的特征》这篇课文置于单元视域下，从在真实情境中探寻中国建筑、在概念厘清中锻炼思维、在语言细节中感悟民族文化三个方面形成有效的教学路径，以促进学生全面发展为目标，力求为高中语文教学的实践提供参考。

关键词：单元视域；单篇教学；《中国建筑的特征》

《普通高中语文课程标准（2017年版2020年修订）》（以下简称新课标）中提出"阅读实用类文本，能准确、迅速地把握主要内容和关键信息，对文本所涉及的材料有自己的思考和评判"。[②] 新课标和统编版教材发行以来，倡导多种学习方式，但在实际的教学中仍以单篇教学为主。《中国建筑的特征》是一篇科普文，同时是一篇自读课文，由于教学时间的限制，在实际教学中教师更多注意的是文章内容、结构特点以及写作技巧，无法对文章

[①] 作者简介：王贺杰，黄冈师范学院学科教学（语文）23级研究生；郭伟，黄冈师范学院文学院（苏东坡书院）副教授，硕士生导师。

[②] 中华人民共和国教育部.普通高中语文课程标准（2017年版2020年修订）[M].北京：人民教育出版社，2020：32.

进行详细解读。因此，如何在单元视域下对《中国建筑的特征》进行教学是值得我们思考的问题。

一、《中国建筑的特征》在人教版和统编版教材中单元选编概况

梁思成在我国建筑史上留下了浓墨重彩的一笔。他认为"建筑是人类文化的历史，是人类文化的记录者，它反映时代的步伐和精神"，"一切工程离不开建筑，任何一项建设，建筑必须先行，建筑是工程之王"。① 《中国建筑的特征》一直是高中语文教材中的重要选文，其在人教版教材和统编版教材②中单元选编概况对比见表1。

表1 《中国建筑的特征》在两版教材中的单元选编概况对比

所属版本	人教版教材（2006年版）	统编版教材（2020年版）
组元方式	文体	人文主题和学习任务群
所属单元	第四单元	第三单元
单元目标	1. 理清思路，归纳文章的观点，加深对内容的理解。 2. 品析自然科学小论文简洁、严密、明晰的语言特点	1. 把握关键概念和术语，理清文章思路。 2. 分析作者阐释说明、逻辑推理的方法，体会文章语言严谨准确的特点。 3. 运用所学知识，探究实际问题，形成自己的见解
单元选篇	《中国建筑的特征》 《作为生物的社会》 《宇宙的未来》	《青蒿素：人类征服疾病的一小步》 《一名物理学家的教育历程》 《中国建筑的特征》 《说"木叶"》
学习提示	无	文章特点＋文本学习要求

---

① 岳南．民国大师列传：梁思成［M］．天津：天津博集新媒科技有限公司，2020：82．
② 本文中的人教版教材指《普通高中课程标准实验教科书语文必修5》（2006年版）；统编版教材指教育部组织编写的《普通高中教科书语文必修下册》（2020年版）。

所属单元	第四单元	第三单元
研讨与练习/单元学习任务	1. 作者概括中国建筑的九大特征，是按什么顺序展开的？哪些特征属于结果特征？哪些特征属于装饰特征？ 2. 在总结中国建筑的"风格和手法"时，作者为什么称之为"中国建筑的'文法'"？你怎样理解作者提出的"各民族建筑之间的'可译性'"？ 3. 结合上下文，说说下列句子运用比喻的表达效果。 4. 你一定很熟悉家乡的房屋建筑吧？说说这些建筑在哪些方面保留了中国建筑的传统风格，在哪些方面又表现出现代风格	1. 细读本单元课文，想想其中包含的科学思维方式带给你哪些启发，与同学交流。 2. 细读《中国建筑的特征》和《说"木叶"》，选择其中一篇，从中找出主要概念，用一段话或一个图表揭示这些概念之间的关系，说说文章是怎样围绕这些概念进行阐说的。这两篇文章在思考方法和语言表达上各有特点，阅读时可做比较。 3. 学习知识性读物，要了解其内容，还要学以致用，利用阅读所得探究一些具体问题。例如……"柳""梅""月""鸿雁"…… 4. 写一篇800字左右的作文，说明你所发现的某一事理

《中国建筑的特征》在人教版教材中属于精读（教读）课文；在统编版教材中属于自读课文，由教师的教转向更加强调学生的学，侧重于学生自主、合作、探究能力的培养。教材组元方式发生了改变，人教版教材主要通过文体组织内容；统编版教材主要通过人文主题和学习任务群的形式呈现，统编版教材一改之前的教材组元方式，更加强调学以致用。人教版教材在《中国建筑的特征》单篇后"研讨与练习"中设置了4个问题，各个问题之间存在一定的孤立性；而统编版教材在单篇后不设置学习任务只有学习提示，整个单元后面整体设置单元学习任务，问题以"细读""找""揭示"等词语呈现，强调学生在学习过程中的主动性，同时让学生在阅读时对《中国建筑的特征》和《说"木叶"》进行比较，符合新课标学业质量标准的相关要求——能区分主要信息和次要信息，理解并准确概括其内容、观点和情感倾向；能对获得的信息及其表述逻辑作出评价；能利用获得的信息分析并解决具体问题。① 由此可见，有效运用统编版教材，在单元视域下开展《中国建筑的特征》的单篇教学，正是新课标的内在要求。在统编版教材使用过程

---

① 中华人民共和国教育部. 普通高中语文课程标准（2017年版2020年修订）[M]. 北京：人民教育出版社，2020：36.

中，语文教师要以单篇为例、以单元为纲，以培育学生核心素养为整体目标，致力于提升学生运用语言文字的能力，培养学生观察、分析、类比生活现象，判断、推理、总结概念，以及整合关键信息、提炼关键词的能力，引导他们在理解文本内容的过程中树立文化自信、涵养民族情感。

二、单元视域下《中国建筑的特征》教学内容构建

在教学过程中从单元的角度对单篇教学内容进行构建，有助于教师更好地把握教学的整体性和连贯性，从而帮助学生系统地理解和掌握文本所承载的学习内容，进而提升教学效果。本文将从新课标、单元、文体三个方面进行探讨。

（一）基于新课标选择教学内容

语文学习的18个任务群，与核心素养一起构成新课标的重要组成部分，同时它们也是单元的重要组元方式。单篇选文的教学要立足于单元学习任务群，同时也要考虑新课标对于单元教学提出的要求。《中国建筑的特征》位于统编高中语文必修下册第三单元，该单元属于学习任务群7"实用性阅读与交流"任务群，对于这一任务群，新课标在"学习目标与内容"提出了两个要求：一是"学习多角度观察社会生活，掌握当代社会常用的实用文本，善于学习并运用新的表达方式"；二是"学习运用简明生动的语言，介绍比较复杂的事物，说明比较复杂的事理"。①

根据"实用性阅读与交流"任务群的以上要求，可将本课的教学内容确定为：① 明确阅读说明文的方法，用找关键词和思维导图的方法，培养学生筛选信息的能力。② 学习用科普文简明生动的语言介绍复杂的事物、说明事理。③ 了解中国古建筑，感受中华民族深厚的文化积淀。

（二）基于单元选择教学内容

《中国建筑的特征》所在单元的人文主题是"探索与发现"。单元导语对本单元的学习要求表述为："本单元主要学习知识性读物的阅读方法，发展科学思维，培养科学精神。阅读时要把握关键概念和术语，理清文章思路；

---

① 中华人民共和国教育部. 普通高中语文课程标准（2017年版2020年修订）[M]. 北京：人民教育出版社，2020：28.

分析作者阐释说明、逻辑推理的方法，体会文章语言严谨准确的特点；还要运用所学知识，探究实际问题，形成自己的见解。"在教材第三单元的"单元学习任务"中，关于《中国建筑的特征》的具体学习任务有两个：① 梁思成从整体的视角概括中国传统建筑的特点，又借用语言学的概念来进行归纳总结。细读本单元课文，想想其中包含的科学思维方式带给你哪些启发，与同学交流。② 细读《中国建筑的特征》和《说"木叶"》，选择其中一篇，从中找出主要概念，用一段话或一个图表揭示这些概念之间的关系，说说文章是怎样围绕这些概念进行阐说的。这两篇文章在思考方法和语言表达上各有特点，阅读时可做比较。而在本文的"学习提示"中有这样的表述："中华民族创造了灿烂的物质文化，除了建筑，陶瓷、漆器等也是其中的杰出代表。有兴趣的同学可以多读一些这方面的论著，如南宋蒋祈的《陶记》、明代宋应星的《天工开物·陶埏》、当代学者王世襄的《中国古代漆器》等。"

由于本文是自读课文，统编版高中语文教材对阅读课教读和自读作了明确的界定，自读文本相对于教读文本来说难度没有那么大，学生可以自己读懂文章，教师不必像教读课文那样完全指导和帮助学生。此外，自读课文具有共生性、独特性、拓展性的特点，因此教师要合理选择教学内容，并根据学生的情况改进、完善教学内容。

综合单元导语、单元学习任务、自读学习要求和单篇学习提示，可将教学内容确定为：① 提炼关键词，梳理文章中的重要概念。② 理解中国建筑的"词汇""文法"和"可译性"，感受中国建筑的"语言表达"之美。③ 结合文本进行拓展阅读，感受中华民族灿烂的物质文化。

（三）基于文体选择教学内容

每篇经典文本都必然呈现出某一特定的文体形式，表现为独具个性的语言文字架构。因此，在单篇文本教学中，首先要考虑文体的特点。《中国建筑的特征》是一篇自然科学小论文，语言简洁明晰，逻辑性强。该文本个性化特征体现为：一是论证的严密。整篇文章都非常注重议论，开篇写中国建筑的特征，其后论述"文法"和"可译性"。二是论证方法灵活。作者既采取了对比论证的方法，例如讲述"屋顶"，突出结构灵活、多姿多彩的屋顶装饰对中国建筑的独特意义；又运用了生动的比喻论证，以"文法""词汇""可译性"等语言学概念来类比诠释建筑学术语，这样就把抽象的概念讲述得通俗易懂，便于读者理解和接受。

鉴于同一文体有不同的表现形态，教师在科普文教学过程中，还可以开展单元内的文本联读、对读和群文阅读。例如，比较学习高中语文必修下册第三单元第七课的两篇文章《青蒿素：人类征服疾病的一小步》（教读）《一名物理学家的教育历程》（自读），理解科普文写作形式的多样性，感受科学精神的丰富性。

由此思考教学内容如下：① 梳理文章思路，学习科普说明文严谨的结构和逻辑。② 分析文本的说理方法，感悟文章的深度以及作者思维的缜密。③ 从整体结构中探索作者的建筑思想，主动探究中国建筑艺术文化。

三、单元视域下《中国建筑的特征》教学路径选择

中华民族灿烂的文化造就了中国的建筑，《中国建筑的特征》这篇科普文承载着学科知识和学科文化内涵。以上主要从三个方面对教学内容进行构建。一篇文章的教学不可能面面俱到，而是会有所侧重，我们应该在新课标、教材的引导下，深入了解内容，并指导学生运用阅读所学的知识，去探索一些具体问题。

（一）在真实情境中探寻中国建筑

拟写导游词。《中国建筑的特征》是一篇具有浓厚学术色彩的关于建筑的论文，在学习的过程中学生存在一定的畏难情绪，因此，让学生贴近现实中的建筑去学习是十分重要的。陶行知先生曾说："生活与教育是一个东西，不是两个东西。"为了让学生更快地进入学习情境，我们做以下设计：有位外国友人要来中国参观故宫，他想了解中国建筑的特征。假如你是小导游，为了让外国友人有更好的体验，请认真研读梁思成先生的《中国建筑的特征》一文，学习中国建筑的特征、术语、技巧，并为这次出行拟写一篇导游词。从网上查找故宫全貌图、中国古建筑木构架图、斗拱组成图、举折和举架图，故宫太和殿屋顶翼角、瓦当、彩绘等特写镜头，根据课文内容以及自己知道的知识介绍图片建筑的特征。

拟写导游词这项任务，将文本学习与实际的生活结合起来，激发学生阅读以及学习此篇文章的兴趣。要引导学生注意导游词中语言的运用，注意语气、词语的用法；关注课文中的建筑术语，能够独立地探索文本背后的深层含义，培养学生的自主学习能力和批判性思维。在活动中体现新课标对课堂

的要求。学生是学习活动的主体,教师是参与者、引导者,教师要挖掘文本的文化价值,增强学生的文化底蕴,在潜移默化中提升学生的核心素养,避免形式上的浮光掠影。

(二)在概念厘清中锻炼思维

系统思维。该文本的逻辑性很强,抓住文章中的重要概念可以更好地理解文本,如把建筑中的规则用"文法""词汇"来说明,让专业术语便于人们理解。所谓建筑的"文法"是指几千年来中国建筑形成并沿用的惯例、法式。建筑与语言和文字的本质是一样的,都源自一个民族对其文化传统的深刻理解和代代传承。当一个民族在漫长岁月中创造出一套他们世代相传并喜爱的规则时,这些规则就构成了所谓的"法式"。建筑的"词汇"就是构成一个或一组建筑不可缺少的构件和因素,比如梁、柱、枋、檩、门等。"文法"和"词汇"之间存在联系,中国建筑的"词汇",遵循中国建筑的"文法"组织起来,就形成具有中国特性和特色的建筑;用"可译性"说明各民族之间的建筑,就像同一句话,各个民族会有不同的表达方式,但其本质意思是一样的,建筑其实也是如此,虽然不同民族的建筑手法或许不一样,但建造出来的各类建筑物性质一样,具有共通性。学生对"文法"与"词汇"区别的探讨、对"文法"内涵和外延的理解,以及语言学上的术语与建筑概念的联系,有助于他们理解文本内容,把握语言运用的规律。在此过程中,学生的辩证思维能力、逻辑思维能力和创造性思维都得以提升。

在信息化的时代,提取信息、整合信息、理解关键信息是我们当代人必须具备的能力。"运用这'文法'的规则,为了不同的需要,可以用极不相同的'词汇'构成极不相同的体形,表达极不相同的情感,解决极不相同的问题,创造极不相同的类型"这句话中共五个"极不相同",他们所表达的意思并不相同,第一个"极不相同"是修饰"词汇"的,说明中国古代建筑的丰富多样;后面四个"极不相同"是为了说明形成的法式也就是"文法"很灵活,适用性强。理解这句话不可以将五个词语一概而论,而是要在理解前文的基础上独立思考,综合分析,才能正确地解读词语。

(三)从语言细节中感悟民族文化

核心素养的提升离不开语文学习。高中课标中"语言建构与运用""思维发展与提升""审美鉴赏与创造""文化传承与理解"[①]是学生要达到的目标。虽然本文是一篇知识性读物，但在教学中我们应该注意工具性与人文性的统一，因为语文是一门学习祖国语言文字的学科，工具性与人文性相统一是其特点，在当今的教学中突出一点，忽略另一点就是不完整的。梁启超先生指出："言之有物，言之有序。"除了感受这篇文章语言的质朴、逻辑的清晰，在平时学习时教师还应该引导学生感受民族骄傲的成就。

丰富的传统文化知识。这篇文章的关键词是"特征"，作者从"地域"和"历史"两个维度说明中国建筑的九大基本特征：一是单独的建筑物由三个部分组成（台基、房屋、屋顶）。二是平面布局，建筑群、轴对称、主屋朝南、有庭院。三是木材结构，在立柱和横梁之间形成间、墙、门窗较为自由。四是斗拱在柱梁交接处，层层挑出，斗是方形、拱是弓形。五是举架形成屋顶斜坡弯曲面。六是屋顶有四面坡、四角翘起等。七是朱红彩绘，用色最大胆。八是结构部分有高度装饰效果。九是建筑材料具有装饰性，使用有色琉璃瓦、各色油漆、刻花、石雕、石砖。写完中国建筑的九大特征并没有收尾，而是解释中国建筑中的"文法""词汇"以及"可译性"等，这些不仅仅是中国建筑的特征，其实也是我国古代建筑文化，从房屋的建造方位、材料的选择、颜色的选取，到雕花的样式都蕴含着古人的建筑智慧。

传承建筑文化的意识。《中国建筑的特征》或许不像《为什么研究中国建筑》这篇前言写得那样激奋人心，但细细思考会发现，只有让国人先知道中国建筑的各种常识，才能让他们建立保护中国古建筑的意识。《中国建筑的特征》这篇文章流露出作者对中国建筑的思考。探索一篇文章所具有的魅力，我们可以引入同类体裁的文章进行群文教学。阅读教学倡导教读、自读和课外阅读三位一体的教学模式，《中国建筑的特征》是一篇自读课文，在灿烂的中华文化中，具有特征的不仅仅有中国的建筑，还有园林。引入同类的作品进行拓展，可以让学生对灿烂的中华文化有更深的理解。经过思考，选取现代教材之外王澍的《造园与造人》，将《中国建筑的特征》与《造园与造人》进行群文阅读，旨在引领学生探索中国建筑与中国园林的特征，拓宽他们的文化视野，使他们热爱中华文化，培养学生的学科核心素养"文化传承与理解"。《中国建筑的特征》展现出中国建筑具有的对称和谐之美、架构之美以及瓦片中五彩斑斓的色彩之美。《造园与造人》展现出中国园林所蕴含的人与自然的和谐统一，以及园林给人带来的宁静之感。中国建筑和中

[①] 中华人民共和国教育部. 普通高中语文课程标准（2017年版2020年修订）[M]. 北京：人民教育出版社，2020：4-5.

国园林并不是想当然就是这个样子，其中蕴含着深厚的儒家、道家思想，这与中华优秀传统文化有着十分密切的联系。如中国建筑中对称、台阶、方位、朝向等，展现出儒家的礼和阴阳五行等思想；园林的花虫鸟兽、亭台楼阁，展现出道家"天人合一"的思想。无论是讲建筑的文章还是讲园林的文章，都需要学生理解其背后蕴含的优秀的传统思想。

　　通过对《中国建筑的特征》一文在单元视域下单篇教学的深入探究，我们深刻体会到单篇教学在单元视域下的独特价值与意义。认识到单元视域教学在高中语文教学中的重要作用：它改变了单篇教学的局限，以更加宏观的视角审视教材，合理整合教学资源，构建连贯的知识体系。

学科大概念统整单元教学与单篇教学
——以选择性必修下册第一单元为例

钱欣悦[①]

摘要：单元教学和单篇教学的关系如何，教学过程中如何实施，这是众多前沿教育工作者深入思考并寻求解答的问题。本文围绕"学科核心概念"展开，统整单元教学和单篇教学。建议教师从人文价值和核心素养两个层面出发，提炼单元大概念，将其转化为"基本问题"，以情境为载体设置语文实践活动，落实单篇教学，促使单篇与单元之间有机整合。

关键词：学科大概念；单元教学；单篇教学

随着《普通高中语文课程标准（2017年版2020年修订）》（以下简称新课标）的颁布，单元整体教学作为一种新的教学模式受到越来越多学者和一线教师的关注。然而，在教学实践中，平衡单元的整体性与单篇的独特性成为每位语文教师在一线教学中要面临的重要课题。实际上，新课标中指出的"以学科大概念为核心[②]"为我们指明了路径。大概念是"一种具有统整事实和经验能力的高概括性知识形态，同时也是一种具有中心性、持久性、

[①] 作者简介：钱欣悦，黄冈师范学院学科教学（语文）23级研究生，邮箱：1907492987@qq.com。

[②] 中华人民共和国教育部. 普通高中语文课程标准（2017年版2020年修订）[M]. 北京：人民教育出版社，2020：19.

思维性和广泛迁移性的多样态认知结构"①。大概念的"大"并不是庞大，而是核心，一个学科的教学能组合到一起必然有一个核心，这就是学科大概念。因此要提炼单元大概念，组合单篇课文形成"独具特色"的单元整体教学。

提炼单元大概念不仅要关注新课标中对单元所属学习任务群的具体描述和教学建议，还要关注单元导语与单元学习任务。但是在实际教学中，大部分教师仍然习惯于零散的单篇教学，忽视了单篇之间的共性。而以学科大概念为核心的单元教学所倡导的单篇教学是要关联单元内容、人文主题、核心素养和其他单篇的。那么，怎样才能提炼单元大概念？如何确保单篇教学的目标得以实现？以下内容将以统编高中语文选择性必修下册的第一单元为例，探讨该问题的解决之道。

一、立足于课标与教材，提炼单元大概念

提炼统编高中语文选择性必修下册第一单元大概念的第一条路径：从人文价值层面切入。参照新课标中对该单元所属的"中华传统文化经典研习"学习任务群的阐释、学习目标与教学内容。新课标在界定"中华传统文化经典研习"学习任务群时写道："本任务群旨在引导学生通过阅读中华传统文化经典作品，积累文言阅读经验，培养民族审美趣味，增进对中华优秀传统文化的理解，提升对中华民族文化的认同感、自豪感，增强文化自信，更好地继承和弘扬中华优秀传统文化②。"这段描述除了强调"积累文言阅读经验"，更多强调的是对人文价值的培育，如"民族审美趣味""中华优秀传统文化""中华民族文化"等，这些都是从人文价值层面提出的学习要求。因此，将人文价值培育看作该单元的重点教学任务是恰当的、科学的。同时，要立足"诗的国度"这一人文主题，聚焦单元导语以及学习提示，整体设计教学活动，统筹安排。单元导语中写道："中国的古典诗歌源远流长，名家辈出，体式多样，风格各异。让我们从源头出发，顺流而下，欣赏不同时期各具特色的诗歌名作。""学习本单元，要围绕'诗意的探寻'展开研习，品味诗歌之美，感受古人的哀乐悲欢，把握诗歌蕴含的传统文化精神，认识古

---

① 祝钱.国内"大概念"教学的历程检视和实践展望——基于2000—2020年间61篇核心论文的研究[J].上海教育科研，2021（06）：18-23.

② 中华人民共和国教育部.普通高中语文课程标准（2017年版2020年修订）[M].北京：人民教育出版社，2020：19.

典诗歌的当代价值。""古典诗歌""诗歌之美""传统文化精神""当代价值"作为这两段话中的关键词，详尽地阐释了本单元的教学内容，同时突出了人文价值的重要性，并指出了本单元旨在传授的传统文化精神。结合新课标中对任务群的具体阐述，并联系单元的人文主题，我们便能确立本单元人文主题的焦点——探索诗的国度。

第一条路径是从人文价值层面入手，显而易见第二条路径就要从核心素养的层面切入。这仍然离不开对新课标和教材的解读。新课标在解读"中华传统文化经典研习"任务群的学习目标与内容时写道："……（3）梳理所学作品中常见的文言实词、虚词、特殊句式和文化常识，注意古今语言的异同。（4）阅读作品应写出内容提要和阅读感受。选择一部（篇）作品，从一个或多个角度讨论分析，撰写评论。（5）学习传统文化经典作品的表达艺术，提高自己的写作水平①。"这三条指向语文的学科内容，对应任务群中提到的"积累文言阅读经验"，只不过更加具体。再来看单元导语是如何指导这一单元的学习的："结合以前所学，了解我国古典诗歌的发展脉络，并比较不同体裁的诗歌在节奏韵律、表现手法、艺术风格等方面的异同。"这段话指向单元的教学内容，也明确地指向了单元的核心素养。综合新课标和教材中有关本单元的学习任务和内容，可以提炼出该单元在语文核心素养方面的教学大概念，如：《氓》与《孔雀东南飞（并序）》作为叙事诗的代表有什么异同；汉乐府对《诗经》的继承和发展；两大诗歌风格的区别；李白和杜甫诗歌风格的区别……

从人文价值和核心素养两个层面切入提炼单元大概念既呼应教材的"双线结构"，也符合新课标的要求。大概念揭示了概念之间的内在联系，它是一种理论性的表述。在具体的教学实践中，我们需逐步将其细化为"基本问题"。"基本问题"在教学过程中扮演着关键角色，它能激发学生的持续思考和探究，要求学生提供理由和证据，指向学科内的重要概念和可迁移的观点。这些问题将在整个单元教学（或一学年）中反复出现。在转化的过程中，我们应遵循任务导向，深入解读单元学习任务的各项要求。单元学习任务从学习方向、知识巩固、综合应用等多个维度出发，通过阅读和写作等语文实践活动，明确了单元学习的内容和关键点，同时涵盖了文化素养和核心素养的培养。这些内容和方法为我们提炼单元大概念提供了有效的途径。这一单元选入七首诗歌，整合为《氓》《离骚（节选）》/《孔雀东南飞（并

---

① 中华人民共和国教育部. 普通高中语文课程标准（2017年版2020年修订）[M]. 北京：人民教育出版社，2020：19.

序）》/《蜀道难》《蜀相》/《望海潮（东南形胜）》《扬州慢（淮左名都）》四课。七首诗歌按照创作的先后顺序排列，体式各样、风格迥异，无一不展示出中国是"诗的国度"。单元研习任务的第二题就指出《氓》与《孔雀东南飞（并序）》都是讲述古代婚姻爱情悲剧的民歌，要求梳理它们的情节，从人物形象、语言风格、表现手法等方面比较两首诗作的异同。结合任务群与单元导语要求就可将其转化为"同一题材的诗歌在语言风格、表现手法等方面的异同"，结合选篇情况向上逐层转化为"不同体裁的诗歌在节奏韵律、表现手法、艺术风格等方面具有哪些异同"，向下可转化为"《氓》的人物形象、语言风格、表现手法是怎样的？"表1呈现了统编高中语文选择性必修下册第一单元的内容结构。

表1　统编高中语文选择性必修下册第一单元的内容结构

任务群	人文主题	大概念	基本问题	知识、概念	技能策略
中华传统文化经典研习	诗的国度	探索诗的国度	1. 中国古典诗歌的源头在哪里？脉络又是怎样的？ 2. 不同体裁的中国古典诗歌在节奏韵律、表现手法、艺术风格等方面具有哪些异同？ 3. 古典诗歌中蕴含了哪些传统文化精神？它们的当代价值何在？	浪漫主义、现实主义、唐诗、宋词、意象、意境、赋比兴、节奏韵律、表现手法、审美体验	分析古典诗歌的风格特点，把诗歌当成"精神粮食"反复朗诵，品味诗歌之美，感受古人的哀乐悲欢，结合诗人的人生经历理解诗歌所表现的传统文化精神，放眼当今社会生活，继承其文化价值

二、锚定单元大概念，把握单篇教学的要旨

从人文价值和核心素养两个层面确定了单元大概念，那么单篇教学也需要从这两个层面出发，落实教学要旨。但是考虑到学情以及文章的特殊性，在实际教学过程中对人文价值和核心素养这两方面要有所侧重。以《氓》为例，学生在此之前已经学习过《关雎》《蒹葭》《无衣》《静女》等篇目，了解《诗经》的风格特征，对《诗经》赋比兴的表现手法已知晓。基于此，学习《氓》需侧重于指向单元人文价值，也就是要带学生"探索诗的国度"，那么又如何提炼这篇课文的单元大概念呢？

首先要明确中国古典诗歌特征在《氓》这首诗里的具体体现。这要求师

生准确地理解诗歌内容，体会诗歌在节奏韵律、表现手法、艺术风格等方面体现出来的影响中国古典诗歌创作的东西。这就需要我们读懂教材。一切的教学设计都要建立在读懂、读通、读透教材的基础上。围绕"探索诗的国度"这一大概念，一节课要解决两个问题：《氓》这首诗在哪些方面影响了中国古典诗歌的创作？体现了什么样的文化精神？《氓》以女主人公的口吻叙述了她与男主人公从相知、相恋、结婚到婚后生活的整个过程。女主人公对男主人公称谓的变化暗显女主人公的情感变化。女主人公在明知"子无良媒"的情况下，冲破礼制的约束，不顾一切地追求自己的爱情，具有强烈的自我意识。在"士贰其行"之后，不同于其他"弃妇诗"中沉浸于悲伤之中的女性形象，她意识到男女之间的不平等。她在婚姻中以贤妻的标准要求自己，而其爱情最终幻灭，婚姻破裂，她以理节情，静心反省，其叙哀而不伤，是对自我人格的维护。"反是不思，亦已焉哉"是她对自我人格的直接表述，以自我意志斩断了对男主人公的依附心理，是人格自立的表现。这种勇敢坚强、具有自我意识的女性形象也正是这首诗歌千百年来被人们所传诵的原因之一，而女主人公这种对待爱情的态度和勇气，也有助于青少年爱情观、人生观的树立。

相应地，《氓》的教学目标可如此设定：

（1）结合《诗经》相关的文学常识，反复诵读诗歌，体会比兴手法的运用。

（2）结合诗歌语言，如意象词、语气词、人称词等，梳理女主人公的情感历程与情感变化。

（3）分析女主人公形象，感悟人物形象的文化意义和美学价值，树立正确的爱情观、人生观。

教学目标设定之后，要围绕单元大概念将其转化为"基本问题"。这就像一棵大树伸出的枝丫，以教学目标1为例，可以转化为：学习过哪些有关《诗经》的文化常识？诵读过程中的节奏、语气应该是什么样的？比兴的手法有哪些作用？这些分化出来的小问题又该如何形成整体呢？事实上这离不开以具体情境为载体的语文实际活动，这些情境主要包括个人体验情境、社会生活情境和学科认知情境。将这些基本问题以情境为载体设计贴合学生生活的语文实践活动，例如可以布置课前预习作业——设计男女主人公的形象资料卡。单元教学和单篇教学的统整追求单篇价值与单元价值的相互建构，这种建构不仅体现在整体教学目标自上而下的统一上，也体现在经典文本自下而上的细读落实上，最终形成了上下贯通、整体联动的结构化教学设计。根据《氓》的教学目标，我们可以设计如下教学活动：

（1）这首诗讲述了一个什么样的故事？读准字音，读懂语句，复述故事。

（2）在朗读时要给这首诗歌配上插图和背景音乐，应该如何设计呢？结合细节，如语气词、人称代词、意象词等说出你的理由。

（3）女主人公在你心目中是一个什么样的形象？如果女主人公在现在遭遇了不美满的爱情，她的兄弟还会"笑"她吗？

这样的教学活动在实际过程之中需要教师依据学情适当引导学生，完成单篇教学目标，扣合单元教学。单篇教学要以单元大概念为核心，这是因为大概念能够统整课时的教学内容和教学环节，使那些零散的知识点统一起来形成整体。正如上述《氓》的教学设计，正是因为围绕着"探索诗的国度"这个大概念设计相关的情境任务，才会去探索诗歌内容、形式以及精神，将整个教学环节勾连起来，形成授课的逻辑性，也形成了学生能力进阶的阶梯型。美国教育家威金斯和麦克泰格认为："大概念就是一个概念、主题或问题，它能够使离散的事实和技能相互联系并有一定意义。"[1] 这句话指出了大概念的表现形式和功用，也提示我们在教学过程中要提炼符合单元学习要求的大概念，要找准选文在单元中的定位，确定单篇教学的大概念。

在单元教学下的单篇教学不能只局限于某一篇，它需要起到承前启后的作用。以《氓》为例，它与《离骚（节选）》同属于一篇课文，那它要如何搭建起桥梁让学生从这一篇跨到那一篇呢？教师可以将"诗的源头"作为研讨主题，引导学生从诗歌风格、节奏韵律、艺术手法入手学习两篇课文。通过对比阅读、主题探讨等方式，引导学生深入了解中国古典诗歌现实主义和浪漫主义的两大风格。同时，也可以结合单元内其他诗歌，帮助学生判断诗歌作品的写作风格，掌握阅读古典诗歌的技巧。《氓》也可以与同为叙事诗的《孔雀东南飞（并序）》做比较阅读，探寻古代婚姻悲剧的原因、寻找诗体的不同特点、分析不同的人物形象，探寻诗歌的继承和发展。同时，可以结合学生的历史知识和信息技术设计诗歌艺术展览等相关实践活动。在实际教学活动中，教师还要明确选文的教学活动期望达成的具体目标，与单元教学目标相结合，并确立相应的评价标准，以此来验证这些教学目标是否实现。

以单元大概念统整单元教学与单篇教学要依据单元的人文价值和核心素

---

[1] 格兰特·威金斯，杰伊·麦克泰格. 追求理解的教学设计（第2版）[M]. 闫寒冰，宋雪莲，赖平，译. 上海：华东师范大学出版社，2017：6.

养，据此来设计单篇教学的大概念，根据选文来设计单篇教学的具体内容和教学环节。这样，单篇教学就会扣合单元教学的要求，也会使单元教学统摄单篇教学。如此一来，单篇教学就有了单元意义和单元旨归。这种教学方式不仅兼顾了当前单篇教学为主的教学实际，还体现了在新课标指引下以提高核心素养为核心的语文教学的改革，实现了单篇教学转型升级、逐步转向整体教学的目标。

生成式人工智能赋能高中语文新闻单元教学探究

李 佳[①]

摘要：高中语文新闻单元作为实用性阅读一类，其文本的实用性教学价值在教学过程中没有得到充分的体现，教师更多的只是教授应付考试的技巧。随着时代的发展，借助人工智能的模拟和生成等功能，在具体教学中赋能新闻单元教学，能够实现新闻体裁的情境性，突出人物通讯的实用价值，增强学生对新闻体裁的兴趣。在运用人工智能技术时，应明确科技的"辅助"定位，谨防滥用。

关键词：生成式人工智能；辅助教学；人物通讯

随着语文课程改革及统编教材的应用，新闻体裁在教材中的占比逐渐增加，其多样性和题材也更为广泛，这表明新闻作品在语文教育中的重要性不断攀升。然而，在实际的高中语文教学过程中，新闻体裁的学习却时常处于次要位置，教师往往基于考试大纲和教学进度，仅选择性地讲授重点内容，忽视了新闻体裁的特点及其系统的构建。常见的问题包括新闻文体特点和整体内容框架的割裂，导致各篇目间缺乏内在逻辑和连贯性；教学设计趋于模板化，实际教学过程流于表面。这给学生掌握逐步深化、螺旋上升的知识体系造成了障碍。

[①] 作者简介：李佳，黄冈师范学院学科教学（语文）23级研究生，邮箱：1305668162@qq.com。

针对这些问题，可以通过生成式人工智能技术来优化现状。近年来，生成式人工智能在教育领域的应用尤为突出，尤其在课堂教学、个性化学习、考试评估以及教育管理和决策等方面。例如人工智能在处理新闻体裁过程中，包含丰富的跨学科内容和情境化的体验，而传统教学方式往往难以有效融合这些元素，这也就成为解决新闻体裁教学困境的一把金钥匙。因此，借助人工智能的力量，可以为课堂带来跨学科的知识支持，并创造出生成性的、情境化的学习环境。由此，本文旨在探讨生成式人工智能赋能新闻单元教学的可能性，分析其在新闻教学中的实施路径，同时指出应用过程中应注意的问题，并通过实际案例展示人工智能的具体运用情况。

一、生成式人工智能赋能新闻单元教学的可能性

生成式人工智能是一种前沿技术，通过算法、模型和规则来创建文本、图像、音频、视频及代码等多种形式的内容。其代表性应用如 ChatGPT、文心一言和 Kimi 智能助手等。与传统人工智能技术相比，生成式 AI 通过大规模的数据集和强大的计算资源进行预训练，并进一步针对特定任务进行微调，从而具备高度的灵活性与广泛的适用性，这类 AI 助手不仅能够根据用户提供的指令或提问生成相关的内容，还能依据上下文、语境和语言结构生成全新的材料。可以说，生成式人工智能凭借其出色的数据处理和内容创作能力，正引领着教育领域的重大革新。已有研究表明，这种技术能全面支持教育流程，涵盖课程设计、讲义编制、教学资料生成、课堂活动策划、定制化学习计划、师生互动优化、教学质量评估及反馈等方面。

具体来说，生成式人工智能对教育的辅助大致可分为四个层面：内容、任务与实践、其他人以及自我。其一，在内容上，生成式人工智能包括了拓展多媒体学习材料、线上学习材料、数字图书馆、人工智能生成的学习内容、大数据生成的个性化学习内容、学习内容管理系统等等；其二，在任务与实践方面，生成式人工智能包括了教育游戏、虚拟现实、混合现实、增强现实、教学虚拟学生、虚拟专家、AI 生成任务、AI 生成反馈等等；其三，在对其他人的层面，生成式人工智能包括了在线论坛、虚拟社区、视频会议、线上会议、社群软件、社交工具、社交平台、虚拟老师、虚拟学伴、聊天机器人（回答各种问题、写短文、教学设计、写诗、概述、聊天等）；其四，在自我方面，生成式人工智能包括了电子档案、人工智能辅助评估、在线反馈、可视化学习记录、学习分析仪表盘、AI 生成反馈式学习等。这种

利用人工智能辅助教学的方式能打破固有认知和思维定式，以更加个性化的解决方式在拟定情境下提供新的解决路径，在不断打破与重建的过程中达成培养学生认知可塑性的效果，进一步向审美再创造的语文核心素养靠近，有助于提高学生的审美鉴赏与创造能力。

1. 展现新闻体裁的独特性

通过杨柳的问卷调查可知，学生对新闻的兴趣不高，在深度学习中的创新性和批判思维就很难施展开来。① 但同时大部分同学表示实际学习过程中，教师过多讲述的是文本内容及体裁分析，与其他文本的学习方式相近，未能体会到新闻体裁的趣味，新闻体裁的实用性价值也未能得到具体实践。使用生成式人工智能能够增加课堂的趣味性和活力，吸引学生的注意力和兴趣，让学生体会到新闻体裁的特别之处。

2. 印证新闻体裁的时代性

由于语文课文中的新闻已经不再是当下的新闻，存在与当下社会脱节的现象，尤其是很多新闻如《心有一团火，温暖众人心》，学生对于当时的社会环境是不了解的，需要老师准备更多的素材资料，同时需要注意的是新闻文章已经够长了，如果准备的素材资料还是文字稿，那无疑会加重学生的负担，学生无法身临其境对故事主人公感同身受，甚至让学生在学习新闻时更加疲惫和抗拒。利用生成式人工智能生成新的情境，可以让学生身临其境地与作者对话，感受作者笔下的时代印记，让学生真正地走进课文、走进新闻。

3. 彰显新闻体裁的实践性

当笔者问到一线教师是否用组织新闻活动的方式来调动学生的积极性时，老师们纷纷表示，一方面是没时间，另一方面，新闻这种实践性很强的文本类型的确应当让学生在实践中明晰，但是在高中，学生的时间和精力都有限，所以更多的是敷衍了事，因此许多老师表示基本上不怎么开展新闻活动，而把重心放在了新闻阅读上。而新闻本身就是一个实践性活动，不论是作者设计采访计划、采访提纲，准备采访设备、布置采访场景还是跟随被采访者一起走进故事里，这都是一个实践性的过程。但在学校里，这种实践性

---

① 杨柳. 基于深度学习的高中语文新闻大单元教学设计研究 [D]. 桂林：广西师范大学，2023.

无法得到彰显。新闻单元的实践活动与其他单元相比，较为突出的是采访与对话的新闻过程。借助生成式人工智能能够模拟采访环节，让新闻体裁的实践性得到彰显。

4. 实施新闻体裁的实用性

新闻单元作为实用性阅读文本，我们应该看到新闻实用性的特点，例如学生新闻写作能力的培养。在学习新闻体裁过程中，新闻事实、新闻背景以及作者观点是新闻体裁学习的重要板块。学生通过新闻体裁的学习，能够了解到新闻的结构与体裁、人物故事在新闻中的发展节奏以及作者在新闻体裁中的写作手法。但由于课堂时间及空间的局限性，学生无法运用与锻炼这些写作手法，这就导致学生学习完文本后没有获得具体的实用性本领，使得新闻体裁的实用性无法凸显。生成式人工智能能够帮助学生续写新闻稿，批改新闻稿，大大增加了新闻体裁的实用性价值。

举例来说，使用名为"智谱清言"的生成式 AI 应用，可以根据古诗"何当共剪西窗烛，却话巴山夜雨时"生成直观的图像，以此增强语文课程的教学效果；或者开发类似"苏轼黄州路线图"的智能辅助系统，落实个性化教学理念，激发学生的自我反思意识，培养其独立思考的能力。目前，国内已有不少公开且可免费使用的生成式人工智能应用程序，笔者整理了教育领域常用的几款应用程序，如表1所示。语文教师只需将个人想法编辑成"提示语"告知应用，便可迅速获得回应。根据教育学者的研究，教师设计和输入"提示语"的基本公式为："请你作为【角色，如中学语文教师】，执行【任务，如生成唐代塞外风光的图片】，【要求，如图片整体风格为悲凉】，【说明，如以唐代边塞诗人岑参为人物和历史背景】等"[1]，由此便可清晰地表达个人想法和期望，获得适当的答案。

表 1　生成式人工智能主要应用软件及功能

序号	人工智能应用名称	主要功能
1	豆包	自然语言对话、写作助手等
2	智谱清言	AI生成图片、创意写作、代码生成等
3	天工	职业规划决策、调研分析、活动创意等
4	腾讯元宝	AI写作、口语陪练等
5	海螺 AI	声音克隆、拍照答疑等

---

[1] 孟祥银. 生成式人工智能赋能高中语文古诗词情境式教学的探究[J]. 教育参考，2024 (06): 61-66.

续表

序号	人工智能应用名称	主要功能
6	讯飞星火	多模态交互、逻辑推理、文本生成等
7	文心一言	多模态生成、协助创作等
8	Kimi智能助手	编程、设计、写作、创作等

二、生成式人工智能赋能新闻教学的路径

生成式人工智能的强大功能使其成为可以有效解决上述新闻大单元教学中面临的问题与挑战的关键之一。

第一，生成式人工智能能够促进情境教学方法的普及应用。借助生成式AI技术，人工智能应用程序可以根据教育工作者的具体需求迅速创建各种情境资源，从而降低了使用的技术门槛，并减少了所需的时间和精力投入。语文教师即便不具备深厚的信息技术背景，也能凭借直观的自然语言交互来搭建任务架构，并即时获取反馈。这一基本模式有助于提高生成内容的质量和精确性。如今，许多AI应用程序已经集成了语音对话功能，使得用户仅需通过口头指令就能完成任务。例如，向人工智能发布指令"生成《"探界者"钟扬》课文中，钟扬服务人民、爱岗敬业、甘于奉献的人物图片"，智能应用就会生成指令里所描述的"时代楷模"钟扬的劳动画面；如果想要更细节的画面，输入指令时只需将新闻中描写钟扬的具体语句输入对话框，发送给语音对话智能对象，它就能依据文字中的具体场景生成含有钟扬的图片，例如发布指令"请生成一张图片，描述如下：在西藏采集种子会随时出现高原反应和体力透支。而钟扬却背着他经典的黑色双肩包，穿着磨白了的牛仔裤，戴着一顶宽檐帽，迈着长期痛风的腿，在青藏高原上走着"。紧接着，智能助手会依据新闻描写片段生成钟扬戴着帽子、跛着腿、背着背包在青藏高原上行走的图片。这样有视觉冲击力的图片能带给学生最直观的感受，使学生能身临其境感受新闻工作者的文字魅力，能真正欣赏新闻人物钟扬的光辉事迹，从而完成整个单元的第一任务——领悟劳动光荣的精神。

第二，人工智能赋能新闻学习内容和课程内容。教师可以利用人工智能应用扩展新闻素材，生成数字教科书，或将"国家智慧教育公共服务平台"和智能技术相结合创设具体新闻教学情境。扩展新闻素材如何实现？还是以《"探界者"钟扬》为例。想要让学生更好地感受新闻人物钟扬的荣耀，教师

就可以利用人工智能拓展当年中宣部追授钟杨"时代楷模"称号的新闻报道，既让学生了解了钟杨形象的重要性，也学习到同样体裁的新闻报道，进一步加深了对新闻体裁的理解。再如创设新闻情境。语文教科书中的新闻课文已然不是发生在当下时代的事实，当时的社会环境、人物、国家局势等，对学生来说都是相对陌生的，学生无法真正做到感受新闻人物所处的环境。例如《喜看稻菽千重浪——记首届国家最高科技奖获得者袁隆平》这一篇新闻报道，用文字记录了袁隆平先生养殖水稻、爱护水稻的艰苦劳动过程，以文字的力量带我们感受水稻种植成功对国家的巨大贡献，但就当下时代的学生来说，他们每天吃饱穿暖，从未有过缺衣少食的体验，无法体会挨饿的滋味和大米的重要性，这就需要借助人工智能创设出具体时代的相关情境，带领学生深入其境，与时代对话、与新闻人物对话、与作者对话，利用人工智能，理解时代意义。

第三，人工智能助力新闻教学跨学科学习。新闻体裁单元包含着大量的跨学科内容，例如袁隆平先生培育杂交水稻，本身就是科学技术的发展与创新，是一项伟大的实验，包含着大量的实践与活动，但优质的杂交稻不仅要有优质的基因，还必然要有发达的根系才能扛过风霜雨雪结出丰硕果实。不仅杂交水稻是如此，人生也是如此。因此，既要让学生明白科技实验的艰辛和不易，还要让学生体会袁隆平先生的研究也必然要有发达的"根系"，这"根系"就是人物精神，有注重实践的根、有勇于创新的根、有实事求是的根，这样，学生就能体会到袁隆平先生培育杂交水稻的感受，这就需要人工智能为新闻课堂教学提供杂交水稻培育的基础知识科普，以短视频或动漫的方式为学生呈现杂交水稻这一科技实验的过程，拓宽学生的知识面，真正做到科学学习。

虽然生成式人工智能可以全面赋能高中语文教学，大幅提升情境教学的使用率和现实效用，但教师在运用过程中仍需注意以下事项。

一方面，"坚守教师与学生的主体性，明确生成式人工智能的'辅助'定位"。① 值得注意的是，尽管新闻教学离不开人工智能的辅助，但新闻并不是人工智能生成出来的产品，新闻不仅有其理性存在，更重要的是新闻有它独特的感性价值，这正是学习新闻体裁不可或缺的意义所在。

另一方面，值得注意的是，在使用生成式人工智能技术时，我们必须严格遵守伦理和道德准则，防止技术被滥用。例如，当我们需要学生试着用新

---

① 孟祥银. 生成式人工智能赋能高中语文古诗词情境式教学探究[J]. 中学语文，2024(19)：108-112.

闻教学所学到的新闻写作手法撰写新闻时，就应明令禁止学生直接使用智能AI进行生成。

三、生成式人工智能赋能新闻单元教学简案及说明

为了直观展示生成式人工智能如何增强情境教学效果，我们将以高中语文课文《喜看稻菽千重浪——记首届国家最高科技奖获得者袁隆平》为例，通过使用"文心一言"这样的生成式 AI 工具来说明其在教学中的潜在应用。鉴于篇幅限制，这里只提供一个简短的演示。

（1）展示《喜看稻菽千重浪——记首届国家最高科技奖获得者袁隆平》中新闻人物袁隆平在种植杂交水稻时期的人物画像，将学生带入作者的情境和心境。

提示语：请你作为画家，生成袁隆平的自画像，自画像整体突出劳动精神，以"中国在现在和将来相当长的岁月里，都将是一个农业大国，民以食为天的说法广为流传。当代，农民出身的毛泽东也说，世界上什么问题最大？吃饭的问题最大"为背景。

（2）展示 1961 年 7 月的一日，当放学的铃声回荡在校园里，袁隆平抖落了身上的粉笔灰尘，夹起教案，急匆匆地赶往校园外的早稻试验田。那里种植的是用传统方法培育出的早稻品种，此时它们正勾头散籽，预示着一个丰饶的收获季节。袁隆平将教案放置在田埂旁，甚至没有卷起裤脚，便开始在一排排稻株间仔细观察。"突然，他那敏锐的目光停留在一蔸形态特异、鹤立鸡群的水稻植株上。他屏气静神地伸出双手，欣喜地抚摸着那可爱的稻穗，激动得几乎要喊出声来！"在这片稻田中，袁隆平发现了一株非常特别的水稻植株，它的株型优良，稻穗又大又饱满，数一数，稻穗竟然超过了十个，而每个稻穗上都结有大约一百六七十颗结实的稻粒。为了能够持续关注这株水稻，袁隆平用一块布条细心地标记了它，并从那时起给予这株水稻更多的关注与呵护，确保其生长环境的最佳状态。将学生带入创设情境。

提示语：请你作为画家，生成袁隆平下课后奔向水稻田的场景，图片整体风格为激情，以展现《喜看稻菽千重浪——记首届国家最高科技奖获得者袁隆平》所描述的袁隆平对稻田的爱护。

（3）播放《喜看稻菽千重浪——记首届国家最高科技奖获得者袁隆平》的朗诵音频，让学生体验新闻稿的情感表达。

提示语：① 请你作为朗诵者，生成《喜看稻菽千重浪——记首届国家最高科技奖获得者袁隆平》片段的朗诵音频，抒发劳动光荣的感情，展现作者的心境；② 请你作为朗诵者，根据文中主人公袁隆平的不同处境与故事生成视频，作为朗诵的背景视频，视频画面要直观展现文中的故事情节。

小学低段语文朗读教学的困境与对策研究

韦玥彤[①]

摘要：朗读作为小学语文课程的核心部分，是教学和学习中不可或缺的一环。随着教育制度与要求的完善，对于朗读这项技能的要求也不断提高，朗读教学陷入困境。在小学语文朗读教学过程中，笔者发现许多学生没有进行有效的朗读和课前预习，老师的授课模式也比较单调，并且师生之间的沟通和交流很少，课堂由此显得枯燥无味。另外，老师的评估欠佳以及家长对朗读的不重视，使得刚接触语文的小学生在朗读这一方面无法得到有效的提高。为解决这些问题，本文建议采取相对应的措施。

关键词：小学低段；朗读教学；困境与对策

引言

《义务教育语文课程标准（2022年版）》[②]明确了"用普通话正确、流利、有感情地朗读课文"，由此可以看出，朗读在课堂中占有较为重要的地位，这使得学校、教师更加注重朗读与朗读教学，从而可以更好地培

[①] 作者简介：韦玥彤，黄冈师范学院学科教学（语文）24级研究生，邮箱：2498772872@qq.com。

[②] 中华人民共和国教育部. 义务教育语文课程标准（2022年版）[M]. 北京：北京师范大学出版社，2022.

养学生的理解能力和对课文的情感体验能力。

在新课标的要求下，小学语文教学的重点已由单纯的掌握识字认字等知识的能力变成了提高小学生整体语文素质的发展。其中语文课堂中的朗读教学是语文课文教学的重要组成成分，朗读对于提高学生的阅读能力与写作能力有着重要的作用，可以提高学生的语感，增强学生对于课文内容的阅读理解能力和审美情趣，"因此，语文教学应该多鼓励学生用普通话正确、流利且有感情地诵读，并对此进行评价，鼓励学生把这一语言学习环节有效地进行下去"。①

然而，目前小学低段的朗读教学仍然存在一些问题，如在课前、课上和课后学生、家长和老师对朗读的重视程度不够。本文将对这些教学中显著的朗读问题进行更加深入的研究。

一、小学低年级语文朗读教学存在的问题及其原因分析

笔者结合自己在实习学校黄冈市团风实验小学教学实践期间的观察和走访，以及相关文献资料的查找，对小学生学习朗读与教师指导朗读的情况进行了问题研究和原因分析。

（一）课前存在的问题及其原因分析

1. 教师缺少朗读教学的相关意识

"随着时代的发展，朗读教学法渐渐被忽视，课堂上甚至越来越少听见琅琅读书声，花样繁多的其他教学方式甚嚣尘上。"② 在上课之前，所有教师都会认真地备课。但在准备朗读教学上，多数教师并未重视。

单小兰老师指出："有的教师认为朗读在小学语文教学中仅仅只是起到辅助作用的教学方式，无须投入过多的时间来进行。因此，在小学语文课堂中进行朗读教学没有准确的目的性，仅仅是随意的朗读而已，没有给学生充足的朗读时间。"③

---

① 王桂芹. 如何使用朗读训练提高学生语文素养——新课标下朗读教学的体会 [J]. 青年文学家，2014（02）：231.
② 陈丽萍. 小学语文朗读教学现状调查及策略研究 [D]. 镇江：江苏大学，2017：21.
③ 单小兰. 语文朗读教学的实践与思考 [J]. 成才之路，2015（14）：59.

不难看出，多数教师还是缺少朗读教学的相关意识。笔者由此对所在实习学校三年级语文组的教师进行了一次"教师缺乏朗读教学的相关意识的原因"的调查，如图1所示。可以看出多数教师缺乏朗读教学意识的原因在于他们认为教学重点不在朗读上面，还有28%的教师缺乏朗读的相关专业知识，少数教师在课前未准备好朗读训练的内容，造成朗读教学意识的缺失。

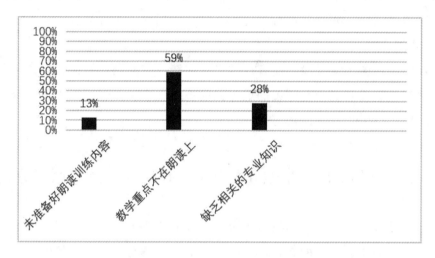

图1　教师缺乏朗读教学相关意识的原因

2. 学生缺少朗读兴趣

在小学低年级阶段，由于学生们刚刚接触朗读，所以对它有一定的兴趣，但又因为年龄较小，语言能力相对薄弱，所以在朗读的过程中可能会因不认识生字词、不理解文章意思而时感困惑，从而导致朗读兴趣骤减。

笔者对部分三年级学生朗读兴趣不高的原因进行了调查（如图2所示），发现学生缺乏朗读兴趣的原因与教师未进行积极的引导、没有进行课前预习与朗读活动单调无味息息相关。

（二）课堂教学中存在的问题

1. 教师教学形式单一

对于小学语文朗读教学方法，很多情况下教师们都使用"教师带读，学生跟读"这种单一的方法，没有使用一些引导学生趣味朗读的新方法，这也是许多教师没有注意到的问题。

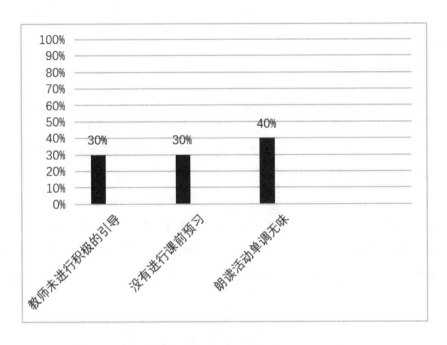

图 2　学生缺少朗读兴趣的原因

在笔者所在实习学校的公开课《悯农》的课堂上，本节课的语文老师仅仅演示了一遍朗读教学，学生跟读完毕，老师就开始纠正一些字词上的问题，之后点学生起来示范朗读，却少有学生能流利、有感情地朗读完这首诗，课堂氛围平平。由此可以看出，这种朗读方法无法提高学生的朗读能力和对朗读的兴趣。

2. 学生缺少交流互动

在小学低年级，学生的思维非常活跃和新颖，但是课堂上的他们彼此之间缺乏交流探讨，导致课堂气氛沉闷，打击了他们的学习热情和积极性。

为了更好地研究小学低年级阶段的语文朗读情况，笔者结合对实习学校里的老师与学生在课堂上互动的观察，对《乌鸦喝水》进行了相应的记录，发现在教学过程中，该课程的教师使用相关朗读视频，引起学生的学习兴趣，活跃课堂氛围。但是在视频结束之后，教师让学生自己跟着视频中的音频朗读，而老师与学生、学生与学生之间并没有太多的交流与互动，大多数学生只是盲目地跟着音频朗读，导致学生们最终的朗读效果不佳，而学生们也从一开始的热情高涨变得意兴阑珊。

(三) 课后存在的问题及其原因

1. 教师评价不足

赵怡静调查发现:"教师的评价内容缺乏针对性和有效性。如有些教师在学生读后,采用评价语为:'读得真棒''你读得真有感情',以及'你还差那么一点点味儿'等等,这些评价并没有从语言、语调和语气方面进行综合考察,因而,评价是无效的。"①

笔者对不同教师进行了"您会在学生朗读完课文后进行及时的评价与建议吗?"问题访谈,有的教师表示会对学生的朗读进行评价,像课文中哪句话读得不通顺、哪些字词错音、正确的读音是怎么样的等,一般会在学生朗读完课文后进行总结评价,并且让学生把读错的字标红,课后罚写。

不难看出,教师的朗读教学基本是为学生读准生字词服务的,并没有以真正的朗读为目的而评价,以认识生字词的方式对朗读练习一带而过。

根据以上发现,笔者进一步对三年级组的语文教师进行了评价不足的原因调查,如图3所示。由图可知,大部分教师还是因为应试教育考试的压力,会把整堂课的时间都放在提高学生成绩的重点知识上,如认识并默写生字词。

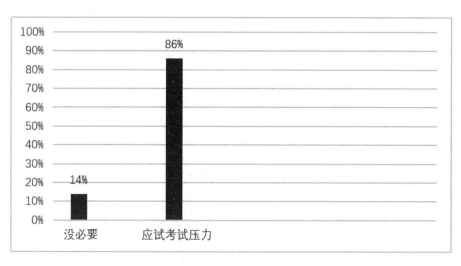

图 3　教师不重视朗读评价的原因

---

①　赵怡静. 小学低年段语文朗读教学的现状及策略研究——以南京市 A 小学为例 [D]. 南京:南京师范大学,2016:24.

2. 家长不重视孩子课后朗读训练

在提高学生的学习成绩上，大多数老师和家长在方法和行为上达成了一致，但是对于提高学生朗读能力这一方面，教师和家长就显得十分没有默契。笔者与某位学生家长进行了关于学生在家朗读情况的谈话，发现该家长并不在意学生的朗读成效如何，顶多就是要求孩子能够完整地读完一篇文章，将更多的注意力放在了孩子其他作业的完成情况上，从而忽视了语文教师对朗读的要求，在这一方面没能与教师齐步走，未重视对学生朗读能力的培养。

据此情况，笔者在所在实习学校的三年级家长微信群中，进行了"不重视孩子课后朗读训练的原因"问卷调查，如图4所示。可以看出，多数家长将检查目标放在了其他作业完成的情况上，从而忽视了老师对朗读的要求和孩子的实际朗读情况。

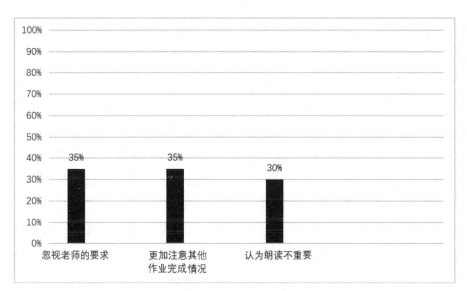

图 4　家长不重视课后朗读训练的原因

二、小学低段语文朗读教学的解决策略

（一）加强对教师的培训

经过对小学课堂朗读教学深入细致的调查，不难发现，教师们对朗读这一板块的教学重视度不够，尤其是新晋教师对文章的理解程度可能不如老教师，所以在朗读教学上，他们的能力更加薄弱。因此，笔者建议教师们在朗

读教学中提高自身能力,以便更好地指导学生。

(1) 为了更好地提升教学质量,学校可以邀请专家学者和经验较丰富的教师前来学校实地考察,并定期组织听课和交流活动,以便更好地指导学生。此外,学校应该开设语文朗读教学讲座以及相关的研讨活动,让教师在研讨中发现自身的问题并加以改正。

(2) 定期观看有关优秀教师朗读教学的视频,以加强自身对朗读技能与技巧的掌握,并弥补自己在朗读教学方面的不足。

(二) 加强低年级语文教师朗读评价

首先是朗读评价的多元性。这是指不仅要注重教师的评价,还要重视学生的自我评价,也要促成学生之间的积极互评。例如在一位学生朗读《悯农》后,老师可以对其进行指导,之后再让该学生朗读,并让他对比指导前后的朗读效果,更加深入地了解自身朗读能力的不足在哪。或者分别请两位同学朗读《悯农》,之后让他们互评,以加深学生对文章的印象,提高对朗读的认识。

其次,关于朗读评价的语言优美性至关重要。例如学生在朗读完《乌鸦喝水》后教师评价"读得非常不错,声音也很洪亮,但是乌鸦喝到水的欣喜没有读出来,情感上稍微有些欠缺,老师相信经过课后练习,你一定能读得更棒",相对于"读得不错""读得很好"这样简单的评价,这种评价既委婉地指出了学生朗读中某一部分的不足,又增加了他们学习的信心与兴趣,同时学生们能更好地理解他们在朗读中的缺点。

最后,老师们可以通过倾听学生的声音和语调的准确程度,还有学生对于情绪的把控,来对学生的朗读进行详细的评价[①]。一旦发现了问题,老师们应该立即提醒并且纠正错误,必要时候可以亲自示范,使得这些朗读评价更加客观。同时,评价之后还应该有具体的建议,提醒学生针对自己朗读能力的不足在课后继续练习。

(三) 增强对学生的朗读考核

通过实践教学经验,笔者提出了一个新的方案来提高学生的朗读能力,以便更好地评估他们的表现,有以下三个步骤:

---

① 赵怡静. 小学低年段语文朗读教学的现状及策略研究——以南京市 A 小学为例 [D]. 南京:南京师范大学,2016:24.

（1）为了让课堂活动在愉快轻松的氛围中顺利进行，教师需要在活动进行前准备一些小卡片，通过抽签的方式将全体学生分成几组，并通过猜拳的形式让各小组选择相应的文章。

（2）通过相互批改和反馈，学生能够更好地合作互助，认真思考如何朗读好一篇课文。每一位学生都应该指出自己和他人的缺点与优点，并且相互帮助，共同提升表现。

（3）通过朗读和分享，每个人都可以用自己的理解来朗读一篇优秀的文章，并分享对这篇文章的感受。

通过三项综合评估，将朗诵作业作为一种竞争方式，既能够增进同伴间的友谊，又能够培养彼此的兴趣，发挥各自的优势。此外，通过参加班级专门组织的朗读比赛，也能够改变小学生对于"朗读枯燥无味"的刻板印象，增强他们对朗读的兴趣，对朗读产生自己独有的看法，并且能够跟随教师的指导更加积极地融入集体活动中，从而在活动中提高朗读水平并对朗读产生浓厚的兴趣，对教师日后的朗读教学也有一定的帮助。

通过朗读考核来鼓励学生积极参与课堂活动，能够及时改正他们在语言表达方面的错误，并培养他们良好的语言表达能力。

（四）家长及时监督反馈

学校的整体朗读教学环境，以及教师对朗读这一教学部分的重视程度，对学生日后朗读能力的提升有着巨大的引导作用，郑书润老师认为："学生在课堂上学习到的朗读技能技巧，如果能取得家长的肯定，对学生的作用将是巨大的，更能让学生体会到成就感。"[1]

父母不仅仅是孩子的第一位老师，也是孩子最亲密的伙伴。在小学低年级的教育里，帮助小学生培养良好的朗读习惯也需要家长的参与。因此，家长应该积极反馈孩子的朗读表现，并采取多种方式进行引导。如及时反馈老师的建议，在了解孩子在学校的朗读情况后，要将老师的建议告诉孩子，并在孩子的教育上与老师进行积极的沟通和交流。在关注孩子的同时多多配合老师，每日检查孩子的朗读情况，并且就孩子感兴趣的书本提问，还可以扮演书本人物进行角色互动，增强孩子的朗读能力。

为了提高学生的朗读能力，笔者建议学生们先从基础的书本开始，并且不拘泥于书本。同时，家长应该定期为孩子购买适合他们年龄段的阅读书

---

① 郑书润. 新课标指导下的朗读训练策略[J]. 福建论坛（社科教育版），2010（11）：70-71.

目，根据他们的兴趣来培养他们的朗读能力。

在选择阅读书目时，家长不能根据自己的喜好或者为了应试考试而给孩子挑选书本，而要主动问问孩子的意见。在他们挑选了自己喜爱的书本后，朗读时间应该根据小学生正常的作息时间规划安排，比如清晨或放学后。家长也应该发挥作为一位"特殊"教师的作用，陪伴孩子一起朗读，由此起到监督的作用，让孩子们沉浸在朗读的世界里。通过这种教育方法，学生能够养成良好的朗读习惯，从而增强自身的朗读能力。

家长和孩子共同参与是一种有益的方法，它让孩子们有足够的空闲时间和精力去练习朗读，从而激发他们的朗读欲望，并且让他们对共同参与的内容感兴趣。此外，共同参与还有助于让孩子们更加专注地朗读，并且让他们养成良好的朗读习惯。

三、结论

随着时代的发展，朗读已经成为小学语文的必修技能，特别是在学生学习朗读的初级阶段，更要重视朗读基础的培养与习惯的养成。在这一关键时期，教师需要认真地对朗读这一环节进行课前准备，精心设计教学方案以激发学生的朗读兴趣，引导他们感受文字背后的情感与意境。

同时，教师也要注重朗读评价的多元化与评价语言的优美性，及时给予学生正面反馈，指出改进方向，让学生明确自己的努力目标。通过持续的努力与实践，学生们不仅能够提升朗读技能，还能在朗读中陶冶情操，培养审美情趣，为日后的语文学习乃至全面发展打下坚实的基础。

对于朗读的考核不可缺少，但也要注意考核的方式方法，注意师与生、生与生之间的交流互动，让更多的学生愿意朗读，爱上朗读。考核完毕后，教师在空余时间也要及时地抽查学生的朗读效果，以此来巩固学生的知识。

家庭教育的配合也至关重要。家长应与教师形成良好沟通，共同关注孩子的朗读进展，鼓励孩子在家庭中朗读，形成良好的家庭阅读氛围。家长还可以通过亲子共读的方式，与孩子一起探讨文章内容，增进情感交流，同时帮助孩子更好地理解文本，提升朗读的感染力。

此次研究是初次尝试对现实课堂进行研究，仍然有很多不足之处，希望能够有更多的专家来指导本研究，继续关注这些问题，以便让这次研究变得更加完善、充实。

高中文言文教学情境创设理论基础与实现路径

王家琳　蔡志才[①]

摘要：《普通高中语文课程标准（2017年版2020年修订）》明确指出，语文课程应引导学生在真实的语言运用情境中，通过自主的语言实践活动，积累语言经验。本文从新课标对创设文言文教学情境建议、统编版高中文言文作品中蕴含丰富情境、高中生核心素养全面发展需要三个角度论证高中文言文教学情境创设理论依据，并提出高中文言文教学中创设情境的实现路径，以期为高中文言文教学情境创设提供智力支持。

关键词：文言文；教学情境；理论基础；实现路径

引言

近年来，随着新课程改革的不断深入，以及高中语文教学内容的改进与更新，文言文在高中教材中所占比重不断提高。文言文特点集中表现为言简意赅，用简单明了的语言，表达丰富深刻的含义。高中文言文篇目繁多、内容复杂且主题思想高尚，不仅学生要花费大量时间感知、理解、鉴赏文言文，而且对老师的教学提出更高要求，我们迫切需要一种更好的理

[①] 作者简介：王家琳，黄冈师范学院文学院学科教学（语文）24级研究生，邮箱：2168922349@qq.com；蔡志才，1973年10月出生，本科，浠水县团陂高级中学教师。

论方法指导文言文学习。新课标多次提到"情境",通过真实情境创设和语文实践活动,发展学生语言经验,从而提高实践和创新能力。本文在整合课标、文本与学情的基础上,明确教学情境创设的理论基础,让学生在真实教学情境创设中,通过自主、合作探究的学习方式,感受文字的语言美、形象美和意蕴美,从而提高高中生的核心素养,以期对文言文教学提供有益指导。

一、创设教学情境的理论基础

(一)情境教学的定义及其作用

1. 情境教学的定义

情境教学是指在具体的教学过程中,根据教学目标,创设与学习内容相适应的具体场景或氛围,让学生在积极参与的过程中获得丰富的审美体验,提高对语言文字的感受理解与运用创造能力。王尚文认为教学情境就是营造的"适宜于情发生的'境'",强调了情境的相互关联和依赖关系。① 情境教学的核心在于激发学生的情,教师有目的地在教学中创设真实生动的情境,让学生获得相应的情感体验。综上所述,可将"情境"定义为因人们的情感而形成的自然、社会和自我内心世界环境,在教学中要顺境造情,因情造境,从而提高学生对高中文言文的理解能力。

从教育心理学发展角度看,建构主义和情境认知主义都认为知识和技能是基于真实情境的,只有基于具体的真实的情境,才能为我所用。情境认知论者认为,知识是基于社会情境的一种活动,而不是一个抽象具体的对象;知识是个体与环境交互过程中建构的一种交互状态,不是事实;知识是一种人类协调一系列行为去适应动态变化发展的环境的能力。②

2. 情境教学的作用

情境教学法营造了一种生动的教学氛围,这种教学方法化抽象为具象,将语言文字中形成的丰富情境加以形象化描绘与表达,可以激发学生学习文言文的兴趣,吸引学生参与课堂活动。可感知的事物往往拉近了文本与读者之间的距离,更进一步丰富了学生的学习体验,在听说读写各种

---

① 王尚文. 中学语文教学研究 [M]. 北京:高等教育出版社,2002:25-26.
② 王文静. 情境认知与学习理论研究述评 [J]. 全球教育展望,2002(1):51-55.

活动中提升了学生对文言文的理解与鉴赏能力。在情境教学中进一步培养学生的自主能力，在合作探究、表达交流等实践性活动中，学生有足够空间与时间自由表达，有利于培养学生的发散性思维、独立人格、创新精神和实践能力。

（二）新课标对创设文言文教学情境建议

《普通高中语文课程标准（2017年版2020年修订）》要求："语文课程应引导学生在真实的语言运用情境中，通过自主的语言实践活动，积累言语经验。"[①] 在课标中"情境"一词出现了34次，运用广泛。其具体表述如"真实的语言运用情境""具体语言情境""交际情境""历史文化情境"等，涉及语言、交流、历史文化情境，给文言文情境创设提供了依据。在"中华传统文化经典研习"学习任务群中要求组织学生开展交流和专题讨论，用历史和现代的眼光审视，表达自己的看法。强调在情境中理解传统名篇，在具体活动中感受交流研讨，形成自己的观点和个性化认识。

（三）高中文言文作品中蕴含丰富情境

统观高中语文教材，与以前的版本相比，文言文篇目占比提高，且篇幅较长、内容复杂、思想主题深刻，语言表达简洁凝练，形象细腻生动，意蕴含蓄深刻。鉴赏文言文，首先要理解诗人用独特意象营造的意境，感受语言文字下的艺术魅力，教师要发掘文言文中的丰富情境，捕捉其语言美、形象美和意蕴美。《赤壁赋》中对赤壁自然风光的描写、姚鼐在《登泰山记》中对泰山雪后初晴景象和日出时的雄伟壮观的描写、王羲之的《兰亭集序》对茂林修竹的描写都淋漓尽致地体现了自然风光美。这些细腻生动的景色需要学生在学习过程中想象。魏征在《谏太宗十思疏》中对君主进行诚恳劝告，体现了一代谏臣的责任担当；王安石在《答司马谏议书》中表明了自己坚持变法的原因和决心；司马迁在《屈原列传》中塑造了屈原这一不与世俗同流合污的忠君爱国之士的形象；《陈情表》塑造了李密这一孝顺爱国的臣子和晚辈形象、《烛之武退秦师》展现了一位具有高超辩论艺术的谋士和爱国的壮士形象，这些人物形象伟大鲜明，都是语言文字塑造的光辉形象。

---

① 中华人民共和国教育部. 普通高中语文课程标准（2017年版2020年修订）[M]. 北京：人民教育出版社，2020.

语言形象和意蕴是高中文言文作品的主要情境，涵盖社会、历史、自然和自我思考，都能引发学习者的独特情感。同学们设身处地通过诵读和想象去理解感悟情境，从而增强文言文审美意识和鉴赏能力。

（四）高中生核心素养全面发展需要

高中生的核心素养体现为德智体美劳全面发展，具有创新精神、社会责任感和实践能力。在语文方面则是知情意行全面发展，提高学生识字写字、阅读理解、表达创造的能力。落实在文言文教学上，表现为学生的朗读能力、审美情趣、文化品位、情感态度、思想观念的全方位发展。教师需要借助听说读写等具体语言运用交流情境来提高学生的理解与鉴赏能力。通过语言情境的感受，交际情境的表达，社会历史情境的理性思考，学生对文言文的学习兴趣增强，诵读和想象能力并重，形象思维和逻辑思维发展，在活动中增强理解，学习文言文的效率会越来越高。例如在《陈情表》教学实践中，通过朗读活动，让学生体会语言美。进一步分析文章的说理美和李密的人格美，并结合实际社会情境探讨分析《陈情表》的现实意义，为学生学习借鉴《陈情表》这一表达方法提供思路，让学生体会孝道和家国情怀，提高其综合运用能力和道德情操。总之，通过高中文言文的审美教育，学生感受到工具性和人文性相统一的美感，核心素养得到提升。

二、高中文言文教学情境创设现存问题及原因

（一）教学现状

科学创设文言文教学情境是成功开展文言文学习的必要环节，在实际运用过程中存在有待解决的问题，集中表现为：① 情境模式化；② 情境标签化；③ 情境浅易化。

1. 情境模式化

常用学习情境主要有拍视频、写演讲稿、改写、角色扮演等，这些情境几乎万能，可以套用所有文类。新课标指出要创设丰富多样的学习情境，根据不同文言文文章设定不同的情境。需要教师深入真实生活，捕捉生活情境。还可以增加不同的学习情境，如自然风光类的文言文《登泰山记》，可以为其撰写解说词，形象概括其日出特点，而不仅仅是诵读、交流讨论等学习情境。

2. 情境标签化

标签化是指情境与教学内容无关或者牵强，效果不佳。情境内容和教学主体分离，教学效果不佳，学生花费大量时间在情境的创设中，缺少了对情境的解读和感受。例如在学习《陈情表》时，教师布置口语交际任务：描述李密委婉劝说晋武帝的说辞内容，并体会其语言表达艺术。《陈情表》语言生动鲜明，字字感人，仅靠教师讲解翻译很难让学生直观感受人物的语言美，忽略了学生自主的感受和体验过程，教学中缺少学生的直观体验。需要教师在授课时加上视频、图片等直观情境辅助，帮助学生走入并理解情境，并努力创设与交际情境相对应的人物对话情境，让学生更有代入感和互动感。学生带着自己的情感去解读文本，对课文语言语气、表达方式和情感的理解会更深刻具体。

3. 情境浅易化

如果文言文教学情境在生活之外，教师创设的虚假情境没有引起学生生活经验和情感的共鸣，那么这个情境就是不恰当的。如学习《赤壁赋》时设置"变还是不变"的主题演讲或讨论，大多数学生都能理解"变与不变"的哲理观点，却没有进行深刻思考，不理解其现实意义，或者对意义只能进行单一解读，只能体会苏轼旷达乐观的思想境界，而不能体会在变与不变中人们应该怎么做，鉴赏浮于表面，情境设置假大空。

（二）现状归因

文言文教学情境创设存在模式化、标签化、浅易化的问题，主要受到新课标对情境界定模糊、教师自身对文本解读不够、学生实际情境运用经验不够丰富的制约。情境在新课标中多次出现，包括语言情境、交际情境、社会历史情境，模糊多义，让教师不知在教学中侧重把握何种情境，情境创设较为盲目。在具体情境实施中，情境设置具有开放性的特点，没有完备的评价指标，不能检测学生的学习成果，学生往往缺乏经验与指导，不能较好完成情境任务。

三、高中文言文教学情境创设实现路径

情境教学是指在具体的教学过程中，根据教学目标，创设与学习内容相

适应的具体场景或氛围，让学生在积极参与的过程中获得丰富的审美体验。学生作为审美的主体，要在具体情境中思考讨论探究问题，获得审美体验。在高中文言文教学中通过教学情境创设可以培养学生学习文言文的兴趣，提高理解与鉴赏能力。教师需要从教学情境的趣味性入手，通过感受体验入境，在诵读想象和交流讨论中悟境，在探究活动中"共情"。从而达到情境共生、相互提高的目的。

（一）创设个人体验情境，丰富学生体验

个人体验情境侧重于学生自己的感受理解和情感初体验，教师应该重视学生的真实感受与自由表达。通过导入情境激发兴趣，在诵读情境中感受理解。

1. 创设导入情境，激发学习兴趣

语文特级教师于永正曾说："每个有经验的教师在备课时，都会很重视新课导入的精心设计和构思，争取一上讲台便能把学生深深地吸引住。"[①] 在教学伊始，通过情境创设吸引学生的注意力，在情境创设中，通过图片、音频、视频等唤醒学生的情感体验，这是情境导入法。情境是学生在学习过程中感受到的具体学习氛围，包括音频、视频、图片和文字，它们都直观地营造了学习氛围，使学生产生身临其境的效果。例如学习《琵琶行》时可以采用音乐导入法，以琵琶声吸引学生的注意力，让学生在感受音乐韵律中获得审美兴趣。在学习《登泰山记》时播放泰山日出的景象片段，唤起学生对泰山日出美的直观体验。利用情景导入法，化语言文字为直观审美体验，激发学生的审美兴趣。设疑导入法：只有知道要学什么，才能激发学生的学习兴趣，带着问题和重点学习，才更有针对性。在教学开始时，教师可以通过提问让学生捕捉学习重点，主要从单元提示、学习提示和单元学习任务来设计问题。例如学习《劝学》和《师说》时，可以结合"学习之道"的单元主题，创设单元活动情境，让学生产生学习之道是什么的疑问，并思考如何学习，带着思考更好地理解文章的观点和态度。

2. 创设诵读活动情境，体验韵律情致

首先读出韵律节奏，感知文言文古文字的语言美。初读课文整体感知语

---

① 朱霄. 于永正老师的导课语言艺术 [J]. 教师之友，1999（10）：4.

言，学生是诵读活动的主体，学生可以用自己喜欢的方式阅读，如大声朗读或者细声体味，还可以加上肢体语言和动作。在课堂诵读中，可以采用听录音跟读、范读、齐读、小组读、分角色朗读的方式。通过诵读，学生加深对文本语言的直接体验，通过感知语言的美感，调动自己的感官思维和情感，更能唤起自己的审美体验。虽然学生是诵读主体，但离不开教师指导，这样才能保证诵读的有效性。以教师范读为例，《劝学》中字音的准确朗读，句式结构的语气变化，都能指导和感染学生，使学生深化诵读体验，感知语言韵律美、结构美和节奏美。

其次读出情感，感知文字的情致美。要求学生在诵读过程中把握语言文字的感情基调，初步体会作者的情感美。在诵读《归去来兮辞（并序）》时，把握作者欢快欣喜的感情在文中的具体表现，如"载欣载奔"对欣喜的直接表达；在诵读《陈情表》的"乌鸟私情，愿乞终养"时，感受语言文字寄托的作者渴望尽孝的拳拳之心。这些都是诵读要达到的效果。

（二）创设问题情境，唤醒审美思考

创设问题情境，就是让学生在情境中思考问题，而不是教师代替学生回答问题，这是学生主体性地位的体现。教师要通过提问将学生引入学习文本，问题设计要符合以下原则。

1. 问题设计符合学情，具有价值性

设计问题要结合教学内容和学习目标，问题要具体化，不能泛泛而谈，要有针对性，在最具有审美价值的地方提出问题。在学习《兰亭集序》时，可以设计这类问题：作者由乐开始宴会雅集，为什么以"岂不痛哉"发出感叹，作者为什么感到苦？引导学生思考苦与乐转变的原因，大部分学生能根据文本得出人生苦短的结论。接着教师顺势而为，提出文中哪处得以体现，问题给学生以方向指导和启发，唤起学生深刻的审美思考。

2. 问题设计具有创意性，激发多维度思考

问题要具有开放性和创新性，才能引发学生的广泛参与和思考。例如学习《陈情表》时，可以提问学生：忠和孝如何平衡？或者你认为忠和孝，哪个更重要？看似是选择性的问题，其实是让学生结合自身实际阐述自己的观点，从文章中找出作者为何忠、为何孝，以及如何取舍的原因观点和态度立场。通过设置问题，让学生产生自己的审美鉴赏与判断。

(三) 创设活动情境，深化审美体验

相较于传统课堂的师生传授，活动是发展学生创造力和感知力最好的方法。语文是实践性的学科，可以在具体活动情境中让思维处于活跃状态，培养丰富的审美情趣。

如《陈情表》教学中，学生已知亲情的美好可贵。可以设计让学生搜集有关"亲情"的素材这类活动，如亲情故事、名人名言，或者结合自身体验谈谈亲情，组织朗读交流会、写作等活动，用亲情采访、拍摄短片、辩论会等实践性形式来表现亲情。每个同学都可以在活动中呈现自己对亲情的独特理解，这种独特的审美体验比单方面灌输给学生结论效果要好得多。

创设的活动情境，形式可以丰富多样，学生在学习文言文时要有代入意识。如分角色扮演，角色代入能促使学生更深入地理解人物的行为和背后的情感变化过程。在教授《陈情表》时，可以让学生扮演李密，再现其美好的品质。还可以让学生扮演帝王，和李密进行面对面对话，可以对李密的话进行扩充改写，让他的话更有说服力。在《赤壁赋》的教学中，主客问答的角色扮演更能让学生体会其角色情感。

(四) 创设探究情境，强化审美批判思维

自主合作探究的学习方式是新课改以来教学的主要方式，是学习文言文理解内容后的进一步拔高。在高中语文课程中设置探究情境，探究过程则是体验感悟、欣赏与评价的过程。首先是根据单元学习任务设计探究情境，在学习《劝学》和《师说》后，结合生活实际探讨学习的方法和途径，进一步深化对为学之道的认识，开放性探究活动能更进一步提高学生的审美感受和审美能力。在学习《庖丁解牛》后，对顺应自然顺势而为的观点进行批判性认识，立足当下，思考其现实意义，让学生在现实生活中明白顺势和避其锋芒的作用，并对此观点进行批判性思考：在什么情况下应该顺势，在什么情况下又应该不顺势。

其次是根据文本内容进行批判性探究。学习《鸿门宴》后，引导学生思考项羽这一人物特点，思考这是一位英雄还是败寇，知人论世，让学生多角度解读人物，结合具体事例阐述其观点。在《陈情表》中思考以孝治理天下的意义，以及李密平衡忠孝选择的理由，都能进一步提高学生的审美批判和评价能力。教师可以引导学生对语言运用层面、形象层面和意蕴层面都进行

分析，明白什么是美，并对文章表达美的方式进行分析探究，在感知美、鉴赏美、评价美的过程中提高审美鉴赏能力。

在探究情境创设中，教师要让学生尽可能地理解当时的社会生活，知人论世，在社会生活具体情境中贯通古今，从而深化情感体验与理性认识。

（五）创设读写互促情境，进行语言表达与创造

学生在学习文言文的过程中，情境创设的最终旨归在于语言表达与创造，这是对学习内化结果的外显化，是学习活动的最终落实方式，对提高学生的综合鉴赏能力具有重要指导意义。文言文的审美创造不是让学生用文言文去写文章，而是把文言文改编为丰富多彩的文学形式，从而加深对文言文的审美体验，达到以读促写、以写促读的效果。

1. 以读促写

高中课内文言文为学生的写作创造活动提供了多维度的素材资源，并着重培养学生写议论文的思路逻辑。首先是高中文言文为审美表达与创造提供素材。文言文中蕴含丰富的语言美、形象美和意蕴美，有许多人物事例、论证观点值得学习和借鉴。教师要深刻挖掘文言文的丰富审美素材，以《劝学》为例，挖掘其语言、形象、意蕴方面的素材。《劝学》语言素材：青出于蓝而胜于蓝；锲而不舍，金石可镂……形象素材：积水成渊，蛟龙生焉；骐骥一跃，不能十步……观点主题：学不可以已；学习要善于积累，坚持不懈，用心专一……学生在审美创造写作中，如果能运用文言文中的典型名人名言，简洁生动地表达自己的观点，那么不仅提高了文言文学习兴趣，盘活了文言文素材，更强化了写作创造。

其次是利用文言文教学培养议论文写作思路结构，高中文言文议论文丰富，作者在分析观点方面有独特思路结构可以借鉴。《劝学》中开篇立论，提出观点，在对比论证、举例论证中论证学习的重要性，最后提出学习的方法策略，结构上是提出问题—分析问题—解决问题的思路结构，对学生议论文写作有借鉴意义，因此教师在文言文教学中，要对文章语言结构层次进行梳理，为学生的审美表达和创造提供思路。

2. 以写促读

文言文具有言简意赅的特点，给学生留下广阔的审美创造空间。教师要

积极引导学生基于文言文进行审美再度创造，丰富写的形式。例如改写和扩写活动、课堂情景剧创作脚本和表演活动、文学短评活动等。

（1）古文改写。

学生在理解了作品之后，可以对文言文进行有创造力的改写。古文改写就是把文言文形式改写为议论文、记叙文，或者诗歌等文体形式，这基于对文言文的深入了解。例如把作者的观点变为白话文的表达方式，通过白话文的表达和修辞手法给文言文润色。例如学习《陈情表》，可将李密的观点用白话文阐述，用现代文的逻辑思路进行表达，以作者视角进行二度创造，可以让学生进一步理解文言文的独特思想情感，提高学生的审美鉴赏力。

（2）情景剧创作表演。

学生对文言文进行创作改编，由学生来表演剧中的人物情节，是教学内容形象化还原的一种方式。学生在此过程中要主动揣摩人物形象，体会作品语言，并总结思想情感。可以说创作剧本脚本是学习文言文后的综合创作，具有趣味性和总结性，它让学生的自主审美体验得以发挥。例如《鸿门宴》中人物繁多，个性鲜明，事件情节个性化，学生通过剧本编排进行角色扮演，把文言文中的语言形象化地展示出来，对课文里面的人物、情节和场景产生深刻认识，从而产生情感共鸣。

（3）文学短评。

创设文学短评活动情境是在文言文理解基础上的拔高，学生基于文言文学习，产生独特审美体验后，可以综合所学，对文章的观点、人物形象、语言特征进行有针对性的文学评论，把审美创造性体现在文学评论中，形成自己关于美的独特认识。例如学习《谏太宗十思疏》后，学生对文章观点"积累德义、戒奢以俭"形成自己的认识，立足当下思考其现实意义，深化对文言文观点的认识和思考，沟通古今，提高审美创造能力。

因此教师在教学过程中，要鼓励学生进行创造性写作，对学生的观点进行正确引导和评价，在求同存异中提高学生的审美创造能力。

四、结论

高中文言文教学情境创设具有自身理论基础。本研究通过分析教学情境创设的必要性，挖掘教材情境因素，立足学生核心素养的全面发展，提出了高中文言文教学情境创设的实现路径：在情境导入、诵读活动个性化体验中丰富情感；在问题、活动探究情境中有针对性地理解文言文的核心学习内容；最后在读写情境中培养表达能力、实践能力和批判性思维。鉴于笔者能力有限，实际教学经验较少，对高中文言文教学情境创设策略的研究还很浅显，所写论文会有一些不足之处，笔者会在今后的学习和工作中不断改进。

比较阅读

《紫藤萝瀑布》与《一棵小桃树》比较阅读教学

郭莹莹[①]

摘要：比较阅读因其深入文本进行整体观照、对比辨析，契合学习任务群视域下的文本联读，成为训练学生思维能力的重要手段。《紫藤萝瀑布》与《一棵小桃树》为同一单元内的两篇托物言志散文，各自以其独特的艺术魅力，共同承载着深刻的育人价值。本文旨在通过创设情境任务，激发学生思考；巧用助读系统，搭建理解桥梁；善用比较对照，深化文本理解；在比较阅读中整合分析，从而开拓学生的文学视野，使学生深入体会和把握作者寄寓的感情。

关键词：《紫藤萝瀑布》；《一棵小桃树》；比较阅读

所谓比较阅读，就是将两个或多个文本放在一起进行关联性阅读，在联读中比较文本之间的异同，训练学生的信息提取能力、归纳整合能力、关联比较能力，在阅读中开拓学生的视野，进而训练学生的阅读能力和文学素养，促进学生的全面发展。统编语文教材七年级下册第五单元中选取了《紫藤萝瀑布》和《一棵小桃树》两篇文质兼美的作品，根据本单元单元导语可知，本单元重点强调运用"借景抒情或托物言志"的手法以感受字里行间蕴含的"哲理的光彩"，建议在整体的单元阅读过程中运用"比较阅读"的方

---

① 作者简介：郭莹莹，黄冈师范学院学科教学（语文）22级研究生，邮箱：360287934@qq.com。

法，纵横关联以开拓学生的视野，加深对文本内容的理解，增强学生的阅读能力。

《紫藤萝瀑布》和《一棵小桃树》分别作为本单元起始的教读课文与自读课文，皆是现代散文，作者在景物中寄寓自己的情思，抒发对人生的感悟。但又同中有异，具有一定的比较价值，适合进行比较阅读以提高学生的迁移能力。手法与主题等角度的相似点均可进行迁移应用，以深化学生的阅读感受，使学生体会作品中蕴含的无限意味。比较阅读同时帮助学生实现由知识到能力的进阶，锻炼学生的自读能力的同时对知识与方法进行巩固训练，最终使学生学会迁移应用，提升学生的阅读能力。

一、创设情境任务，激发学生思考

新课改背景下，教师要尊重学生的主体地位，善于借助问题链或探究任务增强学生的主体意识。[①] 在比较阅读中，需创设情境任务引领学生走入文本探索。《紫藤萝瀑布》和《一棵小桃树》两篇散文的单元导语中指出其人文主题是"哲理之思"，相对应的语文要素是"学习托物言志的手法"，且两篇文章都以自然界的植物为载体，通过细腻的景物描写和深刻的寓意，表达了作者对生命的感悟和对未来的希望。因此我们紧扣单元人文主题与学习托物言志，以任务为"联结点"勾连两个独立的单篇文本，驱动学生的阅读进程，打造真实的阅读情境，培养学生探究性的阅读能力。

联系生活实际，可创设情境任务：草木本无心，因人显其志。总有一株植物能扣动你的心弦，带给你人生启迪或前进的力量。学校公众号拟开设"观花草树木，悟人生哲思"主题活动，现面向全体学生征稿，希望同学们踊跃投稿。据此，本次任务可设计为三个活动。活动一：赏花容树姿。学生有感情地朗读《紫藤萝瀑布》与《一棵小桃树》两篇课文，边读边划出描写紫藤萝和小桃树的句子，进行总结：这是一株____的紫藤萝/小桃树，并说说原因。引导学生整体感知两篇文章中"物"的特点，赏析花与树的形象。同时通过总结紫藤萝和小桃树的形象，梳理情节。活动二：悟花言树语。环节一，结合活动一的分析，利用表格，将眼前所见的紫藤萝和过去的生长状态与小桃树的成长过程进行对比，为下文将"人"与"物"进行联系做铺垫。环节二，学生划出文中有关作者的人生经历和人生态度的语句，思考并

---

① 范欣，周成梅.《紫藤萝瀑布》的教学回观与原点探寻［J］.语文教学通讯·D 刊（学术刊），2024（04）：81-82.

讨论：为什么宗璞选择了紫藤萝，贾平凹选择了小桃树进行写作？这些花树与作者有什么关联？结合作者的人生经历，理解两篇文章中蕴含的深刻寓意。在这一环节，由寻找文中字里行间隐藏的作者的人生经历，引导学生了解作者的生活。通过两位作家的资料补充，让学生理解他们为何会对"物"产生如此深厚的情感，找出"人"与"物"之间的关联，学习托物言志的手法，从而感悟花树中各自蕴含的生命哲理。环节三，主要比较两篇文章。全班同学分组讨论，可设置思辨性的比较类议题，如从《紫藤萝瀑布》与《一棵小桃树》中选择你更喜欢的文本并阐述理由，分析二者分别怎样写景状物，所托之"物"有何特点，所托之"物"与所言之"志"之间如何关联。[①] 两篇文章在写法上有何相同与不同之处。同学们派代表发言，连接各类观点与想法，在任务指引中探讨两篇文章的异同，教师适时引导，做好总结整理。通过对比阅读，一方面深化学生对两篇文章主题的认识，另一方面让学生更加深入地理解"托物言志"的写作手法，学会辨识"托物言志"类文章，并在此基础上通过讨论、总结阅读文章的方法，进而学会运用这种手法进行写作。活动三：写花树情志。迁移所学，尝试写作，促进读写共生。对两篇文本进行深入的分析探讨后，整合归纳既有观点，在类比思维中锻炼学生运用"托物言志"手法的写作能力。因此，在这一活动中，开展小练笔的训练。为提高学生写作效率，教师先提问引导：自然界的草木总能在某个时刻带给我们精神上的鼓舞和慰藉，哪些花草树木给了你启迪呢？学生在交流讨论后，拓宽思路，确定写作对象。接着运用所学的托物言志的手法，寻找一株他们喜欢的植物，写一段300字左右的文章。为学校公众号"观花草树木，悟人生哲思"主题活动投稿做准备。

以创设向学校公众号投稿这一任务，开展三个活动，对《紫藤萝瀑布》与《一棵小桃树》进行联读比较，激发学生思考探究。学生能够更好地掌握阅读"托物言志"类文章的方法，并在创作实践中提升自己的写作能力。同时，通过对比阅读，学生还能更加深入地理解不同文学作品之间的异同点，拓宽自己的文学视野。

二、巧用助读系统，搭建理解桥梁

助读系统是语文教材的重要组成部分，不仅是学生自主学习的得力助

---

① 刘恋. 试论教读课文与自读课文的一体化教学——以《紫藤萝瀑布》《一棵小桃树》为例 [J]. 语文教学与研究，2022（03）：74-76.

手,也是教师实施有效教学的重要工具,发挥着"优化教学流程,促进高效学习"的功效。《紫藤萝瀑布》与《一棵小桃树》为同一单元的两篇散文,前者为教读课文,后者为自读课文,教材中的助读系统通过单元导语、预习提示、旁批等提示语引导学生学会正确"进入"课文,① 因此,教师在教学过程中应充分利用助读系统的优势,发挥其在教学中的积极作用,为学生搭建文本理解的桥梁。

《紫藤萝瀑布》是宗璞托物抒情散文的巅峰之作,是初中语文教材中一篇经典的教读课文,因此在本篇课文教学中,教师要发挥指导作用,从助读系统入手,提示学生从单元导语、预习提示和课后习题中探究问题,掌握阅读方法,学会品析"关键词"与抓紧"关键句"。单元导语中的语文要素提到本单元的重点是学习托物言志的手法,课前的预习提示中提示学生可采用想象画面的方法,"思考探究"中也出现品析揣摩语句的题目。根据这些提示,教师在课堂上引导学生采用多元化朗读的方式沉入文本字词,咬文嚼字,鼓励学生巧用联想想象关键词所构筑的生动画面,在鲜明的物象中品味作者独特的志向,体悟花之意蕴。在这个过程中印证了教读课的特性,旨在让学生"识法",教师在方法上的引领与指导是必不可少的。

而到了自读课文《一棵小桃树》的阅读教学中,旨在让学生"用法",学生拥有了更多的自主学习空间。自读课的文本教学设计,除了依托教读课的阅读方法作"阅读训练"外,还可"借助旁批"作阅读示范。② 因此,教师提示运用旁批和课下注释进行自主阅读,在单元导语和阅读提示中把握关键点,汲取教读课文的阅读经验。把所学之法加以运用,举一反三,构筑真实的课堂情境鼓励学生迁移转化,上出自读课的"自读味儿"。参考单元导语,把握人文主题与方法提示,注重"托物言志"手法在文章中的运用,体悟作者的深沉情感。学生可以根据课文旁批,在课文中圈点勾画,调动发散思维,同时根据阅读提示思考为什么作者多次使用"我的小桃树",探究这一定语的出现有何意义,把握"小桃树"就是"我"的化身后,体会作者深沉的感慨和寄托,分析本文与《紫藤萝瀑布》在写法上的异同。另外,教师可以拓宽教材的视野,将阅读提示中的比较阅读进行延伸,突破仅在写法上进行比较,从主题思想、写作顺序、线索等多方面进行联读比较。明确文本的深刻内涵与价值,启发学生深层次的思考,深化学生对文本的认识与理解。

---

① 栾晓妹.从核心素养理念看初中语文助读系统使用[J].汉字文化,2024(11):136-138.
② 朱琬玉.自读有"妙招","抓手"助解读——以《一棵小桃树》文本教学解读与设计为例[J].新教育,2021(22):61-62.

在阅读结束后，教师可推荐学生阅读《丁香结》《好一朵木槿花》等文章，激发学生的阅读兴趣，鼓励学生涉猎多个文本以提高学生的阅读素养，并在阅读过程中完成阅读方法的巩固。教师应建构教读、自读、课外阅读一体的阅读教学体系，拓展学生的纵深思维，打造学生的思维大厦，增加学生的阅读量促进其心灵的成长，开辟学生阅读的新天地。

三、善用比较对照，深化文本理解

《义务教育语文课程标准（2022年版）》在课程总目标中提出，要引导学生"乐于探索，勤于思考，初步掌握比较、分析、概括、推理等思维方法，辩证地思考问题"。[①]《紫藤萝瀑布》与《一棵小桃树》皆为经典之作，二者在诸多方面呈现出鲜明的对比，通过比较阅读可以在文本整合中锻炼学生的关联、融合思维，在比照辨读中强化学生的比较探究能力，有利于学生对文本内涵更深入地理解，在阅读中思考生命的意义与价值。

（一）标题与线索：同中有异

观照文章的标题，两篇文章的题目均是以物象命名，直接显现文章的主要内涵。文章主题一目了然，直截了当地概括文章的主要描写对象。需要注意的是，物象不仅仅作为一样物品出现，而是运用了象征的手法蕴含着无限的深刻意蕴，隐喻了作者内心深处的情感。《紫藤萝瀑布》中用"瀑布"一词暗示了紫藤萝花开之繁盛茂密，寓意着生命长河的永恒。《一棵小桃树》中的"一棵"特指作者家门外的那一棵小桃树，文章描写了它的成长过程。同样是植物，都拥有给人启迪的生命韧性与蓬勃的生命力，二者在成长的过程中都经历了衰败与残损，但在穿越历史长河的今日，仍能实现"组成了万花灿烂的流动的瀑布"与"保留着一个欲绽的花苞"的美好愿景，寄托了作者的美好期望与情志。

在串联文章的线索上，二者使用了不同的方法，《紫藤萝瀑布》采用单线结构，而《一棵小桃树》采用明暗双线结合的方法。《紫藤萝瀑布》一文以紫藤萝这一植物作为贯穿全文的线索，由眼前的紫藤萝回忆起过去的紫藤萝，将今昔紫藤萝的生长态势与成长风貌进行对比，从花串的稀零甚至消失

---

① 中华人民共和国教育部.义务教育语文课程标准（2022年版）[M].北京：北京师范大学出版社，2022：6.

到多年之后藤萝的茂盛，反映了作者的情感转变：从"焦虑与悲痛"到"精神的宁静和生的喜悦"。结构完整严谨，线索精巧明了，正如肖培东老师执教时所说："这篇散文美在描写的细腻多姿和结构的玲珑精巧。"①

《一棵小桃树》则是采用双线结构，呈现明暗交织的特点。明线是小桃树的成长过程：播种、萌芽、长到二尺来高、长到墙院高、开花、"高高的一枝儿上竟还保留着一个欲绽的花苞"。暗线是作者本人的成长过程："我"囿于贫苦村庄的成长环境，认知受限后进城读书，感知到自身的渺小后迫切地想快速成长，长大后遭受种种不幸方知人世复杂。作者从小桃树中汲取了本真的初心与力量，想要像小桃树一样坚强勇敢，不惧风雨，心中存有一朵花儿，感知生命的美好并坚定对理想和幸福的追求。

（二）文体特质：含蓄蕴藉的语言美

在文体上《紫藤萝瀑布》与《一棵小桃树》均为散文，写景细腻且有层次感，含蓄蕴藉，字字锤炼体现出散文的美感，值得细细触摸与咀嚼，善用多种修辞手法如比喻、拟人等建构文本，以含蓄隽永的语言美与作者独特的情感体验为特征，体现了散文的特质。文章精妙传神，肆意挥洒笔墨如行云流水般自然，缓缓流动的文字如跳跃的音节，展现出独特的情感体验，彰显了文章的诗意美。字里行间的真情实感跃然纸上，尽显作者独特的生命体验，教师、文本、学生之间展开亲切的对话，汇成一条舒缓、清澈、源远流长的生命之河。

在表达方式上，二者有所不同，各有侧重。《紫藤萝瀑布》侧重于细腻的描写与抒情，并未采用记叙手法。这也决定了本文写景方式的多样化，冲破了单一的反复、比喻、拟人等修辞手法，采用了如动静结合、多感官、物我交融等多种手法。如"只见一片辉煌的淡紫色，像一条瀑布，从空中垂下""这里除了光彩，还有淡淡的芳香，香气似乎也是淡紫色的"等，展现了紫藤萝花的美丽和生机。灵隽鲜活的浅语短句不仅增添了语言的形式美、流动感，更表现出作者欢欣雀跃的心情。"我要开花"的反复出现展现了花儿的竞相开放与无限的生机活力，一派欣欣向荣之景让作者暂时忘却了内心的手足之痛，展现了作者对蓬勃的自然之象的欣赏。在《一棵小桃树》中，作者运用了记叙、描写、抒情相结合的手法，侧重于记叙导致文中对景物的描写相对减少。相应地，描写技法也相对较少，作者以拟人的手法为主，将

---

① 肖培东. 我要开花！我在开花！——《紫藤萝瀑布》教学思考［J］. 语文建设，2019（21）：30-34.

小桃树变得感性化,以小桃树的成长过程反映作者的人生经历,留白与口语的叙述体现出作者对小桃树的特殊情感。总体来看,在对景物的描写上,《紫藤萝瀑布》一文讲究写景顺序,由整体到局部,由花瀑到花穗再到花朵,调动各种感官,恰当运用修辞手法,让读者如临其境,享受了一场花的视觉与嗅觉盛宴。《一棵小桃树》全文将小桃树拟人化,它的不屈不挠,与风雨斗争,"抖着满身的雨水","高高的一枝儿上竟还保留着一个欲绽的花苞",成了"我"眼中"风浪里航道上的指示灯",暗合作者自身的成长轨迹。

当然,鉴于两篇文章在表达方式上的侧重点不同,它们的语言风格也相应地展现出差异性。《紫藤萝瀑布》一文的语言清新优美而富有诗意,意蕴深厚,作者宗璞以女性作家特有的细腻与爱心体察物情,在客观、精微、从容的笔调中叙写自己所体味到的形态美、情趣美。从文章中对紫藤萝的细腻描写,"一片辉煌的淡紫色""深深浅浅的紫""泛着点点银光"等等,可见其语言风格优美细腻,逼真传神,让读者在阅读的过程中仿佛置身于紫藤萝花园中,感受到了大自然的魅力和生命的美好,体现了宗璞文学语言的深厚功力。在《一棵小桃树》中,文章语言风格相对自然平实,舒缓流畅,深沉内敛,没有过多的华丽辞藻,却能够深入人心,于不着痕迹处蕴含生活智慧。贾平凹用朴实无华的语言讲述了小桃树的成长经历,同时也抒发了自己对人生的感悟。《紫藤萝瀑布》和《一棵小桃树》在语言风格上的差异展现出了独特的语言美。两种不同的语言风格相互映衬,共同构成了一幅丰富多彩的语言画卷。无论是《紫藤萝瀑布》的细腻婉约,还是《一棵小桃树》的深沉内敛,都让我们领略到了语言的魅力和文学的力量。

(三)行文立意:蓬勃生机与生命永恒的哲理

二者在行文立意上均以作者内心感受为线索,情感含蓄委婉,意蕴深刻,均表现了作者对苦难的挣扎以及超脱后的平静与淡然,以花儿观照现实后确立对生命永恒的认识。两位作者都不仅仅止于对顽强生命力的描写,都拓展到了人生历程的漂泊与沉浮,粘连着社会的沉浮与变迁的"紫藤萝"与"小桃树"都寄寓了作者深沉的情感变化:从悲痛与坎坷中走出来,不再聚焦于往日的悲痛,冲破阴云密布的苦难,转而用释然与微笑面向阳光,永远坚守含苞待放的希望与美好的理想,体会生命永恒的真谛。

在《紫藤萝瀑布》中,在面对坎坷与挫折的时刻,作者表示要像"紫藤萝"一样锻造"我在开花"的勇气与毅力。外在的表现均蕴含着作者内心深处缓缓流动的情感,由苦闷悲痛到释然欢愉,展现了紫藤萝瀑布给予作者的启迪：要以饱满的生命力投身到生命的长河中去，以昂扬的斗志投身到伟大的事业中去。《一棵小桃树》中蕴含着一定的生活哲理，表现了作者要从植物身上汲取生命的无限活力，磨炼战胜坎坷与困难的意志。作者要像"小桃树"一样在风雨飘摇中孕育"欲绽的花苞"，感受旺盛生命力的蓬勃发展，在与挫折和磨难的斗争中收获成长，在时间的积淀中沉下心来体悟其中的生机与美好。由此观之，紫藤萝与小桃树旺盛的生命力都给予作者希望与勇气，它们在作者人生的困难时刻出现并展现出一定的生命哲理与人生启迪。

综上，对《紫藤萝瀑布》《一棵小桃树》进行比较阅读有助于在文本内部的联结中深化学生对文本的分析和理解，在阅读过程中不断拓宽阅读面，连点成线以实现对知识的归纳整合，最大限度地发挥了联读的价值，进而提升了学生的阅读素养，在丰富学生语文积累的同时，促进了学生批判性思维、比较思维、整体思维等高阶思维的发展。比较阅读变接受学习为建构学习，以情境任务为引领统摄整个学习过程，深入文本内容进行关联比照，突破了低层次的单篇文本浅表化阅读，深化了学生的探究水平与能力，实现了学生由知识获取到能力发展的一大跃升，开拓了提升高阶阅读素养的有效路径。

统编版与人教版初中语文教材中古典小说课后习题比较研究

蒋宇玲[①]

摘要：课后习题是语文教材的重要组成部分，课后习题的发展变化折射出教材编写的理念，在一定程度上体现了时代的知识观和能力观，课后习题服务于教师的教学，助力学生语文核心素养的养成。本文以统编版和人教版[②]初中语文教材为研究对象，综合运用文献研究法、比较分析法和统计分析法等研究方法，结合相关研究成果对教材中古典小说课后习题进行比较研究。研究发现，统编版教材中古典小说课后习题的编写相较于人教版有三个显著变化：课后习题的编制立足学生语文核心素养的发展，课后习题强化语文要素的落地，习题设计层次性明显增强。

关键词：统编版；人教版；初中语文；古典小说；课后习题

引言

2011版课标要求语文教材的编写要兼具工具性与人文性、经典性与时

[①] 作者简介：蒋宇玲，黄冈师范学院学科教育（语文）24级硕士，邮箱：1064558304@qq.com。

[②] 本文中所指的统编版即教育部编《义务教育教科书语文》；人教版即由人民教育出版社出版的《义务教育课程标准实验教科书语文》。

代性。2022年，新修订的《义务教育语文课程标准》正式发布，新课标内容发生了较大的改变，其中对语文核心素养作出了明确的定义，以发展学生核心素养为目标已经成为语文教育发展的必然趋势。基于这些理念，教材的编写要与时俱进。

小说作为四大文体之一，具有独特的文学价值，古典小说更是中华优秀传统文化中的瑰宝，而课后习题是教材的组成部分，在语文教材中具有重要地位。本文以统编版和人教版初中语文教材中的古典小说课后习题为主要研究对象，旨在深化对语文教材课后习题的理解与认识，进而探讨并优化提升古典小说课后习题教学效果的教学途径与方法。

一、统编版与人教版语文教材中古典小说课后习题研究现状

我国语文教材的发展历史悠久，各个版本的语文教材都具有鲜明的时代特色和编写特点。自进入21世纪以来，语文教材的版本呈现多样化，主要有人教版、苏教版、语文版①等。2016年统编版教材开始投入使用，人们便将关注的重点转移到统编版教材上，而关于不同教材之间的比较研究也随之兴起。

从初中语文教材古典小说选编研究来看，至今对"初中语文教材古典小说选编"的研究还很少。其中张彬彬在其文章《初中语文教材古代小说选编研究——以1978年以来人教版教材为例》中提道："在人教版教材中古代小说的数量与其他类型题材相比显得微不足道，甚至与其他类型的古代文学作品相比也是相去甚远，古代小说的独特功能也不能得到充分的发挥。"② 可见，古典小说在初中语文教材中的重要地位还没有得到充分重视。

从初中语文教材练习系统研究来看，将单一版本与多版本教材做比较和研究不同体裁课文练习的论文不一而足，各有侧重点。如肖玲芝提到，研究统编版初中语文教材的课文练习系统，"旨在破解师生对于教材练习系统'知其然，而不知其所以然'的现实困局"。③ 周雨认为正确认知并利用"部编本"④ 教材课后练习系统是十分必要的。⑤ 相关文章从不同角度对初中语

---

① 指语文出版社出版的语文教材。
② 张彬彬.初中语文教材古代小说选编研究——以1978年以来人教版教材为例［D］.海口：海南师范大学，2017：Ⅰ.
③ 肖玲芝.统编本初中语文教材课文练习系统研究［D］.长沙：湖南师范大学，2021：1.
④ "部编版"即统编版教材。
⑤ 周雨."部编本"初中语文教材练习系统研究［D］.合肥：合肥师范学院，2018：1.

文教材的课文练习系统进行了深入探讨。研究和使用教材练习系统不仅可以帮助学生巩固知识、提高能力，还可以促进教师对教材的理解和运用，使教学活动更加自觉和有效。

而关于统编版与人教版初中语文教材中古典小说课后习题的比较研究尚显不足。其中张田田提道："2016 年秋全国中小学起始年级统一使用'部编本'语文教材。和过去广泛使用的人教社义务教育实验教科书相比，新教材呈现出一系列新的特征，但是关于它的相关研究还没有完善起来。"①

当前初中语文教材课后习题的研究初有成果，但对古典小说课后习题进行专门研究的尚不多见，且缺乏针对性。所以，针对统编版和人教版初中语文教材中古典小说课后习题进行比较研究，找到统编版教材的优化之处就十分重要。本研究总结了两版教材古典小说课后习题的异同与统编版教材的改革之处，提出了课后习题使用的教学建议，以期对提高课后习题的有效使用率提供有益借鉴。

二、统编版与人教版初中语文教材中古典小说课后习题综合比较

（一）两版教材中古典小说篇目分布情况

统编版初中语文教材中古典小说共有 6 篇，人教版初中语文教材中古典小说共有 7 篇。具体分布情况见表 1。

表 1　统编版与人教版初中语文教材中古典小说数量统计

教材	年级	所在单元	具体篇目	作者
统编版	七年级上册	第二单元	8《世说新语》二则	刘义庆
		第五单元	18《狼》	蒲松龄
	九年级上册	第六单元	22《智取生辰纲》	施耐庵
		第六单元	23《范进中举》	吴敬梓
		第六单元	24*《三顾茅庐》	罗贯中
		第六单元	25*《刘姥姥进大观园》	曹雪芹

---

① 张田田. 初中语文教材小说选文课后练习题比较研究——以人教版和部编本为例[D]. 曲阜：曲阜师范大学，2018：1.

续表

教材	年级	所在单元	具体篇目	作者
人教版	七年级上册	第一单元	5《世说新语》二则	刘义庆
		第六单元	26《小圣施威降大圣》	吴承恩
	七年级下册	第六单元	30*《狼》	蒲松龄
	九年级上册	第五单元	17《智取生辰纲》	施耐庵
		第五单元	18*《杨修之死》	罗贯中
		第五单元	19《范进中举》	吴敬梓
		第五单元	20*《香菱学诗》	曹雪芹

（二）古典小说课后习题题型与数量比较

1. 课后习题题型比较

关于课后习题的分类方式众多，中西方理论均有涉及，黄厚江[①]、倪文锦[②]、顾黄初、顾振彪[③]、安德森[④]等不同学者给出了各自的分类标准。

在探讨初中语文教材中古典小说课后习题的分类时，顾黄初和顾振彪基于习题的作用将这些习题分类了，这种分类方式既直接又清晰，且具有高度的概括性。具体而言，习题被分为记忆积累性习题、理解深化性习题和应用拓展性习题三大类型。

（1）统编版和人教版教材题型统计。

笔者对两版教材中古典小说的课后习题类型和所占比重进行了统计，具体见表2和表3。

表2 统编版初中语文教材中古典小说课后习题类型统计（以小题计）

习题类型	七年级上册		九年级上册		总计	
	数量	占比（年级内）	数量	占比（年级内）	数量	占比（总计）
记忆积累性习题	3	17.6%	5	23.9%	8	21.1%
理解深化性习题	13	76.5%	13	61.9%	26	68.4%

---

① 黄厚江，洪宗礼. 母语教材研究：卷九语文教材编制基本课题研究[M]. 南京：江苏教育出版社，2007.
② 倪文锦. 新编语文课程与教学论[M]. 上海：华东师范大学出版社，2006.
③ 顾黄初，顾振彪. 语文课程与语文教材[M]. 北京：社会科学文献出版社，2001.
④ L.W. 安德森. 学习、教学和评估的分类学——布卢姆教育目标分类学修订版[M]. 皮连生，译. 上海：华东师范大学出版社，2008.

习题类型	七年级上册		九年级上册		总计	
	数量	占比（年级内）	数量	占比（年级内）	数量	占比（总计）
应用拓展性习题	1	5.9%	3	14.2%	4	10.5%
合计	17	100%	21	100%	38	100%

表3 人教版初中语文教材中古典小说课后习题类型统计（以小题计）

习题类型	七年级上册		七年级下册		九年级上册		总计	
	数量	占比（年级内）	数量	占比（年级内）	数量	占比（年级内）	数量	占比（总计）
记忆积累性习题	2	14.3%	0	0%	4	19.1%	6	14.0%
理解深化性习题	11	78.6%	7	87.5%	15	71.4%	33	76.7%
应用拓展性习题	1	7.1%	1	12.5%	2	9.5%	4	9.3%
合计	14	100%	8	100%	21	100%	43	100%

注：因为分类统计时部分习题同属几种题型，所以部分习题存在重复计算。

统编版教材古典小说课后习题中，三大题型的比例由大到小排列依次是理解深化性习题（68.4%）、记忆积累性习题（21.1%）、应用拓展性习题（10.5%）。从横向来看，各类型习题占比差异性不明显。从纵向看，理解深化性习题占比最大，从中可以看出统编版教材对理解深化性习题的重视；其次是记忆积累性习题，新课标要求培养的核心素养之一就是语言运用，而语言运用的前提是有足够的积累与整合，因此记忆积累性习题在语文学习中也有着不可替代的作用；最后应用拓展性习题占比最少，可以看到在整个初中学段，语文教材对学生阅读和写作拓展延伸、实际应用的要求不高。

人教版教材古典小说课后习题中，三大题型的比例由大到小排列仍是理解深化性习题（76.7%）、记忆积累性习题（14%）、应用拓展性习题（9.3%），将理解深化性习题置于重要地位。从横向看，记忆积累性习题在九年级上册占比19.1%，突出字词准确阅读的重要性；由于七年级下册只有一篇古典小说选文，所以理解深化性习题比重相对于另外两册课本较少，七年级上册和九年级上册理解深化性习题的数量差异较小，都占比70%左右；应用拓展性习题较为均衡，在每册课本中只有一到两题。

(2) 统编版和人教版教材题型对比分析。

在三大类题型中，两版教材中的应用拓展性习题比重较为相近，统编版为10.5%，人教版为9.3%。另外，统编版和人教版都将理解深化性习题作为习题的主要题型，分别占比68.4%和76.7%。有较明显不同的是，统编版教材增加了记忆积累性习题占比率。通过对两版教材中古典小说课后习题类型统计数据进行对比，笔者得出以下几点结论。

① 课后习题均涵盖三大类，小类具体分布不均衡。

两版教材古典小说课后习题中，背诵和抄写等小类别的内容很少被提及。应用类的题很少，主要涉及写作和口语交际等方面。而在写作方面，包含了诸如续写、改写文章等几种形式，但较少涉及口语交际类的问题。从整体上看，应用拓展性、记忆积累性的习题比例较低，而且个别小类的题型也很少涉及。

② 都强调学生文本理解能力培养。

从表2、表3来看，理解深化性习题所占比重最大，人教版的题目有33道，所占比例为76.7%；统编版的题目有26道，所占比重为68.4%。由此可见，两版教材对于理解深化性题目的重视程度是相当一致的。统编版教材课后习题的类型也从简单直接的提问转向了引导学生根据课文中的具体内容进行思考，这与新课标提出的核心素质要求相一致，更注重学生从知识到能力的转换。

③ 都突出了小说文体的特点。

在两版教材的课后习题中，涉及人物分析、语言探究和情节梳理的题目占了很大比重。这些题型设计旨在凸显文本的独特性，引导学生深入感知小说人物形象、理解故事情节发展以及揣摩小说的语言风格，从而达到深化文本理解的目的。

④ 统编版教材的课后习题更加突出对阅读方法的培养。

通过数据比对还可以看到两版教材课后习题编写的不同之处。人教版教材的记忆积累性习题大体只在"读读写写"的部分，缺少阅读指导，对学生阅读能力的培养存在缺失。而统编版教材就比较好地弥补了这一点，不仅增加了记忆积累性习题的比重，且可以看出统编版教材对学生朗读、快速阅读、复述等一些阅读方法的重视。

⑤ 统编版教材的课后习题更加凸显传统文化的地位。

人教版教材对于传统文化的渗透不够，且没有相关示例，仅是生硬地提问，学生难以方便地获取知识。统编版教材将文学常识与课文内容结合起来，能够帮助学生更好地理解相关知识，以此加强学生对中华民族传统文化的学习和传承。

2. 课后习题数量比较

教材中课后习题的数量并非随意设定，其编订遵循着明确的原则，旨在引导学生进行深入的问题探究，并激发学生思考。表 4 和表 5 是对两版初中语文教材中古典小说课后习题数量（小题）的统计。

表 4 统编版初中语文教材中古典小说课后习题数量统计（以小题计）

类型	具体单元			总计
	七年级上册第二单元	七年级上册第五单元	九年级上册第六单元	
题量	9	7	19	35
课文篇数	1	1	4	6
平均题量	9	7	4.75	5.8

表 5 人教版初中语文教材中古典小说课后习题数量统计（以小题计）

类型	具体单元				总计
	七年级上册第一单元	七年级上册第六单元	七年级下册第六单元	九年级上册第五单元	
题量	9	5	8	21	43
课文篇数	1	1	1	4	7
平均题量	9	5	8	5.25	6.1

结合两版教材古典小说选文的情况来看，统编版古典小说课文数量低于人教版，在习题数量上小题数比人教版也略低，但大题数几乎每课都比较平均，可见统编版教材在课后习题数量上的编排更趋于稳定和系统化。

此外，两版教材的编排也存在一些相同之处。从不同年级的题量分布来说，九年级的习题数量更多，其中具体原因还是与选文数量有关。古典小说课文篇目较少，两版教材在这个方面变动不大，七、八年级篇目极少，九年级上下册各有一个小说单元，且选文大多出自我国四大名著。

（三）古典小说课后习题编写理念比较

1. 人教版教材习题注重培养"人文性"

新课标中指出："语文课程是一门学习国家通用语言文字运用的综合性、实践性课程。工具性与人文性的统一，是语文课程的基本特点。"[①] 学一门

---

① 中华人民共和国教育部. 义务教育语文课程标准（2022 年版）[M]. 北京：北京师范大学出版社，2022：3.

语言，就是学一个民族的文化。没有人文关怀的教育是不可能实现人的全面发展的，更不能适应未来社会的需要，人教版教材就突出了以学生为中心的人文情怀。

在教学内容方面，人教版教材开始重视学生学习的自主合作与探究，以及学生学习的主体性。开始探索以人为本、让学生成为课堂的主人，而不是只以课本为准、一味强调教师的权威。教材编写处处站在学生的角度，力求尊重学生的自我想法，"你怎么认为""你来说一说"，真正体现了其人文性。

2. 统编版教材习题注重培养语文核心素养

温儒敏认为："在人教版教材采用以人文性为中心的主题单元建构后，虽然整体教学更加活跃，学生学习的主体性也得到充分尊重，但语文的知识体系被弱化，甚至被拆解了。"[①]

在此背景下，统编版语文教材应运而生，它紧密贴合课标理念和时代趋势，高度重视对学生语文核心素养的培育。新教材通过重新构建语文教学的知识体系，着重落实与语文核心素养紧密相关的知识点和能力点。在课后习题的设计上，每一课的思考题和拓展题中均至少包含一道基于相关的知识点或能力点精心设计的题目。例如《刘姥姥进大观园》课后的"阅读提示"让学生注意体会文中对众人大笑时不同情态的刻画，这就是培养学生审美创造能力的明确指引。

总之，统编版教材古典小说篇目中的课后习题相较人教版做出了许多细节调整，亦有诸多新知识与要素融入，对师生的教与学提出了新要求。

三、统编版教材习题的新变与使用建议

统编版教材是在人教版教材基础上编写的，但编者进行了精细化处理，编写得更加科学，题型更加多样，对学生的思维能力也提出了更高的要求。

（一）统编版初中语文教材中古典小说课后习题的突出变化

1. 立足核心素养，重构教材体系

对于古典小说的教学而言，若过度偏重于人文性，往往会忽视对语言文

[①] 温儒敏． "部编本"语文教材的编写理念、特色与使用建议[J]． 课程·教材·教法，2016（11）：8．

字及文学知识的积淀。这些要素本应是文章魅力的核心组成部分，但如此拆解与忽视，无疑是一种损失。在人教版教材中，这一问题曾较为突出。新教材在课程设计方面，开始逐步平衡人文性与文学知识的比重，扭转了以往过度人文性的倾向。

统编版初中语文教材依据语文核心素养来编排，课后习题的训练目标有了更加明确的指向。例如在语言运用方面，教材将相关知识贯穿学生的听说读写四个方面，从而使学生形成相应的语言运用能力，真正提升学生语言建构和审美鉴赏的能力。

2. 落实语文要素，教学目标更加明确

统编版教材的编写遵循语文规律，更有"语文味"，其体现就是落实到语文要素上。人文主题与语文要素构成的"双线组元"结构使语文学习的"一课一得"更具针对性，显性的是语文要素，隐性的是人文主题。教师要引导学生学习语文要素，让学生充分感悟其中蕴含的人文主题，即"显中求隐，化隐为显"。

课后习题与教学目标前后呼应，教学目标的设计根据课后习题而定，而课后习题再落实教学目标。如《狼》的课后习题的五个大题中，一至三题都是有关小说内容和词义理解的，与教学目标中"理解课文内容，积累文言词语"相对应，具有明确的指向性。

3. 强化习题设计的层次性，提高能力训练的序列化

统编版教材有部分课文将人教版课后习题原有的"研讨与练习"一个板块改为"思考探究"与"积累拓展"两个板块，在习题的形式与内容上将难度层级分化，将思维进阶与课外拓展两个板块加以重构，凸显出梯度化与层次性。从"记忆积累"到"理解深化"再到"应用拓展"，是从起始阶段到提升阶段再到目标阶段的进阶过程，本身就体现了训练的梯度化，很好地契合了学生螺旋式上升、波浪式前进的思维认知规律。

(二) 统编版初中语文教材中古典小说课后习题的教学使用建议

1. 教师方面

（1）精选课后习题作为备课材料，注重学习方法指导。

教师在备课时，可以把课后习题的内容整合到教学设计中，形成一条贯穿整堂课的问题线索；还可以按照自己的教学需求，用好相应的课后习题，

把它与教学设计结合起来，把教学要点落实到课堂中，对学生的阅读方法进行引导。如《智取生辰纲》一课，全文围绕着生辰纲的争夺，分别讲述了杨志押送生辰纲和吴用等人智取生辰纲的过程，可以将课后思考探究部分的问题融入教学设计中，探讨在这个过程中杨志和吴用两方人马的行动线和性格特质。

（2）活用课后习题开展课堂活动，将"积累拓展"落到实处。

长期以来，多数老师都认为在课堂上就应该仔细讲解课文和习题，帮助学生掌握相关的语言知识。而在课堂上进行活动形式的训练，则是一种浪费时间的行为。其实，在课上开展多样的学习活动不仅能增强学习内容和形式的多样性，还可以激发学生的学习兴趣。

统编版教材古典小说课后习题"积累拓展"版块的最后一题，大多都是应用拓展性习题。以《范进中举》为例，课后习题第五题要求"发挥想象，添加细节，将课文改编成课本剧"，教师可以组织学生分组创作剧本，引导学生在保留原著讽刺内核的基础上，通过添加人物心理独白、设计夸张的肢体动作等手法进行艺术加工。完成改编后，可安排学生分角色表演重点场景，如范进中举发疯、胡屠户掌掴女婿等经典片段，通过即兴表演深化学生对人物性格和社会背景的理解。教师应充分利用课后习题，敢于在课堂中开展丰富多彩的学习活动，只有充分重视这类训练，习题的设置才不会流于形式。

2. 学生方面

（1）利用课后习题做好课前预习，打好学习基础。

统编版古典小说的课后习题涵盖了从字词句段的基础训练到文章脉络的梳理，再到艺术特色的深入探究以及语言的精细赏析等多种类型。这些习题的设计使学生能够为课堂学习做更为有效的预习准备。课后习题中有许多学习提示，其中有对文章内容的提示，如"课文主要写了屠户与狼斗智斗勇的经过（《狼》）"交代了小说的中心内容，学生可以根据该练习提示很快地把握文意。还有对教学难点的提示，如"小说……采取了明暗结合的双线结构。同学之间讨论……这样安排有什么好处（《智取生辰纲》）"，能够帮助学生理解小说的写作手法，对课文理解更加深刻，也有利于学生触类旁通，积累新的写作手法。

（2）归纳分析同类型课后习题，促进知识迁移。

对于同一类课后习题，学生可以在老师的引导下，对解题方法进行归纳和总结，积累答题经验，再遇到类似的问题，也能举一反三。用已有的答题技巧和答题经验来解决问题，就是从学习到运用，也即知识迁移的过程。如《智取生辰纲》课后习题第二题要求学生分析杨志的性格特点，而后面的课文《范进中举》的课后习题第二题问"范进中举前后，胡屠户对他的态度有什么变化?"，这些习题同为分析人物性格的习题，学生在第一次学习掌握解题的基本方法以后，再遇到分析人物形象的题就会得心应手。

(3) 合理利用课后习题，巩固学习成果。

在学习完每一课之后，学生应将所学内容做定期的回顾与复习，从课后习题来着手复习是比较高效的方法。其主要优势是课后习题就附在选文之后，便于学生借此重读和梳理文本；其次，教材中的重难点也渗透到课后习题中，便于学生高效重温所学内容；另外，学生也可以选择一些有深度的问题，用来进行阶段性的自我检查，并及时地总结和巩固自己的学习成果。

四、结语

古典小说课后习题是语文教材的重要组成部分，在教与学中都有着极其重要的作用。经过具体研究笔者发现，统编版教材中的古典小说课后习题在人教版教材原有的基础上，有了一系列新变化，也改进了之前教材中的不足。因此统编版课后习题的优势比较明显，主要包括：重构教材体系，有针对性地培养学生的语文核心素养；进一步明确教学目标，落实语文要素；习题难度分层级体现，教材编写的科学性有所提高。总的来说，新教材课后习题的编写更有利于提高习题的有效使用率，能为教师教学和学生学业进步提供新思路。概括而言就是，教师一方面可以选择适宜的课后习题作为备课材料，重视对学生学习方法的指导；另一方面还能灵活运用课后习题开展课堂活动，丰富课堂教学形式。学生应该充分利用课后习题做好课前预习、进行知识迁移、巩固所学知识。

农村初中语文课外阅读教学有效性的对策研究

罗振东[①]

摘要：课外阅读教学是语文教育中的重要组成部分，同时也是学生在掌握好教材知识的基础上，对已有知识的巩固与发展。近年来，课外阅读备受社会各界关注，但由于农村初中教学资源的缺乏，课外阅读教学成为农村初中语文教学的一大难题。本文针对农村初中课外阅读教学存在的师资力量匮乏、学生阅读习惯较差和阅读教学目的有偏差等问题，提出了利用农村初中特有的教学资源优势和农村地区特殊的教学环境，扬长避短，提高课外阅读教学有效性的教学策略，加强初中语文课外阅读指导，从而为解决农村初中语文课外阅读教学问题提供一定的参考。

关键词：农村地区；初中语文；课外阅读教学；资源优势；教学策略

引言

《义务教育语文课程标准（2022年版）》把中学生课外阅读摆在了语文教学中的重要位置，要求初中生广泛阅读各种类型的读物，课外阅读总量不

[①] 作者简介：罗振东，黄冈师范学院学科教学（语文）24级研究生，邮箱：2176965090@qq.com。

少于 260 万字。① 课外阅读教学开展的首要作用在于锻炼学生阅读文本的能力，初中生正处于人生观形成的关键期，课外阅读教学能让学生接触各类读物，拓宽学生的视野，丰富学生的文化底蕴。但令人遗憾的是，相比于城镇初中，我国大多数的农村初中都存在着阅读环境较差、阅读资源匮乏、教师指导不够具体和家长不够重视阅读等诸多问题，这就使得农村初中学生在阅读内容上多局限于语文课堂。在当前推行素质教育、优化城乡教育资源配置的时代背景下，农村初中的教育教学观念存在一定的滞后性，未能体现新课改大背景下培养学生核心素养的理念。

近年来，课外阅读教学备受社会各界关注，如何处理好农村地域的定位与课外阅读教学的关系成为农村初中语文教学的一大难题。本文将从农村初中的实际环境出发，在了解当前初中生课外阅读教学现状的情况下，提出利用农村初中特有的教学资源优势，提高课外阅读教学有效性的教学策略，致力于提升农村初中学生的核心素养。

一、农村初中语文课外阅读教学存在的突出问题

课外阅读教学是语文教学的有效补充，也是培养学生阅读能力的重要阵地。由于农村初中各种因素的限制，课外阅读教学现状不容乐观，限制了学生阅读能力的形成与发展。

（一）农村初中的课外阅读资源有限

农村学校在阅读资源的储备与选择上面临着一定的挑战，在课外阅读书籍数量上，农村地区学校的书籍数量远远落后于城市学校，农村学生从小接触过的书目和城市学生相比也更加有限，学生课外阅读活动的开展也更加困难。此外，很多农村地区还没有建立起图书馆，学校能够动用的教学资金有限，学生的阅读书籍大部分来源于教师和学生的集资购买。"教师在进行阅读指导时就不是很便利，常常顾此失彼，而学生之间的交流也大都是泛泛而谈，了解书中大致内容。"② 在部分农村学校也建有图书室，却存在着阅读资源少、阅读书目不更新、不开放等问题，学生的阅读书目较为单一。因此，在学生阅读的过程中，还需要教师对学生的阅读书目谨慎选择，以免不

---

① 中华人民共和国教育部. 义务教育语文课程标准（2022年版）[M]. 北京：北京师范大学出版社，2022：15.

② 梁筱婧. 初中语文课外阅读教学策略研究 [D]. 信阳：信阳师范学院，2018：11.

够健康向上、没有价值的内容被学生阅读,对学生的语文学习能力的培养和世界观的建立造成不良影响。

(二) 农村初中课外阅读的应试目的性过强

"影响很多地区农村初中语文阅读教学改革的主要原因在于目前的应试化功利性的教育。"① 应试教育背景下的农村初中忙于中考升学的压力,应对考试成为农村初中学生课外阅读的主要目的,学生在长期的学习负担之下,更多的会把课外阅读作为提高学习成绩的途径,逐渐形成一种语文阅读答案标准化的模式,语文课外阅读也就失去了它固有的意义,学生从阅读中得到的收获会大打折扣。除了学生主体之外,很多语文教师存在着将考试相关的文章作为阅读第一要义的错误教学思想,教师更愿意把开展阅读活动的时间转换成提升语文成绩的学习机会,使得每一位学生的思维模式逐渐固化,这种以考试作为阅读主要目的的思维模式不仅影响学生的考试成绩,同时也制约了学生阅读能力的提升。

(三) 教师对学生的课外阅读介入过多

在农村地区的初中,学生对教师的依赖度更高,教师对学生的学习生活介入程度更高。农村地区的学生大多在学校里寄宿,学生家长长期照顾不了学生,教师作为学生在学校的第一负责人,与学生的接触更多。对于学生的课外阅读指导,学生家长对学生的监管更少,这就需要语文教师承担起更多的责任。

在学生的课外阅读活动中,学生的阅读目标、阅读书目和阅读时间等更多地需要语文教师为他们参考制定。以笔者在实习期间工作的班级为例,学生的阅读书目大部分需要语文教师提前选择,学生的阅读时间也需要语文教师挤出空来安排,大部分的学生会紧跟教师的步伐,按照教师的要求参与课外阅读活动,一旦教师没有明确的指向,学生的阅读效率便会急剧下降。

(四) 农村初中的师资力量匮乏

通过走访农村初中,我们不得不承认部分农村初中的语文教师的教学素质相对较低,在日常的语文教学中存在着许多教学问题需要语文教师在以后

---

① 王静. 农村初中阅读教学存在的问题与策略研究 [D]. 锦州:渤海大学,2020:17.

的学习工作中不断改进。例如，部分教师存在在课堂上用方言讲课、对教材不够熟悉和阅读量不足等问题，会使学生的学习效果大打折扣。在课外阅读活动当中，体现较为明显的问题便是语文教师阅读量不足和阅读水平不高。在新课改的大环境下，语文教学对教师提出了更高的要求，教师不仅要努力适应社会发展的大趋势，同时更需更新语文教学观念，不断地提升自我以满足当下对语文教师综合素质发展的需要。

二、农村地区初中课外阅读教学的独特优势

初中阶段的学生在课外阅读活动中具有很多相同之处，主要体现为学生的个性化、自主性强。而相较于城市学校，农村地区学校的学生的课外阅读也具有城市学校不及的独特优势。

（一）农村地区学生有着鲜活的学习资源

随着乡村振兴战略的逐步落实，更多的电子设备走入农村学校，农村学校的教学环境正在逐步改善，语文学习资源的获取更加便利。而农村地区却有着独特的学习资源帮助学生学习，为学生的课外阅读带来了广阔的天地。

农村地区的学校具有浓厚的乡土气息，学校更加靠近大自然，教师可以让学生利用乡土环境的独特优势，把大自然作为语文学习的新天地，让农村学校独有的学习素材与阅读内容紧密联系在一起。就笔者的实习经历来看，我所处的农村学校尽管校内基础设施不够完善，但拥有较为广阔的自然环境，学生们每天都会在学校内的树林里或草坪上玩耍并观察自然，通过与大自然的亲身接触去感受最直观的自然环境，形成与城市学校学生不同的生活体验，久而久之，学生在大自然的熏陶之下逐渐培养起对大自然的兴趣，想象力也不断丰富，这可以帮助语文教师更好地开展语文教学。

（二）农村初中生动手实践能力较强

在语文教学中培养学生的动手能力十分重要，学生在学校不仅要接受知识的洗礼，也要重视动手能力的挖掘。笔者在教学实践中观察发现农村学生的动手能力普遍很强，这是城市学校学生无法比拟的，其中重要的原因离不开农村特定的乡土环境，它让更多的学生参与劳动实践，在实践中提升了自

己的动手能力。随着新课程的实施，如何把培养学生的创新精神和实践能力的要求落实下来，这个问题摆在了每一位语文教师面前，而农村语文教师正可以利用学生动手能力较强的优势，在阅读教学中设计更多的阅读活动唤醒学生的动手能力，进而激发出学生的创新思维。

（三）课外阅读教学拥有小班教学环境的优势

由于经济条件的滞后和生源数量的不足，农村学校的规模在一定程度上要远远低于城市学校，学校往往实行小班教学模式，这种模式可以让语文教师把注意力更多地投入到学生当中，以便采取更加灵活多样的教学方式，从而提升学生的语文素养。在笔者实习期间，笔者所带的班级的学生数量为35人，在教学实践中教师能够把更多的精力投入到学生当中。在课外阅读教学活动中，小班教学环境下的课堂让老师有了更多的时间去关注学生的阅读情况，帮助学生培养热爱课外阅读的习惯。

三、提升农村初中课外阅读教学有效性的对策

在农村地区学校开展语文教学，农村题材是语文教师不可多得的一笔学习资源，如果合理利用，将会大大提高农村初中课外阅读教学的质量，成为农村学校教学的一大特色。

（一）师生带入式共读，强化学生的阅读体验

课外阅读对学生来说是一种放松的学习活动，同时也是向外界获取知识的有效途径，但学生如果读不出文字背后的内涵，将很难有收获，甚至难以体验到阅读的乐趣。初中阶段的学生的理解能力还远远不足，这在农村初中体现得更加明显，学生对文字的理解离不开教师的点拨。教师对文本的解读让学生在思考中形成自己对文本的感受，也就是我们常说的体验，体验是一种感受的过程，是从内心迸发出来的心理体验，学生的亲身体验是真正读懂文本的关键。语文教师"在教学时尽可能多地设置符合当下阅读的具体阅读情境，让学生进入最佳阅读状态，助推整本书阅读顺利高效开展"。[①]

---

① 冯敏．"双减"背景下农村初中语文整本书阅读教学现状与对策研究［D］．昆明：云南师范大学，2023：43．

农村学校所拥有的大自然环境正是语文教师需要利用起来的优势，例如八年级的语文教材要求学生阅读完《昆虫记》一书，面对农村地区的学习环境，教师可以组织学生走出教室，结合阅读书目中的内容，到林间和草地里观察蝈蝈、蝉、螳螂等昆虫，通过对大自然的亲身观察，对阅读内容形成更深刻的阅读感受。此外，部分农村初中学校没有专供学生阅读的图书室，教师除了在教室组织学生阅读外，还可以将学生带到学校内的林间、草地，为学生提供一块更富有生命力的阅读场所，让学生在大自然环境中沉下心来去阅读，形成独特的阅读感受。

为了提升学生利用乡土环境资源的阅读体验，教师要为学生提供必要的支撑条件，同时为学生提供更多独立思考和阅读的时间，来加强学生的阅读体验感。通过对实习班级的调查，笔者发现部分农村初中生把阅读课当成做课堂作业的机会，这要求语文教师在上阅读课时，需要引导学生参与课堂，让学生以一种放松的心境参与阅读活动；另外，语文教师要对学生需要阅读的文本有更深入的思考，对文本的理解要能够唤起与学生之间的共情，例如在共同阅读史铁生的《我与地坛》时，教师要引导学生联系所学过的《秋天的怀念》一文，寻找作者在写作时的情感寄托，再将学生引入大自然的环境中，感受作者心中的静谧与美好，形成意义更为丰富的阅读体验。

（二）利用小班教学优势，引入教学竞争机制

教师在课外阅读教学的整个过程中，要强化学生课外阅读的主体意识，激发学生的附属内驱力，提升学生在整个活动中的积极性、主动性。联系前文谈到的小班教学模式，农村初中语文教师可以利用小班教学的独特优势，引入教学竞争机制。

农村初中的班级人数普遍较少，一般不超过40名学生，在这样的班级环境下，语文教师有更多的精力去组织学生的阅读活动，管理起来也更加方便。语文教师应当利用这种模式，在班级中形成良性的竞争机制。首先，在阅读课堂中，教师要设置更多的知识性抢答，学生人数的不足能够使更多的学生拥有回答的机会，在课外阅读交流活动中，会有很多的机会留给学生谈阅读后的体验感受，学生在这种抢答中会提升自己的参与度，并强化自己的阅读体验。例如在《水浒传》的名著导读活动当中，教师可以以梁山好汉的绰号为问题向学生提问，帮助学生更快地掌握书中的人物形象。其次，小班教学让小组合作机制的成果更加有效，更少的班级学生意味着小组数量也更少，从而每个小组有了更多的机会和更多的时间去展示阅读成果。语文教师

在整个阅读教学中要利用初中学生的强竞争意识，组织丰富多彩的阅读活动来促进学生阅读意识的提升，在每次小组活动中，语文教师要有足够的耐心对各小组的阅读成果展示进行评点，不落下任何一位小组成员。最后，小班教学的优势会为语文教师提供更加充足的时间去跟踪、评估学生的学习情况，教师要经常性地了解学生在课外阅读中存在的问题，根据阅读成果的展示和学生的反馈，及时地调整教学方式。

（三）发挥学生动手优势，拓展阅读创新活动

农村学校的学生与城市学校的学生在动手能力上有一定的差异。由于农村经济的发展落后于城市，很多学生了解到的新鲜事物较少，社会活动参与度不高，学校组织的活动也远远少于城市学校，学生在学校中的生活比较单一。在当下语文教学中，教师更加忌讳死板、灌输式的教学，组织不同的活动对学生巩固知识、发展思维以及形成人生态度都起着十分重要的作用。因此，在课外阅读教学中，教师可以组织更多的阅读活动，以此来改变阅读教学以往的教学风气，并培养起学生的创新精神和阅读思维能力。

在阅读教学中，通过创设情境引起学生的共鸣是培养学生动手能力的重要方法。在阅读小说作品时，教师可以创设个性化的表演活动，通过学生的角色扮演来激发学生阅读兴趣，例如学生在阅读《三国演义》"三顾茅庐"一回时，教师可以让学生分别扮演文中出现的角色，通过台词的组织和演绎的编排，让学生在整个班级面前展现他们独特的一面，以此来达到培养学生创新能力的目标。通过笔者在教学中的亲自实践，笔者发现更多的学生愿意参与情境创设活动，活动的开展不仅提升了学生对于文章的了解与认识，也提升了学生的学习自信力与动手能力。

语文教师可以依据阅读内容，有计划地锻炼学生的续写、改写、仿写能力，从而补充作文教学的不足。通过与农村学生的相处，笔者发现农村学生愿意把握住每次写作机会，并且在写作中能够写出许多新颖的内容，让教师眼前一亮。教师根据阅读内容的特点，能够有计划地制定并落实灵活的写作能力训练，从而达到读写互促的目的。教师也可以让学生改写自己喜欢的片段，例如在《朝花夕拾》中，教师可以让学生选择鲁迅作品中对儿时游玩场景的描写，学习鲁迅的语言风格，体会作者用语精妙的同时，选择自己生活中的片段进行仿写。

青年教师作为农村初中教学的生力军，在阅读活动中应该扮演更重要的角色。面对部分比较内向的学生，教师需要及时发现他们的闪光点，予以肯

定，激发他们的积极主动性。① 除了对学生的激励之外，农村的教师还需要在不增加学业负担的情况下组织开展各种阅读活动，例如在班级中开展阅读分享会、写作模仿展示和情景剧排演等活动，这样既能帮助学生敞开心扉投入到语文课堂中，又能让学生在活动中提升自己的阅读能力。青年教师还可以借助信息化的手段来提升阅读创新活动的有效性，教师可以充分利用这一条件，给学生带来更好的阅读体验，例如在阅读《红星照耀中国》时，由于时空的隔阂，很多学生不了解旧中国的社会背景，很难体会红军艰苦奋斗的精神，语文教师这时可以在网上搜集红军斗争的真实照片或者视频，通过视听体验加深学生对那段历史的认识，这样才能够让学生更好地体悟书中所蕴含的内涵。

四、结论

课外阅读是"取法于课内，得益于课外"，课外阅读作为课内阅读的延伸，是提升学生核心素养的重要一环。本文通过对农村初中语文课外阅读现状的调查，针对农村初中课外阅读存在的普遍问题，从农村初中课外阅读教学的独特优势，即乡土资源、农村学生较强的动手能力和小班教学三项优势提出了相应的教学策略，从而为农村初中课外阅读教学提供一定的参考。

---

① 李玉晓. 农村初中语文课外阅读教学研究[D]. 烟台：鲁东大学，2023：24.

课例研究

洪镇涛语感教学派中学古诗文课例的教学价值

田端阳　周昆鹏①

摘要：古诗文教学一直是中学语文教学中的难点和痛点。新课程背景下，如何在真实的语言情境中提高学生的语言运用能力，是当前中学古诗文教学改革的突破口。本文聚焦洪镇涛语感教学派的中学古诗文课例，利用文献研究法、课例分析法、比较探究法对其进行研究，发掘其教学价值，尝试解答古诗文教学中的问题，提高古诗文教学质量。洪镇涛语感教学派中学古诗文课例的教学价值为：教学目标上立足学生主体，指向语言运用；教学内容上紧扣"一体四面"，指向语言感受；教学方法上注重品读朗诵，指向语言领悟。

关键词：洪镇涛语感教学；中学古诗文；课例；教学价值

中学古诗文教学对于传承和发展中华优秀文化，培育中学生的文化自信、语言运用、思维能力、审美创造等核心素养具有重要作用。然而，一线教师对古诗文教学设计、教学方法、课堂细节等方面的把握存在偏差，内容上缺乏语感教学及学生的语感训练，课堂教学效率不高。近年来，分析、探究名师的教学课例，用以指导一线中小学语文教学实践成为比较热门的教学研究方法。本文选取洪镇涛语感教学派中学古诗文课例作为研究对象，探究

---

① 作者简介：田端阳，中教一级，硕士，黄冈市东坡小学教师，主要研究中小学语文教学，邮箱：763200347@qq.com；周昆鹏，1974年7月出生，黄石市第二中学高级教师。

典型古诗文课例中有效的教学理念、教学方法、教学策略，对于当下中学古诗文教学有着重要启发意义。

在洪镇涛语感教学派理论体系的指导下，洪镇涛语感教学派的教师们潜心钻研，亲身实践，不断打磨，形成了一定数量的古诗文课例。这些课例主要被收录在《洪镇涛语感教学实录》《开拓与坚守——语感教学二十年》《洪镇涛和青年教师谈语感教学》等著作中，突出展现了古诗文语感教学的特色和魅力。课例研究不是教学诊断型的研究，而是基于设计的研究。[①] 通过对洪镇涛、王婧、冯静等老师课例的多角度分析，可以探究该流派的中学古诗文教学设计理念，以及在教学目标、内容、方法等方面的特色价值。

一、教学目标上：立足学生主体，指向语言运用

洪镇涛语感教学派的中学古诗文教学坚持目标先行，从学情出发，注重一课一得，强调学生的语言运用能力。

（一）明确教学目标，做到"有的放矢"

日常学习、工作要有既定的目标，有了目标才能指引人们前进的方向。同理，语文教学也应预先设定一定的目标，才能统领教学活动，为学习提供动力，保证语文课程的育人价值。洪镇涛语感教学派的教师们在进行中学古诗文教学时，大多着眼于备课、磨课、研课，确立明确的教学目标。比如冯静老师在《咏怀古迹（其三）》课例中设计的教学目标为：① 了解怀古诗的鉴赏技巧；② 通过感悟重点字词，理解诗中塑造的昭君形象；③ 领会诗歌主旨。[②] 冯老师还将"理解昭君形象"作为这节课的教学重点。第一项目标是基础，第二项目标是延伸，第三项目标是升华。三项目标循序渐进，层层深入，不仅为教师的"教"指明了思路，也为学生的"学"提供了清晰的方向。只有明确了这堂课应该"教什么"，学生重点"学什么"，才能在教学实施中"有的放矢"，不至于偏离古诗文的独特价值和古诗文教学的主要目的。

---

① 安桂清. 课例研究 [M]. 上海：华东师范大学出版社，2018：18.
② 洪镇涛，马鹏举. 开拓与坚守——语感教学二十年 [M]. 北京：开明出版社，2015：500.

（二）契合学生语情，落在"最近发展区"

语文教学目标不是随意而定、千篇一律的，而是依据语文课程标准，参照语文教材，根据学生情况而设定的。教学目标一定要体现学生学习水平所处的级别，既不能太简单，也不能难度太大，① 即教学目标要落在"最近发展区"。根据"最近发展区"理论，教学必须遵循因材施教、尊重学生差异的原则，从大多数学生的实际出发，考虑他们整体的现有水平和潜在水平。② 比如《涉江采芙蓉》是高中语文必修上册的一篇古诗文。高一年级学生经过了初中和前面几课的学习，在古诗文鉴赏方面有一定的基础。但是由于应试任务、学习方法等各方面的影响，学生的古诗文歌鉴赏水平不高，对一些基础知识掌握不牢。这就需要老师审时度势，"对症下药"。武汉市第四中学邓少琴老师在分析了学生的语言积累情况之后，将本节课的教学目标设计为：① 把握诗歌情感，学习诗歌托物寄怀、想象的艺术手法；② 在四言诗歌的基础上体会五言诗歌的特点；③ 背诵全诗。③ 这三项目标对于高一学生来说，既不太简单，又不太困难，既契合他们的实际情况，又考虑了他们的潜在水平，有利于促进他们深度学习。

（三）强调语言运用，力求"多维融合"

美国著名教育心理学家布鲁姆将教学目标分为三个领域：认知领域、心因动作技能领域、情感领域。④ 而另外一名美国教育心理学家加涅将人类的学习结果分为言语信息、智慧技能、认知策略、态度和运动技能。⑤ 这两种分类大同小异，总的来说都是三类：认知、情感、动作。具体到语文学科来说，教学目标除了要遵循基本的教育规律之外，还应体现语文课程的性质和特点，培育学生热爱祖国语言文字的思想感情，指导他们正确理解和运用文字，丰富语言积累，培养语感，使他们具有适应实际需要的识字与写字、阅读与鉴赏、表达与交流、梳理与探究的能力。

---

① 靳彤. 中学语文教学设计 [M]. 北京：高等教育出版社，2016：18.
② 赵云洁，沈婷. 基于"最近发展区"理论的中学语文教学"同课异构"路径研究 [J]. 课程教学研究，2021 (12)：27-32.
③ 洪镇涛，马鹏举. 开拓与坚守——语感教学二十年 [M]. 北京：开明出版社，2015：474.
④ 皮连生. 教学设计 [M]. 北京：高等教育出版社，2009：75.
⑤ 刘万伦，田学红. 发展与教育心理学（第2版）[M]. 北京：高等教育出版社，2014：193.

"语言建构与运用"是语文课程独有的素养,这一点如果做不好,不能从文本的语言出发深入文本的内涵,语文核心素养的核心就很难落到实处。① 可见,语言文字运用是语文教学的根基,具体到中学古诗文教学中,古汉语感受与积累是基础,其他诸如思维、情感、审美、价值观等都是有效延伸和有益补充。例如上节提到的邓少琴老师设计的《涉江采芙蓉》教学目标中,"体会五言诗歌的特点""背诵全诗"是语言基础,"把握诗歌情感""学习诗歌托物寄怀、想象的艺术手法"则是延伸和补充,共同体现了中学古诗文教学目标的特点——"语言基础,多维融合"。

二、教学内容上:紧扣"一体四面",指向语言感受

语文教学的根本任务,是指导学生学习语言。② 古诗文是文言、文章、文学与文化"一体四面"的经典,是语文教学的重要内容。洪镇涛认为古诗文教学的根本任务是学习"精粹语言",即通过诵读古汉语精品,奠定语言及文化功底。

(一)炼词炼句,理解"言文统一"

古诗文是用文言写成的诗词、文章。而文言指的是以古代汉语为基础的、经过文体加工的书面语。王荣生教授提醒我们,文言文教学要正确认识古汉语字词句的积累与文言文阅读教学的关系,不能简单地把文言文降格为古汉语知识语料,不能把文言文阅读教学等同于古汉语知识教学。③ 有"言"无"文"、有"文"无"言"、"言"与"文"的简单相加都是不可取的。这样的教学既不能让学生达到文学熏陶和文化浸染的目的,也不能授予学生基本的阅读能力,最终导致富有文化成就和文化色彩的古典文学作品被肢解得七零八落。④"言"是古诗文的根基,"文"是古诗文的灵魂,要坚持"言""文"统一。这就须着眼于古诗文的关键字词句,在炼词、炼句中理解"言文统一"。

---

① 《语文建设》编辑部. 语文学习任务群的"是"与"非"——北京师范大学王宁教授访谈 [J]. 语文建设, 2019 (1): 4-7.
② 武玉鹏, 郭治锋. 语文名师名课案例研究 [M]. 北京: 北京大学出版社, 2018: 94.
③ 王荣生. 文言文教学教什么 [M]. 上海: 华东师范大学出版社, 2014: 91.
④ 李美芳. 初中文言文课堂教学"言"与"文"结合策略探究 [J]. 现代语文 (教学研究版), 2013 (10): 12.

比如洪镇涛老师在《五代史伶官传序》课例中，引导学生对"盛衰之理，虽曰天命，岂非人事哉？"这一中心论点进行探究。通过对这个关键句的反复琢磨，不仅让学生理解"国家兴衰在于政治上的功过得失"，还让学生体会这种反问语气的表达效果，以及传达出的感情基调——"呜呼"（哀叹）。又如王婧老师在教授《声声慢（寻寻觅觅）》一文时，引导学生分析"细雨""黄昏""大雁"等重要意象营造的意境，以及"黄花"的象征意义、"淡酒"的反衬意义。由此，不仅让学生积累丰富的文言材料，还让学生理解典型的文学形象和文言中蕴含的文情、文气、文趣。

（二）披文入情，把握"所言之志"

披文入情是指通过文本语言细致揣摩文意，想象人物的内心世界，理解人物形象特点，从而深入体会人物情感、志向与理想。思想家、哲学家马克思说："语言是思想的直接现实。"① 中学语文教材编选的古诗文，大多寄寓着古圣人、先贤、革命志士、英雄人物的情思与志向。只有通过披文入情、批文见意，引导学生思维向纵深延展，使得阅读走进深层次，才可以避免肤浅阅读，才不会落入"架空分析"的泥潭。只有深入各种体裁的文本，抓住文本语言这把"钥匙"，它所承载和蕴含的思想感情、审美趣味、价值取向才能使学生受到熏陶感染。

以武汉市第十一中学夏莹老师的《赤壁赋》课例为例。夏老师在"精读课文，品味语言"环节设计了三个学习活动，分别是赏"乐"之景、解"悲"之情、悟"乐"之理。在赏"乐"之景活动中，重点品读"清风徐来，水波不兴""月出东山，徘徊于斗牛之间""白露横江，水光接天"等美景；在解"悲"之情活动中，重点讨论"文章是怎样描述'箫声'的""为什么'美人'让作者感到'愀然'""'悲'从何而来"三个问题；在悟"乐"之理活动中，重点探究"客喜而笑"的原因。② 如此，通过深入文本语言，细细品读，引导学生欣赏如诗如画的美景，感受如泣如诉的悲情，把握作者旷达乐观的胸怀，体会苏轼"物与我皆无尽也，而又何羡乎"这种大彻大悟的乐。

---

① 马克思，恩格斯. 马克思恩格斯全集：第 3 卷 [M]. 北京：人民出版社，1960：525.
② 洪镇涛，马鹏举. 开拓与坚守——语感教学二十年 [M]. 北京：开明出版社，2015：611.

(三）知人论世，体悟"所载之道"

孟子曰："颂其诗，读其书，不知其人，可乎？是以论其世也，是尚友也。"① 孟子告诉我们，阅读经典古诗文须"知人论世"。因为了解作者的生平，联系时代背景，有助于把握古诗文展现的社会风貌和深刻主题，体悟古诗文"所载之道"。文和道本是不可分割的，文以载道，也必须以文释道。不析文难以理解传道之深邃，不释道难以悟出行文之精妙。何谓"道"？我们不妨解释为正道、善道、人道，表现为人的生命价值和意义，即人类优秀文化。现代语文教育家朱自清说："中等以上的教育里，经典训练应该是一个必要的项目。经典训练的价值不在实用，而在文化。"② 学习古诗文，最终的落点是文化的传承与发扬。古诗文教学不能缺失中华传统文化。教学一旦失去文化，所剩的只是知识的灌输和技能的机械训练。

以王婧老师《声声慢（寻寻觅觅）》课例为例。王老师在导入课题后，首先让学生了解这首词作的创作时期——作者南渡后晚年时期。这首词创作年代距离学生久远，作者寄寓的情感也是学生未经历过的。如果不明确创作时期，学生是难以走进这首词作的。在"知人论世，探寻愁因"版块，王老师展示李清照生平简介，帮助学生回到那个时代，了解作者的故事，感受词人的苦痛。经过仔细阅读，小组讨论，教师点拨，学生遂将愁因一一找出。即丈夫病死，自己独居，是为愁一；背井离乡，被迫远徙，是为愁二；国破家亡，无家可归，是为愁三。通过探因，学生才体会到为何李清照的愁绪千年之后依然能深深感染我们，原来她的愁是重重层叠的——悼亡之悲、故国之思、亡国之痛，真是"怎一个愁字了得！"然而李清照是否就此消沉了呢？其实，作者写的是她个人的遭遇，但这遭遇是当时的社会背景造成的，因而具有一定的社会意义。王老师在课堂结尾总结道：我们要能看到即使她身处孤苦无依、国破家亡的境地，她依然淡然如菊地活着，笔耕不辍，她所诠释的所有愁情都是她生命的美。王老师的这个总结语就将古诗文"所载之道"体现得淋漓尽致。③

---

① 方勇译注. 孟子［M］. 北京：中华书局，2015：209.
② 朱自清. 经典常谈［M］. 北京：中华书局，2009：序 1.
③ 洪镇涛，马鹏举. 开拓与坚守——语感教学二十年［M］. 北京：开明出版社，2015：479.

三、教学方法上：注重品读朗诵，指向语言领悟

语感教学可以采用多种方法，其中，"读"是第一教学法。可以说，抓住了语言，就抓住了语文教学的根本；抓住了读，就抓住了语文教学的要领。[①] "读"分为多种形式，如导读、品读、诵读等。虽然形式不一，但都强调语言品味、领悟。

（一）夯实于导读法，读出语言情味

导读就是教师指导学生自己阅读，以学生的阅读活动作为课堂教学的主要形式，以培养学生的自读能力为主要目的。[②] 导读是为了激发兴趣，疏通文义，了解文章概要，为学生深入探究夯实基础。古诗文尤其是文言文教学，教师首先要引导学生自读、默读、试读，帮助学生扫清语言文字上的障碍，使学生读得流畅。同时，让学生在朗读中初步体会语气、语调、节奏和情感，了解中心大意，并探索、发现问题。这就强调了学生的主观能动性，目的在于唤起学生的学习激情，使学生在语言文字中动情，激励学生与作者、作品共情。

在洪镇涛的《为学》课例中，洪老师在朗读完课文后，随即将学生引向对文章中心思想的思考：这是一篇讲道理的还是讲故事的文章？同时抛出疑问：文章用大量篇幅讲两个和尚的故事跟文章的中心思想有什么关系？分析探究完这两个问题后，学生对这篇文章的文体和脉络有了大概的认识，为后续学习奠定了基础。又如从谢倩老师的《登高》课例中，我们也可以看到导读法的价值。谢老师在导入环节通过诵读杜甫的《望岳》《春夜喜雨》等诗歌，让学生体会杜甫的人格精神，从而过渡到《登高》的学习，带领学生分四个步骤朗读《登高》。第一步，学生听配乐朗读，感受诗歌情感；第二步，学生自由朗读诗歌，体会诗歌感情基调；第三步，学生带着感情齐读诗歌；第四步，创设情境，学生配乐朗读诗歌。[③] 利用导读法，教师引导学生感受语言，触发语感，诗歌的情味娓娓道来，渐渐散入学生头脑中。

[①] 洪镇涛.语文教育本体论——语文语感训练漫谈之四 [J].新课程研究（上旬刊），2013（04）：19.

[②] 王文彦，蔡明.语文课程与教学论 [M].北京：高等教育出版社，2002：225.

[③] 洪镇涛，马鹏举.开拓与坚守——语感教学二十年 [M].北京：开明出版社，2015：587.

(二) 深凿于品读法，读出语言旨趣

中学教材中的古诗文作品往往意象丰富、语言优美、音韵和谐、意境深远，作者的匠心独运往往需要反复品读、揣摩、琢磨才能体味。洪镇涛语感教学派指出，品读就是把读书和品味语言结合起来，把语感实践与语感分析结合起来的一种读法。① 品读教学中，设问、追问、再追问是必不可少的方式。追问，就是教师针对某一内容穷追不舍地问，追根究底地问，并在学生有了一定的理解之后再次补充和深化，直到学生能够理解透彻。追问激起学生丰富而多元的思考，引导学生"蹦一蹦可以摘到葡萄"，从而有效开发学生的潜能，提升学生发现问题和解决问题的能力，培养学生的语文素养。

比如在王婧老师的《咏怀古迹（其三）》②课例中，通过品读"千载琵琶作胡语，分明怨恨曲中论"，了解诗歌的情感基调；品读"一去紫台连朔漠，独留青冢向黄昏"，体会王昭君远离故土亲人的痛苦；品读"画图省识春风面，环珮空归夜月魂"，揣摩造成王昭君悲剧命运的根源；品读"群山万壑赴荆门，生长明妃尚有村"，总结昭君的形象，领悟作者怀古伤己的悲苦情怀。又如在谢倩老师的《登高》课例中，为使学生弄懂弄通，谢老师带领学生品读"万里悲秋常作客，百年多病独登台"的八层意思。八层意思对应八个问题，从八个问题入手品读八层意思。"万里"写出了距离自己故乡之远，那种浓浓思乡之情溢于言表；"悲秋"写出了作者在秋天的悲凉之感；"作客"表现寄居他乡之人深切的思乡之情；"常"说明诗人经常四处漂泊；"百年"写出作者已老但还在外漂泊，不得不让人感伤；"多病"说明身体多病的人往往多愁善感；"登台"表示诗人联想到自己的一生遭遇，心中无限感慨；"独"把那种孤苦无助之感表达得淋漓尽致。③ 如此，品读关键语句和重点字词，把握文本语言旨趣，使得学生的学习渐入佳境。

(三) 扎根于诵读法，读出文化意味

古诗文的语言凝练而含蓄，耐人寻味。读者只有在反复诵读中不断咀嚼，才能品味出古诗文独特的弦外之音、言外之意以及隽永的文化意味。诵

---

① 洪镇涛. 洪镇涛和青年教师谈语感教学 [M]. 武汉：长江少年儿童出版社，2020：30.

② 《咏怀古迹（其三）》在人教版《普通高中课程标准实验教科书语文必修第三册》(2004年版) 第二单元。

③ 洪镇涛，马鹏举. 开拓与坚守——语感教学二十年 [M]. 北京：开明出版社，2015：588.

读就是把无声的文字化作有声的语言，把单纯的视觉活动转化为各种感觉，从而增强对书面语言文字的感受力、理解力和领悟力的阅读方法。通过诵读，可以准确领会作品的形象、情感、思想和韵味，可以吸纳字词语句，积累言语范式。叶圣陶先生指出："学习文言，必须熟读若干篇。勉强记住不算熟，要能自然成诵才行。"① 要想深刻理解古诗文的深层意蕴，需先熟读直至成诵。诵读的基本要求是：用普通话，正确读音，语音流畅连贯，感情充沛，突出重音、停顿、语调、节奏。② 在教学中教师应引导学生从读准字音到读出节奏，再到读出美感，读出文化意味。

  洪镇涛语感教学派的特色之一，就是注重诵读，善于诵读，擅长诵读指导。对于古诗词全文、文言文的精彩段落，老师们都是自己在课堂上范读并要求学生熟读成诵。他们的古诗文教学课堂总是书声琅琅。如洪镇涛老师在《五代史伶官传序》课例中，带领学生逐段地朗读、逐段地品味，然后逐段地背诵、逐段地积累，达到了"一节课上完，大多数同学都会背诵"的效果。王婧老师在《声声慢（寻寻觅觅）》课例中，运用了个别读、自由读、齐读、范读、背诵读等多种诵读形式，力求让学生反复朗读，读出情感，熟读成诵。冯静老师的《咏怀古迹（其三）》课例有专门的"背诵积累"环节。首先让学生带着忧伤、哀怨的情感齐声朗读这首诗；其次总结咏怀诗的鉴赏方法，掌握解读诗歌的钥匙；再次带着这把钥匙，齐声背诵这首诗，感受王昭君的艺术形象魅力。洪镇涛老师《为学》课例的结尾处，也有多次的集体诵读。先是分角色朗读，接着是自由朗读、背诵，再是个别举手背诵，最后是全班齐声背诵。以上课堂，在导读的基础上深入品读，继而扎根于诵读，古诗文的文化意味自然显现，领悟语言的目标自然达成。

---

① 叶圣陶. 叶圣陶教育文集：第三卷 [M]. 北京：人民教育出版社，1994：134.
② 王文彦，蔡明. 语文课程与教学论 [M]. 北京：高等教育出版社，2002.

一线视角

小学语文整本书阅读设计与案例研究

邹春林[①]

摘要：整本书阅读是小学语文教学的重要内容，有助于拓宽学生的阅读视野，提升学生元阅读能力，促使学生养成终身阅读的习惯，增强文化自信。然而，目前学生阅读量少、阅读时间短，缺乏良好的阅读习惯和阅读方法，整本书阅读质量不高。同时，教师重视程度不够，教学动力不足，课堂整本书教学频率低，任务形式化，缺乏统一有效的整体规划。鉴于此，可以依据学生的阅读进展，将整本书阅读教学分为三类课型，即导读课、读中推进课、读后分享课。在教学中，教师要充分挖掘整本书的多元价值，设计形式多样的学习任务群，采用多样化的教学评价方式对整本书阅读进行评价，从而促进学生在语文学习实践中发展核心素养。

关键词：小学语文；整本书阅读；现状问题；教学设计

"为学之道，莫先于穷理；穷理之要，必先于读书。"[②] 自古以来，一个字、一个词、一个句子都能让爱阅读的人感受到它们的温度。阅读是语文学习中最为重要的组成部分。《义务教育语文课程标准（2022年版）》中也强调"要把整本书阅读作为教材的重要有机组成部分"[③]，同时确认了整本书

[①] 作者简介：邹春林，黄冈市实验小学校长，语文高级教师。
[②] 朱熹. 朱子读书法 [M]. 刘天然译注. 北京：线装书局，2019：27.
[③] 中华人民共和国教育部. 义务教育语文课程标准（2022年版）[M]. 北京：北京师范大学出版社，2022：53.

阅读学习任务群是阅读教学实践的主体，并提出做好整本书阅读学习任务群设计的教学观点。

教育心理学家加涅认为，经过系统设计的教学能够极大地影响人的发展。系统设计的整本书阅读教学能够极大地推动小学生阅读能力的提高，"整本书阅读教学设计"作为一种正走在探索道路上的教学研究，如何规范地设计整本书阅读教学以促进学生阅读效果的提升依然是一大难题。小学语文教师对于整本书阅读教学设计的认知模糊。比如对整本书阅读教学设计的特殊性理解不深，缺乏整本书阅读教学的有效策略和方法，对学生阅读能力和兴趣的差异性关注不够，等等。因此，对小学整本书阅读教学设计进行研究，不仅有其必然性，更是现在语文教学所必要的，而且是急需的。本文期望在总结当前研究成果的基础上，利用已有的教学资源，从具体的教学案例出发，为一线教师进行整本书阅读教学提供有价值的参考。

一、整本书阅读的内涵与教学意义

整本书阅读教学是近年来一种新兴的课型。在教学设计中，针对不同的课型、不同的文本，应该如何规划和设计没有系统的理论。《义务教育语文课程标准（2022年版）》针对该任务群的定位指出："本学习任务群旨在引导学生在语文实践活动中，根据阅读目的和兴趣选择合适的图书，制订阅读计划，综合运用多种方法阅读整本书；借助多种方式分享阅读心得，交流研讨阅读中的问题，积累整本书阅读经验，养成良好阅读习惯，提高整体认知能力，丰富精神世界。"[①]

由上述定位出发，"整本书阅读"学习任务群的教学意义体现在以下几个方面。

（一）"整本书阅读"有助于拓宽学生的阅读视野

现行小学语文教材以单篇短章为主体。这样的编写体例，文章篇幅短小，教材内容有限，教与学的重点集中在字、词、段、篇上，学生的认知范围、情感体验不能自然入情入境。

---

① 中华人民共和国教育部．义务教育语文课程标准（2022年版）[M]．北京：北京师范大学出版社，2022：31-32．

整本书的文化视野更开阔，内容含量更丰富，思维方式更复杂，反映社会生活更加全面深刻。"整本书阅读"不同于篇章的咬文嚼字、品词析句，它的重点应放在阅读兴趣、范围、习惯、速度、策略以及思维品质提升、作品意义建构、对生活生命的体悟上。事实上，阅读量的积累本质上是文化底蕴的积淀、语言经验的充实、思维含量的提升、精神营养的丰厚，而这一切都取决于阅读视野的拓宽与转变。"整本书阅读"为学生阅读视野的拓宽提供了坚实、有效的课程载体。

（二）"整本书阅读"有助于提升学生元阅读能力

"整本书阅读"有助于培养学生多方面的阅读能力。相较于单篇阅读和群文阅读，"整本书阅读"更有助于提升学生元阅读能力。所谓元阅读，就是通过把阅读的思维过程外化，让读者更清楚地意识到自己的阅读过程，进而不断调节自己的阅读行为。显然，这种对自己阅读过程的意识和调节是高于对阅读内容本身的加工水平的，是"对阅读的阅读"，即元阅读。"对阅读的阅读"中，第一个"阅读"指向读物的阅读过程本身，也就是我们日常所理解的阅读；第二个"阅读"，则是对第一个"阅读"，即读物和阅读过程本身的监控、反思与调节，包括对阅读活动的预测、计划、策略选择、监测、修正和评价等环节。2022年版课标所指出的"根据阅读目的和兴趣选择合适的图书，制订阅读计划，综合运用多种方法阅读整本书"等，本质上指向的就是对元阅读能力的培养。

单篇阅读、群文阅读的诸多方法和策略当然可以迁移到"整本书阅读"中来，但是，"整本书阅读"不是单篇阅读、群文阅读的简单延伸和平面拓展，而是一种阅读能力的升级和迭代。其中，元阅读能力的训练与提升是"整本书阅读"的关键所在。培养学生的元阅读能力，重点是让学生知道有哪些有效的阅读策略，以及这些阅读策略在什么条件下可以选择。在学生知道并选择了阅读策略之后，还要唤醒学生在阅读策略使用过程中进行自我监控的意识。这种基于自我监控的阅读能力，只有通过"整本书阅读"才能得到切实有效的培养与提升。

（三）"整本书阅读"有助于学生养成终身阅读习惯

"整本书阅读"的终极目的在于培养学生终身阅读的习惯。要充分认识"整本书阅读"的独特意义和作用，并能抱定语文课程设置该学习任务群的宗旨，逐步加以落实，才能为学生的终身阅读奠定扎实的基础。一方面，由于"整本书阅读"必然囊括记叙、说明、抒情、议论等诸类文体,所以,"整本书阅读"显然有助于养成学生多文体的阅读能力;另一方面,"整本书阅读"要求学生心志专一、持之以恒,虽然学生阅读整本书的数量会有局限,但是专心致志、锲而不舍的阅读全过程对他们养成良好的阅读习惯大有裨益。学生在"整本书阅读"过程中,不断发现自己、提升自己、完善自己,获得更持续、更有深度的生命体验。如:我校已经毕业的学生在她某次回校座谈会上说,小学的时候,在老师的引导下,她开始阅读《哈利·波特》那套书。随着一本本的深入,她仿佛置身于那个神奇的魔法世界,与哈利、罗恩和赫敏一起冒险。这套书让她感受到了阅读的巨大乐趣,从此她不再满足于短暂的碎片化阅读,而是热衷于沉浸在整本书的世界里。即使在学业繁忙的中学阶段,她也会抽出时间阅读自己喜欢的书,这种习惯一直延续到了她成年。

(四)"整本书阅读"有助于增强文化自信

整本书阅读还能够增强学生的文化自信。通过阅读经典名著、传统文化书籍,学生可以深入了解中华文化的博大精深和独特魅力,从而更加热爱中华文化和乐于传承中华文化。整本书阅读通过传承历史文化、培养文化自觉、拓宽国际视野、提升人文素养和促进文化创新等方面培养学生,有助于增强学生的文化自信。这种文化自信是学生对自己所属文化的认同和自豪,也是他们面对多元文化挑战时保持坚定立场的源泉。

只有基于整本书的阅读,才是真正的深度阅读、高阶阅读。通过"整本书阅读",学生能更全面地了解作者的成长经历、思想变化、了解文中人物形象的特征;与作者产生情感共鸣,把作者对人生、历史、文化的看法,与自己的阅读经验联系起来,并逐渐内化为自己的人生哲学,从而综合提升语文核心素养。

二、整本书阅读教学的现状及问题

通过对已有文献的查阅分析,结合小学一线语文教师的教学实践,现将小学语文整本书阅读教学现状归纳为学生整本书阅读现状、教师整本书阅读教学现状两个方面。

（一）学生整本书阅读现状

1. 阅读量少，阅读时间短

《义务教育语文课程标准（2022年版）》要求小学生的课外阅读总量不少于145万字。而在提倡"海量阅读"的现在，还是有相当一部分学生远远达不到这一目标。分析原因，一部分是学生家庭中没有阅读的意识，家长也不喜欢阅读，缺少读书的氛围；另一部分是教师指导的缺失，没有设置长程的具体的阅读任务，缺少阅读反馈，学生缺乏外部监督。

2. 没有良好的阅读习惯，阅读方法贫乏

随着互联网时代的发展，微博、短视频、直播的蓬勃兴起，即时短暂的愉悦满足感改变了大家的阅读习惯，"自由式、散点式、碎片化、快餐化"的阅读由来已久。在习惯了这样短暂的愉悦感后，学生很难静下心来阅读整本书，即使是读书了，也只是完成阅读打卡任务，简单翻阅，在学生内心难以留下痕迹，更不用说养成阅读习惯、提升能力、塑造人格的作用了。在小学阶段，学生阅读整本书也需要学会适当的阅读方法，从而提高阅读效率，将从具体书目中学到的方法扩展到更多的整本书阅读活动中，继而养成良好的阅读习惯，包括提前规划阅读计划、规定阅读时间、读时圈画批注等。

3. 缺乏阅读兴趣和阅读主动性

与上一条紧密相关，很多学生将阅读视为一种令人讨厌、给人压力的任务，缺乏自主阅读的动力。兴趣是最好的老师，在小学低年段以培养学生阅读兴趣为主，只要是健康正面的书籍都可以让学生去读，漫画、幽默故事和科普类书籍学生有较大兴趣，但是不能放纵他们只读这样的书，否则必将导致阅读的浅层化。

4. 整本书阅读质量不高

由于缺少整本书阅读的反馈机制，部分学生存在侥幸心理，不在乎整本书阅读任务的完成。还有部分学生接受知识的速度较慢，因为学业压力，学生没有多余的时间进行课外阅读。因为整本书阅读存在篇幅长、耗时多、难以在短时间内看出明显提升的特点，有些学生甚至是家长的学业功利心较重，不愿在整本书阅读上消耗精力。除此之外，家庭教育也是影响学生阅读质量的重要因素之一。小学生要坚持长时间读篇幅较长的书离不开外部陪伴

监督，如果家长不重视阅读、家庭成员都没有阅读习惯、家中不能提供安静的阅读环境、身处的环境缺少阅读氛围，同样会导致学生阅读质量不佳。

（二）教师整本书阅读教学现状

教师整本书阅读教学的现状呈现出以下几个方面的特点。

一方面，部分教师已经意识到整本书阅读对于学生语文素养提升的重要性，积极探索教学方法。他们会精心挑选适合学生年龄段和阅读水平的书籍，制订详细的阅读计划，组织课堂讨论、读书分享会等活动，激发学生的阅读兴趣和思考能力。另一方面，仍存在一些问题。一些教师自身的阅读量不足，对整本书的理解和把握不够深入，难以给予学生高质量的指导。教学方法上可能较为单一，主要以布置阅读任务和检查读书笔记为主，缺乏创新性和互动性。

在教学资源方面，部分学校可能缺乏丰富的图书资源，教师在选择书籍时受到限制。同时，由于教学评价体系的影响，教师在整本书阅读教学上投入的时间和精力相对有限，可能更侧重应对考试相关的知识点教学。此外，教师之间关于整本书阅读教学的交流与合作也不够充分，难以形成有效的教学经验共享和改进机制。

1. 教学准备阶段存在的问题

随着课程改革的深入，整本书阅读已逐步受到重视，越来越多的教师开始认识到其对学生阅读能力、思维能力及综合素养提升的重要性。但是，老师们对整本书阅读的重视程度仍不够，主要体现在教学时间分配、教学准备及课后指导等方面。由于整本书阅读的教学周期长、任务重，且缺乏具体的考核标准，部分教师在教学动力上显得不足，忽视了对学生长远发展有益的整本书阅读教学的思考。

教师存在浅阅读、学情分析有所欠缺的问题。从教师的角度看，对于书籍的选择主要凭借自己的阅读经验推荐，并未对书籍进行深入分析研究、版本选择，判断与学生认知相结合的教学点，确定符合学生学情的阅读内容。选书较为随意，缺乏针对性。而教师选书随意的原因往往在于教师对"整本书阅读设计"教学认知的不合理，影响了教师开展整本书阅读教学的方式和效果。

教师确立教学目标、制定教学内容存在偏差。从教师的角度看，教师基于"整本书阅读"设计的教学目标与课程标准存在一定程度的偏差。一些教师认为课程标准是设置阅读教学目标的必要前提。以考试为导向的选文阅读教学强调培养学生的聚合思维，容易造成学生产生思维定式，思维往往集中在传统的观念和概念，停留在前人的认知水平上；从阅读方式上来说，单纯以获取知识为导向的选文阅读存在"碎片化""散点式"的阅读倾向。

2. 教学实施阶段存在的问题

教学开展频率低，教学任务形式化。重视程度不够，教学动力不足，在课时安排上缺乏统一有效的整体规划。大多教师表示"整本书阅读"设计的教学课程并不固定，有时间就上或者选择在语文课、自习课等时间进行碎片化的教学，这样的状况导致了在整本书阅读教学实施过程中，缺乏整体规划，指导频率低，教学质量表现得参差不齐。

在阅读任务布置上，教师布置的阅读任务形式也较为单一。以读后撰写手抄报等形式为主，开发和设计其他阅读任务形式较少，缺乏针对性和创新性；最终往往使得"整本书阅读"的教学流于形式。

教师指导整本书阅读方法的意识淡薄，目标不明确，内容选择随意。教学组织随意化、不成系统，在很大程度上影响了阅读整本书对学生阅读素养的提升效果。大部分学生不能有效掌握基本的"整本书阅读"的方法，这些方法是：阅读前制订严格的阅读计划，阅读中摘抄好词好句、自主解决疑问，阅读后写读书笔记、写书评、与大人交流。

3. 教学评价阶段存在的问题

评价主体单一：在评价过程中，多数教师多立足自己对学生阅读情况的理解展开评价，缺乏学生的自我评价和同伴互评。学生在评价过程中的参与度低，难以充分发挥其主动性和积极性。这在一定程度上会削弱学生作为学习主体在阅读过程中的积极性，甚至降低评价结果的科学性。评价方式缺乏多样性：教师大多以要求学生写读后感、复述书中的情节、检查读书笔记等方式进行评价，缺少如口头报告、小组展示、阅读项目实践、阅读方法、阅读思维、阅读习惯以及情感体验等更具创新性和综合性的评价方式。评价时间集中：通常在阅读结束后进行一次性评价，缺少对阅读过程的阶段性评价和跟踪反馈，不能及时给予学生指导和鼓励。评价缺乏个性化：对不同阅读水平和阅读风格的学生采用相同的评价标准和方式，没有充分考虑到学生的个体差异，无法满足每个学生的发展需求。评价与教学脱节：评价结果未能有效地反哺教学，教师不能根据评价情况及时调整教学策略和方法，以更好地促进学生的阅读能力提升。

在小学整本书阅读教学实践中，对于教师而言，大家还存在很多困惑：要读哪些书？要达到什么样的目标？怎样实施教学指导以实现学生阅读能力的进阶发展？整本书阅读教学指导方式的不成熟，实际上就是一线教师对于整本书阅读"教什么""如何教"这两个主要问题缺少精准把握，在教学时，偏重于"知识的获得"，缺少阅读进程的监督指导。

三、整本书阅读教学的课程类别与设计思路

整本书的体量大、内容丰富，需要学生花费较长的时间去阅读。而学生的持续阅读需要教师的持续指导，因此往往需要多节课的教学才能真正保障学生阅读效果。小学语文整本书阅读教学可以依据学生的阅读进展分为三类课型：一是导读课，二是读中推进课，三是读后分享课。

（一）导读课：激发兴趣，读法指导

"导"，引也。"导读"，顾名思义，就是将学生引入一本书的阅读。导读课作为整本书阅读教学的第一节课，不仅关系着学生是否愿意读，还关系着学生怎样读。叶圣陶在《略读指导举隅》中阐述了在阅读整本书之前，应该有版本指导、序目指导、阅读方法指导和问题指导。因此小学语文整本书阅读的导读课通常有三个任务：第一，引起学生阅读本书的兴趣；第二，了解书籍信息，包括作者、写作背景和基本内容，激发学生的阅读兴趣，设置悬念或问题，引导学生读起来；第三，学习一定的阅读方法，指导学生读进去。

1. 激发兴趣，引起阅读期待

兴趣是最好的老师，阅读兴趣可以驱动学生读整本书，因此，导读课的第一步是激发学生的阅读兴趣。在导读课中，可以采取以下两种策略引起学生的阅读期待。

一是摘录书中的精彩内容。导读课中，用来激趣的最简单、最常用的方法是以书本身去引起学生的兴趣。首先，可以从封面入手，看书名，看插图，然后用"猜人物""猜故事情节"的方式引起学生的好奇心和阅读欲；其次，可以截取书中精彩的片段——书中设置悬念的地方、人物描写生动之处、景物描写引人入胜之处，或者书中最为经典和流传广泛的句子，让学生通过阅读简单的片段产生疑惑，激发兴趣。如对《好饿的毛毛虫》绘本故

事，可质疑：毛毛虫肚子好饿，怎么那天晚上肚子好疼呢？

二是借助书籍引申材料。除了作品本身能够吸引学生以外，还有与作品相关的内容能够作为导读材料。首先就是作者，对于作家的兴趣能够激发学生对作品的兴趣。作者的生平经历、他的写作故事、他在文坛上的地位……这些都是能够吸引学生去关注作者和作品的因素，也是阅读整本书的必要内容。其次，便是作品的地位，小学生依赖心理较强，他们相信权威，也更喜欢阅读那些有名的故事。在导读课中介绍作品在文学史上的地位、获得了哪些名人的肯定，甚至教师自己阅读该书的感受，都可以成为引起学生阅读期待的重要因素。最后还可以用该书衍生出来的音乐、影视作品等激发学生的阅读兴趣。小学阶段的学生对于此类形象直观的媒体更感兴趣，由书衍生或是改编的音乐、影视作品能够给学生带来更为强烈的神经刺激，也是有效提高学生阅读兴趣的重要途径之一。

2. 了解书籍信息，培养阅读习惯

整本书阅读教学的目的不仅仅在于该书本身的阅读价值，更在于学生良好阅读习惯的培养。叶圣陶指出导读应该进行书籍版本、序目、参考书籍等方面的指导，从而帮助学生养成自主阅读的习惯。

书籍版本的指导主要包括出版社和译者的介绍。对于刚开始接触整本书阅读的小学生来说，书籍的正规性、权威性会极大地影响他们未来对于书籍的选择，因此，对于权威出版社的介绍必不可少。此外，对于国外作品，还需要介绍相对权威的译者，恰当的译本贴近小学生的认知，能够帮助他们更好地理解文本内容，培养其语言文字素养。这样，学生在未来读书的时候"不但知道求好书，并且能够选择好本子"，会一生受益。序目，指的是序言和目录。序言一般由作者本人或是权威作家所写，目的在于帮助读者了解写作背景、主要内容、作品地位，通过序言的阅读能够帮助学生迅速了解作家作品。目录则是整本书内容的指引，也是整本书最精炼内容的提取。有了目录，学生能够根据不同的阅读目的选择精读和略读的部分。参考书籍的指导一般多见于古书的阅读，通过寻找相关注释及典故出处等帮助自己理解文本。对于小学生而言，他们阅读的书籍较为简单，因此其主要参考书籍是词典或是百科全书，教师仅需给学生提供查阅词典和相关资料的方法。

3. 指导阅读策略，促进高效阅读

整本书阅读教学不但要培养学生良好的阅读习惯，还需要指导学生的阅

读策略。阅读策略就是为了达到一定的阅读目标而采取的阅读方法和技巧。阅读策略的指导能够帮助学生在不断的阅读中建构适合自己的阅读方法。从小学语文统编教材所涉及的范围看,小学生常用的阅读策略包括理解文本策略、质疑解疑策略、提取整合信息策略以及自我监控策略。

一是理解文本策略。整本书的内容丰富,对于小学生来说,想要读好整本书,就需要掌握理解文本的策略,这也是最基础的阅读策略。理解文本的策略主要有三种:一是预测策略,二是图像化策略,三是联结策略。在阅读《龟兔赛跑》时,老师引导学生根据故事的题目和开头进行预测。如,老师:"看到《龟兔赛跑》这个题目,你们猜猜比赛的结果是什么样的?"学生A:"兔子跑得快,应该是兔子赢。"学生B:"也许乌龟一直坚持不放弃,最后乌龟赢了。"然后学生带着自己的预测继续阅读,验证自己的想法,这样能提高他们阅读的积极性和专注度。

二是质疑解疑策略。"学贵有疑",一个好的读者要善于在阅读过程中提出问题,然后解决问题。质疑、解疑是阅读过程中完整思维的两个阶段。教师应该让学生学会提问题,并把问题分类,然后找到解决问题的方法。问题的指向性可以是多样化的,可以对文本内容提出问题也可以对文本的写法提出问题,同时,也可以结合自己的生活提出问题。只有在阅读过程中不断地提出有价值的问题并积极主动地解决,学生的批判性思维才能持续地发展。

三是提取整合信息策略。相对于单篇短章,阅读整本书的时间更长,书中的信息也更多。如果只是走马观花,读完之后不知所以然,那么在阅读完一本书之后会毫无收获。提取和整合信息是阅读的必要手段,新课标对于概括文章的主要内容也有一定的要求。作为读者,要学会提取零散的信息并整合信息,可以在阅读时将每一个部分先进行分类,提取关键词,然后用自己的语言将这些关键词串联起来。

四是自我监控策略。自我监控策略在教育心理学中也被称为元认知策略。学生在阅读整本书的过程中要通过不断监控和反思保障阅读效果,提高自己的阅读能力。小学生在阅读时,可以通过以下几个问题进行自我监控,如:我在读书的过程中专注吗?读完今天这一部分,我知道什么了?在读书过程中,我遇到了哪些难题,我是怎么解决的?我今天运用了哪些阅读的策略?自我监控策略能够全方面帮助学生提升独立阅读能力,提高他们的阅读质量。

表1罗列出了小学语文统编教材中关于上述四种策略的具体表述,在小学语文整本书阅读教学设计中,可以结合教材中的具体策略指导学生在整本书阅读中运用。

表 1　小学语文统编教材对四种阅读策略的表述

策略类别	教材中相关表述
理解文本策略	1. 一边读，一边预测，顺着故事情节去猜想（预测）
	2. 试着一边读，一边想象画面（图像化）
	3. 结合查找的资料，体会课文表达的思想感情（联结）
质疑解疑策略	1. 尝试从不同的角度思考，提出自己的问题
	2. 学习带着问题默读，理解课文的意思
提取整合信息策略	1. 结合关键词句，概括文章大意
	2. 用列小标题的形式，把握文章内容
	3. 了解文章内容，复述故事
	4. 阅读时注意梳理信息，把握内容要点
	5. 学习用批注的方法阅读
自我监控策略	根据不同的阅读目的，选择不同的阅读方法

4. 体验精彩片段

导读课，不仅要"导"，还要"读"。正所谓学以致用，对于小学生而言，如果不及时巩固所学内容，这部分内容可能会被迅速遗忘。因此，在课堂上，需要留给学生一定的时间自主阅读，教师既可以选择书中精彩的片段由全班学生一起阅读，也可以由学生自主选择感兴趣的片段阅读，在自主阅读的过程中巩固本节课所学习的阅读策略。教师在学生阅读的过程中需要通过巡视等方式了解学生的阅读情况并进行适时的指导，在真实的阅读情境中才能发现学生的问题，并帮助学生解决阅读中的问题，保障他们课后读书的效果。

（二）读中推进课：读程推进，话题交流

读中推进课，即在学生读书的过程中组织学生交流，意在通过交流，展示前期的阅读成果，解决阅读过程中的难题，并为后期的阅读打好基础。读中交流的课时依据该书的篇幅长短、内容难易以及学生的阅读情况而定。一般而言，小学生整本书阅读的读中交流课安排1—2个课时。

1. 阶段回顾，展示阅读成果

通过一段时间的阅读，学生已经有了一定的收获，也乐于和自己的同伴交流自己的阅读体验，读中交流就是为学生们搭建一个展示的平台。因此，

回顾前一阶段学生的阅读成果是读中交流课的必要环节。这一环节中，可以设置不同的活动情境让学生畅所欲言，展示他们的阶段阅读成果。学生可以从已经阅读的内容中选择自己最喜欢的或是觉得最特别的人物、篇目、情节与大家分享，也可以漫聊自己的阅读感受，甚至将自己喜爱的情节演出来。

主要形式有故事会、"聊书"会、话剧表演。故事会是小学阶段整本书阅读教学中教师最常用的方式，学生在阅读了一段时间之后一定有自己喜爱或是印象深刻的情节，在教师的组织下，学生以"讲故事"的形式和自己的同学分享。故事会既能够锻炼学生的语言组织能力，又能够增强学生继续阅读文本以及与同学交流的兴趣。"聊书"会，侧重点在于"聊"，学生把前一阶段的阅读体会、疑惑或是喜欢的内容拿出来和自己的同学聊一聊，也可以聊一聊这本书的语言、主题。看似"无序"的聊，其实是学生之间阅读经验的交换，是思维的碰撞，往往能够带出有价值、有意义的话题，也能够为后续的话题讨论打下基础。话剧表演是一种生动的展示方式，它既能调动起学生各方面的能力，又能够激发学生读书的积极性。学生在阅读叙事类文本时，读到喜欢的篇目或片段，可以将其改编成话剧演出来。通过表演的形式，学生将阅读内容真正内化为自己的收获，然后将阅读收获外化为语言和行为的表达。表演，既强化了学生的阅读兴趣，又真正提高了学生的阅读质量。

2. 聚焦话题，探讨关键问题

除了已经阅读的成果之外，读中推进课还需要真正地聚焦话题，去探讨整本书中的一些关键问题或者学生存在的共性问题。问题来源有两个方面：一是从学生的"聊书"中发掘有价值的话题；二是学生没有关注到的，由教师来指定的话题。

一是从学生"聊书"中发掘的话题，这是课堂自然生成的话题，学生对于此类话题参与度很高。教师需要对学生"聊书"的过程高度关注，然后从学生聊到的话题中选出一到两个有探讨价值的话题，组织学生根据阅读内容进行讨论。在讨论之前，需要明确讨论的流程、规则，确保学生的讨论是有序的、有效的。教师适当地指导和评价，点拨学生的思维，真正促进学生的进步。二是由教师指定的话题，这一类话题通常是教师经过整本书研读之后精心选择的适合本班学生的话题。为了保障讨论效果，不少教师会指定一些关键性的话题组织学生进行讨论。指定话题的优点在于可以提前准备，学生在课前已经认真阅读，查阅相关资料，做了充分的准备，因而在讨论的时候也更加充分，学生的思考也会更加全面，话题的讨论也会更有深度。

3. 持续指导，推进后续阅读

读中交流课不仅仅要为前一阶段的成果展示、问题交流提供平台，还需要为后续的阅读服务，不断推进学生持续地阅读，因此，在读中交流课上，还需要教师的持续指导。在读中交流课上的指导可以是新的阅读策略的指导，也可以是已经传授过的阅读方法的巩固，通过课上的指导为后续的有效阅读打下基础。

此外，除了方法的指导，读中交流还需要给学生安排一定的任务，让学生带着目的去阅读。研究表明，不少阅读能力差的学生阅读效率不高的原因在于他们缺乏关注文本的某些内容的意识，这种意识不仅能够提高阅读的效果，而且能为最后一个阶段的读后分享课提前做好准备，保障学生阅读过程、交流过程的有效性。

（三）读后分享课：收获展示，读点探究，拓展延伸

读后分享课是在学生阅读完整本书之后，对整本书的语言风格、内容、情节、主题熟悉的前提下，由教师组织的分享交流课。读完一整本书，必然要从整体上全面地对书的某些方面进行统整和总结。因此，读后分享课的主要目的便是分享和交流读完整本书的收获。当然，整本书阅读是一个漫长的过程，也是应该持续一生的习惯，读后分享课还可以将眼光放到更广阔的范围中，指导学生拓展延伸相关阅读。

1. 统整全书，总结阅读收获

当学生通读了整本书的内容，研读交流了整本书的关键问题，就会产生自己个性化的思考和体验，这时就需要提供平台让学生把收获分享出来，读后分享课便创设了这样一种平台。在读后分享课中，所有的分享是基于整本书阅读的视角，是统整了全书内容之后的分享，这也是整本书阅读的意义所在。对于不同类型的文本，有不同的方式展示阅读收获。

在文学类文本中，小学生阅读最多的是小说。小说的成果展示主要从人物、情节、主题三个方面进行。这三个方面又是相互联系、相辅相成的。对于人物形象的分析离不开结合书中情节的探讨，进而探究作品的主题；对情节的讨论离不开其中人物形象的展现和对主题的把握；对主题的探究又是基于人物形象和情节的整体把握的。总之，对小说人物、情节和主题的探讨都需要站在整本书的视角去探究。小说阅读成果分享的方式有很多，例如话剧

表演、辩论会、读写结合等。诗歌和散文这种"文类集"作品的成果分享主要从语言、主题、情感三个方面入手。诗歌和散文虽是短篇,在整本书阅读中却是形散而神不散,他们体现了作家独特的语言风格和逻辑。因此,对于诗歌散文集来说,探究该书的语言风格是必不可少的。除此之外,还需要统整全书内容,以不同的角度和立场去联结文集中的多篇文章,探究作者的情感和本书的主题。通常,诗歌和散文集的成果分享方式包括朗读体验、话题讨论、读写结合等。

2. 提炼重点,探讨提升

目前阅读交流往往倾向于展示学生阅读后的收获和发现,忽略了交流。阅读交流本身就是一种以不同观点碰撞、在讨论中解决阅读难点的活动。所以,教师应该收集学生阅读过程中提出的问题,甚至是难以发现的问题,以及有教学价值的重点内容,通过开展专题研讨会的方式交流,解决问题。这就要求教师在进行整本书阅读教学设计时,充分地分析整本书值得探讨的问题,同时对课堂上有可能即时生成的问题做好准备,对学生感兴趣、有话要说的问题,要引导学生自由表达,并及时点评。教师既要做交流过程的激励者,又要做教学资源的发现者和学习成果的提升者。当讨论的问题无法深入时,教师要引导学生从不同角度思考问题;当学生的理解过于表面时,教师要引导学生更深入地思考。最后,教师总结学生的学习效果,肯定学生的体会和观点,并归纳书中的重点内容,确保学生在学习过程中有所收获。设定的专题可以聚焦于几点,包括情节起伏、人物形象、语言风格、叙事方法、时代背景等方面,根据具体文本的实际情况进行选择,以真正锻炼学生的思维能力、语言文字运用能力,提高语文素养。

3. 拓展延伸,扩大阅读视野

整本书阅读,其目的不在于一本书的阅读,而在于通过一本书的阅读带动学生整个语文学习过程,帮助学生养成阅读的习惯,构建语文学习的方法。因此,在读后分享课上,除了总结阅读本书的成果和收获,教师还需要帮助学生拓展延伸阅读的内容,通过一个形象,看到更多的形象;通过一部作品,看到更多的作品。从而不断地阅读,不断地去发现,让阅读习惯持续下去。读后分享课上的拓展延伸,主要有两种方式:一是和已经读过的作品的比较阅读;二是由眼下的这本书引出学生没有读过的书,激发学生阅读同类书籍的兴趣。

比较阅读就是把有一定联系的文本进行对比，既可以是内容上的联系，也可以是形式上的联系。在小学阶段，教师通常会指导学生进行形象比较、写作方法的比较、主题的比较等等。比较阅读的第一步便是找出比较的角度。在读完整本书之后，教师可以创设一定的情境，引起学生的"质疑"，进而让他们产生比较阅读的兴趣。接着教师提供方法或是角度，引导学生结合已有的知识经验，即结合已经读过的作品进行比较、讨论，形成一定的观点。然后学生将比较的成果进行汇报和分享，可以是书面的汇报，也可以是口头汇报。最后由教师对学生比较阅读的成果进行评价和总结，从而增强学生比较阅读的意识，拓宽他们的阅读视野。如《中国神话故事》中的"女娲补天"和《希腊神话》中的"普罗米修斯盗火"，比较点在于主人公的身份和能力。女娲是中国神话中的创世女神，具有强大的创造力；普罗米修斯是希腊神话中的神祇，勇敢且富有智慧。女娲要修补破裂的天空，普罗米修斯要为人类盗取天火而面对众神的惩罚。精神品质上，他们都展现了无私和勇敢的精神。

延伸阅读是从目前正在阅读的作品中选取一个角度，与其他作品进行关联，并由此吸引学生去阅读相关作品进行比较。延伸阅读一般在读后分享课的最后一个环节进行，意在吸引有兴趣的学生阅读相关作品，让阅读此类作品的习惯延续下去。延伸阅读和比较阅读类似，都可以从人物形象、情节、主题方面入手吸引学生。例如，探究同一类动物在不同作品中的形象；类似的情节在不同作品中的发展；同一个主题的不同作者是如何诠释的；同一作者的不同书籍的比较等等。除了通过简单的点拨引起学生的阅读兴趣，还可以简单地介绍书的内容，由学生课后自主阅读。

四、整本书阅读教学评价的设计思路

评价是影响学生整本书阅读质量的关键。学生的阅读效果需要以评价反思的方式来反映和分析，这样我们就可以持续地调整教学过程，提升整本书阅读效果。《义务教育语文课程标准（2022年版）》在评价建议部分对阅读评价提出了具体的建议："评价要关注学生综合运用多学科知识思考问题、解决问题的态度和能力。评价以鼓励为主，既充分肯定学生的发现创造，又引导学生自我反思提升，不断提高跨学科学习质量。"在整本书教学过程中，单一评价很难检验学生学习成效，也很难找到其中的问题，也就很难真正落实整本书阅读的意义。换言之，整本书阅读需要科学高效的评价机制来把控阅读效果。所以在对学生整本书阅读进行评价时，应采取多种评价方式，这样更有助于提高学生的学习效果及改进教师教学方法。

（一）采用多样化的教学评价方式

在以往的教育教学中，教师比较习惯结果性的评价，其中最常用的就是测试。但在整本书阅读的教学中，这样侧重于知识的评价考察内容受限太多，结果表现过于单一，并不能体现学生实际的阅读成果。因此，评价整本书阅读应该过程性评价与结果性评价相结合。

整本书阅读结果性评价是指在读完整本书之后，对学生的阅读结果进行评价。评价应该与整本书的内容以及学生自己的学习经历相结合，考查学生对整本书阅读过程中的关键信息和主要内容的了解、对故事情节的把握、对人物形象的感知和评价、对语言的感知运用、对自己的影响，考查对各种书籍的阅读方法与策略的综合运用。内容要科学、适切，不能变成考查学生的碎片记忆。关于作品内容熟悉程度的评价可以测试的形式进行，允许学生多次测试，当然题库的建设者应当是学生和教师，而且应以学生为主体。

过程性评价，是指对学生阅读整本书的过程进行动态跟踪评价，目的是要对整个阅读活动的进度情况进行及时的反馈，从而对整个阅读活动进行修正、调整和强化。教师可以给学生建立一个评价档案，记录每一个阶段阅读的情况。例如，《海底两万里》浅层阅读过程中思维导图绘制、深度阅读时对尼摩船长人物形象专题研讨的成果、《海底两万里》大百科分享演讲等等，每一次活动都通过评价打分，记录在案，并利用小组合作机制刺激竞争与合作。过程性评价可以从以下几个方面进行：① 是否完成了阅读计划；② 是否能根据阅读目标选择恰当的阅读方法；③ 是否能讲出文本的主要内容；④ 能否通过精读重点章节，理解作者的观点；⑤ 能否准确感知文本的主题、情感和写作特点；⑥ 是否积极参与讨论交流，分享自己的阅读经验，并积极听取同伴的经验和建议，不断调整自己的阅读策略。

另外，还可以采取的评价形式包括但不限于动态评价（阅读分享、主题演讲、辩论赛和戏剧表演等）和静态评价（读后感、读书笔记、书本的批注、撰写学习单等）。

（二）采纳多元化主体意见

教师要积极调动其他资源共同参与评价工作，增加评价主体，让学生、同伴、家庭和教师都参与阅读评价，实现整本书阅读评价主体的多元化。学生根据阅读计划、个人感受等，对阅读过程进行观察和反思，进行自我评价；同伴对评价对象的阅读积极性、扎实程度、合作情况等进行评价；家庭根据家校共用学生整本书阅读记录评价册，对学生的整本书阅读进行日常记录和评价，做好过程监控；教师根据课程目标、阅读效果、课堂交流、展示成果等进行综合评价。评价主体的多元化，会给学生带来多重评价视角，可以有效改善教师单方面评价中存在的局限性，营造宽松开放的评价氛围，帮助学生在反思中客观认识自己，从而逐步养成终身阅读习惯。

（三）根据学生不同学情分层评价

不同年段、不同班级的学生存在知识、能力等各方面的差异，即使同一个班级的学生个体之间也存在差异，如果教师对学生进行评价时采用"同一把尺子"，有的学生就会很难体验到成功的喜悦，难以获得阅读带来的满足感和成就感，因此丧失阅读的兴趣和动力。所以，教师应该依据学生的个体差异采取不同的阅读评价标准。例如，制定阅读进度计划时，教师可以指导学生根据自己的能力水平制定符合自身实际的阅读计划，依据学生自己制定的阅读计划评价学生；在整本书的交流课上设置不同难度的任务，使每个层次的学生都能够积极主动地思考，依据自身的情况完成相应难度的学习任务。

五、基于学习任务群的整本书阅读教学设计——以《汤姆·索亚历险记》为例

（一）《汤姆·索亚历险记》整本书阅读概述

《汤姆·索亚历险记》作为部编版小学语文教材"快乐读书吧"的推荐书目，同时出现在教育部颁布的《中小学阅读指导目录（2020年版）》名单之中。值得注意的是，该书的精彩片段在六年级下册第二单元以课文的形式呈现。这一单元主题从"外国文学名著"到"口语交际：同读一本书"再到"习作：写作品梗概"乃至"语文园地"，皆与整本书阅读相关。为此，从大单元教学的理念上看，对《汤姆·索亚历险记》进行整本书阅读设计时需要密切关联教材内容，链接课内与课外阅读，将课文学习与书册阅读相关联。

就文本本身而言，《汤姆·索亚历险记》具备典型性、丰富性、类推性等阅读价值。

1. 典型性

首先，《汤姆·索亚历险记》作为一部站在儿童视角上创作的小说，契合小学高段学生心理发展特点和认知水平。故事语言幽默诙谐，情节跌宕起伏，加上主人公汤姆与小读者们年龄相仿，对学生具有一定吸引力。其次，作为一部享誉世界的名著，它经过了岁月的沉淀和考验。小说已被翻译为多种语言出版和被改编为电影搬上荧幕，受到了来自世界各地读者的追捧与喜爱。最后，《汤姆·索亚历险记》作为一本"完整的书"，符合"整本书的标准"。它不是零散的单篇文章，而是由数个故事构成的字数多达20万字的长篇小说，是真正意义上的整本书。

2. 丰富性

首先，本书人物塑造丰满立体。主人公汤姆的形象是多元化的，既不是典型的好孩子，也不是绝对的坏孩子。他调皮捣蛋、爱捉弄人、不守规矩，甚至有偷窃的坏习惯，但同时他头脑灵活、聪明机智，内心善良而富有正义感。这种性格的多样化塑造，使得人物更为真实，同时也凸显了教学的必要——通过梳理和探究各种事迹，研讨主人公的多面个性，从而深刻把握该人物形象。除此之外，马克·吐温对于小说其他人物的刻画也是十分生动鲜明的。而一波三折的故事情节更是牵动着读者的心，具有较强的可读性。最后，读者体验多元深刻，与课文节选相比，学生阅读整本书能够获得更为丰富的阅读体验——与更多人物角色相遇；更为细致地感受主人公的心路历程变化；从宏观整体上把握环境场景。

3. 类推性

学生读完《汤姆·索亚历险记》一书后，可以运用所学知识再阅读作者的《哈克贝利·费恩历险记》，并将两者进行阅读比较。此外，还可以围绕冒险题材这一主题的文学作品展开更多相关的阅读，例如《尼尔斯骑鹅旅行记》《爱丽丝漫游奇境》等。通过教学引导学生从读一本书到读一类书，将读书方法灵活迁移，让阅读视野更为广阔。

(二)《汤姆·索亚历险记》整本书阅读学习任务群

整本书阅读学习任务群是在阅读主体的引领下有目的、有规划、有指导的若干相互关联的阅读任务的集合体。学生围绕任务展开阅读，在阅读过程中解决起始问题和不断生成的新问题,从中积累阅读经验,提升阅读素养。

依据《义务教育语文课程标准(2022年版)》中对拓展型学习任务群"整本书阅读"的相关要求,笔者将以L老师的"《汤姆·索亚历险记》整本书阅读设计"(见表2)为例,分析教学过程,进一步促进小学语文整本书阅读设计的优化。

表2 《汤姆·索亚历险记》整本书阅读设计

总任务	课型	分任务	任务目标	学习活动
《汤姆·索亚历险记》整本书阅读	导读课	走一走汤姆·索亚的历险途	能在汤姆·索亚的历险途中梳理情节的发展脉络	1. 跟着汤姆·索亚一起去历险
				2. 绘制汤姆·索亚脱险分析图
				3. 创编汤姆·索亚历险"新"故事
	读中推进课	捋一捋汤姆·索亚的关系网	能在汤姆·索亚的关系网中分析人物的相互影响	1. 在分类整理与思维导图中认识人物
				2. 在情节发展与相互影响中解读人物
				3. 在重要他人的影响中回顾成长之路
		评一评汤姆·索亚的天平秤	能在汤姆·索亚的天平秤中评价人物的是非美丑	1. 发现汤姆·索亚身上的"好"与"不好"
				2. 说说自己身上的"好"与"不好"
	读后分享课	搜一搜汤姆·索亚的影视圈	能在汤姆·索亚的影视圈中自主建构人物的立体形象	1. 原著电影比一比
				2. 创意剧本编一编
				3. 招募伙伴演一演
		品一品对作者作品的评价语	通过品读名家书评,深入感知作品成为经典名著的原因	1. 品味作者和作品的双重魅力
				2. 回味原著中经典语录的哲理

（三）学习任务设计

1. 导读课：走一走汤姆·索亚的历险途

任务情境：同学们，你们想继续跟随汤姆·索亚的脚步再次开启历险之旅吗？这节课我们将回到故事的开端，跟着汤姆·索亚一起开启历险之旅。

环节一：跟着汤姆·索亚一起去历险

① 出示几种不同版本的《汤姆·索亚历险记》的封面图片，提问：猜猜封面讲了一个怎样的故事？

学生会看到三个孩子划船到杰克逊岛当海盗、汤姆边吃苹果边看别人帮他刷墙、汤姆与哈克鬼屋寻宝、汤姆与贝琪山洞历险等封面图。教师引导学生发现这本书讲述的重点是汤姆历险的情节，需要重点关注。

提示：阅读要主次分明、有的放矢，提高阅读效率。

② 出示目录，圈出跟历险密切相关的五个重要情节和场景。

将"坟场杀凶、孤岛冒险、鬼屋寻宝、山洞历险、重返山洞"五个重要历险情节的图片展示在历险地图上，引导学生重点阅读五次历险经历。

提示：学生可以沿着既有路线重走汤姆历险之旅，也可以读自己感兴趣的某个故事。学生在自主阅读的过程中读到哪个章节就在历险地图上进行标记，以便下次继续阅读，从而随主人公经历一次富有体验感的冒险。

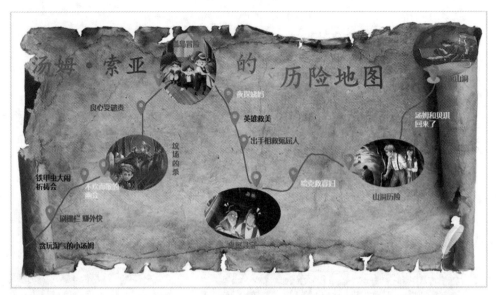

【设计意图】：目录是一本书的阅读地图，以最精炼的方式提取了整本书的内容，读目录可以帮助学生更好地把握情节、理清脉络，根据不同的阅读目的选择精读或略读。

环节二：绘制汤姆·索亚脱险分析图

汤姆是如何在五次历险中脱险的？选择一次历险具体说一说并绘制汤姆脱险分析图。

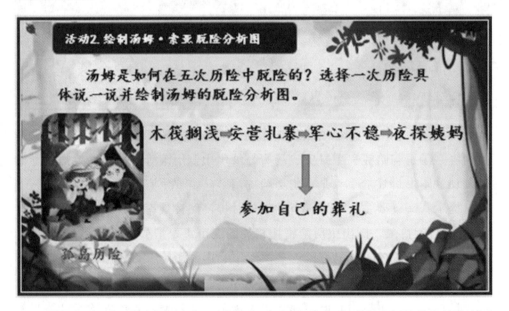

例如，在"孤岛历险"中，汤姆和哈克、乔奇先后经历了"木筏搁浅""安营扎寨""军心不稳""夜探姨妈""参加自己的葬礼"这几个情节。这次脱险的原因源于汤姆等一行人对"回归"和"家乡"的自我觉醒，也让他们感受到了大人们的苦心。

提示：主人公每次脱险的原因各不相同，有的是对亲情和家庭的认同，有的是因为恐惧与逃避，有的是因为机智与勇敢，有的又是因为正义与友爱。教师引导学生发现每一个孩子都应当经历一次富有意义的"冒险"旅程。

【设计意图】：听、说、读、写是语文教学的基本任务，学生在阅读整本书的过程中，或多或少都会与文中的人物产生情感共鸣。言为心声，让学生通过语言表达的方式，分享自己的阅读感悟，不仅能锻炼学生的语言表达能力，更对学生的思维能力有一定的拓展。

环节三：创编汤姆·索亚历险"新"故事

同学们，在你们的想象中，汤姆和他的小伙伴还可能在圣彼得堡哪些地方经历冒险呢？能试着为汤姆设计"副本"或"支线"故事吗？（如教堂的地下室、密西西比河的造船厂、废弃的医院等）

学生既要发挥想象，又要合理构思"离家—历险—回归"的情节图，根据不同的情况预设不同的险情。

示例：汤姆在地下室迷路、在造船厂误触机关、在废弃的医院发现强盗等。最终，故事再次回归主线。

提示：学生首先要确定冒险的动机，按照"离家—历险—回归"的情节图，设置重重困难，预设种种办法，经历一次冒险的旅程，在解决问题的过程中获得身与心的双向成长。

【设计意图】："编故事"的形式既能够锻炼学生的语言组织和复述文本的能力，又能够增强学生继续阅读文本以及与同学交流的兴趣。

2. 读中推进课

任务情境：小说中出现了很多人物，这些人物有的是汤姆的亲人，有的是汤姆的伙伴，有的是会伤害汤姆的反派，有的则随着情节发展跟汤姆的关系发生变化。让我们去认识他们，跟他们打个招呼。

环节（1）：捋一捋汤姆·索亚的关系网

活动①：在分类整理与思维导图中认识人物

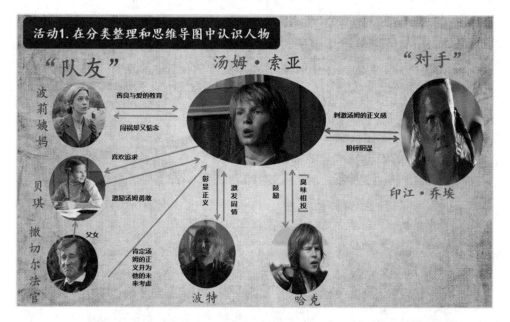

有什么好的办法可以帮助我们更好地认识与汤姆·索亚相关联的这些人物？

例如，（按照年龄划分）与汤姆的同龄人是贝琪、哈克、乔奇、本等；汤姆眼中的大人是波莉姨妈、撒切尔夫妇、莫夫·波特、印江·乔埃。①

（按照汤姆的"队友"和"对手"划分）汤姆的"对手"是大反派印江·乔埃；汤姆的"队友"则主要是爱护他的波莉姨妈、臭味相投的哈克、好朋友贝琪及她的父母；莫夫·波特、道格拉斯寡妇则相对中立。

【设计意图】：学生读不下去外国名著的一个重要原因是外国人的名字很难读，也很难记住，容易混淆人物关系。通过分类整理并绘制思维导图，可以帮助学生厘清人物之间的复杂关系。

活动②：在情节发展与相互影响中解读人物

故事围绕汤姆及他身边的人展开，他们与汤姆之间各自发生了什么故

---

① 马克·吐温. 汤姆·索亚历险记［M］. 张友松，译. 北京：人民文学出版社，2021.

事,对汤姆的成长又有何影响呢?选择一个情节具体交流。

A. 解读"队友"

	波莉	莫夫·波特	哈克
与汤姆的关系	汤姆的姨妈和监护人,类似母子	……	……
具体情节	汤姆从杰克逊岛偷偷返家,夜探姨妈	……	……
对汤姆的影响	汤姆理解了姨妈对自己的良苦用心	……	……

B. 解读"对手"

小说中的负面人物往往对情节的发展有着推动作用,更是推动"顽皮的汤姆"走向"成熟的汤姆"的催化剂。比如,在故事的第二十三章、第二十四章中,作者将汤姆因坟地谋杀案而产生的烦恼、折磨和痛苦描写得淋漓尽致。教师可设置"要不要出手救助波特"这个阅读话题,引导学生聚焦这个关键事件,结合作者对汤姆的语言和心理描写,仿照鲁滨孙在荒岛上如实记录幸与不幸的形式,帮汤姆列一份清单,把出庭作证的好处与坏处全部罗列出来,直观鲜明地引导学生感受人物的内心世界。

	好处	坏处
出庭指证印江·乔埃杀死了鲁滨孙医生,还莫夫·波特清白	使无辜的莫夫·波特脱罪	使印江·乔埃怀恨在心,自己处于危险之中
	使自己免受良心的谴责	法官或民众有可能不相信汤姆,自己陷入不利境地
	使自己暂时脱离焦虑与惶恐	可能会给自己带来害怕印江·乔埃报复的焦虑

【设计意图】:人物关系错综复杂,人物之间往往相互影响,因此可以引导学生发现书中的其他人物,并思考这些人物与主人公之间的关系,形成人物的关系图谱并标记人物之间是怎样相互影响的。

活动③:在重要他人的影响中回顾成长之路

在你的成长过程中,一定会有亲人、朋友、老师、陌生人做的某一件事令你印象深刻。能说说这个人是怎样推动你的成长的吗?可以先通过下列表格回忆、梳理与这个人交往的经历,然后给那位关键人物写封信吧。

学生可以在班级"成长故事会"上结合具体事例,交流自己善良、坚强、诚实、勇敢等品质的形成过程及关键人物在关键时刻对自己的关键影响。学生还可以在自己身上试图找寻汤姆·索亚的影子,发现相似点,与主人公产生成长共鸣。

提示：引导学生明白在成长的过程中，有的爱是显性的、即时的，有的爱是隐性的、深远的。自我的成长有时需要亲人朋友的关爱鼓励，有时也需要在克服困难、战胜沮丧、化敌为友，或者自我觉醒中实现。

【设计意图】："故事会"既能够锻炼学生的语言组织和复述文本的能力，又能够增强学生继续阅读文本以及与同学交流的兴趣。

环节（2）：评一评汤姆·索亚的天平秤

任务情境：在《汤姆·索亚历险记》的开头，作者马克·吐温是这样介绍汤姆的："我从来没有见过比这孩子更淘气的。"可是又有读者认为汤姆正义、勇敢，是男孩子们的偶像。让我们借助天平来深入了解汤姆·索亚。

活动①：发现汤姆·索亚身上的"好"与"不好"

汤姆·索亚是不是个好孩子呢？结合你的阅读体验，读到汤姆一次"好"的地方就把这种品质放在天平的左侧，读到一次汤姆"不好"的地方就把这种品质放在天平的右侧，你有什么发现？

学生发现汤姆·索亚是一个特立独行、淘气顽皮、喜欢恶作剧又有点爱慕虚荣的可爱"顽童"，在他的身上有着勇敢正义、敢于冒险、机智冷静等特点。这些品质重重压在了天平的左侧，让我们体会到汤姆是个逐渐成长、正在慢慢成熟的孩子。

提示：汤姆·索亚的成长经历告诉我们成长需要过程，勇于承担和守望相助是成熟的标志。而在成熟之前，亲人爱的教育与善的引导也十分重要。

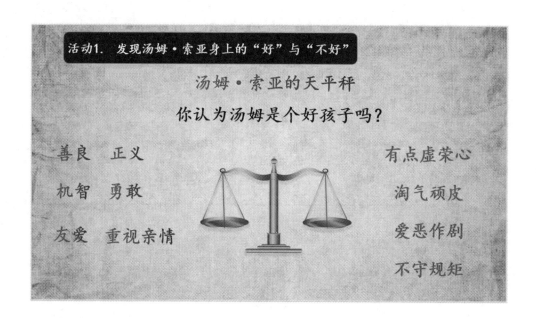

活动②：说说自己身上的"好"与"不好"

联系自己的成长经历，将自己身上的"好"与"不好"也放到天平上，发现自己从幼稚、成长到成熟的历程。可以结合阅读感受和生活经历，写一写读后感。

【设计意图】：读中推进课建立在学生已经阅读书籍的部分内容的基础上，对于学生在阅读中产生的阅读感受，通过"评一评""说一说"的方式促进学生的交流和讨论，使学生在思维碰撞中，共同走进汤姆的内心世界。在此过程中，既能培养学生良好的听说习惯，也有助于学生多元辩证地思考问题。

3. 读后分享课

任务情境：《汤姆·索亚历险记》这部名著还被拍成了电影和动画片，就让我们走进汤姆·索亚的影视圈吧！

环节（1）：搜一搜汤姆·索亚的影视圈

活动①：原著电影比一比

看看德国导演赫敏·亨特格博斯改编的《汤姆·索亚历险记》，结合原著，找一找电影对哪些故事情节进行了删减或改编，你是否赞同？

示例:

原著情节	电影情节	你支持电影的改编吗？为什么？
最后汤姆在山洞里遇见印江·乔埃时，印江·乔埃已经死了	汤姆在山洞里看见了正在拿金子并企图杀死他的印江·乔埃，汤姆果断地用石头砸晕了他	这样改编更可以体现出汤姆的勇敢与机敏，还给故事增添了紧张、刺激
……	……	……

出示影视评分图：

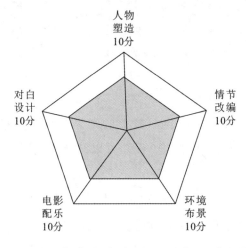

【设计意图】：引导学生集中注意力对照原著观看电影，激发学生兴趣，训练学生的观察力和对细节的洞察力。还可以引导学生对电影的人物塑造、对白设计、环境布景、电影配乐进行评论，在此基础上，继续探讨影视作品没有传达的原著信息，也可以进一步探讨被影视作品作了大改动的地方的利弊等，还可以探讨同一小说不同版本影视作品的区别等。

活动②：创意剧本编一编

同学们已经交流了原著与电影之间情节的不同，还做了一回小小影评员。如果让你尝试翻拍某个情节，你会怎样构思剧本？

示例：

提示：首先，作为电影的编剧要在尊重原著的基础上进行修改，不能对原著的重要情节进行颠覆式修改。其次，在不违背主线的基础上，可以进一步塑造人物形象，丰富故事情节。

活动③：招募伙伴演一演

有信心把自己改编的情节演一演吗？让我们招募同伴试着演一演。在这之前，先制作一张"演员招募海报"，安排演员们试镜吧。

提示：在确定改编的情节的基础上，先制作一张"演员招募海报"，将需要的演员角色、数量、性格等一一列举，激发学生的兴趣表现欲，锻炼口语交际能力。

【设计意图】：教学是动态实践的过程，活动为深度解读作品提供了可行路径。学生通过多样化的活动，进一步走进人物世界，丰富文本解读，显性地展示思维过程。

环节（2）：品一品对作者作品的评价语

任务情境：马克·吐温笔下的《汤姆·索亚历险记》以欢快的笔调描写了少年儿童自由活泼的心灵，以其浓厚的深具地方特色的幽默和对人物的敏锐观察，成为最伟大的儿童文学作品之一。让我们来看看名人们都是怎样评价作者和作品的。

活动①：品味作者和作品的双重魅力

谁来说说，你找到了哪位名人的评价？这位名人评价的是作者还是作品？给大家读一读，再说说你从中读出了什么。

提示：学生能从名人的评语中感知作者马克·吐温对美国文学的重大影响，以及多元的美国文化，从而激发自身积极的天性去探索世界。

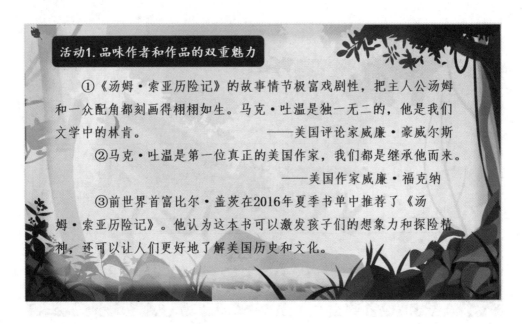

活动②：回味原著中经典语录的哲理

名人对名著和作者的评语引发了大家对一个国家、一段岁月、一群孩子的联想。其实，《汤姆·索亚历险记》中还有很多值得我们好好读一读、品一品的经典语录，找一找，说一说你的体会吧！

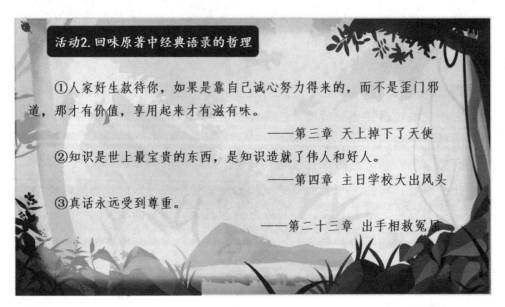

提示：引导学生经历走进名著、跳出名著、回归名著的过程，最后通过经典名言、相关情节的回忆，领悟依靠自己、尊重知识、诚实守信等优良品质和哲理。

【设计意图】："名人书评"有助于学生了解《汤姆·索亚历险记》的文

学价值和深刻内涵;"回味原著经典语录"则为学生提供平台分享读完整本书的收获,这也是整本书阅读的意义所在。

环节(3):总结延伸

通过对《汤姆·索亚历险记》整本书的阅读与交流,我们不仅了解了汤姆从顽皮男孩到小英雄的过程,认识了形象多样的人物,更重要的是,我们知道了想要真正读清楚、读明白一本长篇小说,可以先从自己感兴趣的封面读起,也可以走一走故事情节图、画一画人物关系图、品一品关于作品的名家书评和经典语录,还可以讲一讲自己的成长故事。课后,大家还可以用这些方法读一读《汤姆·索亚历险记》的姊妹篇《哈克贝利·费恩历险记》。美好的童年值得我们一生怀念追求!

【设计意图】:学生读完《汤姆·索亚历险记》之后,可以运用所学再读一读同作者的《哈克贝利·费恩历险记》,并将两者进行比较。通过教学引导学生从读一本书到读一类书,将读书方法灵活迁移,让学生的阅读视野更广阔。

(四)整本书阅读评价量表

《义务教育语文课程标准(2022年版)》要求:"注意考察阅读整本书的全过程,以学生的阅读态度、阅读方法和读书笔记等为依据进行评价。教师可以围绕读书的主要环节编制评价量表。"基于此,《汤姆·索亚历险记》整本书的阅读评价量表主要从习惯、方法、速度等方面来实时监测学生的整本书阅读情况,帮助学生在阅读的过程中监督自己,从而逐步养成终身阅读习惯。阅读评价量表如表3所示。

表3 《汤姆·索亚历险记》整本书阅读评价量表

评价项目	评价指标	星级评价参考指标说明	评价		
			自评	同伴评	教师评
完成阅读计划单	按照阅读计划单认真阅读	完成阅读计划单得★★★;基本完成得★★			
阅读习惯	1.每天坚持定时、定内容阅读;2.阅读时认真专注;3.边读边思考;4.不动笔墨不成书	按要求完成一项得★★★			
阅读方法	1.圈画批注;2.边阅读边摘录自己感兴趣的内容	按要求完成一项得★★★			

续表

评价项目	评价指标	星级评价参考指标说明	评价		
			自评	同伴评	教师评
阅读速度	阅读有一定的速度	在规定时间内完成阅读任务得★★★；完成80%阅读任务得★★；完成60%阅读任务得★			
读书笔记	读书笔记详细，字迹工整，有阅读感悟	读书笔记详细得★★；字迹工整得★★；有自己的见解得★★			
总评	24～30颗星为优秀；21～23颗星为良好；18～20颗星为合格；17颗星以下为不合格				

六、总结与展望

整本书阅读是提升学生语文素养的重要路径，随着《义务教育语文课程标准（2022年版）》的出台，整本书阅读教学设计有了新的方向，有关整本书阅读教学各方面的研究更加地系统化。同时，更多的一线教师有意识地将时间和精力投入到整本书阅读教学中，整本书阅读教学活动越来越常态化和科学化。通过设置合理的整本书阅读教学任务群、合理设计整本书阅读教学全过程；通过多样化的评价方式、多元化的评价主体、不同学情分层评价，构建科学有效的整本书教学评价体系。为学生全面发展提供支持，使学生能在整本书阅读学习中思考、鉴赏和探究，从而强化学生的综合学习能力和学习成效，促进学生在语文学习实践中实现全面发展。

学无止境，教无止境，研无止境。子曰："少成则若性也，习惯若自然也。"[1] 唯有磨砺，始得玉成。阅读是成长的开始，在未来的教育征程中，期待每一位教师不断地思考和实践，让学生在我们的引导下读起来、读下去、读进去、说出来。

---

[1] 王国轩，王秀梅. 孔子家语 [M]. 北京：中华书局，2022：439.